Die Broadway-Story

HENRY MARX

Die Broadway Story

Eine
Kulturgeschichte
des amerikanischen
Theaters

ECON Verlag
Düsseldorf · Wien

CIP-Kurztitelaufnahme der Deutschen Bibliothek

Marx, Henry:
Die Broadway-Story: E. Kulturgeschichte d.
amerikan. Theaters / Henry Marx. – 1. Aufl. –
Düsseldorf / Wien: ECON Verlag, 1986.
ISBN 3-430-16353-6

1. Auflage 1986
Copyright © 1986 by ECON Verlag GmbH, Düsseldorf und Wien.
Alle Rechte der Verbreitung, auch durch Film, Funk und Fernsehen, fotomechanische Wiedergabe, Tonträger jeder
Art, auszugsweisen Nachdruck oder Einspeicherung und Rückgewinnung in Datenverarbeitungsanlagen aller Art,
sind vorbehalten.
Gesetzt aus der Times
Satz: Dörlemann-Satz, Lemförde
Papier: Papierfabrik Schleipen GmbH, Bad Dürkheim
Druck und Bindearbeiten: F. Pustet, Grafischer Betrieb, Regensburg
Printed in Germany
ISBN 3 430 16353 6

Inhaltsverzeichnis

Joel Gray,
Karikatur von Al Hirschfeld

Ray Bolger,
Karikatur von Al Hirschfeld

Das Broadway-Theater: Ist es der »legendäre Invalide«?

Anfang Juni 1985 – wenige Tage nach der Verleihung der berühmten »Tonys« für die gerade abgelaufene Spielzeit – strahlte einer der großen New Yorker Fernsehsender ein Programm mit dem Titel aus »Ist der Broadway am Ende?«. Die Anzeichen der Krise sind bekannt: Ein Drittel aller Broadway-Theater steht leer; Produktionskosten und Eintrittspreise sind ins Unermeßliche gestiegen; die Broadway-Geldgeber sind wie gelähmt; quantitativ und qualitativ scheint ein Tiefpunkt erreicht zu sein, und viele Beobachter der Szene können sich des Eindrucks nicht erwehren, daß der Broadway nicht mehr der alte ist.

Befindet sich also der »legendäre Invalide« – wie man das Broadway-Theater nach dem gleichnamigen Bühnenstück von George S. Kaufman und Moss Hart aus dem Jahre 1938 nennt – in der Schlußphase seiner Krankheit, die über Invalidität unweigerlich zum Tode führt? Oder handelt es sich nur um einen vorübergehenden Schwächezustand, aus dem es sich wieder wie ein Phönix aus der Asche erheben wird?

In dieser Fernsehsendung, die fast ausschließlich von Broadway-Prominenten bestritten wurde – Autor Arthur Miller, Autor und Schauspieler Harvey Fierstein, Produzent und Regisseur Hal Prince und die Schauspielerinnen Ellen Burstyn, damals Präsidentin der Schauspielergewerkschaft, Glenda Jackson und Pia Lindstrom sowie der inzwischen verstorbene Yul Brynner – herrschte naturgemäß Optimismus vor, auch wenn keiner der Teilnehmer die beängstigende Lage zu beschönigen suchte. Denn der schon so oft totgesagte Broadway, dem alle paar Jahre feierliche und nicht so feier-

liche Grabreden gehalten werden, hat sich bisher immer dann wieder hochgerappelt, wenn die Krise ausweglos schien. Dann waren auf einmal wieder interessante Stücke da, vielversprechende junge Schauspieler, fabelhafte Musicals und beachtliche Regisseure, die für den nötigen Auftrieb sorgten.

Wird es diesmal anders sein? Oder werden wieder einmal ein neuer Eugene O'Neill, ein neues Musical-Team in der Nachfolge von Rodgers-Hammerstein, neuentdeckte Schauspieler, brillante Regisseure und unternehmungslustige Produzenten auftauchen, die die trotz allem ungebrochene Vitalität und Kreativität des Broadway-Theaters unter Beweis stellen?

Während der vergangenen 100 Jahre ist der Broadway zum Kern und Zentrum des amerikanischen Showbusiness geworden. Doch Showbusiness gab es in dieser Gegend auch schon in den Jahren davor: Nach der Gründung New Amsterdams hieß der Broadway bei den Holländern noch »Heere Straet«, seit etwa 1668 trägt er seinen heutigen Namen. Damals konnte allerdings noch niemand ahnen, daß diese Straße mit 25 Kilometer Länge zur längsten Stadtstraße der Welt wachsen und fast jeder größere Ort Amerikas einmal einen »Broadway« besitzen werde.

Als in New York im Jahre 1798 mit dem Park Theatre das erste von Anfang an als Theater geplante Haus eröffnet wurde, stand es nur ein paar Meter vom Broadway entfernt.

Seither hat es mehr als ein Dutzend Theater gegeben, die die Bezeichnung »Broadway« in ihrem Namen führen und sich auch tatsächlich an dieser Straße befanden: »Broadway Circus« (1812), »Little Broadway Theatre« (1836), »Old Broadway Theatre« (1847), »Broadway Casino« (1852), »Broadway Museum and Menagerie« (1853), »Broadway Athenaeum« (1856), »Broadway Boudoir« (1860), »Broadway Theatre« (1863, 1876, 1888 und 1929) – das einzige heute noch bestehende mit dem Namen der Straße –, »Broadway Academy of Music« (1864), »Daly's Broadway Theatre« (1873), »Fox' Broadway

Theatre« (1874), »Woods' Broadway Theatre« (1879) und »Broadway Novelty Theatre« (1879). Dann war es endlich allen klar, die Nebenbezeichnungen konnten fortfallen, »Broadway-Theater« war zu einem Begriff geworden. Und spricht man heute vom Broadway, meint man oft nur den relativ kleinen Theaterdistrikt, der etwa ein Dreißigstel der Gesamtlänge dieser Straße ausmacht.

Heutzutage befinden sich die Broadway-Theater nur noch entlang einer etwa 800 Meter langen Strecke der in der ganzen Welt bekannten Straße und ihrer westlich wie östlich gelegenen Seitenstraßen. Doch die Bezeichnung Broadway-Theater ist geblieben, auch wenn sich am Broadway selbst nur noch fünf Bühnenhäuser befinden, von denen drei von außen nicht einmal als solche erkennbar sind, da sie sich in modernen Bürowolkenkratzern befinden (Hochhäuser-Bauherren erhielten als Konzession für den Einbau eines Theaters die Erlaubnis, ein oder zwei Stockwerke höher zu bauen, als aufgrund des geltenden Bebauungsplans vorgesehen war). Eines dieser Theater ist in ein Hotel eingebaut: zum Ausgleich dafür, daß drei kleinere Theater abgerissen werden mußten, um Platz für den Bau dieses Monsterhotels zu schaffen. Und ein sechstes Theater, das »Palace«, trägt zwar eine Broadway-Nummer, liegt eigentlich aber an der 7. Avenue, die sich hier mit dem Broadway schneidet – die Bezeichnung »Broadway« ist eben so attraktiv, daß diese kleine Mogelei stillschweigend geduldet wird.

Die einzigen zwei »echten« Broadway-Theater sind der »Winter Garden« an der 49. Straße (errichtet 1911) und das »Broadway« an der 53. Straße (Baujahr 1924). 34 weitere Theater befinden sich in den Seitenstraßen des Times Square, also zwischen der 42. und 47. Straße, so daß es heute wohl richtiger wäre, vom »Times-Square-Theater« statt vom Broadway-Theater zu sprechen, aber letztere Bezeichnung ist unausrottbar geworden.

Der quantitative Niedergang des Broadways spiegelt sich in einigen Zahlen: Während es im Jahre 1900 (Gesamtbevölkerung New Yorks etwa 3,5 Millionen) 20 Theater gab, stieg diese Zahl bis 1928 (Gesamtbevölkerung 7 Millionen) auf 80, doch unter dem Einfluß der Weltwirtschaftskrise, des Tonfilms, des Krieges und des Fernsehens ging die Anzahl der Theater bei etwa gleichbleibender Bevölkerung auf heute nur noch 35 zurück. Noch eindrucksvoller dokumentiert sich der quantitative Niedergang in der Zahl neuer Produktionen: In der Spielzeit 1927/28 wurde mit 264 Neuproduktionen ein absoluter Rekord erreicht, doch von da an war ein fast stetiger Rückgang zu verzeichnen, bis in der Saison 1985/86 mit nur 28 Neuaufführungen am Broadway der bisher absolute Tiefpunkt erreicht wurde, nachdem schon am Ende der Spielzeit 1984/85, als es nur 31 neue Produktionen gegeben hatte, von Pessimisten lauthals verkündet worden war: »Weiter 'runter kann es nicht mehr gehen.« Doch es konnte, und da zugleich die Zahl der Broadway-Theaterbesucher mit 6,5 Millionen (gegenüber 10,7 Millionen nur fünf Jahre zuvor) einen neuen Tiefstand erreichte, die Gesamteinnahmen trotz dreimal so hoher Eintrittspreise als zehn Jahre zuvor weiterhin rückläufig waren, verstummten die Stimmen, die eine baldige Besserung voraussagen wollten. Freilich: Einige schon seit Jahren erfolgreiche Musicals, allen voran *A Chorus Line,* nach zwölf Jahren sich der 5000. En-suite-Vorstellung nähernd, lassen das Gesamtbild nicht so traurig erscheinen, wie die nackten Statistiken es glauben machen.

Wegen seiner üppigen Lichtreklamen hat man dem Broadway erstmals schon 1905 die Bezeichnung »Great White Way« verliehen, und diese Bezeichnung ist geblieben, obwohl Broadway und Times Square schon seit langem vielfarbig strahlen.

1
Die Geschichte des amerikanischen Theaters

Die Wiege des Theaters stand im Süden

Tatsächlich stand die Wiege des amerikanischen Theaters nicht, wie vielfach angenommen, in New York, auch nicht in Boston oder Philadelphia, den beiden anderen größeren Städten, die es im 18. Jahrhundert auf dem nordamerikanischen Kontinent gab. Vielmehr waren es zwei kleine Städte im Süden des Landes, aus denen uns die ersten Theateraufführungen überliefert sind: Sie fanden im Jahre 1703 in Charleston, South Carolina, und um 1716 in Williamsburg statt, der kleinen Hauptstadt der Kolonie Virginia, wo offenbar von einem Tanzmeister das erste amerikanische Theater erbaut worden war, über das wir allerdings nur sehr wenig wissen und von dem keine Abbildung bekannt ist.

In New York selbst ging der Vorhang über der ersten Theateraufführung am 6. Dezember 1732 auf – zumindest wird dies durch die »New England & Boston Gazette« vom 1. Januar 1733 belegt, die einen Bericht aus New York vom 11. Dezember veröffentlichte: »Am 6. dieses Monats wurde das ›New Theatre‹ im Hause des ehrenwerten Rip Van Dam mit der Komödie *The Recruiting Officer* eröffnet, in der die Rolle des Worthy von dem tüchtigen Herrn Thos. Heady, Friseur und Perückenmacher des Herrn Van Dam, gespielt wurde.« Ein Perückenmacher als Hauptdarsteller: das kann wohl nur Amateurtheater gewesen sein. Da der »ehrenwerte Herr Van Dam« mehrere Häuser in New York besaß, können wir nur vermuten, daß sich das Theater in seinem größten Haus in der Nassau Street befand. Einer Beschreibung zufolge bestand es aus einem Raum mit Holzbänken, in dem eine mahnende Tafel für die Besucher aufgestellt war, mit dem Hinweis, daß das Spucken hier verboten sei.

Nach einem Plan von Manhattan aus dem Jahre 1735 befand sich darüber hinaus auf der Ostseite des Broadway, etwas oberhalb der Beaver Street, ein »Playhouse«, also ein Theater, dessen Namen wir aber nicht kennen und von dem auch sonst kaum etwas bekannt ist, außer dem Prolog eines Stückes, in dem von einer der dort stattgefundenen Aufführungen die Rede war: »Diese großzügige Stadt, die unser junges Theater nährt / und solch zarter Pflanze dieses Obdach g'währt.« Wenn dieses »Playhouse«, wie es den Anschein hat, das erste Broadway-Theater war, hat sich das sonst so gedenktagfreudige New York das 250jährige Jubiläum seines Broadway-Theaters entgehen lassen, denn das Jahr 1985 kam und ging, ohne daß darauf aufmerksam gemacht wurde!

Doch lange hat dieses Theater wohl nicht bestanden, von 1750 an wurde dagegen das »Nassau Street Theatre« des Rip Van Dam ziemlich regelmäßig bespielt. Im Gegensatz zu Boston mit seiner puritanischen Tradition und Philadelphia mit seiner Quäker-Vergangenheit, die beide keinen günstigen Nährboden für das Theater abgaben, war New York mit seiner schon um die Mitte des 18. Jahrhunderts bemerkbaren starken Bevölkerungsmischung eher weltlich und kommerziell eingestellt. Das hat zwar einerseits dazu geführt, daß hier wissenschaftliche Institutionen später gegründet wurden als in Boston oder Philadelphia, andererseits aber konnte das Theater als kommerzielles Unternehmen blühen – und ein kommerzielles Unternehmen ist das Broadway-Theater bis auf den heutigen Tag geblieben.

Das Theater – damals wie oft auch heute ohne große intellektuelle Ansprüche – war vor allem als Unterhaltung, wenn nicht gar als Belustigung des Volkes gedacht. Es nahm die Herausforderung an, sich aus eigener Kraft zu erhalten: »Wir wollen so lange spielen, wie die Saison dauert, vorausgesetzt, daß wir entsprechenden Zulauf haben«, so ließ eine Schauspielertruppe im Februar 1750 in der »New York Gazette« verkünden.

Am vorletzten Tag des Jahres 1751 trat eine neue Truppe im »New Theatre« auf, Prinzipal war der Engländer Robert Upton, der den New Yorkern erstmals *Othello* vorspielte. Aber schon nach zwei Monaten ging ihm der Atem aus; da er zu wenige Stücke im Repertoire hatte und es ihm nicht gelang, für die Wiederholungen genügend Zuschauer anzulocken, mußte er oft vor halbleeren Häusern spielen, und überdies haperte es mit dem Professionalismus der Darsteller. New York hatte um diese Zeit noch nicht viel mehr als 10 000 Einwohner, zugegebenermaßen ein zu kleines Reservoir für ein ständiges Theater.

Erst als im Jahre 1752 Lewis Hallam, der Bruder des in London in Konkurs gegangenen Theaterunternehmers William Hallam, nach Amerika kam, erlebte das Publikum erstmals Berufsschauspieler – das ist auch der Grund, weshalb amerikanische Theaterwissenschaftler den Beginn des amerikanischen Theaters auf dieses Jahr verlegen und alles Vorangegangene als anekdotisch und unwichtig für die spätere Entwicklung abtun. Hallams Truppe gab ihren amerikanischen Einstand in Williamsburg mit dem *Kaufmann von Venedig* am 17. September 1752; das gesamte Repertoire umfaßte etwa zwei Dutzend Stücke, darunter die wichtigsten Schauspiele Shakespeares.

Als die englischen Schauspieler nach einjährigem Aufenthalt in Williamsburg nach New York kamen, mußten sie zweierlei feststellen: Die Schauspieler vor ihnen hatten durch ihr Verhalten einflußreiche New Yorker Kreise gegen das Theater eingenommen, und das »New Theatre«, fast zwei Jahre unbenutzt, befand sich in so desolatem Zustand, daß es abgerissen und ein neues Haus errichtet werden mußte. Sicher war aber auch dieses nicht viel mehr als eine große Bretterbude, die in Windeseile gebaut werden konnte. Am 12. November 1753 konnte die Spielzeit mit *Richard III.* eröffnet werden, allerdings wurde der Name Shakespeares als Autor nicht erwähnt, und die Zahl der Rollen war von 39 auf 13 reduziert worden. Dem damaligen Brauch entsprechend gab der Theaterzettel eine kurze Beschreibung der Höhepunkte der Aufführung: »Die Leiden und der Tod des Königs Heinrich VI.; die verschlagene Erringung der Krone durch den buckligen Richard; die Ermordung der beiden jungen Prinzen im Tower und die denkwürdige Schlacht von Besworth Field, die letzte, die zwischen den Häusern von York und Lancaster ausgetragen wurde.« Die kurze Spielzeit fand bereits im März 1754 ihr Ende.

In Philadelphia, wohin die Truppe sich danach begab, war der Widerstand der herrschenden Quäkerkreise so groß, daß sogar nur zwei Monate lang in einem ehemaligen Lagerhaus gespielt werden konnte. In Charleston fand das Hallam-Ensemble ein geneigteres Publikum; dennoch zog es sich bald nach Kingston zurück, der Hauptstadt der Kolonie Jamaica, wo bereits eine längere Theatertradition bestand als auf dem Kontinent. Bald darauf starb Hallam, und David Douglass, ein englischer Schauspieler, der Hallams Witwe heiratete, übernahm die Führung der Truppe, die es dann doch wieder nach Kontinentalamerika zog.

Als Douglass mit seiner Truppe 1758 nach New York zurückkehrte, fand er den Widerstand gegen das Theater größer denn je: Obwohl inzwischen ein neues Theater erbaut worden war, wurde ihm dort nur eine kurze Spielzeit gestattet. Eine Sensation war allerdings *Romeo und Julia,* in der seine Frau und ihr Sohn, Lewis Hallam jun., die Titelrollen spielten, was offenbar einen Reiz besonderer Art für die Zuschauer darstellte. (64 Jahre später war es nicht anders, als in New York der berühmte englische Schauspieler Charles Kemble mit seiner jungen Tochter Fanny das klassische Liebespaar verkörperte.) Auch in Philadelphia erging es Douglass nicht viel besser; Mitte 1759 wurde dem Parlament der Kolonie Pennsylvania sogar eine Eingabe der Quäker gegen das Theaterspielen überhaupt unterbreitet, derzufolge sie »mit echter Besorgnis gehört haben, daß eine Schauspielertruppe an den Bau eines Theaters denkt, in dem den Bewohnern dieser Stadt Stücke geboten werden sollen, die die Quäker, falls erlaubt, als eine Untergrabung der guten Ordnung und der Moral ansehen, die sie in dieser Regierung zu erhalten wünschen, weshalb sie das Parlament bitten, dem Gouverneur ein Gesetz zur Billigung vorzulegen, das solch betörende und antireligiöse Unterhaltung verbietet«. Zwar kam das Parlament damals dem Wunsch der Quäker nicht nach, dennoch erging zwei Jahrzehnte später ein Verbot gegen das Theaterspielen. Aber auch nachdem dieses Verbot schließlich wieder aufgehoben worden war, dauerte die Feindseligkeit vor allem kirchlicher Kreise gegenüber dem Theaterspiel noch bis zur Mitte des 19. Jahrhunderts an. Und selbst in unserem aufgeklärten 20. Jahrhundert gab es noch lange in Boston, der Hochburg puritanischen Denkens, eine wirksame Theaterzensur, der manche Aufführung zum Opfer fiel.

Aber wir eilen dem Gang der Geschichte voraus, die gerade für das Theater in dieser Frühzeit so komplex ist, daß sie zum besseren Verständnis der späteren Entwicklung etwas ausführlicher dargestellt zu werden verdient. In New York nicht sehr freundlich aufgenommen, in Philadelphia boykottiert, wagte Douglass erst gar nicht, seine Truppe nach Boston zu führen. Statt dessen hoffte er, daß die wegen ihrer religiösen Toleranz berühmte Kolonie Rhode Island ihm zumindest ein freundliches Willkommen entbieten werde. Douglass kündigte Aufführungen in den beiden größten Orten der Kolonie, Providence und Newport, an; dem Brauch der Zeit folgend, wurden Originaltitel und Autor unterschlagen und *Othello* beispielsweise als »eine Serie moralischer Dialoge in fünf Teilen« beschrieben, »die die üblen Wirkungen der Eifersucht und anderer schlechter Eigenschaften zeigen und beweisen, daß Glück nur auf dem Wege der Tugend erreichbar ist«. Die Camouflage hielt allerdings nur kurze Zeit vor, bis es den Behörden dämmerte, daß »Dialog« nur ein anderes Wort für Drama oder Theaterstück war. Im Jahre 1763 wurde dann auch in ganz Rhode Island Theaterspielen und der Bau von Theatern verboten, letzteres sicherlich eine überflüssige Maßnahme, denn wer würde schon ein Theater errichten wollen, wenn er nicht darin spielen konnte. Aber, so glaubte man wohl, doppelt genäht hält besser, wenn man sich damit nur die lästigen Mimen vom Halse halten konnte.

Zu diesem Zeitpunkt und noch fast ein halbes Jahrhundert danach gab es auf dem amerikanischen Kontinent noch keinen einzigen amerikanischen Schauspieler; das Theater in dieser Anfangsphase lag ganz in den Händen englischer Schauspieler, denen immer mehr Schwierigkeiten gemacht wurden. Denn in den Kolonien breitete sich in zunehmendem Maße verstärkte England-Feindlichkeit aus, zum größten Teil verursacht durch psychologisch ungeschickte Schritte der Krone, wie etwa 1765 die Inkraftsetzung des sogenannten Stamp Act. Dieses Gesetz bestimmte, daß Bücher, Zeitungen und alle Druckerzeugnisse (die Bibel und Gebetbücher ausgenommen), aber auch Urkunden jeder Art einer Sondersteuer unterliegen sollten. Solche und andere Maßnahmen lösten schließlich immer mehr Agitation für eine Lostrennung der Kolonien vom Mutterland aus.

Douglass hatte indessen dennoch im Jahre 1761 sein zweites Theater am damaligen Nordrand New Yorks in der Chapel (der jetzigen Beekman) Street für ganze 1625 Dollar erbaut. Aber nach nur ein paar Monaten war die Herrlichkeit schon wieder zu Ende: Einem zeitgenössischen Zeitungsbericht zufolge billigten die New Yorker nicht den »amoralischen« Charakter der Bühnenstücke (und der Schauspieler) und auch nicht die Tatsache, daß für solchen »Schund« den Bürgern der Stadt das Geld aus den Taschen gelockt wurde. Von 1762 an wurde das Theatergebäude zur Verpachtung als Geschäft oder Lagerhaus angeboten; Zeitungsnotizen zufolge fanden aber in den folgenden zwei Jahren dennoch gelegentlich Theateraufführungen dort statt. 1766 schließlich steckten die durch den Stamp Act erregten New Yorker das Gebäude in Brand; bis heute ist allerdings nicht klar, ob es im Theater während einer der gelegentlichen Aufführungen zu einem Aufstand kam oder ob das Gebäude von außen gestürmt wurde; jedenfalls trug das Haus so starke Schäden davon, daß an seine Benutzung nicht mehr zu denken war.

Ein Jahr später kehrte Douglass mit seiner Truppe wieder nach New York zurück, und mit der ihm eigenen Unermüdlichkeit und Hartnäckigkeit machte er einen weiteren Versuch, die Stadt zu »erobern« – so, wie es noch heute viele Künstler machen und machen müssen, wenn New York sich ihnen nicht auf Anhieb ergibt. Douglass erbaute sein drittes Theater in der John Street, nur ein paar Schritte westlich des Broadway, »hauptsächlich aus Holz, ein häßlicher Bau, rot gestrichen«, wie es ein Zeitgenosse beschrieb. Dieses Haus sollte drei Jahrzehnte bestehen und Douglass überleben.

Die »New American Company«, wie Douglass inzwischen seine Truppe nannte, obwohl ihr kein einziger Amerikaner angehörte, eröffnete das neue Theater am 7. Dezember 1767 mit der Komödie *Beaux' Stratagem*, von dem Engländer George Farquhar in seinem Todesjahr 1707 geschrieben. »Mit Erlaubnis Seiner

Exzellenz, des Gouverneurs«, so beginnt der erhaltene Theaterzettel; und am Ende wird mahnend gesagt: »Unter gar keinen Umständen kann Besuchern Zugang hinter die Kulissen gewährt werden. Eintrittskarten, ohne die niemand zugelassen werden kann, sind erhältlich bei Bible & Crown am Hanover Square und bei Herrn Hayes im Theater. Karten für die Logen können bei Herrn Broadbelt am Bühneneingang gekauft werden. Damen werden gebeten, ihre Dienstboten um 4 Uhr zu schicken, damit ihre Plätze gehalten werden können.«

Da es um diese Zeit noch keine Theaterrezensenten gab, wissen wir so gut wie nichts über die Qualität der Aufführungen. Immerhin wurden von Douglass' Truppe im Laufe der nächsten Jahre zahlreiche Stücke von Shakespeare gegeben, u. a. *Richard III., Hamlet, Cymbeline, Romeo und Julia, König Lear, Der Kaufmann von Venedig, Macbeth, Othello, Der Widerspenstigen Zähmung* und *Der Sturm*. Aus der unterschiedlichen Länge der Spielzeiten, die anhand von Notizen aus damaligen Zeitungen rekonstruiert werden konnten, läßt sich auch auf den wechselnden Erfolg der Truppe schließen. Der Widerstand der New Yorker gegen das Theater ließ allmählich mehr und mehr nach, doch schließlich drohte von anderer Seite eine unüberwindliche Gefahr: Der Kontinentalkongreß, in dem die Vertreter der 13 Kolonien saßen, empfahl am 24. Oktober 1774 nicht nur die Schließung aller Theater, sondern auch aller anderen öffentlichen Unterhaltungsstätten.

Die Geschichtsschreiber sind sich nicht einig, wodurch dieser Schritt veranlaßt wurde und ob die offiziell gegebene Begründung tatsächlich das einzige Motiv war: »Wir wollen Einfachheit, Sparsamkeit und Fleiß ermuntern, die Landwirtschaft und Künste sowie die Fabrikation, insbesondere von Wolle, in diesem Lande stärken und (können daher) keinerlei Extravaganzen dulden, insbesondere nicht das Glücksspiel, Hahnenkämpfe, Theateraufführungen und sonstige kostspielige Zerstreuungen.« In welch »hoher« Achtung das Theater damals stand, kann daraus geschlossen werden, daß es auf die gleiche Stufe mit Hahnenkämpfen gestellt wurde! Doch vielleicht gehört ein solcher Fundamentalismus zu den Geburtswehen einer werdenden Nation. Douglass jedenfalls mußte erneut die Segel streichen, er zog sich mit seiner Truppe zum zweitenmal nach Jamaica zurück, gab bald das Theaterspielen ganz auf und wurde wohlbestallter Beamter.

Als New York 1777, nicht lange nach Beginn des Unabhängigkeitskrieges, von britischen Truppen besetzt wurde, übernahmen diese das »John Street Theatre«, benannten es in »Royal Theatre« um und gaben dort Amateuraufführungen, denn Berufsschauspieler waren damals nicht aufzutreiben. Die englischen Offiziere, die die von ihrem »Diktator« Oliver Cromwell dekretierte theaterlose Zeit von 1642 bis 1660 längst hinter sich hatten, wollten auch in Amerika ihrer Theaterleidenschaft frönen. In diesem Zusammenhang verdient festgehalten zu werden, daß in jenen Jahren auch in der amerikanischen Armee Theater gespielt wurde, vor allem dank der außerordentlichen Theaterfreudigkeit des Oberbefehlshabers George Washington, der auch noch als erster Präsident des Landes regelmäßiger Theaterbesucher war. Als Washingtons Truppen 1778 Philadelphia zurückeroberten, wollten sie sofort das übrigens auch noch von Douglass erbaute »Southwark Theatre« in Betrieb nehmen, aber da machte ihnen der Kontinentalkongreß einen Strich durch die Rechnung: Noch über die Empfehlung von 1774 hinaus drohten die Parlamentarier jedem Bestrafung an, »der in den Vereinigten Staaten ein Amt bekleidet und eine Theateraufführung besucht, an ihr teilnimmt oder zu einer solchen ermuntert«. War das etwa gegen den theaterliebenden Oberbefehlshaber gerichtet?

Ein Jahr vor Beendigung des Unabhängigkeitskrieges kamen schließlich einige Mitglie-

der von Douglass' Truppe nach New York zurück, um das Terrain zu sondieren. John Henry und Lewis Hallam jun. – der Sohn des Mannes, der als erster das Berufstheater nach New York gebracht hatte – mußten wieder ganz von vorn beginnen. Aber sie blieben erfolglos, sie konnten nicht erreichen, daß wieder Theater gespielt werden durfte. Im Gegenteil: Die Stadt New York verbot das Theaterspielen ganz und gar in einer Zeit, da »ein großer Teil der Stadt noch in Trümmern liegt und viele ihrer Bürger in elenden Verhältnissen leben, die der Krieg mit sich gebracht hat«.

Der Krieg fand zwar mit dem Friedensschluß von Paris im Jahre 1783 sein offizielles Ende, aber das bedeutete noch lange keine Wiederbelebung des Theaters. Zunächst hatte die von allen Seiten erhitzte öffentliche Meinung einen neuen Angriffspunkt gefunden: Waren nicht alle Schauspieler Engländer und hatten keine Hand für die so mühselig errungene Unabhängigkeit gerührt? Sollte man diesen »Konterrevolutionären« auch noch amerikanisches Geld zu verdienen geben? Dieses Argument schien einleuchtend genug, aber da es noch keinen einzigen amerikanischen Schauspieler gab, konnte es sich nur gegen das Theater als Institution richten.

Doch es sollte noch schlimmer kommen: 1786 wurde das neuerdings den Bürgern zustehende Petitionsrecht im Staat New York von 1700 stimmberechtigten Bürgern dazu benutzt, um ihrem Parlament klarzumachen, daß Bordelle, Kneipen und das »John Street Theatre« – namentlich erwähnt, obwohl es damals das einzige Theater im Staat war – mit den republikanischen Tugenden (wer denkt dabei nicht an Montesquieu und Robespierre!) nicht vereinbar sei. Dieser Vorstoß blieb allerdings erfolglos. Das Parlament von Pennsylvania dagegen nahm ein Gesetz an, in dem es hieß: »Wer ein Theater, eine Bühne oder auch nur ein Gerüst erbaut, das sich zur Aufführung von Schauspielen, Komödien, Tragikomödien, Zwischenspielen, Pantomimen, Stücken oder Szenen aus Stücken eignet, oder zu einem solchen Bau beiträgt, an einer Aufführung in irgendeiner Weise mitwirkt oder Eintrittskarten dafür verkauft und eines solchen Verstoßes für schuldig befunden wird, muß eine Geldstrafe von 200 Pfund entrichten« – für die damalige Zeit eine ungewöhnlich hohe Summe.

Selbst der bis dahin fast immer theaterfreundliche Süden des Landes wurde von der plötzlich ausgebrochenen Theaterhatz erfaßt: In South Carolina etwa wurde, wie in Pennsylvania, der Bau von Theatern ausnahmslos verboten, und Schauspieler wurden auf eine Stufe mit Vaganten wie Bettlern, Hausierern und Wahrsagern (!) gestellt. Maryland und New York waren damals die einzigen der 13 Staaten, in denen es kein ausdrückliches Verbot des Theaterspielens gab, aber von dieser »Freizügigkeit« wurde nur in New York Gebrauch gemacht; das puritanische Massachusetts kann für sich in Anspruch nehmen, daß dort das Verbot am längsten Bestand hatte, nämlich bis 1793.

Immerhin durfte von September 1785 an im »John Street Theatre« wieder gespielt werden, und im November kehrten Henry und Hallam mit ihrer Truppe zurück. In demselben Jahr lehnte jedoch der Stadtrat eine Spende des Theaters von 40 Pfund für die Armen ab, weil dies als eine öffentliche Duldung »verlockender und kostspieliger Unterhaltung« gedeutet werden könnte! Der Kaufmann Grant Thorburn, der neben dem Theater ein Verkaufskontor besaß und das Gebäude nach seiner endgültigen Schließung im Jahre 1797 zur Erweiterung seiner Räumlichkeiten kaufen wollte, schaute um diese Zeit zum erstenmal in das Theater hinein, das einige Geistliche von der Kanzel aus als »Teufelskirche« bezeichneten: »Ich sah ehrenwerte Frauen vom Broadway und der Pearl Street in den Logen«, so beschrieb er seinen Eindruck, »... Männer, Frauen und Kinder – eine gemischte Gesellschaft – im Parkett und

Nancy Hallams als Cymbeline (1771), Gemälde von Charles Wilson Peak

Schmiedelehrlinge sowie Näherinnen in der Galerie ... Ich sah fünfzigjährige Mütter mit ihren zwanzigjährigen Töchtern in aller Schamlosigkeit halb bekleidet sitzen, von denen ich viele beim Namen kannte. Einige waren Gemeindemitglieder von Kirchen ... Das nächstemal sah ich diese Damen in der Kirche. Mir kam der Gedanke, sie müßten ein Gewissen für sonntags und ein anderes für montags haben – ein Kleid für das Gotteshaus und halbbekleidet in der Synagoge des Teufels.«

Obwohl der angesehene Presbyterianer sicherlich vielen New Yorkern aus dem Herzen gesprochen hatte, war der Vormarsch des Theaters dennoch nicht mehr aufzuhalten. Mochten die Geistlichen zetern, viele Bürger einen großen Bogen um das »John Street Theatre« machen, die Stadtverwaltung von Zeit zu Zeit sogar »Theater und Zirkus« mit einer Sondersteuer belegen: Im Übergang vom größtenteils noch kolonialen 18. Jahrhundert zum groß- und weltstädtischen 19. Jahrhundert festigte das Theater seine Stellung. Daran hatte auch die große Zunahme der Bevölkerung der Stadt New York einen nicht unerheblichen Anteil. Noch 1790, als die erste Volkszählung im Lande stattfand – sie wird seither alle zehn Jahre abgehalten –, hatte New York nur 33 131 Bewohner, eine Zahl, die sich innerhalb der nächsten 35 Jahre auf 166 089 verfünffachte, und um die Jahrhundertmitte war die halbe Million überschritten. Damit zusammen ging natürlich auch ein Anstieg des potentiellen Theaterpublikums, so daß das »John Street Theatre« allmählich zu klein wurde, ganz abgesehen davon, daß es in seiner unbequemen Enge und Häßlichkeit nicht mehr repräsentativ genug für die rasch wachsende Stadt war.

So wurde die Zeit reif für ein neues Theater, aber es wollte sich kein Hallam oder Douglass finden, der auf eigene Kosten einen solchen Bau zu errichten willens war. So sprangen – wie es bis auf unsere Tage geblieben ist – einige Mäzene in die Bresche, die sich leicht von der Notwendigkeit eines neuen Theaters überzeugen ließen. Der Neubau war nun keine Bretterbude mehr wie die früheren Theater, sondern ein Steinbau, nicht mehr von Handwerkern für ein paar hundert Dollar zusammengehauen, sondern von dem damals wohl berühmtesten Architekten New Yorks, dem Franzosen Joseph Mangin, entworfen, der seinen Ruhm allerdings erst später als Miterbauer der heute noch stehenden City Hall (Rathaus) begründen sollte.

Das Park Theatre verändert die Szene

Beide Gebäude, Theater und City Hall, standen am »Park«, dem späteren City Hall Park, der um 1800 die nördliche Stadtgrenze bildete: Er hatte früher als öffentliche Weide und Hinrichtungsstätte gedient, und hier befanden sich auch das Armenhaus und das Gefängnis der Stadt. Im Jahre 1785 war der Park mit einem Holzzaun umgeben worden und hatte etwa 30 Jahre später das jetzige Aussehen erhalten. Der Bau des Rathauses im Jahre 1811 hatte zur vollständigen Bebauung des Parkrandes geführt.

Am Südende des Parks befand sich das neue Theater, das bei seiner Eröffnung 1798 den Namen »New Theatre« trug, später in »The Theatre, Park« umbenannt wurde und schließlich, nachdem seine Monopolstellung in New York erschüttert war, als »Park Theatre« in die Geschichte einging. Das Theatermonopol erwies sich übrigens nicht als ein großer Segen; der geschäftliche Erfolg wollte sich nicht einstellen, und die Mäzene waren ihres »Juwels« bald überdrüssig. Sie verkauften das Theater an den in Walldorf bei Heidelberg geborenen John Jacob Astor, damals noch am Beginn seiner steilen Laufbahn in Pelzhandel und Grundstücksspekulation, und an John Beekman, der einer der frühen holländischen Familien entstammte. Die neuen Eigentümer verpachteten das Theater an die jeweiligen Direktoren, die von Anfang an den Titel »Manager« führten.

Das neue Theater, nur einen Steinwurf vom Broadway entfernt und bei seiner Eröffnung noch »uptown« gelegen, also in einiger Entfernung von der beliebtesten Wohngegend im Süden der Insel, hatte 2500 Plätze und war das erste im Lande mit richtigen Stühlen, so daß die Zuschauer nicht mehr auf rückenlehnenlosen Bänken Platz nehmen mußten. An der bisherigen Platzordnung wurde jedoch weiter festgehalten: Das Parkett stand nur Männern zur Verfügung, Frauen in männlicher Begleitung waren die Logen des ersten und zweiten Ranges vorbehalten, und alleinstehende Frauen, die eo ipso in schlechtem Ruf standen, mußten mit Holzsitzen auf der Galerie vorliebnehmen, wo sie nicht gesehen werden konnten. Daß Schwarze, damals bereits in großer Zahl als Bedienstete in New York, vom Theaterbesuch ausgeschlossen waren, wurde gar nicht erst bekanntgegeben, denn das galt als selbstverständlich.

William Dunlap, selbst Stückeschreiber, Übersetzer und 1832 Verfasser der ersten Geschichte des amerikanischen Theaters, wurde zum ersten Geschäftsführer des neuen Theaters berufen, die künstlerische Leitung hatte zunächst der Schauspieler John Hodgkinson, später Lewis Hallam jun. inne. Da es allerdings in den ersten Jahren fortgesetzte Reibereien zwischen Geschäftsführer und künstlerischem Leiter gab, litten natürlich die künstlerischen Leistungen des Theaters. Hinzu kam, daß im Eröffnungsjahr des Theaters eine schwere Fleckfieberepidemie New York heimsuchte, die zur wochenlangen Schließung des Theaters führte. Ein anderes »Fieber« erst, das in Europa ausgebrochene »Kotzebue-Fieber«, brachte dem Theater große Erfolge. Dunlap lernte Deutsch und bearbeitete etwa ein Dutzend von den mehr als 200 Stücken Kotzebues, der in New York als der »deutsche Shakespeare« gefeiert wurde. Aber selbst Kotzebue konnte das Theater nicht retten, und am Ende der Spielzeit 1804/05 meldete Dunlap den Konkurs an.

Zu diesem Zeitpunkt traten Astor und Beekman als Retter auf den Plan. Sie stellten weitere 15 000 Dollar für einen Umbau des Theaters zur Verfügung, das um mehrere hundert Sitze erweitert wurde; und in Dunlaps Beschreibung besteht »das Auditorium jetzt aus vier Logenrängen; im unteren Vorraum befindet sich jetzt eine schöne Kolonnade mit Spiegeln und Kaminen an beiden Enden, das Ganze durch Glaslampen zwischen den Säulen erleuchtet ... Mehrere Kaffeeräume sind vorhanden, und ein besonders eleganter ist den Damen vorbehalten ... In den Logen ist für 1600 Personen Platz, im Parkett und in der Galerie für weitere 1100. Die Decke ist ähnlich einem Dom ausgemalt, mit hellroten Feldern und Goldfriesen.«

Der Theaterbau hatte eine bessere Presse als viele der Aufführungen; New York hatte im Jahr 1807 immerhin schon acht Tageszeitungen, von denen sich vor allem der *Daily Advertiser* und der *Morning Chronicle* – in dessen Spalten der später sehr bekannt gewordene Schriftsteller Washington Irving häufig über das Theater berichtete – um das »Park Theatre« kümmerten. Unter Dunlaps Nachfolger Stephen Price, einem Engländer und ehemals Leiter des »Drury Lane Theatre« in London, entwickelte sich das »Park Theatre« zu einem Startheater: Price verpflichtete ihm bekannte englische Schauspieler und ließ sie nicht nur in New York, sondern auch in anderen amerikanischen Städten auftreten, wofür er als ihr Manager zusätzliche Gelder zu seinem New Yorker Direktorengehalt einstrich.

Geschäfts- und Startheater – wir sehen, wie früh diese heute noch gültigen Charakteristika des Broadway-Theaters bereits entwickelt waren. Denn in einem Land, in dem das Theater von Behörden und Kirchen bekämpft wurde, war an eine staatliche Förderung überhaupt nicht zu denken. Deshalb stiegen eigentlich von Anbeginn an private Unternehmer ein, die das Theater auf eigenen Gewinn betreiben. Den

Schauspielern bezahlten sie ganz schlechte Gagen, obwohl sie selbst auch einmal Schauspieler gewesen waren, und als dann noch die hohen Forderungen der Stars erfüllt werden mußten, ging dies noch mehr auf Kosten der fest engagierten Schauspieler, deren wirtschaftliche Lage in diesen Jahrzehnten beklagenswert war.

Die Parade der englischen Stars wurde 1810 mit dem Shakespeare-Darsteller George Frederick Cooke eröffnet. Cooke war allerdings zu diesem Zeitpunkt bereits auf dem absteigenden Ast seiner Karriere, in erster Linie wegen seiner unmäßigen Trunksucht, die ihn nicht selten daran hinderte, eine Aufführung – und dann auch nur unter Mißachtung des Originaltextes – zu Ende zu führen. Auf ihn folgten John Philip Kemble und seine Tochter Fanny – die nach einer nur kurzen Bühnenlaufbahn in den Vereinigten Staaten blieb, einen reichen Plantagenbesitzer in Georgia heiratete und eine der erfolgreichsten Kämpferinnen gegen die Sklaverei wurde – und Edmund Kean, der seinen Ruf als größter englischsprachiger Tragöde auch in New York rechtfertigte. Nach ihm kam Junius Brutus

Booth, ebenfalls ein starker Trinker, der in Amerika blieb und sein schauspielerisches Talent auf drei seiner Söhne übertrug, von denen Edwin als vielleicht bedeutendster Shakespeare-Darsteller, den Amerika je hervorbrachte, und John Wilkes als Mörder des Präsidenten Abraham Lincoln in die Geschichte eingingen.

Kean mußte zunächst in einem kleinen, nur kurze Zeit bestehenden Theater in der Anthony Street auftreten, da das »Park Theatre« am 25. Mai 1820 ein Raub der Flammen geworden war. Heute wird es sich nicht mehr klären lassen, ob das Feuer ein Zufall oder das Werk theaterfeindlicher Brandstifter war; immerhin brannten innerhalb von sechs Wochen drei der bedeutendsten amerikanischen Theater ab: neben dem »Park« das »Chestnut Theatre« in Philadelphia und das »Washington Theatre« in Washington.

Nach seiner Wiedereröffnung 1822 war das »Park Theatre« neuen Anfeindungen ausgesetzt. Von einem Geistlichen wurde es als »eine Hölle mit Kronleuchtern« bezeichnet, als »ein gähnender Strudel ewiger Verdammnis, dessen dunkle Fundamente auf den Seelen Hunderter Ermordeter ruhen«. Die Schauspieler mußten es sich auch gefallen lassen, daß sie nicht nur schlechte Gagen erhielten, sondern unter anderem auch vom Präsidenten der zweitgrößten amerikanischen Universität als »ein Ärgernis auf Erden und der wahre Abschaum der Menschheit« beschimpft wurden.

Das Lafayette Theatre, *Laurens Street am Broadway (1827)*

In rascher Folge lösten sich die Starschauspieler im »Park Theatre« ab; denn nur wenn sie auftraten, florierte das Theater – und so ist es fast bis heute im kommerziellen Broadway-Theater geblieben. Unter denen, die zu Idolen des Publikums wurden, gehörte schließlich auch erstmals ein gebürtiger Amerikaner. Edwin Forrest, der aus Philadelphia stammte, trat zum erstenmal als Zwanzigjähriger 1826 in New York auf und riß durch seine Darstellung des Othello die Menge zu wahrer Begeisterung hin. Kurz danach wurde ein bis dahin unbekannter Engländer namens William Charles Macready mit kaum geringerem Enthusiasmus aufgenommen. Beide sollten fast ein Vierteljahrhundert die großen Gegenspieler bleiben, deren Fehde sich in dem blutigsten Theaterskandal entlud, der je New York erschütterte.

Obwohl das Renommee des »Park Theatre« noch einige Zeit nach dem Wiederaufbau unerschüttert blieb, schwand im Laufe der Jahre sein Monopol mehr und mehr dahin. Theater schossen wie Pilze aus dem Boden der sich rasch vergrößernden Stadt, die sich bald über den City Hall Park hinaus ausdehnte. Brände freilich machten den mit Kerzen erleuchteten Theatern immer wieder viel zu schaffen; den Rekord dürfte das »Bowery Theatre« halten, ein Riesenbau an der damals noch gut beleumundeten Bowery: 1826 eröffnet, brannte es in den darauffolgenden 20 Jahren nicht weniger als viermal ab; erst das fünfte »Bowery Theatre«, das zuletzt als Kino existierte, starb 1929 eines natürlichen Todes – durch Abriß. Es ist übrigens bemerkenswert, daß dieses Theater mit 3500 Sitzen auch lange einen anderen Rekord hielt, nämlich das größte Theater der Welt zu sein.

Mehr und mehr boten die Theater gemischte Kost; nicht nur Dramen wurden gegeben, sondern auch – etwa im »Park Theatre« – die ersten Opernaufführungen in Amerika durch eine italienische Truppe, organisiert von dem in New York als Sprachlehrer lebenden Mozart-Libret-

tisten Lorenzo da Ponte. Das »Bowery Theatre« war schon durch seine Größe gezwungen, zunehmend leichte, um nicht zu sagen seichte Theaterunterhaltung zu bieten, mit der es am ehesten zu füllen war. Das »Lafayette Theatre«, 1827 eröffnet, war nur zwei Jahre lang ein ernsthafter Konkurrent des »Park Theatre«, als es abbrannte und nicht wiederaufgebaut wurde. »Niblo's Garden«, ebenfalls 1827 erbaut, war das erste »echte« Broadway-Theater, denn es wurde an der Nordostecke des Broadways und der Prince Street errichtet; es brachte in den folgenden Jahren vor allem Revuen und Vaudeville zur Aufführung.

Wie viele »echte« Broadway-Theater im Lauf der Jahre folgten, ist kaum noch festzustellen, aber es dürften mindestens 40 Häuser gewesen sein, die sich an dieser Straße befanden, zunächst unmittelbar nördlich des City Hall Park, dann mit der Nordwärtsentwicklung der Stadt bis zur 14. Straße, dann um die 23. Straße, später um die 34. Straße und schließlich am Times Square, wo es jetzt, wie schon erwähnt, nur noch fünf Theater gibt. Daneben haben sich Dutzende von Theatern in den Nebenstraßen des Broadway angesiedelt. Eine vollständige Topographie der New Yorker Theater zu erstellen ist infolge der häufigen Umbenennungen

kaum möglich, aber es waren ganz gewiß mehr als 100.

Von einem einzigen Theater haben wir in den 20 Jahren seines Bestehens nicht weniger als zehn verschiedene Namen gefunden. Dieses Theater begann seine Existenz im Jahre 1865 als »Athenaeum« – übrigens in einer umgebauten Kirche, 726 Broadway, die vor dem Umbau in ein Theater auch noch Sitz der in der Kunstgeschichte berühmten Düsseldorf Gallery gewesen war, dem ersten Ausstellungsraum für Gemälde in New York überhaupt und ausschließlich Malern der damals in New York angesehenen Düsseldorfer Schule vorbehalten. Dieses »Athenaeum« tauchte bis 1884, als es abbrannte, unter zahlreichen Namen auf: als »Broadway Athenaeum«, »Lucy Rushton's Theatre«, »New York Theatre«, »Worrell Sisters Theatre«, »Nixon's Amphitheatre«, »Fox' Broadway Theatre«, »Globe Theatre«, »National Theatre« und »New Theatre Comique«. Ob solcher Verwirrung ist es doppelt schwierig, die Gesamtzahl der New Yorker Theaterbauten festzustellen. Wir werden später noch sehen, daß New York aber trotzdem noch nie so viele Theater wie gegenwärtig hatte, da man zu den etwa 35 Broadway-Häusern noch mehr als 200 Off-Broadway- und Off-off-Broadway-Theater hinzurechnen muß.

Um wieder auf das »Park Theatre« zurückzukommen, so wurde dort auf viele Jahre hinaus Edwin Forrest der beherrschende Star, der auch in zeitgenössischen Stücken auftrat: Forrest kaufte auch anderen Autoren Stücke für einige hundert Dollar ab, zahlte ihnen dann aber keine Tantiemen, obwohl er manche Stücke jahrzehntelang spielte. Es ist müßig, Vermutungen darüber anzustellen, wieviel Geld ihm diese Stücke einbrachten, aber es müssen viele Tausende Dollar gewesen sein, während seine Autoren am Hungertuch nagten. Forrest glaubte, mit einer einmaligen Zahlung an den Autor das Seine getan zu haben, und dabei war er sogar noch großzügiger als andere Theaterkollegen, denn vor 1830 gingen die Autoren, die bis dahin größtenteils Engländer waren, grundsätzlich völlig leer aus, und selbst danach erhielten sie nicht mehr als ein Trinkgeld.

Mit dieser unerfreulichen Situation mag es zusammenhängen, daß die ersten bedeutenden Schriftsteller, die die Vereinigten Staaten hervorbrachten, nichts für das Theater schrieben, so daß die Entwicklung des amerikanischen Dramas nur sehr zögernd vorankam. Wir hörten schon von Washington Irving, der sich als gelegentlicher Theaterkritiker betätigte. Auch Edgar Allan Poe und Walt Whitman schrieben Theaterkritiken, aber beide reizte es nicht, Stücke zu schreiben. Andere Schriftsteller, die um die Mitte des Jahrhunderts von sich reden machten, wie Nathaniel Hawthorne und Herman Melville, blieben dem Theater sogar ganz fern.

Von Poe sind uns leider nicht mehr als ein paar Rezensionen erhalten geblieben, die er im Jahre 1845 für das *Broadway Journal* schrieb. Er war ein scharfzüngiger Kritiker, und es unterliegt keinem Zweifel, daß ihm an einer Verbesserung der Qualität des Theaters und des Dramas gelegen war. Immer wieder trat er für ein realistisches Bühnengeschehen ein, dessen handelnde Personen als Menschen erkennbar

Vier New Yorker Theater im 19. Jahrhundert:
das National Theatre, *Leonard Church Street (1838),*
Tony Pastor's Opera House, *Bowery (1865),*
Niblo's Garden, *Ecke Broadway und Prince Street und*
das fünfte Bowery Theatre *im Jahr 1872*
(die vier vorangegangenen waren abgebrannt)

sein sollten. Für Poe zählte es mehr, daß der Schauspieler aus seinen eigenen Beobachtungen und Erfahrungen heraus agierte, statt überlebten Theatertraditionen zu folgen. Und zu einer Zeit, da das amerikanische Drama noch nicht ernst genommen wurde, verkündete er, daß »für Amerikaner das amerikanische Schauspiel von besonderem Interesse ist«.

Poe passierte es sogar, daß er wegen einer schlechten Kritik von einem Theaterbesitzer nicht mehr zu weiteren Aufführungen eingeladen wurde: In »Palmo's Theatre« wurde Sophokles' *Antigone* mit der Musik von Mendelssohn gegeben. So etwas stieß erst wieder im 20. Jahrhundert Alexander Woolcott zu, damals Theaterkritiker der *New York Times,* dem die allmächtigen Gebrüder Shubert wegen einer schlechten Kritik keine Karten mehr schickten. Poe jedenfalls veröffentlichte den Brief des längst vergessenen Theaterdirektors in der nächsten Nummer des *Broadway Journal,* zusammen mit seiner eigenen Antwort, in der er klarstellte, daß ein Rezensent nicht für den Theaterdirektor, sondern für die Öffentlichkeit schreiben mußte – damals sicherlich keine Selbstverständlichkeit. »Wenn ein Journalist ins Theater hereingelassen wird, soll er offenbar sein Gewissen auf der Straße lassen«, schrieb Poe. »Er wird zugelassen, nicht um zu urteilen oder zu kritisieren, sondern um zu loben.« Poes Engagement war um so bedeutungsvoller, weil – in seinen eigenen Worten – Theaterkritik »in den Händen ungebildeter Quacksalber« lag.

Walt Whitman, dessen Journalisten- und Theaterkritiker-Tätigkeit bekannter geworden ist als die Poes, schrieb lange Jahre für den *Brooklyn Eagle,* noch bevor seine *Grashalme* erschienen. Whitmans Kritiken waren allerdings nicht so systematisch angelegt wie die Poes, der meistens die erste Hälfte dem Inhalt des Stücks widmete und die zweite Hälfte seinem Kommentar zu Stück und Aufführung. Whitman schrieb auch häufiger über die Gesamtlage des Theaters, und 1847, knapp zwei Jahre nach den Rezensionen Poes, donnerte er:

»Ein Fluch fast aller Theater ist das Starsystem. Schauspieler flitzen durch das Land, spielen eine Woche hier, eine Woche dort und bringen als ihre größte Empfehlung den Hauch des Neuen mit – und oft haben sie wirklich sonst nichts zu bieten. Zwischen den Auftritten dieser vielgerühmten Leute sind die Theater ziemlich leer, obwohl die Stücke und Aufführungen dann oft viel besser sind als während des Engagements eines Stars . . .

Sollte ein mutiger Mann in diesem Lande das Theater in die Hand nehmen und sich entschlossen gegen das Starsystem wenden – und er müßte ein Amerikaner sein und nicht von den Auffassungen und seit langem bestehenden Gewohnheiten des englischen Theaters geformt sein –, würde er das Drama revolutionieren, vieles von dem aufgeben, was für den Gegenwartsgeschmack und moderne Ideen nicht geeignet ist, amerikanische Talente engagieren und fördern, nicht nur jene Zuschauer zufriedenstellen, die Vulgäres und glitzernde Dekorationen lieben, uns überdies auch amerikanische Stücke geben, die amerikanischen Auffassungen und Institutionen angemessen sind, und unserer Meinung nach der Republik und letzten Endes auch sich selbst einen Dienst erweisen.«

Aber weder zu Whitmans Lebzeiten noch danach sollte dieser Mann auftauchen, wenn sich auch das kommerzielle Theater vor allem im 20. Jahrhundert trotz des Festhaltens am Star und des Verzichts auf ein Repertoiretheater zu bessern begann. Sicherlich mit Recht nahm Whitman übrigens das »Park Theatre« von seiner grundsätzlichen Kritik am amerikanischen Theater aus, obwohl auch dieses Theater fast während seines ganzen Daseins ein Startheater war. Als das »Park Theatre« kurz vor der Abendaufführung am 16. Dezember 1848 aus unbekannter Ursache niederbrannte, war Whitman nicht mehr in New York, um dem Theater einen

Das Bowery Theatre, *in dieser Radierung bis auf den letzten Platz besetzt; aufgeführt wird* Pocahontas *mit* Edwin Forrest

Nekrolog zu schreiben und damit ein Halbjahrhundert amerikanischer und New Yorker Theatergeschichte zu würdigen. Von 1848 bis 1850 war Whitman an der Zeitung *New Orleans Crescent* tätig, und als er danach wieder nach New York zurückkehrte, schrieb er nicht mehr über das Theater.

John Jacob Astor, mehr als 40 Jahre Miteigentümer des »Park Theatre«, starb 1848 im Alter von 85 Jahren; er freute sich sicherlich, wenn er wüßte, daß in der von ihm den New Yorkern gestifteten ersten öffentlichen Bibliothek, der Astor Library in der Lafayette Street, seit nunmehr fast zwei Jahrzehnten von Joseph Papp in vier durch Umbau gewonnenen Theaterräumen fast immer ungewöhnliches avantgardistisches Theater gespielt wird!

Um die Jahrhundertmitte bekam New York, das inzwischen über eine halbe Million Einwohner zählte, eine ganze Reihe neuer Theater, die das »Park Theatre« vergessen machen sollten: 1847 das »Old Broadway« oder »Broadway Theatre«, zwischen Pearl und Worth Street gelegen, mit 4500 Sitzen noch größer als das gerade mal wieder abgebrannte »Bowery Theatre«; im selben Jahr das »Astor Place Opera House«, auf einem dreieckigen Grundstück zwischen Broadway, 8. Straße und Astor Place gelegen (bis 1854); 1848 »Burton's Chambers Street Theatre« (bis 1856) und 1850 »Brougham's Lyceum«, später »Wallack's Lyceum«, Broadway und Broome Street (bis 1859), das als das führende New Yorker Sprechtheater galt, und im gleichen Jahr die »Tripler Hall«, Broadway und Bond Street, in der die Französin Rachel mit ihrer Truppe in New York erstmals auftrat und die später unter dem Namen »Laura Keene's Varieties« zum ersten New Yorker Theater unter der Leitung einer Frau wurde, dann als »Burton's New Theatre« eine längere Blütezeit erlebte.

Die kurze Lebensdauer der meisten New Yorker Theater und die oft noch kürzere Amtszeit der führenden Direktoren im ersten Jahrhundert des amerikanischen Theaters erklärt sich aus den unterschiedlichsten Umständen: Da waren die Brände, die fast 25 Theater zerstörten; der schlechte Geschäftsgang, der zur Insolvenz der Direktoren führte; die rasche Entwicklung der Stadt nach Norden, die die Aufgabe zahlreicher Unterhaltungsstätten notwendig machte; die oft profillosen Programme, die es nicht vermochten, ein Stammpublikum zu gewinnen. Und einem Theater, dem »Astor Place Opera House«, bereitete ein Skandal den Garaus, der sicherlich der größte Theaterskandal des amerikanischen Theaters überhaupt war.

Schauspielerfehde fordert Menschenleben

Skandale waren in der Frühzeit des amerikanischen Theaters keine Seltenheit – auch außerhalb New Yorks nahmen sie oft ein großes Ausmaß an. Einer der ersten dieser Skandale betraf 1825 den englischen Schauspieler Edmund Kean, den die *New York Evening Post* bei seinem Debüt fünf Jahre zuvor als den »vollendetsten Schauspieler, den wir je auf unseren Brettern gesehen haben«, bezeichnete. In der Presse sprach man vom »Kean-Fieber«, das nicht nur in New York, sondern auch in Boston ausgebrochen war. Aber die Gunst des Publikums ist wankelmütig, und als Kean ein Jahr später in Boston vor halbleeren Häusern spielen mußte, weigerte er sich aus diesem Grund, weiter aufzutreten, was nicht nur Vertragsbruch war, sondern auch als Beleidigung angesehen wurde. Als Keans Verhalten in New York bekannt wurde, wollte man ihn auch dort nicht mehr haben; und es vergingen vier Jahre, bis er wieder nach Amerika kam.

Inzwischen war auch Keans Privatleben Gegenstand heftiger Kritik geworden: Wie so viele der besten Schauspieler war auch Kean ein unverbesserlicher Trinker. Schlimmer noch: In London hatte ihn ein Richter zur Zahlung von 800 Pfund Schadenersatz verurteilt, weil er schuldig befunden worden war, eine Liebschaft mit der Frau eines Unterhausabgeordneten unterhalten zu haben. Für die Mehrheit der immer noch puritanisch denkenden New Yorker war dieses Vergehen unentschuldbar. Als Kean am 14. 11. 1825 in der Titelrolle von *Richard III.* auftreten sollte, ließ das Publikum ihn nicht zu Wort kommen. Jedesmal, wenn er auf der Bühne erschien, wurde er mit Pfiffen und Zischen empfangen. Eine aus dem Zuschauerraum auf die Bühne geworfene Orange traf ihn, und als einer seiner Anhänger sich erhob, um ihn zu unterstützen, wurde er niedergebrüllt. Die Aufführung ging dennoch weiter – als Pantomime, denn kein Wort konnte verstanden werden, und immer wieder fanden eine Orange oder ein fauler Apfel den Weg auf die Bühne. Vor dem Theater rottete sich schließlich eine Menschenmenge zusammen und drohte, es zu stürmen. Dann streifte ein auf die Bühne geworfener Sandsack Keans Schulter. Er wurde, wie ein Zeitgenosse schilderte, »immer aufgeregter und zitterte vor Wut«. In der Sterbeszene ging ein wahres Bombardement fauler Äpfel auf Kean nieder. Am darauffolgenden Tag gab Kean eine öffentliche Erklärung ab, keine Entschuldigung zwar, aber doch ein Eingeständnis seiner Fehler.

In Boston erging es Kean danach eher noch schlechter als in New York. Hier mußte die Aufführung von *Richard III.* nach dem zweiten Akt abgebrochen werden. Die Volksmenge, die sich vor dem »Federal Street Theatre« angesammelt hatte, brach in das Theater ein und zerstörte fast alles, was nicht niet- und nagelfest war. Viele Fenster wurden eingeworfen, die Leuchter kurz und klein geschlagen, und nur mit großer Mühe gelang es einigen Zuschauern, die Dekorationen vor der Zerstörung zu bewahren, indem sie sich auf die Bühne begaben. Der entstandene Sachschaden war beträchtlich, aber es wurde niemand verletzt. Als Kean dagegen ein paar Tage später wieder im »Park Theatre« in einer Benefiz-Vorstellung für eine Kollegin in der Titelrolle von *König Lear* auftrat, wurde er von den inzwischen versöhnten New Yorkern mit Bravorufen empfangen und dankte am Ende in einer kurzen Ansprache den Zuschauern. Dennoch kam er nicht mehr nach New York zurück, bis er im Alter von nur 46 Jahren starb.

Aber dieser und andere Skandale lassen sich nicht mit dem Gewaltausbruch vergleichen, in den die Fehde zwischen dem Amerikaner Edwin Forrest und dem Engländer Charles Macready mündete. Erstmals traten die beiden fast gleichzeitig in der Spielzeit 1826/27 auf: Forrest in dem als Volkstheater geltenden »Bowery Theatre« als Othello, Shylock, König Lear und Marcus Antonius; Macready in dem eher elitären »Park Theatre« als Macbeth. Beide spielten auch die Titelrolle in *William Tell,* doch nicht etwa in dem Stück von Schiller, sondern von James Sheridan Knowles, einem vergessenen englischen Autor.

Danach sollten sich ihre Wege lange Zeit nicht wieder kreuzen, bis 1836 Forrest als erster amerikanischer Schauspieler den Versuch machte, England zu erobern. Seine pure Energie überwältigte damals Zuschauer wie Kritiker. Doch als er neun Jahre später wieder nach Europa kam, stieß er plötzlich auf Schwierigkeiten, die er auf Macreadys Machenschaften zurückführte: Er konnte in Paris nicht das gewünschte Theater bekommen, das einem Freund Macreadys gehörte, und er konnte nicht die Rechte zu zwei Stücken von Edward Bulwer-Lytton erlangen, der ein anderer Freund Macreadys war. Forrest glaubte auch, von dem führenden englischen Kritiker, einem weiteren Freund Macreadys, heruntergemacht worden zu sein, und als er in London wegen seiner ungehobelten Technik ausgepfiffen wurde, vermutete der Erfolgverwöhnte eine englische Verschwörung. Sein einheiliger Triumph, den er kurz darauf im englandfeindlichen Irland erzielte, bestärkte ihn nur noch in seinem Verdacht und ließ ihn auf Rache sinnen.

Am 2. März 1846 befand sich Forrest unter den Zuschauern einer *Hamlet*-Aufführung in Edinburgh, in der Macready die Titelrolle spielte. Macreadys Manieriertheiten, seine eleganten Gesten standen im großen Gegensatz zu der Naturhaftigkeit Forrests. Während eines Monologs Macreadys wurde plötzlich ein lautes Zischen im Zuschauerraum hörbar, »wie von einer Dampfmaschine«, so schrieb später ein Schauspieler, der die kleine Rolle des Marcellus innegehabt hatte. Für den Sheriff von Edinburgh war es ein klarer Fall: Forrest war der Zischer. Und Macready vertraute daraufhin seinem Tagebuch an: »Ich glaube nicht, daß es für ein solches Verhalten eine Parallele in der Theatergeschichte gibt. Dieser blöde Bursche! Der Mann würde einen Mord verüben, wenn er es wagte.«

Forrest gab offen zu, daß er gezischt habe, aber nur, weil Macready an einer Stelle einen Tanz eingelegt hatte, den er selbst als eine Entweihung ansah, im übrigen habe er mehrfach laut geklatscht. Aber kurz danach äußerte er sich ganz anders: »Macready verschwor sich mit seinen Freunden, die ins Theater gingen, um mich auszuzischen, mehrere Monate vor der Edinburgh-Affäre . . . Er bemerkt jesuitisch, daß er bis dahin für mich nie ein Gefühl der Unfreundlichkeit empfand. Na ja, er hat für keinen Schauspieler ein Gefühl der Freundlichkeit, der möglicherweise dank seines Talents ihm den Weg verlegt.«

Das Zischen in Edinburgh, das »rund um die Welt gehört wurde«, führte dazu, daß Forrest bei seiner Rückkehr nach New York wie ein Held empfangen wurde. Als Macready bald wieder nach Amerika kam, richtete Forrest es so ein, daß er in allen Städten in benachbarten Theatern dieselben Rollen möglichst an denselben Abenden verkörperte, die auch der Engländer spielte, vor allem Hamlet, Macbeth und König Lear. Weder beim Publikum noch bei den Kritikern konnte Macready diesen Streit um die Popularität gewinnen. In Cincinnati wurde sogar ein Lammkadaver auf die Bühne geschafft, als Macready dort spielte!

Die Kontrahenten: Charles Macready als Macbeth und Edwin Forrest als Spartacus

Aber Macready ließ sich nicht entmutigen und wollte Forrest in dessen ureigener Domäne, in New York, schlagen. Er kündigte für den 7. Mai 1849 den Beginn eines vierwöchigen Gastspiels von *Macbeth* im »Astor Place Opera House« an, während Forrest – geplant oder zufällig? – am selben Abend die gleiche Rolle im »Broadway Theatre« spielte. Noch am Morgen des 7. Mai forderte die Zeitung *New York Herald* die beiden »unverschämten« Schauspieler auf, die Streitaxt zu begraben. Doch am Abend wurde Macready mit faulen Äpfeln, Zitronen, faulen Eiern und Holzscheiten beworfen, Stühle wurden von der Galerie auf die Bühne geschmissen, eine Flasche mit einem übelriechenden Baumharz (Asa foetida) segelte durch die Lüfte auf die Bühne, wo sie zerbrach. Nun war der bis dahin geduldige Macready der Ansicht, daß es genug des grausamen Spiels sei, brach die Aufführung ab und wollte New York verlassen.

Doch ließ er sich durch eine Petition umstimmen, die von 47 prominenten New Yorker Bürgern unterzeichnet worden war, darunter den Schriftstellern Herman Melville und Washington Irving, denn daß er zum Bleiben aufgefordert wurde, schmeichelte seiner Eitelkeit. Macready erklärte sich bereit, am 10. Mai wieder in *Macbeth* aufzutreten; für Forrest stand an jenem Abend das Schauspiel *The Gladiator* von Robert Montgomery Bird, einem Amerikaner, auf dem Spielplan, darin spielte Forrest die Hauptrolle des Spartakus, des Anführers des Sklavenaufstands gegen die Römer. Am Morgen des 10. Mai fanden die New Yorker überall, an Hausmauern angeschlagen, ein Flugblatt von einem »American Committee« mit der Überschrift »Arbeiter, sollen Amerikaner oder Engländer in dieser Stadt herrschen?«. Weiter hieß es: »Die Mannschaft des englischen Dampfers hat alle Amerikaner bedroht, die es wagen sollten, heute abend im englisch-autokratischen Opernhaus ihre Meinung zu äußern! Wir befürworten keinerlei Gewaltanwendung, jedoch freie Meinungsäußerung aller Menschen. Steht zu euren gesetzlich verbrieften Rechten!«

Trotz dieses Aufrufs weigerte sich die Leitung des »Astor Place Opera House«, die Aufführung abzusagen. Die Stadtverwaltung ordnete deshalb an, daß 325 Polizisten für Ruhe und Ordnung sorgen sollten, und gleichzeitig wurden 200 Mann des 7. Nationalgarde-Regiments mit 1500 Schuß Munition und zwei Kanonen in Alarmbereitschaft versetzt. Als die Vorstellung beginnen sollte, hatten sich so viele Menschen auf dem Astor Place eingefunden, daß manche der 1800 Besucher – das Haus war bis auf den letzten Platz ausverkauft – sich nicht den Weg durch die Menge zum Theatereingang bahnen konnten.

Kaum hatte Macready mit seinen ersten Sätzen begonnen, flogen vor dem Theater schon Ziegel- und Pflastersteine durch die Luft, Fenster des Opernhauses gingen entzwei, und ein Volltreffer zerstörte den Kronleuchter. Nur mit Mühe konnte die Polizei die Menschenmenge zurückdrängen, verhaftete eine Handvoll und sperrte sie in den Theaterkeller ein, wo sie vergeblich einen Brand zu legen suchten. Immer wieder versuchten neue Menschenwellen das Theatertor einzudrücken, 20 Polizisten waren bereits verletzt worden; es schien an der Zeit, die einsatzbereite Miliz zu Hilfe zu rufen. Zu Beginn des dritten Aktes trafen 50 Soldaten zu Pferde auf dem Platz ein, aber so viele Steine hagelten auf sie ein, daß kaum einer unverletzt blieb. Die Pferde gerieten außer Kontrolle, und die Infanterie rückte an. Mit gezückten Bajonetten ging sie gegen die Menge vor, und es gelang ihr, sie vom Theater abzudrängen. Aber die Massen drangen sofort wieder vor und – überzeugt, daß die Truppen keine Feuerwaffen benutzen würden – drückten die Infanterie auf die Theatermauer zurück.

Nun erschien New Yorks Oberbürgermeister Caleb Woodhull auf dem Schauplatz. Ein Milizgeneral, dem das Blut über das Gesicht lief, ersuchte um die Erlaubnis, Waffengewalt einsetzen zu dürfen, »sonst werden alle meine Leute getötet«. Nur noch 100 Soldaten standen zwischen einer auf 10 000 Personen angewachsenen Menschenmenge und dem Theater. Woodhull ersuchte um kurzen Aufschub und verschwand. Den Befehl zum Schießen gab schließlich der Sheriff, die erste Salve wurde noch über die Köpfe der Demonstranten abgefeuert. Angesichts des Lärms zog sich die Menge zurück, als sie aber merkte, daß niemand verletzt worden war, drängte sie wieder nach vorn. Der zweiten Salve fielen etwa ein Dutzend der Demonstranten zum Opfer, einer dritten weitere, aber auch Umstehende. Die Gesamtzahl der Toten ist ungewiß geblieben: Schätzungen reichen von 22 bis 31 Menschen. Von den 146 verhafteten Demonstranten wurden 136 wegen Mangels an Beweisen freigelassen. Die übrigen zehn erhielten Gefängnisstrafen bis zu einem Jahr.

Macready, der sich den Mantel eines anderen Schauspielers übergezogen hatte – nach einer anderen Version Frauenkleider –, entkam in dem allgemeinen Durcheinander und flüchtete zu Fuß in das Haus eines Freundes. Am nächsten Tag bestieg er einen Zug nach Boston, von wo er zwölf Tage später nach England fuhr, um nie wieder nach Amerika zurückzukehren.

Forrest, den die Behörden ersucht hatten, im Interesse von Ruhe und Ordnung die *Gladiator*-Aufführung abzusagen, hatte nicht eingelenkt, sondern sich auf den traditionellen Standpunkt aller Theaterleute gestellt: »The show must go on.« Es konnte nie nachgewiesen werden, ob er irgend etwas mit dem Aufstand zu tun hatte, umgekehrt wissen wir aber, daß er auch nicht das geringste tat, um den Aufruhr zu verhindern, sofern dies überhaupt in seiner Macht stand. Für ihn begann allerdings bald der Niedergang seiner Karriere, so daß er den Sieg über Macready – wenn es ein solcher gewesen sein sollte – nicht recht genießen konnte. Ursa-

Die Miliz beschießt die Demonstranten: der Höhepunkt des Kampfes vor dem Astor Opera House

che für Forrests Abstieg von der Erfolgsleiter war allerdings weniger ein Versagen seiner Darstellungskunst als vielmehr ein häßlicher Scheidungsprozeß im Jahre 1852, den seine Frau gewann. So verlor er an Popularität bei dem immer noch moralistischen Publikum, für das der Ruf des Schauspielers deutlich angekratzt war. Forrest lebte zwar noch bis 1872 und blieb bis fast an sein Ende aktiv, spielte aber nur noch selten Shakespeare und bevorzugte sichere Reißer. Er starb steinreich und hinterließ den größten Teil seines Vermögens wohltätigen Zwecken, unter anderem auch für die Schaffung eines Schauspieler-Altenheims.

Der traurige Ausgang dieser Fehde trug dem Theater wenig Freunde ein. Im Gegenteil: Neue Agitation rührte sich wieder. Wenige Monate nach den Ausschreitungen vor dem »Massacre Place Opera House« – wie es nun im Volksmund hieß – konnte man in einem New-York-Führer über die Theater der Stadt lesen: »Es ist wohl am besten, wenn man Institutionen dieser Art unerwähnt läßt, es sei denn als eine der Hauptursachen der Unmoral.« Der sonst sehr gründliche Stadtführer unterrichtete die Besucher New Yorks über kein einziges Theater.

Das »Astor Place Opera House« mußte schon im Jahre nach den Ausschreitungen seine Pforten für immer schließen. Es wurde zunächst in ein Versammlungslokal umgebaut, aber bald ganz abgerissen. Die New Yorker Elite baute sich mit der Academy of Music in der 14. Straße ein neues Opernhaus, das als einziges Theater immer auf die Unterstützung der Wohlhabenden rechnen konnte. Verärgert über die allzu reichliche Publizität dieses Elitehauses in seiner eigenen Zeitung wie auch in den anderen New Yorker Blättern schrieb der Chef der *New York Tribune*, Horace Greeley, er wolle wissen, was es koste, das neue Opernhaus abzubrennen: »Wenn der Preis nicht unverhältnismäßig hoch ist, tut es und schickt mir die Rechnung.«

Kurze Blütezeit des Repertoire-Theaters

Je mehr Theater in New York gebaut wurden, um so mehr Menschen kamen auch zu den Vorstellungen, und im Jahre 1850 schätzte eine im allgemeinen gut unterrichtete Zeitschrift, daß allabendlich mindestens 10 000 Besucher in die vorhandenen Unterhaltungsstätten strömten, die meisten davon in die Theater. Amerika hatte sich von seiner ersten Finanzkrise Ende der dreißiger Jahre wieder erholt, und – wie der ehemalige New Yorker Bürgermeister Philip Hone Ende 1839 in sein Tagebuch eintrug –: »Die Zeiten sind schwer. Geld ist sehr knapp, und die Waren sind teuer ... aber trotz allem läßt der Drang nach Unterhaltung kein Nachlassen erkennen.« Wie immer in Notzeiten suchten die Menschen, sich zu zerstreuen – und die New Yorker waren in dieser Beziehung keine Ausnahme. Wie ein anderer Beobachter damals feststellte: »Die Bewohner New Yorks lieben ihre Theater sehr. Mir sind Fälle bekannt, und es handelt sich dabei nicht um sehr wohlhabende Leute, da die Dame des Hauses es als eine Mißhandlung (!) ansieht, wenn sie nicht wenigstens einmal die Woche von ihrem Mann ins Theater geführt wird.«

Aber von wenigen Theatern abgesehen, war das, was geboten wurde, wirklich nur reine Unterhaltung: unzusammenhängende Revuen, Vaudeville und sogenannte Minstrel-Darbietungen, bei denen weiße Schauspieler, die ihre Gesichter schwarz geschminkt hatten, sangen, tanzten und spielten, wie man es sich von Schwarzen vorstellte, für die selbst Auftrittsverbot bestand. Immer noch wetterten allerdings manche Geistliche und puritanische Laien gegen das Theater. Sogar die *N. Y. Tribune*, damals eine der bedeutendsten Tageszeitungen,

veröffentlichte um die Jahrhundertmitte lange Zeit keine Theateranzeigen und meinte in ihrem redaktionellen Teil, daß »das Theater in seinem jetzigen Zustand der Gemeinschaft eher zum Nachteil als Vorteil gereicht – es ist gemein, zügellos, entwürdigend und verdirbt die guten Sitten«. Über die Schauspieler hieß es in derselben Zeitung: »Es ist eine notorische Tatsache, daß ein großer Teil jener, die zum Theater gehören, Wüstlinge und Kurtisanen sind, ein weit größerer Prozentsatz, dessen sind wir sicher, als man in einem anderen zugelassenen Beruf antreffen kann.« Und selbst der Hauptkonkurrent der *Tribune,* der *Herald* (mit dem sie sich später einmal zu einer Zeitung verschmelzen sollte), der sich alleine schon deshalb, weil er die Hauptkonkurrenz war, weitaus theaterfreundlicher gebärdete, sagte einmal mit offensichtlichem Bedauern, daß zu viele Stücke »Mord, Ehebruch, Unzucht, Brandstiftung, Lügen, Raubüberfälle und einige andere Verbrechen, die hier nicht genannt zu werden brauchen«, verherrlichen. Aber all dies vermochte nicht zu verhindern, daß das Theater als Institution von den New Yorkern inzwischen voll akzeptiert worden war – vielleicht gerade deshalb wurden solche negativen Stimmen laut.

Wenn man sich jedoch vor Augen hält, was in jener präviktorianischen Zeit als Theater geboten wurde, ist die Entrüstung vielleicht verständlich. So pachtete ein Unternehmer »Palmo's Opera House« – in dem trotz des Namens kaum einmal Opern gegeben wurden – und versprach den New Yorkern, in seinem Theater könnten sie »Männer und Frauen fast in demselben Zustand, wie Gabriel sie im Garten Eden am ersten Schöpfungstag sah«, erleben. Der große Erfolg und – vielleicht unerwarteterweise – das Nichteingreifen der Polizei hatte zur Folge, daß solche Darbietungen Schule machten. Aber als eines schönen Sonntags das »Odeon Theatre« in grober Verletzung der bestehenden sogenannten »Blue Laws«, der Gesetze zur Einhaltung des Sonntagsfriedens, eine solche Nackedei-Schau bot, drang die Polizei mit ihrem Chef an der Spitze in das Theater ein, um dieser Sache ein Ende zu bereiten, gerade als eine Szene »Laban im Hause Jakobs« mit »drei wohlgeformten Frauen in kurzen Röcken« zu sehen war. Die Zuschauer, schon erregt durch das, was sie zu sehen bekommen hatten, bewarfen die Polizisten mit allem, was sie gerade bei der Hand hatten, und die Schauspieler mischten sich von der Bühne aus ein, aber die Polizei behielt letzten Endes doch die Oberhand. Aber weiter passierte nichts, am darauffolgenden Montag spielte das »Odeon« wieder, und aufgrund der Zeitungsberichte über den Vorfall hatte es noch mehr Zulauf als zuvor. Andere Theater bemühten sich, das »Odeon« noch zu überbieten, »immer mehr Nacktheit und immer weniger Bekleidung« war die Parole, wie sich eine Zeitung ausdrückte, aber endlich sah sich die Stadtverwaltung doch veranlaßt, diesem Spuk ein Ende zu machen, und verfügte die Schließung sämtlicher Nackedei-Theater.

Doch das waren einzelne Auswüchse. Andere Theater bemühten sich, den New Yorkern dramatische Kunst zu bieten, von einer immer größeren Zahl ausgezeichneter Schauspieler dargestellt, unter denen sich mehr und mehr Amerikaner befanden. Theater wie »Broughams«, später »Wallack's Lyceum«, »Burton's Chambers Street Theatre«, »Laura Keene's Varieties« und endlich »Wallack's Theatre« begründeten den soliden Ruf des New Yorker Theaters, dem natürlich zu dieser Zeit und noch lange danach gute amerikanische Stücke fehlten. Da auch außerhalb New Yorks zahlreiche Theater erbaut worden waren und so die Bewohner anderer Städte ebenfalls mit dem Theater immer vertrauter werden konnten, war es fast selbstverständlich, daß New-York-Besucher die genannten Theater frequentierten – schon um diese Zeit vergaßen die am Broadway entstehenden Hotels nicht, in ihrer Reklame darauf hinzuweisen, daß sie sich in der Nähe aller »wichtigen« Theater befanden, so wie auch heute noch die Nähe zum Times Square einen offenbar guten Werbeeffekt hat. Es sollte in diesem Zusammenhang auch noch erwähnt werden, daß alle diese Theater ihr eigenes festes Ensemble hatten.

Daß der Broadway als die bestgeeignete Straße zur Errichtung neuer Theater erschien, hatte seine guten Gründe. Er war um die Jahrhundertmitte schon bis zum Union Square gepflastert und war auch die erste und für längere Zeit die einzige Straße mit Laternen, so daß man es wagen konnte, dort auch noch nach Einbruch der Dunkelheit spazierenzugehen. Hier verkehrten auch die ersten Pferde-Omnibusse, und die Schweine, deren Freßgier zur Müllbeseitigung eingesetzt wurde, verschwanden zuerst von dieser Straße. Vornehme Ladengeschäfte und die besten Hotels der Stadt, die ersten Kaufhäuser sowie gute Restaurants und Kaffeehäuser, sie alle befanden sich am Broadway – kein Wunder, daß er etwa um 1850 die bedeutendste New Yorker Theaterstraße wurde. Hinzu kam eine weiterhin rasche Bevölkerungszunahme, vor allem durch irische und deutsche Einwanderer, so daß sich die Einwohnerzahl New Yorks innerhalb von nur 20 Jahren bis 1870 von 500 000 auf über eine Million verdoppelte. In diesen zwei Jahrzehnten dehnte sich New York rascher nach Norden aus als in den bisherigen fast zweieinhalb Jahrhunderten seiner Geschichte.

Reichte die Stadtbebauung um die Jahrhundertmitte erst bis etwa zum Union Square, so war 20 Jahre später dieser Platz bereits die geographische Mitte der Stadt, d.h., New York erstreckte sich dann schon bis etwa zur heutigen

42. Straße. 1854 kam es zu einer zweiten wirtschaftlichen Depression, deren Folgen aber dadurch verringert wurden, daß – wie leider immer zu Kriegszeiten – der Bürgerkrieg von 1861 bis 1865 eine neuerliche Hochkonjunktur brachte. Das ungezügelte Wachstum führte allerdings zum Bau minderwertiger Häuser für die Massen, zu verschärften sozialen Spannungen, zu einer Minderung der Lebensqualität, zu Ausschreitungen und schweren Zusammenstößen sich bekämpfender Banden. Hinzu kam, daß New York eine völlig korrupte Stadtverwaltung hatte, der weniger das Wohl der Bürger am Herzen lag als der Wunsch, in die eigenen Taschen zu wirtschaften. Als die Situation sich immer mehr zuspitzte, griff der Staat New York ein und schuf eine neue Polizei, die die alte, ein reines Machtinstrument des jeweiligen Bürgermeisters, ablöste. Endlich bekam New York auch eine Berufsfeuerwehr (1866), nachdem die freiwilligen Feuerwehren das Vertrauen der Bürger verloren hatten. Es verdient auch festgehalten zu werden, daß die letzte Epidemie, eine Choleraepidemie, die Stadt im Jahre 1849 heimsuchte.

Das Gesicht des Broadway veränderte sich allmählich dadurch, daß er mehr und mehr seinen Charakter als Wohngegend verlor. Auch daran hatte die Nordwärtsentwicklung der Stadt ihren Anteil: Erst verschwanden die Wohnhäuser am unteren Broadway, etwa von der Battery bis zur City Hall, dann die Häuser bis zum Union Square (erst in unseren Tagen sind durch die Umwandlungen zahlreicher Bürohäuser und Fabriken in Wohnhäuser wieder zahlreiche Broadway-Bewohner unterhalb des Union Square anzutreffen). Das Ende des »Park Theatre« nach fünfzigjähriger Existenz am Südende des City-Hall-Parks führte schließlich dazu, daß sich die neuen Theater rasch über den Broadway ausbreiteten.

Im letzten Viertel des 19. Jahrhunderts verschob sich das geographische Zentrum der Stadt noch weiter nach Norden, vom Union Square (14. Straße) zum Herald Square (34. Straße), und zu Beginn des 20. Jahrhunderts nochmals bis zum Times Square (42. Straße). Um 1875 galt die Strecke von der 23. bis zur 34. Straße als das Herzstück New Yorks; hier siedelten sich die neuen Theater an, und mit ihnen zogen auch die Geschäfte, Restaurants und Hotels. Neben dem Broadway wurden auch die 5. und 6. Avenue in diesen neuen Bereich einbezogen: An der 5. Avenue ließen sich die vielen Reichen ihre Stadtpaläste bauen, und in der 6. Avenue fand man die größeren Kaufhäuser. Fast alle ernst zu nehmenden Theater befanden sich nun in dieser Gegend, und nur an der Bowery und in einigen Seitenstraßen blieben einige der älteren zurück. Vielleicht mit noch größerer Berechtigung konnte man jetzt von der Entwicklung eines Theaterbezirks sprechen, vergleichbar etwa dem Londoner »West End«. In den siebziger Jahren zählte man 14 solcher Theater; ihre Zahl vermehrte sich rasch entsprechend der rasanten Bevölkerungszunahme.

Wohlgemerkt: Nicht alle Theater befanden sich zu dieser Zeit am Broadway, aber die meisten wurden dort neu eröffnet. James Wallack, dessen gleichnamiger Vater einer der frühen, aus England eingereisten Stars des »Park Theatre« gewesen war, eröffnete sein erstes Theater, »Wallack's Lyceum«, 1852 an der Broome Street, 485 Broadway, und betrieb es neun Jahre lang. Allgemein wurde es schon bald als die führende New Yorker Bühne anerkannt. 1861 zog Wallack den Broadway aufwärts bis zur 13. Straße, wo er bis zu seinem Tode 1873 (und danach sein Sohn Lester Wallack) das nach ihm benannte Theater betrieb, das trotz wachsender Konkurrenz 20 Jahre lang seinen Ruf als das bedeutendste Sprechtheater New Yorks weiter festigen konnte. Doch Lester Wallack empfand schließlich das Bedürfnis, den inzwischen weiter nach Norden gehenden Zug mitzumachen, er gab sein Theater auf (das dann mehrere Jahre von einer deutschsprachigen Gruppe bespielt

wurde) und baute 1882 ein neues, das dritte »Wallack's Theatre«, Ecke Broadway und 30. Straße, das sich in unmittelbarer Nähe anderer Theater (gegenüber lag »Daly's Theatre«, von dem wir noch hören werden, und das »Brighton Theatre«, einen Block entfernt »Weber and Field's Music Hall« und die »San Francisco Music Hall«) und mehrerer Hotels befand. Lester Wallack setzte die erfolgreiche Tradition seines Theaters fort, bis er sich 1885 wegen angegriffener Gesundheit zurückziehen mußte (übrigens gab es noch ein viertes »Wallack's Theatre« 40 Jahre später in der 42. Straße, aber es hatte nichts mehr mit der Theaterfamilie zu tun, sondern trug nur sieben Jahre, von 1924 bis 1931, deren Namen und wurde schließlich ein Kino).

Der Mann, der Wallack's Theater 1885 übernahm und ihm den Namen »Palmer's Theatre« gab, war Albert Palmer, einer der wenigen Theaterdirektoren der damaligen Zeit, der nicht vom

Theater herkam, dessenungeachtet aber nicht weniger erfolgreich war. Er hatte seine Laufbahn als Theaterdirektor im Jahre 1872 begonnen, als ihm der Besitzer des Union Square Hotel das angebaute, gleichnamige Theater überließ. Dort stellte Palmer eine ausgezeichnete Truppe zusammen und bot neben Wallack und Daly hervorragendes Theater. Ein vierter im Bunde, Steele MacKaye, tat sich durch technische Neuerungen und ein interessantes Repertoire im »Madison Square Theatre« hervor, das ebenfalls an ein Hotel, nämlich das in der Geschichte New Yorks berühmte Fifth Avenue Hotel, angebaut war. MacKaye betrieb dieses Theater zwölf Jahre lang, siedelte dann, einen Block ostwärts, in das an der 4. Avenue gelegene neue »Lyceum Theatre« um, das als erstes über elektrisches Licht verfügte. Die elektrische Installation war übrigens persönlich von Thomas Edison, einem Freund MacKayes, überwacht worden. Aber typisch für New York: Trotz seiner technischen Neuerungen wurde das »Lyceum Theatre« nur 17 Jahre alt und 1902 wieder abgerissen.

Augustin Daly, einer der einflußreichsten Theaterleute des ausgehenden 19. Jahrhunderts, war volle drei Jahrzehnte, von 1869 bis 1899, als Theaterdirektor tätig und leitete zugleich auch das letzte Ensembletheater, das es im kommerziellen New Yorker Theater gab. Er hatte als Theaterkritiker begonnen, aber von Anfang an war es sein Ziel gewesen, einmal ein eigenes Theater zu besitzen, in dem er seine Ideen verwirklichen konnte. 1869 gelang es ihm, das nach seinem Wiederaufbau von MacKaye geleitete »Madison Square Theatre« zu pachten, das damals erst sieben Jahre alt war. Nach dem Hotel, an das es angebaut wurde, hieß dieses Theater auch »Fifth Avenue Theatre«, und Daly benannte es, dem Brauch der Zeit folgend, in »Daly's Fifth Avenue Theatre« um. Er engagierte ein aus etwa 30 Darstellern bestehendes Ensemble, erfahrene und auch jüngere Kräfte, mit denen er zunächst mehrere Komödien Shakespeares aufführte. Für Daly war das Theater zu Anfang ein Vabanquespiel, denn er besaß nur ein paar hundert Dollar Kapital und mußte jährlich 25 000 Dollar Pacht entrichten. Es stellte sich auch schnell heraus, daß mit Shakespeare trotz ausgezeichneter Besprechungen das erforderliche Geld nicht einzuspielen war, dennoch war Daly erfolgreich. Noch in seiner ersten Spielzeit brachte er eine Eigenbearbeitung von Sardous *Frou-Frou* heraus, ein Stück, das – für damalige Zeiten eine unglaublich lange Laufzeit – mehr als hundertmal aufgeführt werden konnte. Da Daly gleichzeitig auch noch Tantiemen kassierte, hatte er zunächst keine finanziellen Probleme. Aber die vierte Spielzeit hatte kaum begonnen, als das Theater am Neujahrstag 1873 abbrannte. Doch schon drei Wochen später hatte Daly wieder ein neues Theater, »Daly's Broadway Theatre«, 728 Broadway, das aber zu weit südlich lag, so daß er es nach eini-

gen Monaten wegen des geringen Zulaufs wieder aufgab. Danach vergingen fünf Jahre, bis Daly wieder ein neues Theater in Betrieb nehmen konnte: Er nannte es schlicht »Daly's Theatre«. Es befand sich am Broadway und der 30. Straße, wo damals – wie wir gesehen haben – die größte Konzentration von Theatern anzutreffen war. Der Bau war ursprünglich als Museum errichtet und erst 1868 in ein Theater umgewandelt worden.

In den nächsten 20 Jahren erlebte Daly seine Glanzzeit, auch wenn sich das Ensembletheater schon im Niedergang befand. Daly war der letzte Theaterdirektor, der an dieser Theaterform festhielt und dem es gelang, einige der bedeutendsten Schauspieler um sich zu scharen, so Ada Rehan, Fanny Morant, Clara Morris, Maxine Elliott und John Drew, Charles Fisher, Herbert Gresham, James A. Herne, James Lewis und Otis Skinner – alles glanzvolle Namen, die Daly auch in einem entsprechend glanzvollen Rahmen herausstellte, da für ihn die Ausstattung ein ganz wichtiger Bestandteil der Aufführung war. Komödien waren der Schwerpunkt von »Daly's Theatre«, sehr viele von Shakespeare, darunter auch die erste ungekürzte Aufführung von *Der Widerspenstigen Zähmung,* die es in New York zu sehen gab. Darüber hinaus wurden auch französische und deutsche Komödien aufgeführt, die Daly selbst bearbeitete. Er ließ sich von Sprachkundigen Rohübersetzungen anfertigen, die ihm dann als Grundlage für seine Adaptationen dienten. Man hat nicht weniger als 65 französische Komödien, darunter allein zwölf von Sardou, und 42 deutsche Lustspiele und Schwänke gezählt, für die Daly englische Bearbeitungen hergestellt hat. Da er die Titel meist völlig veränderte, die Originalautoren nicht nannte und die Bearbeitungen nicht drukken ließ, ist es bisher noch nicht gelungen, eine vollständige Liste der Adaptationen mit den dazugehörigen französischen bzw. deutschen Vorlagen zusammenzustellen. Auf viele der Stücke

Augustin Daly, der letzte Theaterdirektor, der in New York ein festes Ensemble hatte, ein Jahr vor seinem Tod 1898 aufgenommen

Das Fifth Avenue Theatre *am Broadway, zwischen 29. und 30. Straße, in dem Augustin Dalys Ensemble auftrat* war Daly offenbar erst durch Aufführungen an französischen und deutschen Theatern in New York aufmerksam geworden, in die er seine »Spitzel« entsandte.

Die Bearbeitung französischer Stücke sowohl in England wie auch in Amerika hatte eine lang zurückreichende Tradition, während sich kaum ein Amerikaner bisher um das deutsche Drama oder Lustspiel gekümmert hatte, abgesehen von Dunlap, der ein Dutzend Stücke von Kotzebue (aber auch Schillers *Räuber*) im »Park Theatre« herausgebracht hatte. Im Gegensatz zu den früheren Theaterdirektoren machte Daly übrigens den Autoren des Originals eine Zahlung – nicht sehr viel, aber doch in den meisten Fällen ein paar hundert Dollar.

Trotz einer in den sechziger Jahren eingetretenen Verbesserung der internationalen Urheberrechts-Gesetzgebung war diese immer noch so durchlässig, daß Raubaufführungen europäischer Stücke bis Daly an der Tagesordnung waren. Fast immer jedoch verschwieg auch Daly auf dem Theaterzettel die Namen der Schriftsteller, die die ursprüngliche Übersetzung für ihn machten. Oft diente ihm auch eine in England aufgeführte Version eines französischen Stückes als Grundlage seiner Bearbeitung, und in solchen Fällen bezahlte er nichts. Die Übersetzer übrigens, die oft selbst Stückeschreiber waren, konnten mit ihren Übersetzungen meist mehr Geld verdienen als mit einem von ihnen verfaßten eigenen Stück. »Warum soll ich für die Aufführungsrechte eines unbekannten, noch nicht erprobten Stückes mehr bezahlen als für die Übersetzung eines ausländischen Stükkes, von dem ich weiß, daß es in seinem Ursprungsland bereits ein Erfolg war«, äußerte sich ein zeitgenössischer Theaterleiter.

Auch unter Daly war der Stil der Schauspieler noch weitgehend von der englischen Schule beeinflußt, wenn auch die überwiegende Mehrzahl seiner Darsteller nunmehr Amerikaner waren. Im Tragischen war der englische Stil dadurch gekennzeichnet, daß er das Pathetische unterstrich – in feierlicher Sprache, mit weit ausholenden Gesten und großer Manieriertheit der Bewegungen. Auch in den Komödien gelang es Dalys Ensemble, den für die Briten so typischen Ton des Unterspielens zu treffen. Nicht selten hatte Daly allerdings Probleme mit seinen Schauspielern und Schauspielerinnen, und nicht wenige sind oft vor Vertragsablauf aus seinem Ensemble ausgeschieden. Was damals dem Theater offensichtlich fehlte, war der naturalistische Stil, der sich in Europa schon vor dem Ende des Jahrhunderts durchgesetzt hatte. Als das neue Jahrhundert heraufdämmerte, war Daly tot und mit ihm auch der Ensemblegedanke zu Grabe getragen. Die Manager, die ihm folgten, etwa David Frohman, der Dalys Theater übernahm und noch bis 1902 weiterführte, und David Belasco, hatten ganz andere Ideen für das Theater.

Die Brüder Booth – Hamlet-Darsteller und Präsidentenmörder

Zu den großen Schauspielern, die in der zweiten Hälfte des 19. Jahrhunderts die Amerikaner ins Theater lockten, gehörten neben dem noch immer aktiven Edwin Forrest vor allem Joseph Jefferson, Edwin Booth, Julia Marlowe und E. H. Sothern, auch Minnie Maddern Fiske und im Vaudeville vor allem Lillian Russell und Fannie Ward. Aber es besteht Einmütigkeit darüber, daß Booth unter ihnen nicht nur der bedeutendste war, sondern auch als der größte Schauspieler des amerikanischen Theaters überhaupt anzusehen ist. Nur einer hätte ihm gefährlich werden können, der offenbar noch begabter war als er, dessen Karriere aber ein frühes selbstverschuldetes Ende nahm: sein Bruder John Wilkes Booth, der – man möchte fast sagen, seinem Beruf treu – im Ford-Theater in Washington Präsident Abraham Lincoln erschoß, den ersten von vier US-Präsidenten, die eines gewaltsamen Todes starben.

Vater Booth, mit den römischen Vornamen Junius Brutus geschmückt (und belastet), war in den zwanziger Jahren aus England nach Amerika gekommen. Seinem siebten von insgesamt zehn Kindern hatte er zur Ehrung des großen Forrest den Vornamen Edwin mit auf den Weg gegeben. Doch auch Booth senior war der Trunksucht verfallen – beinahe eine Berufskrankheit der großen Schauspieler. Und nicht nur das, es gab bei ihm auch Zeiten weitgehender Trübung und Verwirrung seines Geistes, so daß er immer wieder Aufführungen absagen mußte. Wäre er nicht ein solches Zugpferd für die Theaterdirektoren gewesen, sie hätten sich nicht so lange von seiner Unverläßlichkeit terrorisieren lassen. Sohn Edwin hatte schon mit 16 Jahren auf der Bühne gestanden und kleinere

Shakespeare-Rollen an der Seite seines Vaters gespielt. Sein erster großer Auftritt kam, als Junius Brutus, wieder einmal an den Folgen des Alkohols leidend, am 31. März 1851 Edwin an seiner Stelle ins Theater schickte, um für ihn aufzutreten. Edwin übernahm die Titelrolle in *Richard III.,* einem Stück, in dem er noch nie aufgetreten war, und führte die Rolle erfolgreich zu Ende. Aber am nächsten Abend war Vater Booth wieder »fit«, um nun seinerseits Richard III. darzustellen. Heutige Kritiker würden es sich gewiß nicht entgehen lassen, eine vergleichende Studie zwischen Vater und Sohn anzustellen, aber keine der zwölf Tageszeitungen, die es damals in New York gab, berichtete etwas über diese denkwürdigen Aufführungen im »Chatham Theatre« – allerdings war auch keine Ankündigung von der »Umbesetzung« erfolgt.

Bis aber der junge Booth seinen ersten großen Erfolg in New York einheimsen konnte, vergingen noch sechs Jahre, die er schauspielernd in Kalifornien (die Schiffsreise von New York nach San Francisco dauerte vier Monate, von März bis Juli 1852), Australien und Hawaii verbrachte. Das anstrengende, mit vielen unbequemen Reisen verbundene Tourneetheater ließ Edwin Booth in den Fehler seines Vaters verfallen: Auch er wurde alkoholsüchtig. Erst 1857 kehrte er nach New York zurück und errang in »Burton's New Theatre« am Broadway einen diesmal auch von der Presse registrierten Erfolg, wieder in der Titelrolle von *Richard III.* Innerhalb von knapp vier Wochen trat er noch als Shylock, König Lear, Romeo, Hamlet, Jago und in vier weiteren Stücken auf. Während der nächsten vier Jahre gastierte Edwin immer wieder in demselben Theater und konnte mit der Zeit auf ein Stammpublikum rechnen. Mehr Geld konnte er allerdings auf Tourneen verdienen, und Booth schien ein unermüdlicher Reisender zu sein.

»Burton's New Theatre« war inzwischen in »Winter Garden« umbenannt worden, und 1864 wurde Booth selbst Miteigentümer des Theaters. Glanzvolle Shakespeare-Aufführungen waren an der Tagesordnung, und fast immer gelang es Booth auch, nicht mit König Alkohol im Arm ins Theater zu kommen. Einmal jedoch schrieb der *New York Herald*: »Selten haben wir erlebt, daß Shakespeare so umgebracht wurde wie während der letzten zwei Wochen. Es wäre besser gewesen, das Publikum durch die Schließung des Theaters zu enttäuschen, statt Herrn Booth auftreten zu lassen, wozu er überhaupt nicht imstande war.« Am 25. November 1864 fand im »Winter Garden« eine einmalige, denkwürdige Aufführung von *Julius Cäsar* statt, in der Edwin Booth den Brutus, sein um zwölf Jahre älterer Bruder Junius Brutus jun. den Cassius und sein um sechs Jahre jüngerer Bruder John Wilkes den Marcus Antonius darstellte. Es handelte sich um eine Benefizvorstellung, für die der Preis der teuersten Sitze auf 5 Dollar erhöht worden war; unter anderem sollten aus dem Erlös die Mittel für ein Shakespeare-Denkmal im neuen Central Park aufgebracht werden. Es war das einzige Mal, daß die drei Brüder gemeinsam auftraten, und das Haus war voll.

Gerade um diese Zeit war der Bürgerkrieg in ein entscheidendes Stadium geraten, und John Wilkes, im Gegensatz zu seinen Brüdern ein fanatischer Anhänger der Südstaaten, bangte um deren Schicksal, da sich das Kriegsglück dem Norden zuwandte. Ohne daß die Öffentlichkeit dies wußte, war John Wilkes schon seit Jahren ein Anhänger der Südstaaten gewesen, unter anderem hatte er einen Chinin-Schmuggelring aufgezogen, um das gegen Malaria bewährte Medikament durch die von den Unionsstaaten verhängte Blockade in den Süden zu schaffen. Schon 1863 hatte John Wilkes eine Entführung Lincolns geplant, im letzten Moment aber von seinem Vorhaben abgelassen. Doch am 15. April 1865, am Tag vor Ostern, war er zur Tat entschlossen. In »Ford's Theatre« in Washington wurde Tom Taylors Komödie *Our American Cousin* mit der berühmten Laura Keene gegeben, die das Stück schon Hunderte Male gespielt hatte. Lincoln und seine Frau sowie der siegreiche General Grant (er hatte zwölf Tage zuvor Richmond, die Hauptstadt Virginias, eingenommen) und dessen Frau sollten der Aufführung beiwohnen. Die Grants ließen sich entschuldigen, aber die Lincolns gingen. Während einer Szene, da nur eine Schauspielerin auf der Bühne stand, stahl sich John Wilkes in die Präsidentenloge, näherte sich von hinten mit gezücktem Degen dem Präsidenten, rief die Worte aus, die Brutus dem Julius Cäsar entgegenschleuderte (und die auch das Motto des Staates Virginia waren): »Sic semper tyrannis«, und gab mehrere Schüsse aus seinem Revolver auf ihn ab.

Anschließend schwang sich John Wilkes von der Loge auf die Bühne, die erregte Menge erhob sich, doch in der allgemeinen Verwirrung entkam der Attentäter durch den Bühnenausgang. Vier Tage später wurde er auf einem Bauernhof in Virginia entdeckt, wo er sich versteckt hielt, und von den Truppen, denen er bei der Verhaftung Widerstand leistete, erschossen. Lincoln war in ein dem Theater gegenüberliegendes Haus gebracht worden und nur wenige Stunden nach dem Attentat gestorben.

Edwin Booth als Jago in Shakespeares Othello

Edwin Forrest wurde noch am selben Abend die Nachricht von John Wilkes' Untat von einem Kollegen überbracht, der aber die Richtigkeit der Meldung bezweifelte. »Ich glaube es schon«, erklärte dagegen Forrest, aus tiefem Schlaf im Hotel Metropolitan am Union Square geweckt, »alle diese gottverdammten Booths sind verrückt.« Edwin Booth hielt sich zum Zeitpunkt des Mordes bei einem Gastspiel in Boston auf, das er sofort abbrach. Fast ein Jahr lang lebte er in völliger Zurückgezogenheit, ohne ein einziges Mal aufzutreten. Die ganze Familie litt monatelang unter der Sippenhaftung, die ihr die Presse anhängen wollte, Edwin und seine Geschwister konnten sich vor Drohbriefen nicht mehr retten. Der älteste Bruder Junius Brutus wurde vorübergehend sogar verhaftet, bei Edwin bedurfte es der Fürsprache hochstehender Freunde, um ihn vor einem solchen Schicksal zu bewahren. Aber dennoch traute auch er sich tagsüber nicht auf die Straße, sein Haus in der 19. Straße West stand wochenlang unter Polizeiaufsicht, und nur gelegentlich wagte er es, nach Einbruch der Dunkelheit für ein paar Minuten auszugehen, um frische Luft zu schöpfen. Die Familie Booth trug lange Zeit eine Art Kainsmal.

Die leicht erregbaren Amerikaner ließen sich von dunklen Hintermännern offenbar sogar zu Demonstrationen mißbrauchen, sie marschierten durch die Straßen New Yorks mit dem immer wiederholten Ruf: »Verhaftet alle Schauspieler!« Und tatsächlich fühlten sich die Schauspieler bedroht, denn noch Wochen nach dem Attentat sammelten sich vor den Bühneneingängen einiger Theater Menschenmengen an, die nichts Gutes verhießen. Schließlich postierten sich auch dort Polizisten.

Für den 3. Januar 1866 wurde Edwins erstes Auftreten nach der Ermordung Lincolns angekündigt. Der *New York Herald* spottete: »Soll Cäsars Ermordung aufgeführt werden? Wird Booth als der Mörder Cäsars auftreten? Das

wäre wohl die passendste Rolle.« Tatsächlich sollte aber eine Hamlet-Aufführung gegeben werden, und der »Winter Garden« war bis auf den letzten Platz ausverkauft. Booth wollte ursprünglich auf seinen Auftritt in der Titelrolle verzichten und saß unter den dänischen Höflingen. Doch kaum hatten ihn die Zuschauer erblickt, als sie von ihren Sitzen aufsprangen und ihn hochleben ließen. Als die Zurufe nicht nachließen, erhob sich Booth-Hamlet langsam von seinem Stuhl und verbeugte sich tief, tiefer jedenfalls, als er es zu tun gewohnt war, wenn er am Ende einer Aufführung den Beifall entgegennahm. Einige Beobachter wollen Tränen in seinen Augen gesehen haben. Ein Jahr später, im Januar 1867, spielte er Hamlet zum 100. Male, was vor ihm noch nie ein Schauspieler auf einer amerikanischen Bühne getan hatte. Zwei Monate nach dieser Aufführung wurde auch der »Winter Garden« ein Raub der Flammen, und Booth verlor seine gesamten Kostüme. Daß Brandstiftung vorlag, konnte wie bei fast allen New Yorker Theaterbränden nicht bewiesen werden.

Booth sah in dem Brand ein Zeichen dafür, einen schon seit einiger Zeit gehegten Plan endlich zu verwirklichen: ein Theater zu errichten, das seinen Namen tragen und ihm ermöglichen sollte, seine Wandertheater-Tätigkeit auf ein Minimum zu beschränken. Aber um den Bau finanzieren zu können, mußte Booth gerade das tun, was er aufgeben wollte: wieder auf Tournee gehen. Denn sein angesammeltes Kapital von knapp 50 000 Dollar reichte kaum für den Baubeginn aus; zwar hatte er einen Partner und einen Geschäftsführer gefunden, aber ersterer machte nicht die versprochenen Zahlungen (das Grundstück Ecke 6. Avenue und 23. Straße kostete allein schon 165 000 Dollar) und letzterer, ein Schwager seiner verstorbenen ersten Frau, war – gelinde gesagt – untüchtig. Deshalb blieb Booth nichts anderes zur Geldbeschaffung übrig als Gastspielreisen. Er trat in großen und kleinen Städten des Mittelwestens und Südens auf und begeisterte die Zuschauer, aber fast alles Geld, das er verdiente – und im Laufe der nächsten Jahre war es eine halbe Million Dollar –, mußte zur Abdeckung der für den Theaterbau eingegangenen Schulden ebenso rasch ausgegeben werden, wie er es verdiente. Dieser Betrag hätte zwar für den ganzen Bau reichen sollen, aber noch ehe das Haus Ende 1868 fertig war, hatten die Gesamtkosten sich schon verdoppelt. Das »Booth's Theatre« war das kostspieligste, das bis dahin in New York errichtet worden war, und Booth mußte weiter spielen und spielen und spielen, um den fälligen Zinszahlungen nachzukommen.

Als der Bau der Fertigstellung entgegenging, war Booth erst 35 Jahre alt, aber mehr als die Hälfte dieser Zeit hatte er schon auf den Bühnen des Landes gestanden. Nun wollte er endlich exemplarisches Theater machen und auch dem gegen ihn erhobenen Vorwurf begegnen, die Aufführungen im »Winter Garden« hätten immer darunter gelitten, daß er sich mit einem unzureichenden Ensemble umgeben hatte. In der Zeitschrift *Century* war um diese Zeit zu lesen: »Es ist wohl nicht zuviel verlangt, wenn man sagt, Herr Booth solle darauf bestehen, daß der Mann, der den Richmond (in *Richard III.*) spielt, die englische Sprache beherrschen soll, daß Antonio (im *Kaufmann von Venedig*) das Taschentuch nicht völlig außer acht läßt ... und daß Ophelia gesagt wird, daß sie keine singende Kammerzofe ist. Wenn er uns in dem neuen Theater für jede Shakespeare-Rolle einen intelligenten Schauspieler engagiert, wenn die Höflinge, die mit gefalteten Armen herumstehen, auch wirklich Höflinge und nicht Tölpel sind, dann schuldet die Welt ihm Dank, den sie gerne in Ehren, Lobpreisungen und Geld abstatten wird.«

Außenansicht des Booth's Theatre *an der 23. Straße, zwischen 5. und 6. Avenue*

Booth bemühte sich zwar sehr, aber es gelang ihm nicht, diesen Idealzustand zu erreichen. Schon in der Eröffnungsvorstellung von *Romeo und Julia* am 3. Februar 1869 war es offenkundig, daß Booths Romeo keine ebenbürtige Julia gegenüberstand. Verstand und Herz mögen hier bei Booth miteinander gekämpft haben, und wer will ihm übelnehmen, daß das Herz die Oberhand gewann und er die Rolle – wie die fast aller tragenden weiblichen Shakespeare-Rollen – seiner späteren zweiten Frau Mary McVicker übertrug, von der ein Kritiker sagte: »Hätte sie sich entschlossen, irische Mädchen in Schwänken zu spielen, wäre sie erfolgreich gewesen.« Da nützten auch die für damalige Zeiten atemberaubenden Dekorationen und die kostbarsten Kostüme nichts, wenn auch die 2000 Zuschauer, die zur Eröffnung gekommen waren, mit Beifall nicht sparten.

Dennoch gelang es dem Theater, in den ersten Jahren mit Gewinn zu spielen, wenn dieser auch selten 100 000 Dollar pro Jahr überstieg, was gerade ausreichte, um die noch immer nicht ganz abgedeckten Schulden zu bezahlen. Denn Booth war keineswegs nur sein einziger Star, und Shakespeare war nicht die einzige Kost, die er seinem Publikum bot. Und vielleicht hätte Booth es trotz der undurchsichtigen Geschäftsführung, von der er nichts verstand und die er voll und ganz anderen überließ, geschafft, wäre nicht im Jahre 1873 wieder eine der zyklischen Wirtschaftskrisen ausgebrochen, die die kapitalistische Welt von Zeit zu Zeit heimsuchen. So mußte Booth im fünften Jahr seiner Direktion den Konkurs erklären: Seine Passiva wurden mit 200 000, seine Aktiva mit 10 000 Dollar angegeben. Der große Traum des größten amerikanischen Schauspielers seiner Zeit war geplatzt.

»Booth's Theatre« ging in andere Hände über. »Er war ein Träumer«, bestätigte William Winter in der *Tribune,* damals der angesehenste amerikanische Kritiker und zugleich ein kritischer Freund von Edwin Booth. »Das Temperament, das ihn befähigte, ein guter Hamlet zu sein, machte ihn für praktische Dinge ungeeignet ... In allen Perioden seines Lebens sah ich Hamlets Neigung am Werk, alle Dinge als vergänglich und unwichtig anzusehen und alles treiben zu lassen.«

Der Rest ist rasch erzählt, obwohl Booth noch 20 Jahre zu leben hatte. »Sein« Theater bestand weiter, gelegentlich trat er dort auch wieder als Gast auf, die Direktoren wechselten rasch, neue Stars kamen auf: Adelaide Neilson, Clara Morris, Charlotte Cushman, Lawrence Barrett, Charles Vandenhoff, Maurice Barrymore, die große Polin Helena Modjeska. Die beiden letzteren spielten in der Abschiedsvorstellung, am 30. April 1883, *Romeo und Julia,* dasselbe Stück, das zur hoffnungsvollen Eröffnungspremiere gegeben worden war. »I say to Booth's Theatre, fare-well«, diese Worte Modjeskas nach dem letzten Vorhang waren die letzten Worte, die in diesem Theater gesprochen wurden. Es wurde versteigert, der Fundus wurde in ein anderes Theater überführt, das Innere herausgerissen und das ehemalige Theater in ein Kaufhaus umgebaut.

Booth war gezwungen, sein Wanderleben wiederaufzunehmen, wenn er auch mit ziemlicher Regelmäßigkeit in verschiedenen Theatern in New York auftrat, wo ihm sein Publikum weiterhin Gefolgschaft leistete. Er spielte noch lange, nachdem er seinen Höhepunkt überschritten hatte; seine Abschiedsvorstellung gab er Anfang 1891 noch einmal als Hamlet. Mit 58 Jahren trat er von der Bühne ab, schon zuvor hatte er in seinem Wohnhaus am Gramercy Park in New York den heute noch dort bestehenden Club *The Players* begründet, dessen erster Präsident er war und der fast ein Jahrhundert lang das gesellschaftliche Zentrum der New Yorker Theaterleute geblieben ist.

Neue Stars, neue Theater

Schon lange, ehe der Stern Booths erlosch, waren neue Sterne am Theaterfirmament aufgetaucht. Die Zahl der Engländer, einst so übermächtig, nahm mehr und mehr ab, und damit änderte sich auch die Technik, der Stil der Schauspieler. Booth, wie alle Schauspieler seiner Generation reiner Autodidakt – denn erst nach 1880 wurden die ersten Schauspielschulen in den Vereinigten Staaten gegründet –, hob sich schon in den letzten 15 Jahren seines Lebens vor allem durch seinen eher formalen Stil von seinen Mit- und Gegenspielern ab. Seine Gesten wirkten museal, der Singsang seiner Stimme gab seiner Darstellung etwas Pathetisches, ja Statisch-Deklamatorisches. Trotzdem – das geht aus den Kritiken von Freund und Feind hervor – überwältigte er mit seiner inneren Darstellungskunst.

Forrest dagegen, obwohl über ein Vierteljahrhundert älter als Booth, war nicht nur der erste amerikanische Star, sondern auch der erste, der ein natürliches, realistisches Spiel eingeführt hatte. Deshalb trat er immer weniger in Stücken von Shakespeare auf, sondern bevorzugte Rollen, die eine fast naturalistische Darstellung verlangten. Hunderte Male – übrigens auch am »Booth's Theatre« – stand er als Rip Van Winkle, einer Art amerikanischer Rübezahl-Figur, auf der Bühne. Der veränderte Darstellungsstil brachte es mit sich, daß Shakespeare nicht mehr – wie in den ersten 125 Jahren der amerikanischen Theatergeschichte – der Prüfstein für schauspielerische Größe war und langsam, aber sicher aus dem Repertoire verschwand. Shakespeare-Aufführungen am Broadway sind auch heute selten und fast ganz auf englische Gastspiele beschränkt. Im übrigen Nordamerika findet man Shakespeare vor allem bei den Festspielen in den beiden Stratfords, im US-Bundesstaat Connecticut und in der kanadischen Provinz Ontario, sowie im »Globe Theatre« im kalifornischen San Diego.

Dabei dürften die hohen Kosten einer Shakespeare-Aufführung sicherlich auch eine Rolle spielen, denn der kommerzielle Charakter des amerikanischen Theaters, schon von Anfang an deutlich, trat im ausgehenden 19. Jahrhundert immer sichtbarer zutage. Waren bis zu Booths verunglücktem Experiment meist Schauspieler die führenden Theaterdirektoren gewesen, die Theater bauen ließen oder pachteten, so wurde diese Rolle allmählich von anderen übernommen, die zwar als Stückeschreiber oder Regisseure im Theater noch zu Hause waren, bei denen aber Unternehmergeist das Hauptkennzeichen war. Und in einer späteren Periode werden wir sehen, daß es den »Theaterdirektor« überhaupt nicht mehr gibt, sondern nur noch den »Producer«, der für ein Stück ein Theater pachtet und darauf hofft, es so lange wie nur möglich dort spielen zu können.

Allmählich hörte man auch von amerikanischen Stückeschreibern, aber noch bis zum Ende des 19. Jahrhunderts schrieben sie nichts, das über den Tagesgebrauch hinaus Bestand hatte. Nach wie vor bildete die europäische Dramatik ernster oder heiterer Art das Rückgrat des amerikanischen Theaters. Es war unter diesen Umständen unvermeidlich, daß das Ensembletheater an den Realitäten des Kommerz zerbrach; Daly war der letzte Theaterdirektor, der bis 1899 ein festes Ensemble leitete. Danach wurden Schauspieler nur noch von Stück zu Stück engagiert, wobei es natürlich bei den

Theaterbesitzern und -direktoren einen harten Konkurrenzkampf um die großen »Namen« gab.

Auch eine technische Großtat änderte das Gesicht des Theaters: der Bau von Transkontinentalbahnen. Nach 1870 lag kein größerer Ort mehr außerhalb der Reichweite der Bahnlinien, und viele kleinere Städte hatten ebenfalls Anschluß an das Bahnnetz. Das machte es für die Theaterleiter der Provinz bequemer, nicht mehr nur wie bisher Stars zur Anreicherung des eigenen Ensembles aus New York zu beziehen, sondern sogar ganze Aufführungen zu übernehmen, die oft Monate, ja Jahre, landauf, landab zogen. Das wiederum führte zum Verfall des Provinztheaters; man bot dort in zunehmendem Maße Aufführungen »direct from Broadway«. Natürlich wurde damit dem Provinzpublikum nur Sand in die Augen gestreut, denn was es bekam, waren Zweit- und Drittproduktionen der am Broadway gezeigten Aufführungen, eigens für die Tourneetheater vorbereitet und fast immer von minderer Qualität als das Original.

Nur die wenigsten der New Yorker Theater waren gegen Ende des Jahrhunderts Sprechtheater. Die meisten huldigten den »eingeborenen« Formen des Theaters: dem Vaudeville, der Burlesque, der Revue und dem, was zunächst noch »musical comedy« hieß und woraus sich später – zusammen mit anderen Einflüssen – das Musical entwickeln sollte.

Die Zahl der New Yorker Theater, die 1870 noch 14 betragen hatte, erhöht sich bis 1900 auf 41, allerdings war in diesen Jahren auch die Stadt durch die Eingemeindung des bisher selbständigen Brooklyn – zu dem auch der Stadtteil Queens gehörte – auf nahezu dreieinhalb Millionen Einwohner angewachsen, von denen allein 2 Millionen in Manhattan wohnten. Damit hatte New York um die Jahrhundertwende mehr Theater als London (39) und Paris (24). Der »offizielle« Theaterdistrikt begann an der 23. Straße und verlief den Broadway aufwärts bis zur 41. Straße. Als die bekanntesten Theater

Das von Charles Frohman erbaute Empire Theatre, *Ecke Broadway und 39. Straße, 60 Jahre später abgerissen*

entlang dieser nicht ganz anderthalb Kilometer langen Strecke mit ihren Nebenstraßen müssen erwähnt werden: »Palmer's«, »Garrick«, »Wallack's«, »Daly's«, »Harrigan's Imperial«, »Majestic«, »Savoy«, »Park«, »Weber and Fields«, »Knickerbocker«, »Standard«, »Star«, »Casino«, »Empire« und »Broadway«. Kein einziges dieser Theater steht heute noch, alle sind dem unaufhaltsamen Drang über den Times Square hinaus nach Norden zum Opfer gefallen. Die älteren dieser Theater befanden sich zwischen der 23. und 34. Straße, die neueren nördlich der 34. Straße, wo sich dank der immer strahlenderen Lichtreklamen erstmals zu entwickeln begann, was wir heute unter Broadway verstehen, der »Great White Way«, wie er im Volksmund hieß, oder »Die Straße der Mitternachtssonne«, wie begeistert eine der bekanntesten Persönlichkeiten New Yorks, Diamond Jim Brady, schrieb.

So wie sich der Broadway um diese Zeit äußerlich veränderte, so veränderten sich auch die Theater. Die älteren Stars, die nunmehr nach und nach abtraten, hatten zumeist nur ein kleines Repertoire gehabt und Rollen oft 20 und 30 Jahre lang gespielt, wobei sie sich auf die saftigsten Szenen konzentrierten und an anderen Stellen manchmal nur markierten. Zugleich mit diesen Stars verschwanden auch die Ensembles. Stücke wurden en suite gespielt – nun auch in zunehmendem Maße amerikanische, von denen freilich kaum eine Literaturgeschichte kündet. Doch diese Stücke waren erfolgreich, konnten oft mehrere hundert Male gegeben werden; und die meistgespielten dieser Autoren wie Steele Mackaye, Bronson Howard und vor allem Clyde Fitch waren die ersten Amerikaner, die von ihren Tantiemen üppig leben konnten. Daß es sich hierbei in erster Linie um Salonstücke handelte, versteht sich fast von selbst.

Die beiden erfolgreichsten Produzenten dieser Zeit, die zwar noch eigene Theater, aber keine Ensembles mehr hatten, waren Charles Frohman und David Belasco. Ersterer impor-

Mächtige Manager: Charles Frohman und David Belasco auf einem Spaziergang in Boston (1915)

tierte vorwiegend englische Stücke, letzterer hielt sich an amerikanische, darunter auch seine eigenen, denn er war als Stückeschreiber nicht weniger erfolgreich denn als Regisseur und Direktor (aus seinem Stück *Mädchen aus dem Goldenen Westen* machte Puccini eine Oper, eine der ersten Opern mit Amerika als Schauplatz des Geschehens). Frohman wurde 1915 ein Opfer des durch ein deutsches U-Boot verursachten *Lusitania*-Untergangs, Belasco lebte 16 Jahre länger als er und war fast bis zu seinem Lebensende aktiv.

Wie damals Verträge zustande kamen, erzählt uns der vor allem als Shakespeare-Darsteller zusammen mit seiner Frau Julia Marlowe bekannte Schauspieler E. H. Sothern in seinen Memoiren: Nach mehrjähriger Pause, während der er nicht für Charles Frohman gespielt hatte, suchte Sothern Frohman in einer Angelegenheit auf, die weder ihn noch seine Frau betraf. Als dies geregelt war, erhob er sich und fragte Frohman beiläufig im Weggehen: »Was halten Sie von meiner Idee, mit Julia Marlowe zusammen aufzutreten?« – »Großartig«, gab der Manager zurück. »Was für eine Gage versprechen Sie sich davon?« – »Das weiß ich eigentlich nicht. Vielleicht hunderttausend Dollar für die ganze Saison.« – »Die gebe ich Ihnen, wenn ich Sie managen darf.« Und er fügte hinzu: »Ich gebe jedem von euch hunderttausend Dollar.« – »Auf drei Jahre?« – »Ja, auf drei Jahre. Sind Sie einverstanden?«

Sothern bejahte, worauf Frohman sagte: »Gut, dann schicke ich Ihnen heute abend den Vertrag ins »Garden Theatre«, wo Sothern gerade in dem Stück *If I Were King* von Justin Huntley McCarthy in der Rolle des François Villon auftrat. Wie er in seinen Memoiren weiter schreibt, unterzeichnete er den Vertrag während einer Pause!

Obwohl Sothern kein Datum für dieses Gespräch mit Frohman nennt, geht aus der Aufführungsgeschichte des Stückes hervor, daß es im Herbst 1901 stattfand. Jedenfalls spielte das Ehepaar in neuen Inszenierungen gemeinsam während der nächsten zwei Jahre in *Hamlet, Romeo und Julia, Der Widerspenstigen Zähmung, Was ihr wollt, Der Kaufmann von Venedig* und *Viel Lärm um nichts* in New York und in zahlreichen anderen Städten.

Aber trotz der erzielten hohen Einnahmen wollte Frohman nach Ablauf von zwei Jahren nicht noch drei weitere Shakespeare-Produktionen herausbringen, wie es im Vertrag vorgesehen war. Frohman und Sothern lösten in gegenseitigem Einvernehmen ihren Vertrag auf, und Sothern erklärte Frohman, er wolle die Shakespeare-Produktionen auf eigene Rechnung herausbringen. Frohman wünschte Sothern und seiner Frau Glück: Immerhin hatten sie in dem eine Minute dauernden Gespräch auf die ihnen vertragsmäßig zustehenden 200 000 Dollar verzichtet – ein Betrag, den man mindestens verzehnfachen muß, um einen Kaufkraftvergleich für 1986 zu finden. So informell und einfach wurden damals Verträge geschlossen und gelöst – aber das galt sicher nur für die Stars, während die vielen namenlosen Schauspieler zu Beginn des 20. Jahrhunderts noch völlig rechtlos waren.

Während Frohman und Sothern über Shakespeare-Aufführungen im Büro des Theaterunternehmers im »Empire Theatre«, Broadway und 40. Straße, verhandelten, wurde nur ein Block entfernt im »Casino Theatre« einer der größten »Musical-Comedy«-Erfolge des frühen 20. Jahrhunderts aufgeführt. *Florodora* war allerdings noch kein amerikanisches Produkt, es war aus England importiert worden. In dem 1882 erbauten »Casino Theatre« mit seinem maurischen Turm – es war mit Johann Strauß' *Spitzentuch der Königin* eröffnet worden – traf sich die Hautevolée New Yorks, es war eines der elegantesten Theater der Stadt und brachte von Anfang an nur Werke der leichten Muse heraus. *Florodora* wurde 505mal en suite gegeben – bis dahin ein Erfolg ohne Beispiel.

Diese englische Operette, in der die kleine, als Sängerin und Tänzerin gleich begabte Edna Wallace Hopper die Titelrolle spielte, bot offenbar etwas Besonderes – ein Doppelsextett von Männern und Frauen: *Tell Me, Pretty Maiden*. Die sechs jungen Mädchen hatten es offenbar dem Premierenpublikum angetan – und nicht nur dem Premierenpublikum, wie sich in der Folge zeigte.

Was geschah? Um die »pretty maidens« rissen sich von der Premiere an einige der reichsten Männer New Yorks. Die Mädchen, die sich mit 25 Dollar Wochengage zufriedengeben mußten (wovon ihnen auf dem Wege der Abzahlung noch die Kosten für ihre Stöckelschuhe und Strümpfe abgezogen wurden), wurden über Nacht Stadtberühmtheiten. Innerhalb von drei Monaten waren schon drei von der ersten Besetzung mit Millionären verheiratet, die übrigen hatten wohlhabende Freunde. Eine, die zum Originalsextett gehörte, Marie Wilson, verdiente an einem Börsentip 750 000 Dollar, und bald darauf heiratete sie auch noch Freddie Gebhard, einen der reichsten und begehrtesten Junggesellen New Yorks. Andere der Mädchen erhielten Perlenketten, Pferde, Pelzmäntel, ja in einigen Fällen sogar Wohnhäuser als Geschenke.

Der berühmte Architekt Stanford White, von dem der Entwurf zum ersten »Madison Square Garden« und zu vielen Stadthäusern stammte (er wurde später von einem Millionär erschossen, weil er mit dessen Frau, einer bildschönen Schauspielerin, angebandelt hatte), soll vierzigmal hintereinander *Florodora* gesehen haben. Jedenfalls mußte Rudolph Aronson, der Direktor des »Casino«, fortgesetzt für die von den Millionären weggeholten »Florodora-Girls« Ersatz beschaffen.

Während des ersten Jahres, in dem *Florodora* gegeben wurde, gehörten nicht weniger als 73 Mädchen dem Sextett an, was darauf schließen ließ, daß sich keines im Durchschnitt länger als einen Monat im Theater von dem Männersextett anhimmeln ließ. Selbst für das allerhand gewöhnte New York war dieser Hang der Millionäre zum Theater etwas noch nie Dagewesenes: Noch 50 Jahre vorher wäre ein Mann aus der »Gesellschaft« verbannt worden, hätte er eine Schauspielerin geheiratet, deren Beruf als unehrenhaft angesehen wurde, und mehrere Schauspieler, die Kolleginnen heirateten, Edwin Booth etwa, bestanden darauf, daß ihre Frauen nach der Eheschließung ihre Theaterkarriere aufgaben!

Nach 15 Monaten in New York ging *Florodora* auf Tournee, kehrte aber zu weiteren Aufführungen nach New York zurück, doch allmählich ging der Rausch zu Ende. Waren die Darbietungen des »Casino Theatre« für die sogenannten »oberen Zehntausend« und die gelegentlichen Shakespeare-Aufführungen für die Gebildeten, so fand das »Volk« sein Vergnügen im Vaudeville und der allmählich aufkommenden Revue. Beide Theaterformen hatten viel Gemeinsames, der Unterschied lag vor allem in der Kurzlebigkeit des Vaudevilles, in dem fast jede Woche neue Nummern die alten ablösten, während eine Revue in unverändertem Zustand ein Jahr lang laufen sollte und eine sehr viel aufwendigere Ausstattung erhielt. Das Vaudeville war eine Mischung aus Gesang, Tanz, kurzen Dialogen, Musikeinlagen, Auftritten von Akrobaten und dressierten Tieren. Gelegentlich wurde auch der neue Film einbezogen: eine Wochenschau oder ein Einakter, wie sie damals gedreht wurden. Daß das Vaudeville sozusagen Geburtshelfer der »Flimmerkiste« war, die ihn später verdrängen sollte, war nur ein Paradox des Unterhaltungsgeschäfts.

Das Vaudeville, das man damals zu sehen bekam, war gegenüber seinen Anfängen »gereinigt« und für die ganze Familie bestimmt, nicht mehr nur für Männer, die sich über die anzüglichen Worte und die, wollen wir einmal sagen, »auszüglichen« Frauen amüsieren sollten. Zu Beginn des Jahrhunderts war das Vaudeville eine Form des Theaters geworden, zu der Kinder ohne Bedenken ihre Eltern mitnehmen konnten, wie ein Witzbold es charakterisierte. Es verdient festgehalten zu werden, daß sich hier einige der berühmtesten Darsteller ihre ersten Sporen verdienten: Lillian Russell, eine hinreißende Sängerin, aber schlechte Schauspielerin, die oft als Symbol ihrer Zeit galt; Weber & Fields, der Entfesselungskünstler Harry Houdini, die Marx Brothers, Jimmy Durante, Eddie Cantor, Will Rogers, Ed Wynn, Jimmy Savo,

W. C. Fields, DeWolf Hopper und Fannie Brice. Selbst Sarah Bernhardt und Anna Pawlowa betrachteten es als nicht unter ihrer Würde, gelegentlich im Vaudeville aufzutreten, wo es für einige Minuten Spiel oder Tanz oft fettere Gagen gab als für einen ganzen Theater- oder Tanzabend. Auch so berühmte amerikanische Schauspielerinnen wie Maude Adams und Ethel Barrymore waren gelegentlich im Vaudeville zu sehen.

Vaudeville war keine reine New Yorker Angelegenheit, vielmehr wurde es von New York aus über das ganze Land geschickt. Im wesentlichen wurde das Geschäft von vier Unternehmern beherrscht: B. F. Keith und E. F. Albee in Boston, F. F. Proctor und Martin Beck in New York. Diese Unternehmer bauten luxuriöse Theater für ihre Darbietungen, aus denen dann später die berühmten Kinopaläste werden sollten, von denen einige wenige heute noch stehen. Die kleineren Theater in der Provinz blieben kleineren Unternehmern überlassen, die aber meistens ihre Nummern bei den großen buchen mußten. Das Vaudeville ist zwar heutzutage aus den amerikanischen Theatern verschwunden, lebte aber noch recht lange Zeit im Rundfunk und später vor allem im Fernsehen weiter, wo beispielsweise die Ed Sullivan Show dem alten Vaudeville am nächsten kam.

Die Revue verdankte ihren Aufstieg vor allem einem Mann: Florenz Ziegfeld, dem Sohn eines deutschen Einwanderers, der 1907 den »ersten Jahrgang« seiner »Ziegfeld Follies« herausbrachte, dem dann bis 1934 fast jedes Jahr ein weiterer »Jahrgang« folgte. Ziegfeld wollte seinen Zuschauern »die schönsten Mädchen der Welt« vorführen, er fand Darstellerinnen und Darsteller, die später im Theater und/oder Film zu großer Berühmtheit gelangten, verpflichtete die besten Komponisten und holte sich als Hauptausstatter einen echten Künstler, Joseph Urban aus Wien, der später auch das jetzt schon längst abgerissene »Ziegfeld Theatre« baute.

Wer weiß heute noch, daß beispielsweise Marion Davies (die spätere Geliebte des Zeitungskönigs William Randolph Hearst), Irene Dunne, Paulette Goddard, Mae Murray und Barbara Stanwyck ihre erste Chance bei Ziegfeld bekamen? Auch Irving Berlin war eine Art Hauskomponist Ziegfelds, bis er von 1921 an in seinem eigenen Theater die Music Box Revue herausbrachte.

Ziegfeld hatte viele Nachahmer, die ebenfalls Revuen im Jahresrhythmus produzierten, so George White Scandals, Earl Carroll Vanities, die Music Box Revue, dann, in kleinerem Rahmen, die Greenwich Village Follies, die Grand Street Follies, die Garrick Gaieties (von der sonst auf »ernsteres« Theater erpichten »Theatre Guild«), Charlot's Revue, The Little Show usw. Es ist wirklich erstaunlich, wie viele bekannte und berühmte Stars diesen Revuen ihre ersten Engagements am Broadway verdankten, so etwa die Tänzerin Martha Graham, James Cagney (damals noch Steptänzer), Beatrice Lillie, Gertrude Lawrence, Fred Allen, Clifton Webb, Dorothy Sands, Aline MacMahon, Libby Holman und viele andere.

Doch der äußere Glanz, der sich um diese Zeit am Broadway ausbreitete, konnte nicht darüber hinwegtäuschen, daß es Spannungen und Krisen gab. Einmal wurde dem Theater vorgeworfen, daß es immer mehr in seichte Unterhaltung ausartete und daß zum anderen nach wie vor das Sprechtheater nur ganz vereinzelt diskussionswerte amerikanische Stücke hervorbrachte. Glenn Hughes, einer der Historiker des amerikanischen Theaters, beziffert den Anteil der damals wirklich bedeutenden Theaterereignisse auf nicht mehr als 10 Prozent aller Produktionen, und die angesehene Zeitschrift *The Theatre* analysierte im März 1913 die Lage folgendermaßen: »Es werden zu viele Theater errichtet, zu viele Stücke gegeben, das Theater wird ausschließlich von kommerziellen Erwägungen beherrscht, es treten zu viele ausländische Stars auf, Eintrittskarten für erfolgreiche Produktionen finden in zu großer Zahl unter der Hand den Weg zu Spekulanten, und die Gefahren des Theatersyndikats sind noch nicht völlig überwunden.«

Merkwürdigerweise fehlt aber in der Analyse der Theaterzeitschrift die Feststellung eines Übels, das sich von Anbeginn des amerikanischen Theaters wie ein roter Faden durch die ganze Geschichte zieht: das gewaltige Gefälle der Gagen zwischen prominenten Stars und den Darstellern kleiner Rollen, die praktisch mit allem zufrieden sein mußten, was ihnen die Theaterunternehmer boten – und das war in den meisten Fällen herzlich wenig. Gerade in dem Jahr, in dem *The Theatre* auf die Übelstände des Theaters aufmerksam machte, wurde der erste Versuch unternommen, der Rechtlosigkeit des »unbekannten Schauspielers« ein Ende zu bereiten: Nach englischem Vorbild wurde eine Gewerkschaft gegründet, die aber zunächst vergeblich um ihre Anerkennung kämpfte. Ehe sie diese erreicht hatte, mußte ein Ereignis eintreten, das das Broadway-Theater von Grund auf veränderte.

Florenz Ziegfeld

Der große Streik von 1919 – Give My Regards to Broadway

Das Ereignis, das das Gesicht des Broadway-Theaters für alle Zeiten verändern sollte, war der erste große Streik der Schauspielergewerkschaft Actors Equity Association, der am 7. August 1919 begann und genau einen Monat später mit einem fast vollständigen Sieg des künstlerischen Bühnenpersonals endete. Die Solidarität, die bei diesem Anlaß die Stars für ihre von den Produzenten weidlich ausgenutzten weniger prominenten Kollegen zeigten, war für diese ebenso überraschend wie für die Produzenten.

Als die Gewerkschaft zu dieser Kraftprobe ausholte, war sie erst sechs Jahre alt. Später als Produzenten, Komponisten, Texter und Autoren besannen sich auch die Schauspieler darauf, daß sie ihren weitgehend rechtlosen Status am Broadway nur durch einen Zusammenschluß verbessern könnten. Erste, allerdings erfolglose Ansätze zu einer Initiative hatte es schon zu Beginn des Jahrhunderts gegeben, als sich eine kleine Gruppe nach englischem Vorbild zu den »White Rats« zusammengeschlossen hatte (»Rats«, von hinten nach vorn gelesen, ergibt »Star« – daher die etwas seltsame Bezeichnung). 1913 war es dann endlich soweit, daß ein von Anfang an größerer Verband, die Actors Equity, gegründet wurde, der sogleich Mitglied der amerikanischen Einheitsgewerkschaft wurde. Anfangs jedoch entwickelte sich diese Gewerkschaft nur sehr langsam, bis 1919 waren zu ihr nicht mehr als 2700 Schauspieler gestoßen, und die nicht sehr hohen Mitgliedsbeiträge reichten gerade aus, um eine Reserve von 14 000 Dollar anzusammeln.

Damit sollte man gegen die reichen und mächtigen Produzenten antreten? Wenn es einen ungleichen Kampf gab, dann war es dieser.

Aber als die Producing Managers Association, die Organisation der Produzenten, rundweg alle Vorschläge der Gewerkschaft ablehnte, mußte die Gewerkschaft den Streik ausrufen, auch wenn sie es zunächst gar nicht wollte.

Erste Unterstützung fanden die Gewerkschaftsmitglieder bei dem Showbusiness-Blatt *Variety,* das keine Theateranzeigen veröffentlichte und daher von der Gunst der Produzenten weniger abhängig war als die Tageszeitungen, die sich deshalb fast ausnahmslos hinter die Produzenten stellten. »Der Streik hätte nie beginnen dürfen«, schrieb *Variety* in seiner zweiten August-Nummer des Jahres 1919, »die Theaterleiter haben es sich selbst zuzuschreiben und liefern somit den durch die Actors Equity Association vertretenen Schauspielern den besten Grund, den es für einen Streik gibt – für eine gerechte Sache zu kämpfen.«

Was die Schauspieler in den abgebrochenen Verhandlungen erreichen wollten, war die Abschaffung unbezahlter Proben, die Einhaltung der von den Produzenten geschlossenen Verträge (die von diesen oft genug ohne Angabe von Gründen gebrochen wurden), das Verbot der Entlassung von Schauspielern mitten in den Proben oder nach der Premiere, um die Kosten durch das Engagement billigerer Kräfte zu senken, die Bezahlung der Kostüme durch die Produzenten und die Beseitigung anderer Erschwernisse, die das Los des amerikanischen Schauspielers nicht gerade beneidenswert erscheinen ließen.

Am Abend des Tages, an dem der Streik begann, schlossen elf Theater, und während der Dauer des Streiks machten noch 24 weitere Theater dicht – insgesamt etwa so viele, wie es

jetzt überhaupt noch am Broadway gibt. Auf der Seite der Produzenten und Theaterbesitzer wurde der durch den Streik eingetretene Verlust auf mehr als eine Viertelmillion Dollar wöchentlich beziffert, die Schauspieler hatten demgegenüber einen Ausfall von etwa 100 000 Dollar, und dem ebenfalls arbeitslos gewordenen technischen Personal entgingen rund 40 000 Dollar. Sogar die Schwarzhändler von Theaterkarten beklagten sich, daß sie auf Karten im Wert von 30 000 Dollar sitzenblieben!

Obwohl einige der Produzenten soziales Bewußtsein zeigten und durchaus zu einem Kompromiß mit den Schauspielern bereit waren, wollte die Mehrheit einen harten Kurs. E. F. Albee, Adoptivvater des Bühnenautors Edward Albee und Besitzer zahlreicher Vaudeville-Theater, forderte in einer provozierenden Rede »Widerstand bis zum Äußersten«, und selbst der im allgemeinen als friedfertig geltende David Belasco, damals schon fast am Ende seiner glorreichen Laufbahn, rief – offenbar von Albees flammenden Worten angesteckt – öffentlich aus: »Wir werden die Schauspieler aushungern!«

Aber gerade das gelang den Produzenten nicht, weil ihre Millionen trotz allem nicht ausreichten, die 14 000 Dollar der Schauspieler auszustechen. Denn fast die gesamte erste Garde der Schauspieler schlug sich auf die Seite ihrer streikenden Kollegen, dazu gehörten die drei Geschwister Barrymore, ihr Onkel John Drew, Al Jolson, Marie Dressler, Lillian Russell und viele andere. Aber auch der Lambs Club und der Friars Club, die beiden gesellschaftlichen Vereinigungen der Schauspieler, und schließlich auch die Öffentlichkeit, die allein die Produzenten für den Streik verantwortlich machte, wurden zu Sympathisanten der Streikenden. Drei Benefizvorstellungen und ein Equity-Ball zugunsten des Streiks – sogar Mary Pickford und Douglas Fairbanks eilten aus Hollywood herbei – erbrachten stolze 50 000 Dollar für die Streikkasse. Überdies erhöhte sich die Mitgliedschaft der Gewerkschaft während der einmonatigen Streikdauer auf nahezu 14 000 Personen. Nur einer, George Cohan, der als Schauspieler begonnen hatte, dann Autor, Texter, Komponist, Manager und Produzent wurde, war und blieb unversöhnlich. »Schauspieler sind keine Kesselflicker«, rief er aus, und eine Gewerkschaft für so spezialisierte Könner, wie es nun mal Schauspieler sein müßten, sei ein Unding. Viele seiner Broadway-Freunde wie auch die öffentliche Meinung konnten sich die scharfmacherische Einstellung dieses ungewöhnlich populären Mannes nie erklären.

Am Ende gaben die Produzenten auf der ganzen Linie nach. Sie erkannten die Gewerkschaft an und erklärten sich bereit, die Interpretation von Verträgen und andere umstrittene Fragen zukünftig durch einen Schlichter entscheiden zu lassen. Für die vereinbarte Wochengage brauchten die Schauspieler nicht mehr als acht Aufführungen zu geben, für die vier

Probenwochen vor der Premiere wurde nicht nur die halbe, sondern sogar die volle Aufführungsgage zugestanden, und auch in der Frage der Bühnenkostüme kam es zu einem allseits befriedigenden Kompromiß. In den folgenden fast sieben Jahrzehnten seit diesem Streik ist die Autorität der Gewerkschaft nie mehr angezweifelt worden.

Da aber Schauspieler immer nur für die Dauer einer Spielzeit engagiert wurden und es immer weitaus mehr Bewerber für eine Rolle gab als Arbeit am Broadway, war und ist die soziale Lage der Schauspieler trotz der seit 1919 eingetretenen Verbesserungen immer noch schlechter als die des technischen Bühnenpersonals und der Musiker. Gerade in den letzten Jahren ist (bei ins unermeßliche gestiegenen Produktionskosten) wiederholt von den Produzenten ein Zurückstecken der Gewerkschaften als eine Überlebensfrage des Broadway-Theaters gefordert worden.

Cohan übrigens, der noch 23 Jahre nach dem Streik abwechselnd (manchmal auch gleichzeitig) als Schauspieler und Produzent auftrat, ist nie der Actors Equity beigetreten. Er hat ihr bis an sein Lebensende gegrollt, während die Gewerkschaft ihm gegenüber verständnisvoller war. Als einziger Broadway-Schauspieler genoß Cohan das Privileg, weiterhin spielen zu können, ohne Mitglied der Gewerkschaft zu sein. Aber er blieb dennoch seiner während des Streiks gezeigten politischen Gesinnung treu. Am Broadway konnte man nach 1933 kaum einen größeren Roosevelt-Hasser finden als eben diesen unversöhnlichen George M. Cohan, und als er sich bereit erklärte, 1937 in dem Musical *I'd Rather Be Right* von George S. Kaufman und Moss Hart (Buch), Lorenz Hart (Gesangstexte) und Richard Rodgers (Musik) aufzutreten, änderte er bei den Voraufführungen in Boston eigenmächtig einige der Gesangstexte, um sie Roosevelt-feindlicher erscheinen zu lassen, als Hart und Rodgers dies ursprünglich beabsich-

GEORGE
· M ·
COHAN

tigt hatten. Dafür mußte Cohan sogar eine Verwarnung von Lorenz Hart, übrigens einem Nachkommen Heinrich Heines, und Rodgers einstecken.

Für Cohan, den Mann, der durch seinen Schlager »Give My Regards to Broadway« schon 1904 den Broadway am Broadway popularisiert hatte, wurde 1959 eine Statue am Times Square errichtet, die nun auf das Menschengewimmel an einem der verkehrsreichsten Punkte New Yorks herabschaut. Zu der Sammelkampagne, die der Aufstellung voranging, wollte auch Actors Equity beitragen, und ihr damaliger Geschäftsführer übersandte einen Scheck in Höhe von 240 Dollar, was – wie er in einem Begleitbrief ausführte – dem Betrag einer Equity-Mitgliedschaft auf Lebenszeit entsprechen würde. Verärgert sandte Oscar Hammerstein II, von dem die Initiative zu der Denkmalserrichtung ausgegangen war, den Scheck zurück und nannte ihn eine »Beleidigung für die Gesinnung und das Ansehen Cohans«.

So lebte der Streik auch noch vier Jahrzehnte später immer noch fort . . .

George M. Cohan, Skulptur am Times Square

Die Epoche der größten Veränderungen (1920-1930)

George M. Cohan, von dem eben die Rede war, verkörperte wie wenige den Geist (oder Ungeist) des Broadways. Von sich selbst behauptete er, er sei das Idol der mittelständischen Zuschauer geworden, und Brooks Atkinson, 30 Jahre lang einflußreicher Kritiker der *New York Times,* sagte über Cohan, er sei der »König des Brodways«. In seinen eigenen Werken – er schrieb Gesangstexte, Musik und Libretti – beschäftigte er sich immer wieder mit dem Broadway, einige seiner Songs tragen Titel wie »Hello, Broadway«, »Forty-Five Minutes from Broadway«, »Broadway Jones« und «The Man Who Owns Broadway« (dies ist auch der Titel einer 1973 über Cohan erschienenen Biographie von John McCabe). George M. Cohan verfaßte mehr als 60 Bühnenstücke, von denen fast 50 in den Jahren 1901 bis 1940 am Broadway aufgeführt wurden und in denen er zum größten Teil auch selbst mitwirkte und gleichzeitig auch noch Produzent oder Koproduzent war. Die Periode seines größten Einflusses waren die Jahre von 1905 bis etwa 1920; es ist allerdings keine Frage, daß seine sture Einstellung zum Streik seiner Kollegen ihn etwas von der früher genossenen Popularität kostete.

Cohan, der schon als Kind mit seinen Eltern und seiner Schwester im Vaudeville aufgetreten war, hatte sicherlich mehr Theaterblut als die meisten seiner am Broadway tätigen Zeitgenossen. Dennoch repräsentierte er nur einen Aspekt des amerikanischen Theaters jener Periode, allerdings den wichtigsten, nämlich den des Unterhaltungstheaters. Hier war er absolute Spitze und bot oft besser gemachtes Theater als die Sprechbühnen, an denen es zwar viele ausgezeichnete Aufführungen gab, die aber fast immer unter unzureichender Regie litten – der Regisseur wurde zumeist im Programm nicht genannt und verdiente es auch nur selten.

Hatte man im ausgehenden 19. Jahrhundert fast ausschließlich Schwänke und Komödien aus Europa importiert, so wurden jetzt gelegentlich auch Hauptmann, Ibsen, Björnson, Rostand und Shaw gespielt. Doch es erhoben sich allmählich mehr und mehr Stimmen der Unzufriedenheit mit dem im ganzen als steril empfundenen Broadway-Theater, dessen wenige Lichtpunkte den Gesamteindruck nicht verwischen konnten. Man suchte nach – wie man heute sagen würde – alternativen Formen des Theaters. Aber die ersten Versuche eines von privater Seite subventionierten Theaters schlugen alle fehl; erst in Chicago und dann, in geradezu katastrophalem Ausmaß, in New York. Dort gelang es zunächst Heinrich Conried, 15 Jahre lang Leiter des deutschen »Irving Place Theatre« und wegen seiner Erfolge dann zum Leiter der Metropolitan Opera avanciert, ein halbes Dutzend Mäzene zu finden, die die bis dahin im amerikanischen Kunstbetrieb beispiellos hohe Summe von 2 Millionen Dollar für den Bau eines neuen Theaters zu Verfügung stellten. Hier sollte Conried einige seiner Ideen verwirklichen können, zum Beispiel das Besucherabonnement, das man in Amerika noch nicht kannte (am »Irving Place Theatre« existierte es allerdings schon lange).

Aber das Theater am Central Park West, im klassizistischen Stil errichtet, war noch nicht ganz fertig, als Conried starb. Da dort auch Opern aufgeführt werden sollten, hatte man ein Theater mit etwa 3000 Plätzen errichtet, also für Sprechtheater von vornherein ungeeignet und –

gemessen an der relativ schweren Kost, die Abend für Abend geboten wurde – überhaupt nicht zu füllen. Nach zwei Spielzeiten mußte das Theater schon wieder schließen: Die künstlerischen Ergebnisse und die Zahl der Besucher blieben weit hinter den Erwartungen zurück. Das erkannten auch die Mäzene, die dem Theater – es hieß »New Theatre« – den Geldhahn abdrehten. Der erste finanziell gut abgesicherte Angriff auf das kommerzielle Theater war kläglich gescheitert. Unter dem Namen »Century Theatre« wurde der Bau dann als Broadway-Theater weiterbetrieben und – bittere Ironie – schließlich von den Brüdern Shubert gekauft. Sie eröffneten es 1920 mit einer neuen Produktion von *Florodora:* So verflog der Traum eines nichtkommerziellen Theaters in New York sehr schnell. 1930 wurde der Prachtbau von Carrère und Hastings, den Architekten, von denen auch die New York Public Library an der 5. Avenue und 42. Straße stammte, abgerissen!

Winthrop Ames, ein Theateridealist aus reichem Hause, der das »New Theatre« geleitet hatte, ließ sich nach diesem Debakel ein besonders kleines Theater am Broadway bauen, das er auch »Little Theatre« nannte. Es hatte nur 299 Plätze und war deshalb wiederum zu klein, um die künstlerischen Erfolge, die er dort errang, auch in bare Münze umsetzen zu können. 3000 Plätze mit Mäzenen vom Schlage Astor, Morgan, Kahn und Belmont und 299 Plätze ohne Mäzene: In beiden Fällen ging die Rechnung nicht auf – das kommerzielle Theater schien unerschütterlich.

Weitere Versuche, nichtkommerzielles Theater zu betreiben, gingen von der Provinz aus, wo die Ideen eines André Antoine und

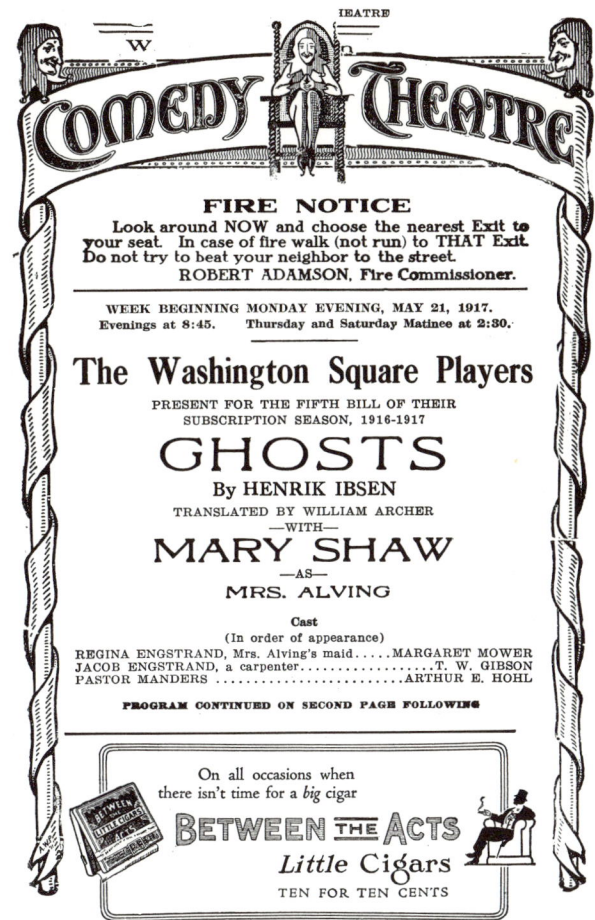

Konstantin Stanislawsky vor allem an den Universitäten Eingang fanden. Kurzlebige Theater entstanden in Chicago, Milwaukee und Madison, aber auch heute noch bestehende wie das »Pasadena Community Playhouse« in Kalifornien, das »Playhouse« in Cleveland und in New York die »Washington Square Players« sowie die »Provincetown Players«, die sich vor allem der Werke eines bis dahin unbekannten Autors annahmen: Eugene O'Neill.

Zwar lösten sich die »Washington Square
Players« beim Eintritt der Vereinigten Staaten
in den Ersten Weltkrieg auf, und auch die »Provincetown
Players« verschwanden von der Bildfläche,
aber beide Gruppen, die in winzigen
Theatern mit bescheidenen Mitteln erstmals im
amerikanischen Theaterleben das Bühnenstück
selbst - und wenn es sich auch häufig nur um
einen Einakter handelte - in den Mittelpunkt
ihrer Bemühungen stellten, hinterließen ein
Erbe. Einige der ehemaligen »Washington
Square Players« schlossen sich nach Kriegsende
zur Gründung der »Theatre Guild« zusammen,
bekamen ein Broadway-Theater, das »Garrick«,
kostenlos zur Verfügung gestellt und konnten
bereits im April 1919 ihre erste Premiere aufführen,
allerdings noch ohne besonderen Erfolg.
Erst mit ihrer zweiten Aufführung, einem
Schauspiel des Iren St. John Ervine, *John Ferguson,*
gelang der Durchbruch, und der positive
Einfluß, den die »Theatre Guild« in den nächsten
25 bis 30 Jahren auf das Broadway-Theater
ausübte, wird noch gesondert darzustellen sein.

Aber zunächst ging der Broadway noch seine
ausgetretenen Wege weiter: Die Theaterkonjunktur
besserte sich von Jahr zu Jahr, man hatte
erkannt, daß die ursprünglich gefürchtete Konkurrenz
des Films (damals selbstverständlich
noch des Stummfilms) gar keine war, die Zahl
der neuen Produktionen stieg von Jahr zu Jahr,
bis in der Spielzeit 1927/28 mit 264 Neuaufführungen
ebenso ein Rekord erreicht wurde wie

mit der Zahl von 80 Theatern, die es damals
am und um den Broadway herum gab. Die
meisten Stücke waren dem Geschmack des
»durchschnittlichen Publikums« angepaßt, und
das bedeutete Schwänke, Schwänke und mehr
Schwänke, die die größten Aufführungsziffern
erreichten. Dennoch - und vielleicht unter dem
Einfluß der »Theatre Guild« und anderer Produzenten,
die mit der seichten Unterhaltung, in
der sie keine Zukunft sahen, brechen wollten -
bahnten sich Änderungen an. Neue Dramatiker
wurden bekannt: Die »Theatre Guild« führte
die zeitgenössischen Europäer auf, wie Werfel,
Kaiser, Maeterlinck, Molnar, Toller, Verhaeren,
Andrejew, Čapek, Claudel und Galsworthy. Sie
spielte die in New York noch unbekannten
Stücke von Shaw und nahm sich auch der in den
zwanziger Jahren immer mehr beachteten amerikanischen
Autoren an: neben O'Neill vor allem
Elmer Rice, Maxwell Anderson, S. N. Behrman,
John Howard Lawson und andere. Zwar
hatte die »Theatre Guild« noch kein Ensemble
im europäischen Sinn, aber doch eine Gruppe
von Stammschauspielern, zu denen von Fall zu
Fall andere hinzuengagiert wurden. Sorgfältige
Inszenierungen, meist von »Hausregisseur« Philip
Moeller, und vorbildliche Bühnenbilder, wie
es sie bisher im amerikanischen Theater kaum
gegeben hatte, trugen dazu bei, ein neues Publikum
für den Broadway zu gewinnen. Wäre nach
dem Mißerfolg des ersten Stücks der »Theatre
Guild« im April 1919 auch das zweite nicht
erfolgreich gewesen, hätte dies bedeutet - in
den Worten von Walter Pritchard Eaton, der das
erste Jahrzehnt der »Theatre Guild« beschrieben
hat -, daß »die Theater-Uhr im Amerika
zurückgestellt« worden wäre.

Das Verdienst, O'Neill für das amerikanische
Theater entdeckt zu haben, muß allerdings
den »Provincetown Players« zugeschrieben werden
und nicht der »Theatre Guild«. Die »Provincetown
Players« führten seit 1916 in regelmäßiger
Folge die heute nur noch selten

gespielten frühen Einakter von O'Neill auf. Die erste Broadway-Aufführung eines O'Neill-Stükkes, *Beyond the Horizon,* geht sogar auf die Initiative eines »kommerziellen« Produzenten, auf John D. Williams, zurück, den der Kritiker George Jean Nathan mehrmals zu den »Provincetown Players« in Greenwich Village schleppte, damit er sich die Einakter ansehe. Die Uraufführung des Stücks am 3. Februar 1920 in dem inzwischen abgerissenen »Morosco Theatre« bezeichnete Brooks Atkinson, drei Jahrzehnte lang Theaterkritiker der *New York Times,* als historisch, als »die große Wasserscheide zwischen dem provinziellen Theater vorgefertigter Stücke und dem zeitgenössischen amerikanischen Drama, das sich unmittelbar mit dem menschlichen Leben auseinandersetzt«.

111 En-suite-Aufführungen von *Beyond the Horizon* waren 1920 geradezu sensationell – besonders weil die Presse keineswegs einmütig war. Von den älteren Rezensenten bemerkte J. Rankin Towse in der *Evening Post* etwas gönnerhaft: »ein ungewöhnlich verheißungsvolles Jugendwerk«. Ein anderer Kritiker bemängelte die Länge des Stückes: »Mr. O'Neill scheint davon auszugehen, daß die Zeit ein nebensächliches Element in der Entwicklung seiner Ideen ist.« Tatsächlich sind die häufigen Wiederholungen derselben Worte bei O'Neill auch heute noch eine Quelle der Verwunderung, aber O'Neill hat sich der Streichung solcher Stellen immer energisch widersetzt.

Mit O'Neills erstem Erfolg – er erhielt noch im gleichen Jahr den heißbegehrten Pulitzer-Preis – schienen alle Tore für die amerikanischen Dramatiker geöffnet zu sein, auch wenn sie sich in der Folgezeit ihren Weg am Broadway noch schwer erkämpfen mußten. Wir erwähnten eben die von der »Theatre Guild« herausgebrachten Autoren in den zwanziger Jahren; neben ihnen müssen auch noch Marc Connelly, Philip Barry, Paul Green, Sidney Howard, George S. Kaufman und Robert E. Sherwood ge-

nannt werden. Sie mit O'Neill vergleichen zu wollen wäre allerdings unrecht, da sie sozusagen auf einer anderen Ebene Theater machten. Auch in der Produktivität konnte es keiner von ihnen mit O'Neill aufnehmen, der während eines in vielfacher Beziehung stürmischen Lebens nicht weniger als 45 abendfüllende Stücke und Einakter schrieb.

Ein vielleicht wohlmeinendes, aber dennoch kritisches Urteil gab auch James O'Neill ab, der Vater des Autors, selbst ein berühmter Schauspieler, der freilich ganz vom Unterhaltungstheater herkam. Er wohnte der Uraufführung von *Beyond the Horizon* bei, und man sah, wie ihm mehrfach Tränen über die Wangen rollten. Nach dem Schlußvorhang gratulierte er seinem Sohn, ließ aber eine kleine Mahnung mit einfließen: »Wenn du wirklich das tun willst, ist es ja in Ordnung, aber eigentlich kommen ja die Leute ins Theater, um ihren Kummer zu vergessen, nicht um daran erinnert zu werden. Was schwebt dir eigentlich vor: willst du sie nach Hause schicken, um Selbstmord zu begehen?«

Bedeutende Regisseure ließen dagegen in den zwanziger Jahren noch auf sich warten; zwar wurde der Name des Regisseurs nicht länger in den Programmen verschwiegen, aber ihr Beitrag zu den Aufführungen blieb noch weit hinter dem in Europa damals üblichen Maß zurück und hat eigentlich bis heute, außer vielleicht im Musical, im amerikanischen Theater nie die große Rolle zu spielen vermocht, die ihm im europäischen und vor allem auch im deutschen Theater bereitwillig eingeräumt wurde. Hingegen begann jetzt die Bedeutung der Bühnenbildner deutlich zuzunehmen. Hier war der europäische Einfluß offenkundig; einige von ihnen hatten sich an europäischen Vorbildern geschult und sich auch in der Alten Welt aufgehalten, so vor allem Robert Edmond Jones, der in Berlin war, als dort Leopold Jessners Inszenierung von *Richard III.* herauskam, und dessen Werk stark vom deutschen Expressionismus bestimmt war.

Weiterhin sind zu nennen: Lee Simonson, Mitbegründer der »Theatre Guild« und deren Hauptausstatter, Norman Ben Geddes, der vom Futurismus herkam und 20 Jahre lang Max Reinhardts wichtigster Mitarbeiter in Amerika war, ferner Donald Oenslager, Jo Mielziner, Boris Aronson und Cleon Throckmorton. Alle diese Bühnenbildner hatten zwar ihre ersten Sporen in den kleinen nichtkommerziellen Theatern verdient, doch ihr volles Können kam erst am Broadway zur Geltung.

Neben der »Theatre Guild« war es in jener Zeit vor allem der Produzent Arthur Hopkins, der das Theater ernst nahm. Er baute für seine Produktionen ein eigenes Theater, das »Plymouth«, pflegte in den ersten Jahren vor allem Shakespeare (*Richard III.* und *Hamlet,* mit John Barrymore in den Titelrollen), Ibsen und Tolstoj und widmete sich dann in zunehmendem Maße modernen Autoren, etwa Maxwell Anderson und Lawrence Stallings mit ihrem pazifistischen Drama *What Price Glory* und Elmer Rice. Hopkins, der auf dem Standpunkt stand, daß sich Theater als Kunst behaupten müsse, weil es sonst als Geschäft versage – der berühmte englische Schauspieler Sir Henry Irving hatte umgekehrt postuliert: »Das Theater muß geschäftlichen Erfolg haben oder es wird als Kunstwerk versagen« –, hatte keine allzu hohe Meinung vom Theater der zwanziger Jahre. Er sagte: »Das amerikanische Theater ist heute im allgemeinen auf den Verstand eines Achtjährigen ausgerichtet. Es ist zuviel, wenn man verlangt, daß es sich auf einmal voll entwickelt, aber wir sind sicher im Recht, wenn wir fordern, daß es sich auf das Verständnisniveau eines Sechzehnjährigen erhebt. Das Problem mit unserem gegenwärtigen Theater ist darin zu sehen, daß es sich mit der unablässigen Wiederholung der bekannten unzeitgemäßen Formel zufriedengibt, einer Ansammlung von Tricks, die jeder mit etwas Geschick beherrschen und sich damit ein gewisses Maß an Erfolg sichern kann.«

Ein harsches Urteil sicherlich, wohl auch deshalb, weil das amerikanische Theater in diesem Jahrzehnt gegenüber der Vergangenheit einen ganz gewaltigen Sprung nach vorn machte. Aber es war schwierig und langwierig, den Geschmack eines auf leichte Kost eingestellten Theaterpublikums zu ändern. Ein »gewisses Maß an Erfolg« erzielten zwar auch die ernsten Stücke, vor allem, wenn bekannte Schauspieler die Hauptrollen spielten. Aber Enttäuschungen blieben nicht aus: Als Hopkins beispielsweise Gerhart Hauptmanns *Rose Bernd* mit Ethel Barrymore in der Titelrolle herausbrachte, waren die Kritiker des Lobes voll, doch das Publikum blieb in Scharen weg, selbst die Qualität des Schauspiels und die Mitwirkung Ethel Barrymores vermochten nicht, es mit einer ihm fremden Problematik auszusöhnen. Das Bemerkenswerte war nur, daß mit Ausnahme einiger weniger auch die sogenannten »Formel«-Stücke ihren Produzenten keine Reichtümer einbrachten: Nahezu vier Fünftel aller Aufführungen waren finanzielle Mißerfolge.

Um das Publikum zu gewinnen, wurden schließlich die Bühnendarbietungen immer lasziver und wegen ihrer Zweideutigkeit immer eindeutiger. Das rief nun wieder die Puritaner auf den Plan, die sich in New York hinter den Lizenzkommissar zu stecken versuchten, der seine Stellung dazu ausnützen oder mißbrauchen konnte, Theater zu schließen, wenn sie die öffentliche Moral gefährdeten. Unbeanstandet blieben im Jahre 1923 zwar noch »lebende Vorhänge« in den damals so beliebten Revuen: nackte Mädchen in durchsichtige Vorhänge gewickelt; aber im darauffolgenden Jahr mußten zwei Produktionen, *Broadway Brevities* (in der vor allem die Röcke kurz waren, wenn überhaupt welche getragen wurden) und *Cat's Meow,* als »unzüchtig« geschlossen werden. In mehreren Stücken wurden Änderungen durchgesetzt, zwei weitere allerdings, gegen die Einwände erhoben wurden, galten als unbedenklich: Hier

Mae West, hier in einer Aufnahme von 1932, hatte Ende der zwanziger Jahre ihre Probleme mit der Zensur

handelte es sich um Sidney Howards *They Knew What They Wanted,* Pulitzerpreisträger für 1925, und O'Neills *Desire Under the Elms.*

Es erregte nicht wenig Aufsehen, als Lee Shubert 1928 – freilich erfolglos – gegen eine Aufführung von O'Neills *Seltsamem Zwischenspiel* durch die »Theatre Guild« den Staatsanwalt mobilisieren wollte. Eingeweihte wußten, was dahintersteckte: Der allgewaltige Theatermann wollte sich an der »Theatre Guild« rächen, weil diese die Stücke, die sie auf Tournee schickten, nicht durch Shubert, sondern den Konkurrenzkonzern Erlanger buchen ließ. Da-

bei hatte Shubert mit seinen eigenen Produktionen nicht gerade eine reine Weste, wenn es auf Zucht und Anstand ankam, gemessen am Standard der zwanziger Jahre: eines seiner Stücke, *Pearl of Great Price,* spielte in einem Bordell; ein anderes, *New York Exchange,* hatte einen Homosexuellen zum Helden; in *Great Temptations* enthüllten die Tänzerinnen ihre Popos vor dem Publikum, und in *Artists and Models* entblößten sie ihre nackten Busen. Heute mögen wir uns darüber amüsieren, daß man sich über derlei aufregte, aber damals wurde es sehr ernst genommen.

Mae West, eine Darstellerin, die später sehr berühmt werden sollte, mußte sogar ins Gefängnis wandern, weil sie in *Sex* (1926) bewußt die Heuchler durch ihren sexuellen Realismus zu provozieren suchte, was ihr auch gelang. Sie spielte nicht nur die Hauptrolle in dem Stück, sie hatte es auch unter dem Pseudonym Jane Mast geschrieben und war Koproduzentin. Das trug ihr neben zehn Tagen Gefängnis auch noch eine Geldstrafe von 500 Dollar ein. Zwei Jahre später erging es Mae West mit der Darstellung von *Pleasure Man* etwas besser; zwar wurden nach der zweiten Aufführung sämtliche Darsteller in einer »grünen Minna« (in Amerika »Black Maria« genannt) ins nächste Polizeirevier gebracht, aber diesmal wurde Mae West freigesprochen. Auch Edouard Bourdets *Die Gefangene* durfte über die Bretter gehen, obwohl hier wohl erstmals das Thema lesbische Liebe behandelt wurde. Danach ebbten die Versuche allmählich mehr und mehr ab, Polizei und Staatsanwalt gegen Theaterstücke anzurufen, zumindest in New York, wenn auch in der Provinz die Bemühungen um Vor- und Nachzensur noch weitergingen. Es dämmerte eine neue Zeit herauf, doch ehe es soweit war, mußte noch durch die Ende der zwanziger Jahre über die Welt hereinbrechende Weltwirtschaftskrise eine Läuterung erfolgen, von der auch der Broadway nicht verschont blieb.

Der Zaubervorhang: Die »Theatre Guild«

Die Gründung der »Theatre Guild« fand einen Monat nach Beendigung des Ersten Weltkriegs statt. Die Initiative ging von der Gruppe aus, die die »Washington Square Players« als bewußte Alternative zum kommerziellen Theater ins Leben gerufen hatte. Es gab einen sehr praktischen Grund, weshalb man die 1916 aufgelösten »Washington Square Players« weiterhin ruhen ließ: Man wollte nicht die Schulden übernehmen, die sie hinterlassen hatten. Darüber hinaus waren aber auch künstlerische Motive für einen Neuanfang unter einer anderen Flagge maßgebend: Die neue Organisation wollte nur noch abendfüllende Stücke aufführen (im Gegensatz zu den Einaktern, mit denen die »Washington Square Players« ihr Publikum angelockt hatten), und es sollte ein rein professionelles Theater sein. Man wollte ein Broadway-Theater pachten, um mit den kommerziellen Produzenten in einen offenen Wettstreit einzutreten, und – ein weiteres Novum – es sollten Mitglieder geworben werden, die zugleich auch Abonnenten waren.

Aber das Geld war zu knapp, um auch nur die ersten Schritte zu tun. Die Suche nach einem ausreichend interessierten Millionär und Theatermäzen blieb zunächst erfolglos. Lawrence Langner, Patentanwalt, Stückeschreiber und ein hoffnungsloser Theaternarr, einer der Gründer der »Theatre Guild«, der auch den Namen vorgeschlagen hatte, versuchte zunächst, einen Theaterbau zu finden. Er hatte sein Auge auf das »Garrick Theatre« in der 35. Straße, nahe dem Broadway, geworfen, das der aus Mannheim stammende Bankier Otto H. Kahn, von dessen Mäzenatentum die Metropolitan Opera jahrelang lebte, für ein Gastspiel

des französischen Schauspielers Jacques Copeau gepachtet hatte. Nachdem Langner und Rollo Peters, Schauspieler und Bühnenbildner, und ein weiteres Gründungsmitglied, Kahn ihre Ideen auseinandergesetzt hatten, fragte Kahn, wieviel Miete sich die »Guild« leisten könne. Langner antwortete, der Wahrheit entsprechend, so wenig wie möglich. Darauf Kahn: »Gut, meine Herren, wenn Sie Geld haben, zahlen Sie Miete, wenn Sie keines haben, zahlen Sie nicht.« Kahn, vielfacher Millionär, ein Opern- und Theaterenthusiast, konnte sich diese Großzügigkeit leisten. (Später, 1927, sollte er ein mehrmonatiges Gastspiel Max Reinhardts mit seinen Berliner und Wiener Schauspielern in New York voll finanzieren, was er übrigens auch für Copeau tat. Regierungsbeteiligung an solchen Vorhaben gab es damals noch nicht und wäre auch von Kahn abgelehnt worden, der Wert darauf legte, alleiniger Finanzier zu sein, ohne aber sonst irgendwelche Bedingungen zu stellen oder sich in irgendeiner Weise einzumischen.)

Wie Langner in seinen Memoiren *The Magic Curtain* erzählt, begann die »Theatre Guild« ihre Existenz mit einem Kapital von 2160 Dollar, von denen er selbst vier Fünftel eingezahlt hatte. Von den ersten Abonnenten kamen ganze 474 Dollar, die Einnahmen der ersten beiden Wochen blieben jeweils unter 1400 Dollar, und alle Mitwirkenden erhielten dieselbe kleine Gage: 25 Dollar wöchentlich. Das erste Stück – es stammte von dem heute fast vergessenen spanischen Nobelpreisträger Jacinto Benavente und führte den Titel *Bonds of Interest* – war weder ein Erfolg bei den Kritikern noch beim Publikum (nur 150 Personen waren zur Premiere erschienen), und pro Woche betrug der Verlust

500 Dollar. Dieser Verlust konnte nur dank der Zuwendungen eines anderen Mäzens, des Bankiers Maurice Wertheim, ausgeglichen werden, der später auch Schatzmeister der »Theatre Guild« wurde.

Als sich der Vorhang zur zweiten Premiere, St. John Ervines *John Ferguson,* hob, befanden sich in der Kasse der »Guild« noch ganze 19 Dollar. Aber diesmal war nicht nur die Presse erheblich freundlicher, auch der bald nach der Premiere beginnende Schauspielerstreik, von dem die »Guild«, weil genossenschaftlich organisiert, als einziges Broadway-Theater nicht betroffen wurde, sorgte für starken Publikumszuspruch. Das Haus war allabendlich ausverkauft, und die »Guild« konnte Kahn endlich die Miete bezahlen. Um den Erfolg voll auszunutzen, ging die »Guild« mit dem Stück bald darauf aber in ein größeres Theater, in das vor ein paar Jahren

abgerissene »Fulton Theatre«, zuletzt als »Helen Hayes Theatre« bekannt. Vielleicht nicht ganz zu Unrecht warf man der »Guild« daraufhin eine kommerzielle Einstellung vor, der sie selbst noch bei der Gründung den Kampf angesagt hatte, aber auch Idealisten lernen im allgemeinen rasch, daß eine Begleichung der Rechnungen nur möglich ist, wenn man auch kommerziell denkt!

Der erste Erfolg der jungen »Theatre Guild« St. John Ervines John Ferguson *(1919) mit Helen Freeman, Augustin Duncan und Helen Westley (von links)*

Der Vorstand der »Theatre Guild«: Lawrence Langner, Patentanwalt und Stückeschreiber, der langjährige Präsident; Philip Moeller, viele Jahre »Hausregisseur«; Theresa Helburn, Geschäftsführerin der »Guild«; Maurice Wertheim, Bankier und Schatzmeister; Helen Westley, Schauspielerin, und Lee Simonson, Bühnenbildner

Den sechsköpfigen Vorstand der »Theatre Guild« hat man oft als »sechs Personen auf der Suche nach einem amerikanischen Autor« bezeichnet. Denn O'Neill gingen sie aus nicht ohne weiteres verständlichen Gründen zunächst noch aus dem Wege, und so mußten sie sich zu Anfang noch mit zweitrangigen, vergänglichen Stücken zufriedengeben, ehe 1923 Elmer Rices *The Adding Machine* das erste erfolgreiche Stück eines Amerikaners wurde, das die »Guild« herausbrachte. In der Zwischenzeit wurden, mit wechselndem Erfolg, aber dennoch mit alljährlich steigender Abonnentenzahl, Ibsen *(Peer Gynt)*, Tolstoj *(Macht der Finsternis)*, Shaw *(Haus Herzenstod* und *Zurück zu Methusalem)*, Kaiser *(Von morgens bis Mitternacht)*, Strindberg *(Totentanz)*, Molnar *(Liliom)*, Čapek *(R.U.R.)* und andere Werke des zeitgenössischen Repertoires aufgeführt.

Von Shaw kamen im Verlauf der nächsten Jahre noch *Der Teufelsschüler, Die heilige Johanna* (Uraufführung des Stücks am 28. Dezember 1923), *Cäsar und Kleopatra, Helden, Androkles und der Löwe, Pygmalion, Der Arzt am Scheideweg* und *Major Barbara* heraus, d. h. praktisch gab es keine Spielzeit ohne den irischen Autor. Von deutschsprachigen Bühnenwerken führte die »Guild« in den ersten Jahren ihrer Existenz Tollers *Masse Mensch*, Wilhelm von Scholz' *Der Wettlauf mit dem Schatten*, Werfels *Bocksgesang* und *Juarez und Maximilian* sowie Stefan Zweigs *Volpone* auf. In den darauffolgenden Jahren wurden auch noch *Faust*, Leonhard Franks *Karl und Anna*, Hans von Chlumbergs *Wunder um Verdun*, Bruno Franks *Sturm im Wasserglas* und Stefan Zweigs *Jeremias* aufgeführt: Kein anderes Theater hat sich deutscher Autoren mit solcher Regelmäßigkeit angenommen.

Probe von Der Eismann kommt: *Eugene O'Neill (vierter von rechts), umgeben von den Schauspielern Nicholas Joy, Carl Benton Reid, James Barton, Marcella Markham und Dudley Digges mit dem Regisseur Eddie Dowling (1946)*

Erst in ihrer zehnten Spielzeit entdeckte die »Theatre Guild« Eugene O'Neill für sich, der – wir erwähnten dies schon – bereits 1920 unter kommerziellen Aspekten zum erstenmal am Broadway gegeben worden war. In der Spielzeit 1927/28 kamen *Marcos Millionen* und *Seltsames Zwischenspiel* heraus; in der darauffolgenden Spielzeit war *Dynamo* an der Reihe, und dann kamen *Trauer muß Elektra tragen, Der amerikanische Traum, Oh, Wildnis, Tage ohne Ende* und als letztes 1946 *Der Eismann kommt.* Dazwischen wurden auch regelmäßig und erfolgreich die Stücke anderer amerikanischer Autoren gegeben, die in den zwanziger Jahren wie Pilze aus dem Boden schossen, so Sidney Howard *(They Knew What They Wanted, Ned McCobb's Daughter, The Silver Cord, The Ghost of Yankee Doodle)*, John Howard Lawson *(Professional)*, S. N. Behrman *(The Second Man, Meteor, Biography, Rain from Heaven, End of Summer, Wine of Choice, The Pirate, Dunnigan's Daughter)*, Maxwell Anderson *(Elizabeth the Queen, Both Your Houses, Mary of Scotland, Valley Forge, The Masque of Kings, Candle in the Wind)*, Robert E. Sherwood *(Reunion in Vienna, Idiot's Delight, There Shall Be No Night)* und William Saroyan *(The Time of Your Life, Love's Old Sweet Song)*.

Englische und französische Autoren vervollständigten diesen eklektischen, aber doch qualitätsbewußten Spielplan, so Arnold Bennett, A. A. Milne, Galsworthy, Terence Rattigan, Fry, Courteline, Claudel, Lenormand, Pagnol, Copeau und Rolland. Auch Werfel tauchte wieder auf, wenn auch in Bearbeitungen, *Jacobowsky und der Oberst* (mit N. S. Behrman) und *Der veruntreute Himmel* (bearbeitet von L. Bush-Fekete und Helen Fay). Zunehmend wandte sich die »Theatre Guild« auch dem musikalischen Theater zu. Erstmals schon 1925 ließ sie sich von dem Komponisten Richard Rodgers und dem Librettisten Lorenz Hart eine Revue unter dem Titel *Garrick Varieties* schreiben, die noch zwei weitere Auflagen erlebte. Zehn Jahre später unternahm die »Theatre Guild« die Uraufführung von *Porgy and Bess* von George Gershwin (Musik), Ira Gershwin (Gesangstexte) und DuBose und Dorothy Hayward (Buch). Mit *Oklahoma!,* wieder von Rodgers und Oscar Hammerstein II (Buch und Gesangstexte), wurde 1943 die Epoche des modernen Musicals durch die »Theatre Guild« eingeleitet, mit 2212 En-suite-Aufführungen war dies die erfolgreichste Darbietung der »Guild« überhaupt. Es folgten, wieder von Rodgers und Hammerstein, 1945 *Carousel* (nach Molnars *Liliom*) und 1947 *Allegro,* ferner die Musicals *Arms and The Girl!* von Morton Gould und *Bells Are Ringing* von Jule Styne.

Die »Theatre Guild« feiert den vierten Jahrestag der Uraufführung von Oklahoma! *in Kostümen, die ein Geschenk der Kiowa-Indianer aus Oklahoma waren. Von links nach rechts: Theresa Helburn, Oscar Hammerstein, Agnes DeMille, Armina Marshall, Richard Rodgers, Lawrence Langner*

Schon 1925 war die »Guild« angesichts ständig steigender Abonnentenzahlen imstande, ihr eigenes Theater zu bauen, das mit *Cäsar und Kleopatra* eröffnet wurde. Aber der Theaterbau, für New Yorker Verhältnisse ungewöhnlich geräumig und elegant, war weder bei Schauspielern noch beim Publikum sehr beliebt, und deshalb sah die »Guild« sich bald gezwungen, viele ihrer Erfolgsstücke in kommerziellen Theatern aufzuführen. Ab 1943 diente das Gebäude ausschließlich der Produktion von Hörspielen und wurde 1950 von der American National Theatre Academy gekauft, die es dann wieder als Broadway-Theater für einzelne Produktionen verpachtete. Das an der 52. Street West gelegene Theater ging 1981 in kommerzielle Hände über und trägt seither den Namen »Virginia Theatre«.

Der unablässige Aufstieg der »Theatre Guild« trug jedoch bereits den Keim des Niedergangs in sich. Nicht damit zufrieden, in New York ein Publikum für ein ernsthaftes Theater gefunden zu haben, und in dem Wunsch, die New Yorker Erfolge – darin ähnlich den kommerziellen Produzenten – besser auszunutzen, begann die »Guild«, auch noch Tourneetheater zu betreiben. Auf diese Weise schwoll die Mitgliederzahl in den USA und Kanada zwar auf 85 000 an – aber man übersah dabei, daß das Provinzpublikum noch nicht den Erziehungsprozeß mitgemacht hatte, dem die New Yorker Theaterfreunde seit 1920 durch die »Theatre Guild« unterzogen worden waren. Um nicht auf das lukrative Tourneetheater verzichten zu müssen, paßte man es schließlich dem damals niedrigeren kulturellen Niveau der Provinz an, und das Repertoire wurde zunehmend langweiliger und uninteressanter. Hinzu kam, daß zu Beginn der fünfziger Jahre das experimentelle und intellektuell erregende Theater in den nun zu voller Blüte erwachsenden Off-Broadway-Theatern gemacht wurde, wo auch die ursprüngliche Wurzel der »Guild« gelegen hatte. Aufführungen in

New York wurden immer seltener; mehr und mehr konzentrierte sich die »Guild« auf Hörspiele und leistete Pionierarbeit auf dem Gebiet des Fernsehens, aber die ursprüngliche Idee, die Motivation der Gründer – von denen nach 1950 nur noch Arminia Marshall, die Witwe Langners, am Leben war – ging verloren, und heute ist die »Theatre Guild« nur noch eine organisatorische Hülle. Einen Kampf allerdings hatte sie gewonnen: das ernste Stück am Broadway sozusagen salonfähig zu machen und den anderen Produzenten vorzuexerzieren, daß auch damit Geld zu verdienen war. Im übrigen, wie John Gassner, in den ersten 15 Jahren Dramaturg der »Guild« und später und bis zu seinem Ableben Inhaber eines Lehrstuhls für Theaterwissenschaft an der Yale-Universität, es treffend formulierte:

». . . ihre Existenz verlief Jahrzehnt um Jahrzehnt parallel zu dem von Konflikten, Krisen und Leistungen gekennzeichneten amerikanischen Leben. Die Mängel und Fehler der Organisation spiegeln die Begrenzung und Defekte des sogenannten Pragmatismus unserer Kultur. Die ureigene Flexibilität, die das Unternehmen am Leben erhielt, trug in sich den Kern des Opportunismus, und es stimmt insbesondere, daß die Guild nicht imstande war, einen stetigen Kurs künstlerischer Entwicklung zu verfolgen. Die Leistungen der Guild spiegeln ebenfalls die amerikanische Kulturszene, hauptsächlich ihren unabhängigen Individualismus. Von Anbeginn verzichteten ihre Leiter auf private oder öffentliche Subvention. Sie zogen ein sich selbst erhaltendes Geschäft vor, das sich auf dem Markt behaupten sollte, damit die Guild trockener Pedanterie und dem Diktat von Mäzenen oder Regierungsstellen entgehen konnte.«

Gassner verschweigt allerdings die eingangs beschriebene Tatsache, daß die Guild ohne die Hilfe zweier Bankiers wahrscheinlich nie hätte beginnen können und nach der ersten verunglückten Premiere ihren Laden hätte dichtmachen müssen. Später konnte sie sich zwar aus eigener Kraft behaupten, aber am Ende doch nicht den Versuchungen des Kommerzialismus widerstehen.

Auch ein anderes Experiment, einige Jahre später als die »Theatre Guild« verheißungsvoll unternommen, scheiterte an der Realität, in diesem Fall an der Wirtschaftskrise: Eva Le Gallienne, Tochter des bekannten englischen Schauspielers Richard Le Gallienne und einer dänischen Autorin, kam blutjung nach New York, machte eine Blitzkarriere und wurde, gerade 22 Jahre alt, als Julie in der *Liliom*-Aufführung der »Theatre Guild« umjubelt. Die Produzenten lagen ihr zu Füßen, aber sie verzichtete auf eine brillante Broadway-Karriere, weil ihr das Spielen desselben Parts über Monate hinweg keine echte Befriedigung bereitete. Es dauerte mehrere Jahre, bis Eva Le Gallienne ihren Plan verwirklichen konnte: Da sie am Broadway für ihre Idee eines Repertoire- und Ensembletheaters keine Unterstützung fand, pachtete sie ein 1866 erbautes Theater, das »14th Street Theatre«, das schon seit 15 Jahren leerstand, und zog dort mit ihrer »Civic Repertory Company« ein. Mit 27 Jahren war sie die jüngste Theaterdirektorin in der Geschichte des amerikanischen Theaters.

Ohne ausreichende Finanzierung hätte sie freilich ihr Theater nie eröffnen können. Otto H. Kahn, der immer eine offene Hand für Theatergründungen hatte, lieh auch ihr 10 000 Dollar (die sie ihm später zurückzahlte), und unter ihren übrigen Mäzenen befand sich einer, der auf Anonymität bestand und ihr sogar 50 000 Dollar anvertraute. Wie die »Theatre Guild« sechs Jahre zuvor, eröffnete auch Le Gallienne ihre erste Saison am 26. Oktober 1926 mit einem Stück Benaventes, *Samstagnacht,* das sich ebenso wie bei der »Guild« als Versager erwies. Doch am darauffolgenden Abend schlugen die Wellen der Begeisterung hoch bei Tschechows *Drei*

Eva Le Gallienne, Gründerin und Leiterin des Civic Repertory Theatre, als Julia in der von ihr inszenierten Aufführung von Shakespeares Drama

Schwestern, und in derselben Woche fanden noch die Premieren von Ibsens *Baumeister Solness* und *John Gabriel Borkman* statt. Weitere vier Stücke folgten in derselben Spielzeit, kein Stück durfte mehr als viermal wöchentlich gespielt werden, und am Ende wechselten die vier Stücke miteinander ab, was nur dank des festen Ensembles möglich war. Eva Le Gallienne inszenierte sämtliche Stücke und wirkte in den meisten auch selbst mit, sie kümmerte sich um den geschäftlichen Ablauf der Dinge, hatte ihr Ensemble fest in der Hand und war jeder Zoll eine Prinzipalin.

Die Eintrittspreise für das 1100 Personen fassende Theater waren: 1,50 Dollar für Parkett und Logen, 1 Dollar für den ersten Rang und 50 Cent für den zweiten Rang – ungewöhnlich niedrig für die damaligen New Yorker Verhältnisse. Da die Gagen alles andere als fürstlich waren – von den Schauspielern erhielten nur Nazimova und Egon Brecher 400 Dollar pro Woche (während damals für Stars am Broadway vierstellige Beträge gezahlt wurden), konnte Le Gallienne bis zum Einsetzen der Depression ohne Defizit auskommen. Aber am Ende der sechsten Spielzeit mußte auch sie wieder aufgeben, nachdem sie insgesamt 1581 Aufführungen von 34 verschiedenen Stücken geboten hatte. Zwei Jahrzehnte später war sie Mitbegründerin der »National Repertory Company«, eines Tourneetheaters, das sich aber nur kurze Zeit behaupten konnte.

Trotz ihres hohen Alters ist Le Gallienne auch jetzt noch im Theater aktiv. Was sie anspornte, hat sie im Programmheft ihrer Kompanie wie folgt formuliert:

»Das Theater ist nur wichtig in bezug auf das, was es im Leben der Menschen ausfüllt. Es sollte eine Quelle geistigen Anreizes für die ganze Gemeinde sein. Das Theater sollte ein Instrument des Gebens, nicht des Nehmens sein. Für die Stadt sollte es das bedeuten, was die Bibliothek für den einzelnen ist.«

Zeitgeschehen im Vordergrund: Die dreißiger Jahre

Die im Spätherbst 1929 einsetzende Wirtschaftskrise, die sich in den folgenden Jahren immer mehr verschärfte, erschütterte nicht nur in den Vereinigten Staaten, sondern auch in den meisten europäischen Ländern das Vertrauen in eine kontinuierlich wachsende kapitalistische Wirtschaftsordnung. Überall erreichte die Arbeitslosigkeit bisher ungeahnte Zahlen. Die Sorglosigkeit der zwanziger Jahre wich tiefem Pessimismus. Viele Intellektuelle liebäugelten mit dem Kommunismus, von dem sie sich ein krisenfestes Leben versprachen; persönliche Freiheit empfanden sie zu einer Zeit, da sie oft nicht wußten, woher am nächsten Tag das Geld für das notwendige Essen herkommen sollte, nicht mehr als das wertvollste aller Güter. Bei anderen wiederum machte sich ein stärkeres soziales Bewußtsein bemerkbar – man könnte sagen, daß das Elend jener Jahre fast alle politisierte.

Die Theaterentwicklung der dreißiger Jahre wurde aber nicht nur von der Wirtschaftskrise beeinflußt. Da war zum Beispiel auch die Konkurrenz des Tonfilms, der mit *The Jazz Singer* 1927 fröhliche, wenn auch noch ziemlich primitive Urständ gefeiert hatte und der nach Ansicht zahlreicher Theaterleute das Medium war, das den reinen Unterhaltungs- und Amüsierbedarf der Menschen besser befriedigen konnte als das Theater, so daß ihm diese bisher weitgehend vom Theater wahrgenommene Funktion überlassen werden sollte. Das war jedoch nur eine vorübergehende Reaktion, denn es stellte sich bald heraus, daß für das reine Amüsiertheater immer noch genügend Platz war, aber zunächst fiel auf, daß die Produktion von Schwänken zurückging. Hatte es in der Spielzeit 1929/30

noch 233 Neuproduktionen gegeben, so waren es 1930/31 nur noch 187. Noch katastrophaler entwickelte sich die Lage außerhalb New Yorks: Zählte man 1928, dem letzten Jahr vor der Krise, noch fast 200 »auf Achse« befindliche Theatertruppen, so waren es 1933 nur noch ganze fünf.

Der schon öfter erwähnte Brooks Atkinson schreibt in seinem vor 15 Jahren erschienenen Buch *Broadway* zur Charakterisierung der Lage: »Viele Theaterleute, darunter 5000 Schauspieler, waren arbeitslos, und die Zahl der Zuschauer sowie die Summe der Einnahmen wurden immer weniger. Es war eine schwierige Zeit, und sie schien lange genug anzuhalten, um Künstler wie Intellektuelle dazu zu bringen, die Legitimität amerikanischer Institutionen anzuzweifeln. Aber es war ein unerklärbares Paradox, daß gleichzeitig eine schöpferische Periode im Theater begann . . . Für den Broadway waren die dreißiger Jahre die erregendsten seiner Existenz . . . Obwohl eine Nation auseinanderzufallen drohte und das Geld am Broadway knapp wurde, befand sich das Theater in Spitzenform.« Noch prägnanter drückte ein Kritikerkollege Atkinsons, John Mason Brown von der *New York Post,* die Sachlage aus, als er von »diesen vollen mageren Jahren« sprach.

Wie so oft in Notzeiten – und dies nicht nur in Amerika – kam es zu einer Blütezeit der Kultur. Nicht immer bedarf es eines perikleischen Zeitalters, um die Kreativität anzuspornen, die sich nun auf einmal der Bühnenautoren bemächtigte und nicht länger unpolitische und symbolische Stücke schrieben, sondern handfestes politisches Theater lieferten. Maxwell Anderson, dessen Stärke bisher historische Stücke gebildet hatten, war durch

den Prozeß und das Todesurteil gegen Sacco und Vanzetti so aufgebracht, daß seine Erregung gleich in zwei Stücken Niederschlag fand: in dem weniger erfolgreichen *Gods of Lightning* und in dem lange gespielten *Winterset*. Ein ebenfalls stark sozial engagiertes Drama, das die Schicksalsverbundenheit verschiedener ethnischer Gruppen im Schmelztiegel New York zeigte (später von Kurt Weill vertont) war *Street Scene* von Elmer Rice. Amerikanische Geschichte, mit den Augen der Gegenwart gesehen, spiegelte sich in Robert Sherwoods *Abe Lincoln in Illinois*. Aber ein Dramatiker, der wie

kein zweiter die Probleme der dreißiger Jahre darstellte, war der junge Clifford Odets, der zunächst als Schauspieler hervortrat.

Odets gehörte zu der Gruppe von Regisseuren und Schauspielern, die sich Anfang 1931 von der für sie zu konservativen und gegenwartsentrückten »Theatre Guild« lossagten und unter der Leitung von Harold Clurman, Cheryl Crawford und Lee Strasberg das »Group Theatre« gründeten, das ein Jahrzehnt lang ein wichtiger Faktor im New Yorker Theaterleben war. Obwohl sie die »Guild« wegen ihres zunehmenden Kommerzialismus angriffen, ließ diese

sie nicht nur gerne ziehen – was angesichts der völlig anders gerichteten Ziele verständlich war –, sondern gab ihnen auch noch ein kleines Handgeld mit auf den Weg. Die »Guild« überließ dem »Group Theatre« die Aufführungsrechte für ihr erstes Stück, Paul Greens *The House of Connelly*. Dieses Stück war allerdings kein großer Erfolg, weil das Publikum sich vom »Group Theatre« mit Recht mehr erwartete als nur ein Familiendrama, wenn auch die dichterische Qualität des Stückes anerkannt wurde ebenso wie die zehnwöchige Probenarbeit, die eine bis ins kleinste Detail ausgefeilte Auffüh-

rung zustande gebracht hatte. Die Schauspieler des »Group Theatre« lebten in einer Art Kommune in der 57. Straße; die langen Proben fanden in Brookfield Center, Connecticut, statt, wo ihnen ein Haus zur Verfügung gestellt worden war.

Ähnlich wie die »Theatre Guild« nach ihrer ersten verunglückten Premiere fast schon das Ende ihrer Bemühungen gekommen sah, führte auch das »Group Theatre« eine äußerst gefährdete Existenz und lebte von der Hand in den Mund, bis endlich 1933 der große Erfolg mit Sidney Kingsleys Schauspiel *Men in White* kam.

Um dieses Stück überhaupt noch aufführen zu können, war das »Group Theatre« auf eine beträchtliche Spende des Schauspielers Franchot Tone angewiesen, und man kann nicht ohne ein gewisses Schmunzeln registrieren, daß das »Group Theatre« auf dieses Stück von dem superkommerziellen Lee Shubert aufmerksam gemacht worden war. Auch in diesem Stück war übrigens die soziale Note weniger stark ausgeprägt als die rein individualistische: Das grundlegende Problem bestand darin, ob ein junger Arzt es vorzöge, an der Seite einer reichen Frau versklavt zu werden oder seine Karriere als schlechtbezahlter Assistent eines berühmten Chirurgen fortzusetzen. Das Stück konnte fast ein Jahr lang en suite gespielt werden.

Berühmte Schauspieler in Odets' Awake and Sing: *Jules (später John) Garfield, Morris Carnovsky, J. Edward Bromberg, Stella und Luther Adler, Sanford Meisner und Art Smith (von links)*

Erst während der Laufzeit von *Men in White* wurden die Leiter des »Group Theatre« auf Odets aufmerksam, der von Anbeginn der Truppe als Schauspieler angehört hatte, ohne daß man von seiner Dramatikerbegabung wußte. In rascher Aufeinanderfolge kamen *Awake and Sing* sowie die beiden Einakter *Waiting for Lefty* und *Till the Day I Die* heraus, später noch *Paradise Lost* und *Golden Boy*. Hier war endlich eine neue Stimme zu vernehmen. *Golden Boy,* Odets' aufführungsmäßig größter Erfolg, handelt von einem Geiger, der beschließt, Boxer zu werden. Doch kaum prominent geworden, zog es Odets nach Hollywood, wo er die Wiener Schauspielerin Luise Rainer heiratete; die in sein Können gesetzten Hoffnungen realisierten sich nicht.

Das »Group Theatre« löste sich 1941 auf, als mit der allmählich aufkommenden Kriegsstimmung und dem Eintritt der Vereinigten Staaten in den Krieg das Amüsiertheater wieder die Oberhand am Broadway gewann. Aber das war nicht der einzige Grund: Es fehlte auch ganz einfach an Geld, und Subventionen seitens der öffentlichen Hand oder der großen Stiftungen

gab es zu jener Zeit noch nicht. Clurman, der später ganz zum kommerziellen Theater überschwenkte, aber ein geachteter Kritiker blieb, gibt in seiner Geschichte des »Group Theatre«, *The Fervent Years,* die folgende Analyse: »Das grundlegende Problem unserer Tätigkeit war darin zu sehen, daß wir zwar versuchten, ein wahres Theater künstlerisch zu betreiben, wirtschaftlich aber nach den Grundsätzen des Schaugeschäfts verfuhren. Unsere Mittel und Ziele befanden sich in einem grundsätzlichen Widerspruch.«

Immerhin bestand das »Group Theatre«, das keinen eigenen Theaterbau besaß, länger als andere um diese Zeit gegründete Gruppen, und es hatte lange genug existiert, um die Broadway-Produzenten davon zu überzeugen, daß auch mit sozial engagierten Stücken Geld zu verdienen war, so daß es schließlich des »Group Theatre« gar nicht mehr bedurfte. Andere Gruppen hatten eine noch erheblich kürzere Lebensdauer: die »Theatre Union« etwa, die das Theater von Eva Le Galliennes »Civic Repertory Theatre« in der 14. Straße übernahm, und die »Actors Repertory Company«, beide stramm links. Dennoch erlitt Bert Brecht, der 1935 erstmals nach New York kam, um an den Proben und der Aufführung seiner *Mutter*-Adaptation von Gorkis Roman durch die »Theatre Union« teilzunehmen, eine von ihm kaum erwartete Abfuhr: In einer Konfliktsituation wandte er sich an den Kulturbeauftragten der Kommunistischen Partei mit dem Ersuchen, den Regisseur der »Theatre Union«, Victor Wolfson, zu disziplinieren. Wolfson und Brecht gerieten sich nämlich fortgesetzt in die Haare, weil der Stückeschreiber – wie es fast immer seine Art war – den Regisseur in die Ecke drücken und selbst die Regie übernehmen wollte. Brechts Beschwerde führte aber nur dazu, daß Wolfson ihm und dem Komponisten Hanns Eisler verbot, während der Proben überhaupt ins Theater zu kommen. *Mutter* war eine so aufwendige Pro-

duktion und hatte so geringen Erfolg – was Brecht auf die Streichungen, die Dekorationen und die »Fehlinszenierung« zurückführte –, daß es die letzte Aufführung der »Theatre Union« war. Noch kürzer war die Lebensdauer der »Actors Repertory Company«. Beide Theatergruppen hatten kein Glück mit ihrem Vorhaben, die New Yorker Arbeiter ins Theater zu bringen, so daß die Gewerkschaften schließlich beide fallenließen.

Dagegen beschloß die Gewerkschaft der Konfektionsarbeiter, selbst Theater zu machen, und ließ sich von dem am Broadway schon bekannten Harold Rome eine aus 19 Nummern bestehende Revue mit sozialen und politischen Themen schreiben, die die Mitglieder selbst aufführten. *Pins and Needles* war der Titel dieser gelungenen Darbietung, die anfangs nur in geschlossenen Vorstellungen für die Mitglieder der Gewerkschaft herauskam. Doch bald erfuhr auch die Presse von dem Unternehmen und informierte ein größeres Publikum; eines Abends erschien sogar die Ehefrau des Präsidenten Roosevelt in der Aufführung und äußerte sich sehr zustimmend, mit dem Ergebnis, daß die Revue mit immer wieder neuen, dem Zeitgeschehen entnommenen Nummern und wechselnder Besetzung vier Jahre lang, bis kurz vor dem Eintritt der Vereinigten Staaten in den Krieg, gegeben werden konnte.

Wahrscheinlich nie zuvor sind am Broadway in einer Dekade so viele sehenswerte Stücke amerikanischer Autoren aufgeführt worden wie von 1930 bis 1940. Um nur die wichtigsten neben den schon erwähnten zu nennen: O'Neills *Trauer muß Elektra tragen* und *Oh, Wildnis,* beide durch die »Theatre Guild«, *Counsellor-at-Law* von Elmer Rice; eine Dramatisierung von Sinclair Lewis' Roman *Dodsworth;* Sherwoods *Idiot's Delight* (gegen die Rüstungsindustrie gerichtet); Kingsleys *Dead End* (über das tragische Leben der New Yorker Slumbewohner nahe dem East River); *Children's Hour,* das erste

Schauspiel Lillian Hellmans sowie ihr *The Little Foxes*; John Steinbecks *Von Mäusen und Menschen*; Thornton Wilders erstes abendfüllendes Stück *Unsere kleine Stadt*; Irwin Shaws *The Gentle People* und schließlich Sherwoods *There Shall Be No Night,* das sich mit dem russisch-finnischen Krieg befaßte. Schließlich muß noch ein naturalistisches Volksstück aus dem Süden, *Tobacco Road* von Jack Kirkland, erwähnt werden, dessen derbe, naturalistische, fast obszöne Sprache dem Werk eine acht Jahre lange Laufzeit (3182 En-suite-Aufführungen) einbrachte. Doch eine am Ende des Jahrzehnts herausgekommene New Yorker Komödie, *Life With Father,* von Howard Lindsay und Russel Crouse, ebenfalls nach einer Buchvorlage, sollte diesen Rekord noch um 62 Aufführungen übertrumpfen: Die Premiere fand einen Monat nach Beginn des Zweiten Weltkrieges statt, die letzte Vorstellung wurde zwei Jahre nach Kriegsende gegeben.

1938 gründeten fünf Bühnenautoren – Maxwell Anderson, Sidney Howard, S. N. Behrman, Elmer Rice und Robert E. Sherwood –, die mit den Zuständen am Broadway wie mit der »Theatre Guild« unzufrieden waren, eine eigene Produktionsgemeinschaft, die »Playwrights Company«, die ursprünglich nur die Stücke der Gründungsmitglieder aufführen wollte, später aber auch die Werke anderer Autoren aufnahm. Die Autoren erhofften sich davon ein gewisses Maß an Unabhängigkeit, aber da am Broadway Erfolg eben nur mit der hektischen Betriebsamkeit der kommerziellen Produzenten möglich war, mußte die »Playwrights Company« mit den Wölfen heulen. Nach Behrmans Ausscheiden wurde übrigens der Komponist Kurt Weill zum fünften Mitglied der Gruppe erwählt; als erstes seiner Musicals wurde das zusammen mit Anderson zusammen geschriebene *Knickerbocker Holiday* herausgebracht.

Das Theater der Ideen fand in diesem Jahrzehnt vielleicht seine deutlichste Ausprägung im Federal Theatre Project, das nur vier Jahre, von 1935 bis 1939, bestand. Die zur Leiterin dieses gewaltigen Vorhabens ernannte Hallie Flanagan, Professorin und Leiterin eines Experimentiertheaters am angesehenen Vassar College nördlich von New York City, formulierte ihr Programm folgendermaßen: »Wir brauchen in ganz Amerika eine Reihe ihrer Natur nach experimenteller Theater, die sich auf neue Stücke unbekannter Dramatiker konzentrieren, hauptsächlich örtlichen und regionalen Ursprungs. Wir brauchen Negertheater in Harlem, St. Louis, Alabama... Wir brauchen ein Theater, das sich den neuen Zeiten und Umständen anpaßt, ein Theater, das die Anwesenheit anderer Künste anerkennt.«

Ist Marlowe ein Kommunist? oder Das Ende des Bundestheaters

Ein einziges Mal in der fast zweieinhalb Jahrhunderte umfassenden Geschichte des amerikanischen Theaters gab es vier Jahre lang ein Theater, das ganz von der Bundesregierung subventioniert wurde. Aus der Not der Depressionsjahre geboren, als Tausende von Theaterleuten arbeitslos waren, wurden 1935 im Rahmen eines großen Arbeitsbeschaffungsprogramms, das sich Works Progress Administration nannte, auch Projekte für Schauspieler und anderes Bühnenpersonal, Tänzer, Musiker, bildende Künstler und Schriftsteller geschaffen.

Das größte und bedeutendste dieser Projekte war das »Federal Theatre«, das mehr als 10 000 Theaterleuten in über 20 der 48 Bundesstaaten wieder Arbeit verschaffte. Hunderte von Produktionen entstanden; insgesamt kamen mehr als 30 Millionen Zuschauer, davon zwölfeinhalb Millionen allein in New York, zu den Aufführungen, die angesichts der niedrigen Eintrittspreise von 10 bis 50 Cents dem Theater ein völlig neues Publikum zuführten. Angesichts dieser Tatsache zerschellten dann auch letztlich alle Proteste des kommerziellen Theaters, das – damals etwa sechs- bis siebenmal so teuer – im WPA-Theater eine »Schmutzkonkurrenz« sah.

Alle im Federal Theatre Beschäftigten, vom Regisseur, Hauptdarsteller und Bühnenbildner bis zum Kulissenschieber und Kassierer, erhielten die gleiche Gage – 103,40 Dollar pro Monat, nicht gerade fürstlich, aber doch besser als gar nichts, denn Arbeitslosenunterstützung gab es noch nicht in Amerika. Das Repertoire war ungewöhnlich vielseitig und natürlich in New York am abwechslungsreichsten, wo man manchmal sogar 12 bis 15 verschiedene WPA-Aufführungen an einem Tag sehen konnte. Nicht weniger als 14 Stücke von Eugene O'Neill, der damals im kommerziellen Theater kein Heim fand, wurden in den Jahren 1935 bis 1939 gespielt, und der Autor gab sich mit einer eher symbolischen Tantiemenzahlung von 50 Dollar pro Woche zufrieden, denn – so sagte er – »das Theater entwickelt sich zu einem wichtigen Faktor für den amerikanischen Autor, und es ist für mich ein belebender Gedanke, daß auf diese Weise meine Stücke an Orten gegeben werden, wo sie nicht produziert worden wären, hätte es kein Federal Theatre gegeben«.

Neben O'Neill kamen im »Federal Theatre« die Uraufführung von T. S. Eliots *Mord im Dom* heraus, ferner die amerikanische Erstaufführung von Friedrich Wolfs *Professor Mamlock* (außer in Englisch auch in Deutsch und Jiddisch), neun Stücke von George Bernard Shaw, Marlowes *Dr. Faustus* und ein nur von schwarzen Schauspielern bestrittener *Macbeth,* dessen Schauplatz nach Martinique verlegt worden war. In diesen beiden letztgenannten Stücken wurde übrigens das Regie- und Schauspielertalent des damals erst 22 Jahre alten Orson Welles entdeckt. In 18 Städten gleichzeitig gab es eine Dramatisierung von Sinclair Lewis' Roman *Das ist bei uns nicht möglich,* damals eine zeitgemäße Warnung vor den Folgen des Faschismus.

Unter dem Titel »The Living Newspaper« wurde auch eine bis dahin in Amerika unbekannte Form aktivistischen und plakativen Theaters entwickelt, das sich in Inhalt und Form eng an Erwin Piscators politisches Theater anlehnte. Hier wurden aktuelle politische und soziale Themen behandelt; der erste Versuch freilich, eine Verurteilung von Mussolinis Invasion

Hallie Flanagan, Leiterin des WPA Federal Theatre von 1935 bis 1939, mit Harry Hopkins, einem Vertrauten Präsident Roosevelts, der die Works Progress Administration leitete

in Äthiopien und der schwächlichen Reaktion der westlichen Demokratien darauf, mußte auf Veranlassung der Bundesregierung zurückgezogen werden. Mit diesem Zensurakt wurde deutlich, daß das »Federal Theatre« doch nicht die ursprünglich von Washington zugesagte Weisungs- und Zensurfreiheit hatte. Aus Protest trat daraufhin der Bühnenautor Elmer Rice zurück, der die Leitung des New Yorker »Federal Theatre« übernommen hatte, was möglicherweise andere Zensurversuche nicht aufkommen ließ – mit einer noch zu erwähnenden Ausnahme.

Triple-A Plowed Under, das zweite der »Living Newspaper«-Stücke, das die traurige Lage der amerikanischen Landwirtschaft als Folge der Depression und der verheerenden Dürre aufgriff – man denke an John Steinbecks Roman *Die Früchte des Zorns,* der dieses Thema zwei Jahre später behandelte –, war hingegen ein großer Erfolg und wurde nach New York auch in Chicago, Cleveland, Milwaukee und Los Angeles gegeben. Das Stück gipfelte in der Forderung, daß Landwirte und Verbraucher sich zusammentun sollten, um ein höheres Einkommen und niedrigere Lebensmittelpreise zu erreichen, und sich nicht gegeneinander ausspielen lassen dürften.

Weitere »Living-Newspaper«-Aufführungen waren *1935,* eine Zusammenfassung der wichtigsten Ereignisse jenes Jahres; *Injunction Granted,* eine Darstellung der Bedeutung von Gerichten für die Entwicklung der Gewerkschaftsbewegung; *Power,* in dem der Ruf nach einer Verstaatlichung der in Amerika damals (und noch heute) privaten Strom- und Gaswerke erhoben wurde, und schließlich *One Third of a Nation,* das – in Anlehnung an eine Rede des Präsidenten Franklin D. Roosevelt – sich mit der Notlage jenes Drittels der amerikanischen Bevölkerung befaßte, das schlecht ernährt, schlecht gekleidet und in unzureichenden Wohnungen untergebracht ist. *One Third of a Nation* war der größte Erfolg dieses Theatergenres, es wurde allein in New York 225mal en suite gespielt.

Unter den später berühmt gewordenen Schauspielern, die für das »Federal Theatre« tätig waren, müssen neben Orson Welles Burt Lancaster, Joseph Cotten, Arlene Francis, Canada Lee, E. G. Marshall, Jules Dassin und Sidney Lumet (die beiden letzteren später prominent als Filmregisseure) genannt werden.

Noch einmal erhob die Zensur ihr häßliches Haupt im Sommer 1937 gegen ein »Stück mit Musik« von Marc Blitzstein, das den Titel *The Cradle Will Rock* führte und in polemischer Weise die Gewerkschaftsseite während eines Stahlstreiks vertrat. Die Uraufführung sollte am 16. Juni 1937 stattfinden; vier Tage vorher kam aus Washington ein Edikt, daß keine neuen Produktionen vor dem Ende des laufenden Haushaltsjahrs am 30. September mehr herauskommen dürften. Da keine andere Premiere in dieser Zeit geplant war, vermutete Regisseur Orson Welles wohl zu Recht die Absicht, die Uraufführung zu hintertreiben. Vielleicht wurde die Aufführung zu einem Zeitpunkt, da mehrere Stahlstreiks im Gange waren, für zu explosiv gehalten; daß das Stück dann doch termingemäß herauskam, allerdings nicht mehr im Rahmen des »Federal Theatre«, ohne gewalttätige Reaktionen auszulösen, ließ die Angst der Regierungsstellen als unbegründet erscheinen. Nach einigen Aufführungen wurde die Serie unterbrochen und im Herbst durch die inzwischen von Welles und seinem Mitarbeiter John Houseman gegründeten »Mercury Players« wiederaufgenommen, um einer der großen Erfolge der Spielzeit 1937/38 zu werden. Die »Mercury Players«, einige Jahre lang das wohl beachtlichste New Yorker Ensemble, erregte noch größeres Aufsehen mit einer *Julius-Cäsar*-Aufführung, die von Welles nicht nur inszeniert worden war, sondern auch durch seine faszinierende Darstellung des Brutus als Tyrannenmörder und des Cäsar in Mussolini-Maske in ein zeitgenössisches Stück

Orson Welles in der Titelrolle von Marlowes Doktor Faustus *(1937)*

Zwei Plakate des WPA Federal Theatre

umgedeutet wurde, was die dekorationslose Bühne und die moderne Straßenkleidung der Darsteller noch unterstrichen.

Politische Gegner des »Federal Theatre« versuchten mehrmals, dem ihnen unbequemen und verhaßten Betrieb ein Ende zu bereiten. Erfolgreich waren sie schließlich im Jahre 1939, als der Kongreß sämtliche Mittel strich. Dem Hauptargument, daß das »Federal Theatre« kommunistisch unterwandert sei, wagten auch die Befürworter des Theaters, von der auf konservative Unterstützung angewiesenen Regierung ganz zu schweigen, nicht allzu laut zu widersprechen. Daß die wichtigsten Theaterkritiker des Landes mit dem angesehenen Brooks Atkinson von der »New York Times« an der Spitze, die Schauspieler- und andere Bühnengewerkschaften sowie eine Schauspielerdelegation (letztere unter Führung der politisch einflußreichen Tallulah Bankhead, deren Vater Sprecher des Abgeordnetenhauses und deren Onkel Bundessenator war) sich für die Erhaltung des »Federal Theatre« einsetzten, konnte die Politiker, die sich schon lange auf den Abschuß dieser »Kulturschande« gefreut hatten, nicht sonderlich beeindrucken.

Pro forma fand – wie dies so üblich ist – vor einem Komitee des Abgeordnetenhauses eine Anhörung statt, in der Hallie Flanagan, Leiterin des Projekts seit seiner Gründung, als Hauptzeugin auftrat und mit sanfter Ironie die Unwissenheit der Politiker enthüllen konnte. Ihr persönlich wurden zunächst die Vorwürfe gemacht, daß sie in ihrer Eigenschaft als College-Professorin im Winter 1926/27 die Sowjetunion besucht habe, daß sie kommunistische Stücke aufführen ließ und daß sich unter ihrem Personal »viele« Kommunisten befanden (besten- oder, vom Standpunkt der Politiker, vielleicht schlimmstenfalls waren es nur »einige«). Ein Abgeordneter warf sogar die Frage auf, ob Richard B. Sheridans *Lästerschule* nicht ein amoralisches Stück sei.

Aber es sollte noch ärger kommen, und für Frau Flanagan, die bis dahin einigermaßen ernst geblieben war, wurde es immer schwieriger, ihre Fassung beizubehalten. So wurde ein von ihr in den zwanziger Jahren für eine Theaterzeitschrift verfaßter Aufsatz verlesen, in dem sie über das russische Arbeitertheater geschrieben hatte: »Sie wollen eine soziale Struktur ohne Geldausgaben ändern, und solcher Ehrgeiz allein verleiht ihrem Unterfangen schon eine Art Marloweschen Wahnsinn.« Daraufhin stellte ein Abgeordneter aus dem Bundesstaat Alabama die Frage: »Sie haben eben diesen Marlowe erwähnt, ist der etwa ein Kommunist?« Sie habe

Christopher Marlowe gemeint, erwiderte die ehemalige Professorin. Der Abgeordnete aber wurde ungeduldig: »Sagen Sie uns endlich, wer dieser Marlowe ist, damit wir ihn richtig einordnen können. Mehr wollen wir nicht.« Frau Flanagans Antwort brachte ihn rasch zum Schweigen: »Bitte, nehmen Sie ins Protokoll auf, daß Marlowe einer der großen englischen Dramatiker der Shakespeare-Zeit und Shakespeares unmittelbarer Vorläufer war.«

Aber es half alles nichts, das »Federal Theatre« mußte sterben, und es starb letztlich an der Unwissenheit von Provinzpolitikern, die sich anmaßten, über Dinge zu urteilen, von denen sie nichts verstanden. Doch den Abgeordneten aus Alabama, Joseph Starnes mit Namen, machte diese Episode unsterblich. Als er über zwei Jahrzehnte später das Zeitliche segnete, erinnerte die »New York Times« in ihrem Nachruf an seine Frage »Ist Marlowe etwa ein Kommunist?«.

Das »Federal Theatre« hinterließ jedoch eine stolze Bilanz: Innerhalb von vier Jahren hatte es in 33 der damaligen 48 Bundesstaaten 63 728 Aufführungen, davon mehr als 18 000 in New York, für 30 400 000 Zuschauer gegeben. Die Gesamtkosten beliefen sich – wie Frau Flanagan in ihrem Buch *Arena* mitteilt – auf rund 44 Millionen Dollar, weniger als die Kosten eines Schlachtschiffs damals betrugen. John Houseman, der am Federal Theatre Project von Anfang bis Ende beteiligt war und heute noch einer der angesehensten Regisseure, Theaterleiter und Lehrer in Amerika ist, sagt in seinem Vorwort zu einer 1985 erschienenen Neuausgabe von *Arena,* daß Hallie Flanagan wegen der Jahre gedacht werden wird, »in denen sie und ihre Mitarbeiter aus einem zweifelhaften und kläglichen Unterstützungsprojekt etwas gemacht haben, was noch jetzt, nach mehr als 40 Jahren, als kreativster und dynamischster Versuch angesehen werden muß, den es je gegeben hat, um ein amerikanisches Nationaltheater ins Leben zu rufen«.

Theater im Krieg und in den Nachkriegsjahren (1940-1960)

Mit dem Ende des Federal Theatre Projekt 1939, der Auflösung des »Group Theatre« 1941 und der wieder zunehmenden Kommerzialisierung der Theater, die etwa um diese Zeit unverkennbar wurde, bewegte sich das Theater wieder in gewohntem Fahrwasser. Off-Broadway und Off-off-Broadway gab es noch nicht, die linken Experimentiertheater waren alle eingegangen, und vielleicht war es nur der unermüdliche Erwin Piscator, seit Ende 1939 Leiter des »Dramatic Workshop« in Greenwich Village, der mit seinen im darauffolgenden Jahr beginnenden Studio-Aufführungen für ein Theater-Ferment sorgte, das aber erst einige Jahre nach seiner Rückkehr nach Deutschland aufgehen sollte.

Seit 1940 bereiteten sich die Vereinigten Staaten auf die immer unvermeidlicher werdende Kriegsteilnahme vor, die Rüstungsindustrie lief auf vollen Touren, in den Industriegebieten des Landes ging die Arbeitslosigkeit rasch zurück, und die bessere Wirtschaftslage spiegelte sich auch in wachsendem Theaterbesuch. Das galt zunächst noch nicht einmal so sehr für New York, das unmittelbar von der Aufrüstung nur wenig profitierte, wie für die Provinz und führte zu einer neuen Blüte des Tourneetheaters. Diese Blüte war allerdings nur von kurzer Dauer, weil schon bald nach dem Eintritt der USA in den Krieg im Dezember 1941 die Eisenbahnen für kriegswichtigere Zwecke benötigt wurden, als es die Beförderung von Schauspielern mit ihren Kostümen, Dekorationen und Versatzstücken war. Im Gegensatz zu früheren Jahren wurden nun aber auch ernste Stücke in der Provinz erfolgreich aufgeführt, insbesondere wenn sich Broadway-Stars wie Helen Hayes, Katharine Cornell, Katharine Hepburn,

Tallulah Bankhead, Alfred Lunt und Lynn Fontanne unter den Darstellern befanden. Mit diesen Tourneen wurde viel Geld verdient, aber sie blieben nach wie vor harte Arbeit für die Beteiligten: Tallulah Bankhead beispielsweise ging mit Lillian Hellmans *The Little Foxes* auf eine Tournee, in deren Verlauf sie in 121 Orten auftrat und nur in 17 mehr als eine Vorstellung gab – allerdings lagen die Einnahmen der Tournee auch noch um 25 000 Dollar über denen der Broadway-Aufführungen desselben Stückes. Auch Katharine Hepburn blieb mit Philip Barrys *Philadelphia Story* 32 Wochen lang unterwegs, das Ehepaar Lunt/Fontanne mit Robert E. Sherwoods *There Shall be No Night* sogar volle 40 Wochen – erst der Kriegsausbruch machte der Tournee ein Ende, denn mit der Sowjetunion als neuem Bundesgenossen erschien es nicht länger opportun, ein Stück zu spielen, das scharfe Kritik an der Roten Armee wegen der Invasion Finnlands übte.

Zeitstücke, die den Realitäten nach 1942 besser angepaßt waren als das in Weißglut geschriebene Drama Sherwoods, bildeten neben einer sich nun wieder über den Broadway ergießenden Flut von Komödien und Schwänken die Hauptkost der Kriegsjahre, die aber auch eine allmähliche Umstellung am Broadway erforderte. Während des Jahres 1942 gab es am Broadway nur sechs Kassenerfolge, denen 54 Produktionen gegenüberstanden, die in den roten Zahlen endeten – eine kaum wieder erreichte Mißerfolgsquote von 90 Prozent. Da auch Hollywood den Ankauf von Filmrechten in diesem ersten Kriegsjahr beträchtlich einschränkte, nahm das Heulen und Zähneklappern bei den Produzenten kein Ende. Die Tatsache, daß 1942

JACOBOWSKY and the COLONEL

THE PLAYBILL

FOR THE MARTIN BECK THEATRE

Programm von Jacobowsky und der Oberst *von Franz Werfel und S. N. Behrman (1943) mit Louis Calhern, Annabella und Oscar Karlweis (von rechts)*

auch kein Pulitzerpreis für das Drama verliehen wurde, verdeutlicht die desolate Lage am Broadway besonders.

Im Gegensatz zum Ersten Weltkrieg ein Vierteljahrhundert früher, der – wie beim damaligen Stand der amerikanischen Dramatik nicht anders zu erwarten war – kaum Kriegsstücke hervorgebracht hatte, war es jetzt anders. Maxwell Anderson schrieb in rascher Aufeinanderfolge *Candle in the Wind* (hier versucht eine amerikanische Schauspielerin ihren französischen Geliebten, einen Schriftsteller, aus einem Nazi-Konzentrationslager zu befreien), *The Eve of St. Mark* (die Wirkungen des Krieges auf einfache Menschen) und *Storm Operation* (ein Stück über die Nordafrika-Kampagne, verwoben mit einer reichlich banalen Liebesgeschichte eines US-Gefreiten aus Detroit mit einer Araberin). Keines dieser Stücke war allerdings sonderlich erfolgreich. Lillian Hellmans *Watch on the Rhine*, noch kurz vor dem US-Kriegseintritt uraufgeführt, ist die Geschichte eines deutschen Nazigegners, der seine Familie nach Washington bringt und hier von einem nazifreundlichen rumänischen Grafen bedroht wird: Der an frühere Zeiten amerikanischer Dramatik gemahnende Höhepunkt des Stücks ist die auf offener Bühne erfolgende Prügelei des Schurken mit dem Helden, in der der Schurke schließlich sein Leben aushaucht.

Tomorrow The World von James Gow und Arnaud D'Usseau führt einen zwölfjährigen, völlig von den Nazis indoktrinierten Jungen vor, der trotz seines Lebens in einer kleinen amerikanischen Universitätsstadt kein demokratisches Verhalten lernt. In *Home of the Brave* erleben wir die emotionale Erstarrung eines jüdischen Soldaten. In ähnlicher Weise schildert John Patrick in *The Hasty Heart* das emotionelle Dilemma eines schottischen Soldaten in einem hinterindischen Krankenhaus. *Jacobowsky und der Oberst* von Franz Werfel und S. N. Behrman ist ein mit viel Humor gezeichnetes

83

Aufeinanderprallen unterschiedlicher Charaktere während der deutschen Invasion Frankreichs; gemeinsam versuchen der jüdische Zivilist und der leicht antisemitisch angehauchte polnische Oberst zu fliehen. In Paul Osborns Dramatisierung von John Herseys *A Bell for Adano* wird die Besetzung eines italienischen Dorfs durch amerikanische Truppen weniger als Sieg denn als notwendiges Übel dargestellt. John Steinbecks *The Moon is Down* schildert die Invasion eines nicht genannten, neutralen Landes. Auch Max Reinhardts letzte Regiearbeit, nur wenige Monate vor seinem Tode, galt einem Kriegsstück, Irwin Shaws *Sons and Soldiers*. Diese Aufzählung von Kriegsstücken ist keineswegs vollständig, aber grundsätzlich gilt, daß wirklich bedeutende Literatur nicht darunter war und auch kaum eines der genannten Stücke in der Nachkriegszeit wieder ausgegraben wurde. Was dieser Periode allerdings ganz fehlte, und darin unterschied sie sich vom Ersten Weltkrieg deutlich, war der Hurrapatriotismus. Nirgends ist dies besser zu erkennen als bei einer Gegenüberstellung der beiden Revuen Irving Berlins, die er während der Weltkriege herausbrachte: *Yip Yip Yaphank* im Ersten und *This Is The Army* im Zweiten Weltkrieg. In *Yaphank* (der Name eines Ausbildungslagers in der Nähe von New York, wo der damals 29jährige Komponist seiner Wehrpflicht nachgekommen war) mit der alles vor sich herfegenden Schlußnummer *We're on Our Way to France* (einen anderen, später weltberühmten Song, *God Bless America*, strich Berlin im letzten Augenblick) wurde der Krieg vorbehaltlos verherrlicht, in *This Is The Army* dagegen ging es eher darum, ein Gefühl der Sympathie für die Armee zu erzeugen. Ein vergleichbares Sympathiegefühl für die Luftwaffe zu wecken, versuchte Moss Hart mit *Winged Victory* im Jahre 1943.

In diesen Jahren blühte auch das Musiktheater, das später in seiner Gesamtentwicklung noch behandelt wird. Hier sei nur neben *Okla-

In Bell For Adano: *Fredric March, Margo und Alexander Granach (von links). Es war der erste und letzte Broadway-Auftritt für Granach, der noch während der Laufzeit des Stückes an einer Blinddarmentzündung starb*

homa! One Touch of Venus* von Kurt Weill und das eher operettenhafte Musical *Song of Norway* erwähnt, in dem eine recht artifizielle Handlung mit Musik von Edvard Grieg zusammengehalten werden sollte.

Während der Kriegsjahre wurde auch ein Aufführungsrekord für eine Shakespeare-Aufführung erzielt: *Othello*, mit Paul Robeson in der Titelrolle und José Ferrer, Uta Hagen sowie Margaret Webster, die die Aufführung auch bearbeitet und inszeniert hatte, wurde 296mal en suite gegeben, d. h. nahezu neun Monate lang. Noch vor Kriegsende machte dazu ein junger Dramatiker zum erstenmal von sich reden, der später den Broadway erobern sollte: Arthur Millers erster Versuch mit *The Man Who Had All the Luck* brachte es allerdings nur auf vier Aufführungen. Sein großer Nachkriegskonkurrent, Tennessee Williams, kam aber mit seinem ersten Stück erst gar nicht bis nach New York: *Battle of Angels,* 1943 in Boston uraufgeführt, wurde wegen moralischer Bedenken zurückgezogen.

Nur wenige Wochen vor dem Ende des Krieges in Europa, am 31. März 1945, fand die Uraufführung von Tennessee Williams' *Glasmenagerie* statt; Miller mußte noch zwei Jahre länger warten, ehe er mit *Alle meine Söhne* seinen ersten Broadway-Erfolg erzielte. Beide waren etwa gleichaltrig: Williams, der bei seiner Geburt den Vornamen Thomas Lanier trug, war Jahrgang 1914, Miller Jahrgang 1915. Aber davon abgesehen hatten sie wenig Gemeinsames: Williams war introspektiv und entwickelte seine Stücke von innen, Miller war bewußt aktivistisch und klagte an, ohne davor zurückzuscheuen, manchmal geradezu plakatives Theater zu schreiben. Wie die besten amerikanischen Romanschriftsteller – Jack London, Upton Sinclair, Sinclair Lewis, John Dos Passos, Ernest Hemingway – beschrieben auch Williams und Miller die Übel der Gesellschaft, in der sie aufgewachsen waren. Doch während das Schlechte bei Williams in den von ihm geschaffenen Charakteren lag, war es bei Miller durch die gesellschaftlichen Zwänge bestimmt, die seine handelnden Personen formten. Und während Williams' Charaktere die Opfer ihrer eigenen Frustrationen waren, litten Millers unter den Frustrationen der amerikanischen Gesellschaft.

Beide aber beherrschten gemeinsam für die nächsten zehn Jahre die Spielpläne des Broadways: *Alle meine Söhne* von Miller und *Endstation Sehnsucht* von Williams (1947), *Tod des Handlungsreisenden* von Miller (1949), *Die tätowierte Rose* von Williams (1951), *Hexenjagd* von Miller und *Camino Real* von Williams (1953), *Die Katze auf dem heißen Blechdach* von Williams und *Blick von der Brücke* von Miller (1955). In den Jahren danach blieben beiden Autoren größere Erfolge versagt, obwohl vor allem Williams eigentlich bis zu seinem Tode die Hoffnung auf ein Comeback nicht aufgegeben hatte und unermüdlich ein Stück nach dem anderen schrieb, von denen aber mit Ausnahme von *Die Nacht des Leguans* (1961) keines mehr am Broadway herauskam. Auch Millers *Nach dem Fall* und *Der Preis* (1964) waren nach einer langen schöpferischen Pause bis jetzt die einzigen Stücke, die noch einmal die Aufmerksamkeit auf den Bühnenautor lenkten. Somit fand die »Williams-Miller-Ära«, wie *Times*-Kritiker Brooks Atkinson diese Zeit nannte, nach einem Jahrzehnt ihr Ende. Wenn man Williams und Miller auch nicht notwendigerweise als Antipoden sieht, so bestätigte ihr Werk doch wieder die These, daß alle nennenswerten Dramatiker unserer Zeit auf Tschechow oder Ibsen fußen und wie diese Bahnbrecher entweder ein Theater der Impressionen oder der Ideen schaffen.

Der Erfolg, den Williams und Miller bei der Kritik hatten, wurde ihnen auch von seiten des Publikums zuteil. *Die Glasmenagerie,* Williams' erstes »handlungsloses« Stück, erzielte nahezu 600 En-suite-Aufführungen, was bei einem so esoterischen Stück überraschend war. Mit Laurette Taylor als Amanda, »einer kleinen Frau von großer, aber irrer Vitalität, die sich wie besessen an eine andere Zeit und einen anderen Ort klammert« (so Williams), Julie Haydon und Eddie Dowling, der auch Regie führte, war es ideal besetzt. Daß Williams mit dem Preis der Theaterkritiker vorliebnehmen mußte (der begehrte Pulitzer ging an das Lustspiel *Harvey* von Mary Chase, eine blamable Fehlentscheidung), war nur eine vorübergehende Zurücksetzung, die zwei Jahre später wieder ausgeglichen wurde: Für *Endstation Sehnsucht* erhielt er den Pulitzerpreis und den Kritikerpreis, 1955 erhielt er den Pulitzerpreis zum zweitenmal für *Die Katze auf dem heißen Blechdach.*

Millers Erfahrungen mit Preisrichtern ähnelten denen von Williams; für seinen ersten Erfolg, *Alle meine Söhne,* erhielt er den Kritikerpreis, für den *Tod des Handlungsreisenden* erhielt er ihn zum zweitenmal und endlich auch den Pulitzerpreis, der aber sein einziger blieb. Von beiden Gremien ganz übersehen wurde dagegen O'Neill, dessen *Der Eismann kommt* 1946 seine Uraufführung durch die »Theatre Guild« erlebt hatte. Der Regisseur Eddie Dowling, der ein Jahr zuvor mit der *Glasmenagerie* eine so glückliche Hand hatte, versagte bei O'Neill, so daß es dem beginnenden Off-Broadway-Theater vorbehalten blieb, erst ein Jahrzehnt später die O'Neill-Renaissance einzuleiten. Die Aufführung der »Theatre Guild« hatte es kaum zu mehr als einem Achtungserfolg gebracht, und mit dem Aufkommen von Williams und Miller schien O'Neill vergessen, der Broadway zeigte sich an Amerikas größtem Dramatiker erst wieder nach dem Off-Broadway-Erfolg interessiert. 1950 trat ein anderer Dramatiker auf den Plan, dessen Licht aber nur kurze Zeit aufschien: William Inge wurde immerhin mit *Come Back, Little Sheba* als würdig angesehen, mit Williams und Miller in einem Atemzug genannt zu werden. Doch das waren Vorschußlorbeeren; denn obwohl er für sein nächstes Stück, *Picnic,* 1953 den Pulitzerpreis erhielt, hat er außer diesem Werk und *Bus Stop* zwei Jahre später – das allgemein als sein bestes Drama gilt – kaum noch etwas Nennenswertes geschrieben.

Von den amerikanischen Autoren, die in den zwanziger und dreißiger Jahren das Broadway-Geschehen weitgehend bestimmt hatten, blieben zwar fast alle auch in den vierziger Jahren aktiv, ohne aber noch Wesentliches hervorzubringen. Maxwell Anderson, George S. Kaufman, Elmer Rice, S. N. Behrman, Robert Sherwood, Sidney Kingsley, Lillian Hellman und Clifford Odets hatten den Zauberstab zum Erfolg verloren. Der Respekt, den man ihrem früheren Werk entgegenbrachte, war ihre Motivation zu weiteren Broadway-Produktionen, von denen aber nur wenige, und dann auch nur noch mittelmäßige, Erfolge waren. Odets hatte um diese Zeit ohnehin schon den Broadway mit den Fleischtöpfen Hollywoods vertauscht, wo es mehr Geld zu verdienen gab. Nicht als ob seine Kollegen Hollywood mit Verachtung gestraft hätten, keineswegs, aber bei Odets war es wie ein Bruch mit seiner Vergangenheit, und der ehemalige Kommunist mußte sich als Abtrünniger beschimpfen lassen.

Doch ein beachtlicher Autor machte noch von sich reden: Thornton Wilders eher symbolische Stücke *Unsere kleine Stadt* und *Wir sind noch einmal davongekommen* erwiesen ihn als einen glänzenden Adepten des Theaterhandwerks, der Probleme, wenn es nottat, in goldenen Humor einkleiden konnte. Aber als Wilder sich am reinen Lustspiel versuchte, wie in *The Matchmaker,* blieb ihm der Erfolg versagt, der sich erst dann wieder einstellte, als daraus das Musical *Hello, Dolly!* gemacht wurde (eine frühere Bearbeitung des Stückes unter dem Titel *The Merchant of Yonkers* hatte schon Max Reinhardt 1938 vergeblich zum Leben zu erwecken versucht).

Sowohl *Endstation Sehnsucht* wie *Der Tod des Handlungsreisenden* wurden von Elia Kazan auf die Bühne gebracht, der später unter anderem auch noch Williams' *Katze auf dem heißen Blechdach* inszenierte. Kazan hatte seine Karriere im »Group Theatre« als Schauspieler begonnen und betätigte sich dann in den frühen vierziger Jahren als Regisseur. Durch seine Vielseitigkeit fiel er ebenso auf wie durch seine Spürnase bei Besetzungen. Aber erst gegen Ende des Jahrzehnts hatte er die große Bedeutung erreicht, die ihn auf lange Zeit zu einem der ersten Regisseure am Broadway werden ließ, obwohl der Broadway eigentlich nie ein Regisseurtheater war. Kazan war ein Verfechter von Stanislawskis Methode und auch einer der Mitbegründer des später von Lee Strasberg geleite-

Thornton Wilder (links), dem gelegentlich das Spielen in seinen eigenen Stücken Spaß machte, mit Armina Marshall von der »Theatre Guild« in Wir sind noch einmal davongekommen *(1946)*

ten »Actors' Studio«, dessen Schutzpatron – wie man ihn in Amerika verstand – Stanislawski war. Kazans Genie in der Entdeckung junger Schauspieler war fast sprichwörtlich: In *Endstation Sehnsucht* waren es Jessica Tandy als Blanche und Marlon Brando als Kowalski, im *Tod des Handlungsreisenden* Lee J. Cobb als Willy Loman und Mildred Dunnock als seine Frau. Brando, der die Rolle Kowalskis auch in dem 1951 gedrehten Film spielte (seine Partnerin war dann Vivian Leigh), galt seit 1947 als der Prototyp des amerikanischen Schauspielers überhaupt, sein Stil wurde vielfach nachgeahmt, auch dann noch, nachdem Brando sich, leider viel zu früh, vom Broadway und dem Theater allgemein gelöst hatte, um eine auch in den amerikanischen Annalen ungewöhnliche Filmkarriere zu machen.

Während der folgenden Jahre bis 1960, in denen amerikanische Autoren nicht viel Sehenswertes produzierten, waren es vor allem die Franzosen Jean Paul Sartre und Jean Anouilh sowie der französisch schreibende Ire Samuel Beckett, die die vielleicht einflußreichsten Autoren am Broadway wurden. Becketts *Warten auf Godot* brachte in einer Zeit, in der die Menschen nach dem Zweiten Weltkrieg und dem Koreakrieg endlich wieder einmal »normal« leben wollten, eine Ernüchterung mit sich, der man sich zunächst noch verschließen zu können glaubte. Becketts Botschaft, daß es keine Hoffnung gebe und das Leben irrational sei, war schwer zu verkraften, auch wenn sie nicht ohne Humor vorgetragen wurde, wie die letzten Worte des Stückes deutlich machen: Vladimir fragt: »Wie ist's? Wollen wir gehen?« und Estragon antwortet: »Ja, laß uns gehen.« Die beiden bleiben aber wie festgenagelt auf der Stelle stehen, während die Bühnenlichter verlöschen.

Von Sartre – den Erwin Piscator in seinem kleinen »President Theatre« schon 1947 mit der modernen Orest-Version *Die Fliegen* eingeführt hatte – folgten am Broadway in den fünfziger Jahren in ziemlich rascher Aufeinanderfolge *Geschlossene Gesellschaft*, *Die schmutzigen Hände*, *Tote ohne Begräbnis* und *Die ehrbare Dirne*, alles Stücke, die schon in den vierziger Jahren geschrieben worden waren. Aber nur *Die ehrbare Dirne*, die erst an den Broadway geholt wurde, nachdem eine Off-Broadway-Aufführung beifällig aufgenommen worden war, konnte ein Publikumserfolg werden. Sartres Stücke erschienen den Amerikanern meist zu abstrakt, zu intellektuell und mit zuviel philosophischem Gepäck behaftet. Aber auch Anouilh, der sicherlich ein publikumswirksamerer Dramatiker als der um fünf Jahre ältere Sartre war, schon weil er als mehrjähriger Sekretär Louis Jouvets das Handwerk besser erlernt hatte, erzielte kaum mehr als Achtungserfolge. Weder seine *Antigone* (mit Katharine Cornell in der Titelrolle) noch *Romeo*

und Jeanette (mit Tallulah Bankhead) oder *Walzer des Toreros* (mit Ralph Richardson) vermochten das Publikum oder die Kritiker zu begeistern. Lediglich *Jeanne oder die Lerche* (mit Julie Harris) und *Thomas Becket oder die Ehre Gottes* (mit Laurence Olivier und Anthony Quinn) übten starke Anziehungskraft aus. Auch die 240 Aufführungen von Eugene Ionescos *Die Nashörner* können als relativ großer Erfolg für ein nicht leicht verständliches Stück angesehen werden, dabei fiel sicher auch ins Gewicht, daß der beliebte Zero Mostel in der Rolle des Behringer eine Bravourleistung vollbrachte, denn Ionescos These, daß Menschen in alles mögliche verwandelt werden können, selbst in Nashörner, wenn sie sich nur lange genug in der notwendigen Anpassung üben, ist in New York nicht ohne weiteres als eine Parabel auf die Hitlerzeit aufgefaßt worden. Der vielgespielte Ionesco erschien sonst nur off-Broadway.

Auch Brecht, dessen Einfluß sich in Amerika erst nach seinem Tode voll durchsetzen konnte, wurde in diesen Jahren wieder einmal aufgeführt, doch zum drittenmal (nach der total verunglückten *Dreigroschenoper* 1933 und der bereits erwähnten *Mutter* von 1935) war es wieder ein völliger Reinfall: Der Schauspieler Charles Laughton hatte mit Brecht an einer englischsprachigen Adaptation des *Lebens des Galilei* gearbeitet. Im Juli 1947 kam es erstmals in Hollywood heraus, am 7. Dezember desselben Jahres, fünf Wochen, nachdem Brecht Amerika verlassen hatte, wurde das Stück in New York vom »Experimental Theatre« aufgeführt – nach nur drei Wochen mußte es schon wieder abgesetzt werden. Brooks Atkinson schrieb eine vernichtende Kritik: »Nichts, was das Stück ausdrückt, rechtfertigt Brechts demütiges und furchtsames Gebet für die Freiheit der Wissenschaft in dem kurzen Epilog.« Noch ein Vierteljahrhundert später schrieb Atkinson in seinem Buch *Broadway*: »Laughton konnte nicht einfach, direkt und emotionslos sein. Im Grunde

Charles Laughton (rechts) in der New Yorker Inszenierung von Brechts Galileo Galilei, *die der Autor nicht mehr sah, da er sich kurz zuvor nach Europa zurückbegeben hatte (1947)*

genommen war er ein Angeber. Seine schwülstige Art des Spielens und seine anmaßende Haltung gegenüber dem Drama reduzierte das epische Theater auf ein exhibitionistisches Niveau.«

Ein geradezu unvorstellbarer Broadway-Erfolg dagegen war *Das Tagebuch der Anne Frank,* das 1955 in einer Dramatisierung des Ehepaars Albert Hackett und Frances Goodrich herauskam. Zu einem Zeitpunkt, da das Wort »Holocaust« noch kaum gebraucht wurde, schien das Stück dennoch einen Nerv des Publikums getroffen zu haben, obwohl es gelegentlich in seiner Schilderung des Lebens zweier Familien in einer Amsterdamer Dachkammer, in der sie sich vor den Nazis versteckten, gewisse sentimentale Effekte nicht ausließ. Kennzeichnend dafür sind zum Beispiel die letzten Worte Annes, die Vater Frank aus dem Tagebuch verliest: »Trotz allem glaube ich immer noch, daß die Menschen im Grunde ihres Herzens gut sind«, sicherlich eine etwas zu einfache Feststellung, die der berühmte Psychologe Bruno Bettelheim folgendermaßen kommentierte: »Anne Frank starb, weil ihre Eltern es nicht über sich bringen konnten, an Auschwitz zu glauben. Und ihrer Darstellung wurde weithin Glauben geschenkt, weil sie für uns implizit nicht anerkennt, daß es jemals ein Auschwitz gab. Wenn alle Menschen gut sind, gibt es kein Auschwitz.«

Das Stück, mit dem Susan Strasberg, die Tochter Lee Strasbergs, ihre schauspielerische Karriere in der Titelrolle begann, wurde 717mal, d. h. 90 Wochen, en suite gespielt und erhielt sowohl den Pulitzerpreis wie den Preis der New Yorker Kritik als bestes Stück der Saison 1955/ 56. Die Eltern Anne Franks wurden von Joseph Schildkraut und Gusti Huber gespielt, beide gebürtige Wiener. In ihrem 1980 erschienenen Memoirenband *Bittersweet* schrieb Susan Strasberg, daß am Abend der New Yorker Premiere (5. Oktober 1955) ein Brief Otto Franks am Schwarzen Brett des Theaters hing: »Es wird

Ihnen allen klar sein, daß dieses Stück ein Teil meines Lebens ist, und die Vorstellung, daß meine Frau und Kinder, ebenso wie ich, auf der Bühne dargestellt werden, ist für mich schmerzlich. Deshalb ist es mir unmöglich, nach New York zu kommen und es anzusehen ... Meine Gedanken sind dauernd bei Ihnen, und ich hoffe ... das Stück wird ein Erfolg sein und die darin enthaltene Botschaft wird durch Sie so viele Menschen wie nur möglich erreichen und in ihnen ein Gefühl der Verantwortung gegenüber der Menschheit erwecken.«

Im Jahre 1959 hatten die Pulitzerpreisrichter und die Theaterkritiker die Qual der Wahl. Der Pulitzerpreis ging schließlich an Archibald MacLeish für sein Versstück *J. B.*, eine Modernisierung des Buches Hiob. MacLeish, der bisher vor allem als Lyriker hervorgetreten war, stellt in seinem Stück in Form einer Parabel das Leben in einem schrecklichen Zeitalter dar, das durchaus das unsere sein könnte, doch am Ende erneuert Hiob seinen Bund mit Gott, und das Werk endet optimistisch. Christopher Plummer, Raymond Massey und Pat Hingle führten dieses für den Broadway ungewöhnliche Stück zu einem verdienten Erfolg. Die Kritiker dagegen entschieden sich für ein Schauspiel einer jungen Schwarzen: *Raisin in the Sun* von Lorraine Hansberry. Der Titel des Werkes ging auf ein Gedicht von Langston Hughes zurück: »Was geschieht mit einem aufgeschobenen Traum? Vertrocknet er wie eine Rosine in der Sonne?« – Worte, die das Los der Schwarzen besingen sollten, ohne Rassenhaß zu säen. Hansberry schildert in einfachen Worten das Leben einer schwarzen Chicagoer Familie, die sich aus dem Getto im Süden der Stadt in einen Vorort hinaufarbeitet. Einige der besten schwarzen Schauspieler, die vor einem Vierteljahrhundert noch Schwierigkeiten hatten, gute Rollen zu bekommen, erhielten hier Gelegenheit, ihr Können unter Beweis zu stellen: Sidney Poitier, Ruby Dee, Diana Sands und Claudia McNeil. Dieses

Stück war ein weiterer Überraschungserfolg am Broadway, wo das schwarze Publikum noch nicht so zählte wie später in den siebziger und achtziger Jahren, als es zu einer Welle von Musicals, Revuen und Schauspielen von Schwarzen für Schwarze kam. *Raisin in the Sun* erlebte 530 Aufführungen, ein Erfolg, den der Produktion kaum jemand vorauszusagen gewagt hätte. Sechs Jahre nach der Premiere starb die Autorin, lange bevor sie zu ihrer Vollendung gekommen war.

In den sechziger Jahren, kurz nach Beginn der Kennedy-Ära, war auf einmal wieder ein neuer Autor da. Edward Albee, Adoptivsohn des Gebieters über das Keith-Albee-Netz von Vaudeville-Theatern, hatte schon Ende der fünfziger Jahre seine ersten Einakter geschrieben, die damals jedoch nicht am Broadway und auch nicht off-Broadway ihre Uraufführung erlebten, sondern – am Berliner Schiller-Theater und in deutscher Sprache. Die 1958 entstandene *Zoogeschichte* kam im darauffolgenden Jahr ebenfalls in Berlin heraus und erst 1960 off-Broadway. Ähnlich war es mit dem *Tod der Bessie Smith,* einem anderen Einakter, den die Werkstatt des Schiller-Theaters zuerst 1960 aufführte. Im »Provincetown Playhouse« in Greenwich Village wurde *Die Zoogeschichte* zusammen mit Becketts *Letztem Band* zusammen erfolgreich aufgeführt, und erst nach dieser Anerkennung hatte Albee keine Probleme mehr, auch seine Einakter, zu denen noch *Sandkasten* und *Der amerikanische Traum* gehörten, in New York herauszubringen.

Schon die Einakter Albees ließen erkennen, daß hier ein bedeutendes Talent am Werk war – und niemand hätte erwartet, daß es sich noch schneller ausbrennen würde, als dies bei Williams, Miller und Inge der Fall gewesen war. Albee war ein glänzender Beobachter der amerikanischen Menschen; seine Neigung zum Karikieren, zum Überspitzen seiner Charaktere, zum immer wieder erkennbaren Selbsthaß fiel auf, ebenso wie seine offensichtlich den Lippen wirklicher Menschen abgehörte Sprache, die von Zweideutigkeiten und Obszönitäten nur so strotzte. Das wurde besonders erkennbar an seinem ersten abendfüllenden Schauspiel, *Wer hat Angst vor Virginia Woolf?*, das ein deprimierendes und erschreckendes Bild des Ehelebens gibt. Gezeigt werden zwei College-Professoren und ihre Ehefrauen in einer Kleinstadt, die sich eine ganze Nacht lang bei starkem Alkoholkonsum unterhalten. Die glänzend gezeichneten vier Charaktere beschimpfen einander bis zu Handgreiflichkeiten, ohne aber nur im geringsten einer Lösung ihrer Eheprobleme nahezukommen. Albee schrieb in der O'Neill-Tradition, obwohl auch das absurde Theater nicht ganz an ihm vorbeigegangen war. Von Williams fand sich dagegen in seinem Werk kaum eine Spur und von Miller überhaupt keine, hier vernahm man eine neue Stimme, vielleicht gerade deshalb so wirkungsvoll, weil sie im Widerspruch zu der Aufbruchsstimmung stand, die sich in Amerika während der Kennedy-Präsidentschaft auszubreiten begann. Regisseur der Produktion war Alan Schneider, der sein großes Können nicht nur in den Dienst Albees, sondern vor allem auch in den Becketts stellte, für dessen Werke er exemplarische Aufführungen schuf. Am Broadway waren die vier Rollen in *Virginia Woolf* mit Uta Hagen, Arthur Hill, Melinda Dillon und George Grizzard ideal besetzt, doch erforderte die Länge des Stückes eine zweite Besetzung für die am Broadway obligatorischen Nachmittagsaufführungen am Mittwoch und Samstag. Zwar erhielt *Wer hat Angst vor Virginia Woolf?* den Kritikerpreis, aber den sittenstrengen Preisrichtern an der Columbia-Universität erschien das Stück nicht eines Pulitzerpreises würdig, der im Jahr 1962 – angesichts der dürftigen Ausbeute der ganzen Spielzeit – überhaupt nicht verliehen wurde.

Nur knappe fünf Jahre dauerte der Aufstieg des 1962 erst 34jährigen Edward Albee, dann

setzte schon wieder der Niedergang ein, der in dem Vierteljahrhundert seither unaufhaltsam weiterging. Die Ursachen dafür festzustellen, ebenso wie für die ähnlich gelagerten Fälle Williams, Miller und Inge, ist wahrscheinlich eher eine Aufgabe für den Psychologen als für den Beobachter der New Yorker Theaterszene.

Im November 1982, ein paar Monate vor seinem Tod, schrieb Williams einen nicht mehr aufzufindenden Brief an Miller, nachdem dessen zwei jüngste Stücke wieder keine Gnade in den Augen der Kritiker gefunden hatten (ein seither entstandenes drittes, das off-Broadway im Oktober 1983 herausgekommene Musical *Up From Paradise,* erwies sich als ein weiterer Reinfall). Miller glaubt, daß der Brief verlorenging, als im Mai 1983 ein Feuer in seinem Haus in Connecticut ziemlichen Schaden anrichtete. Aber wie er sich noch erinnert, war es ein »wunderschöner Versuch, mich wissen zu lassen, daß das alles nichts ausmacht und er dasselbe schon mehrmals erlebt habe. Vielleicht sollte der Brief uns beide ermutigen. Aber ich habe mich wie ein 140 Jahre alter Mann gefühlt.«

Der inzwischen 70 Jahre alt gewordene Miller hätte einen ähnlich tröstlichen Brief an Albee schreiben können, der jedoch noch immer nicht bereit ist, die Flinte ins Korn zu werfen. »Solange ich noch Gedanken für Stücke habe, werde ich weiterhin schreiben. Ich nehme an, wenn mein Talent wirklich schwinden sollte, daß ich mir dessen bewußt wäre«, so drückte sich Albee 1981 in einem Interview aus. Was hat nun Albee seit *Virginia Woolf* zustande gebracht? Nachdem dieses Drama verschiedene Male mit O'Neills *Eines langen Tages Reise in die Nacht* verglichen wurde, machte sich Albee zunächst an die Bearbeitung der Werke anderer Autoren, als ob ihm die Ideen bereits ausgegangen seien: Zunächst adaptierte er Carson McCullers Erzählung *Die Ballade vom traurigen Café* (1964), dann einen Roman von James Purdy, *Malcolm* (1966), schließlich ein englisches Drama von Giles Cooper, *Alles im Garten* (1967). Keines dieser Stücke wurde ein Erfolg, ebensowenig wie die um dieselbe Zeit geschriebenen Werke *Winzige Alice* (1964) und *Empfindliches Gleichgewicht* (1966). John Gielgud, der neben Irene Worth eine der Hauptrollen in *Winzige Alice* spielte, beklagte sich darüber, daß er während der Proben nie in Erfahrung bringen konnte, worum es sich bei dem Stück handelte, und Albee sich weigerte, es ihm zu erklären. Wohl als der einzige vertrat der Autor den Standpunkt, das Werk sei verständlich, wie es geschrieben war. *Empfindliches Gleichgewicht* konnte zumindest als eine dramatische Untersuchung der Feindseligkeit und fehlenden Liebe in der Ehe verstanden werden, ein Thema, wie es vorher schon in *Virginia Woolf* und danach in *Alles im Garten* behandelt worden war. Daß *Empfindliches Gleichgewicht* 1967 den Pulitzerpreis erhielt, kann wohl nur damit erklärt werden, daß die Preisrichter die Nichtauszeichnung von *Virginia Woolf* wiedergutmachen wollten.

Albees Abstieg ging unaufhaltsam weiter. Zwei Einakter, nun wieder nicht mehr in New York, sondern in Buffalo uraufgeführt, *Kiste* und *Worte des Vorsitzenden Mao* (1968) waren bestenfalls schlechte Beckett-Kopien, *Seascape* (1975), nach längerem Schweigen des Autors veröffentlicht, ließ zumindest gelegentlich aufmerken, wenn auch die Sprache dieser Allegorie manieriert und mit billiger Aphorismenweisheit beschwert war. Über Albees nächstes Stück *Lady From Dubuque* (1980) möchte man am liebsten den Mantel des Schweigens breiten; die Kritiker ließen kein gutes Haar an dieser zweistündigen Übung gehaltloser, prätentiöser Dialoge. Noch schlimmer sollte es kommen, als Albee dem Theater eine Dramatisierung von Nabokovs *Lolita* bescherte (1983): Miserable Kritiken machten der Broadway-Laufzeit ein rasches Ende.

Seitdem hat Albee, der sich jetzt seinem 60. Lebensjahr nähert, geschwiegen. Der bekannte Theaterkritiker Stanley Kauffmann hat die Ansicht vertreten, daß Albee ein guter Lehrer, Regisseur oder sogar Leiter eines Theaters sein könnte – seine Neuinszenierung von *Virginia Woolf* mit Colleen Dewhurst und Ben Gazzara im Jahre 1976 war eine wertvollere Leistung für das Theater als alle Stücke, die er seit 1962 geschrieben hat. Aber es hat nicht den Anschein, als wolle Albee seine Rolle als Stückeschreiber für eine andere Aufgabe im Theater eintauschen – ebensowenig wie Williams und Miller dazu bereit waren. Wird nun Albee in die Geschichte eingehen als ein Künstler, der – in Becketts Worten – »nichts auszudrücken hat, nichts besitzt, um es auszudrücken, keine Kraft und keinen Wunsch hat, um es auszudrücken, und auch keine Verpflichtung empfindet, es auszudrükken«? Dann wird sein Werk ungehört verhallen – so wie es bei Williams in den letzten zwei Jahrzehnten seines Lebens der Fall war und woran Miller schon ebensolang leidet.

Der Broadway begegnet der Zukunft

Vierzig Jahre nach dem ersten Schauspielerstreik kam es kurz vor dem Ende der Spielzeit 1959/60 zu einem zweiten Streik, der allerdings kürzer und nicht so erbittert war. Schon nach zwölf Tagen herrschte wieder eitel Freude am Broadway: die Produzenten, nicht in der kriegerischen Stimmung wie nach dem Ersten Weltkrieg und im Bewußtsein der Tatsache, daß eine Zerschlagung der Schauspielergewerkschaft Actors Equity nicht mehr möglich war, hatten rasch eine Gagenerhöhung und andere Vergünstigungen zugestanden, durch die sich die Lage der Schauspieler, die bis dahin vor allem gegenüber dem technischen Personal immer noch schlecht gestellt waren, erheblich verbesserte. Nach wie vor brauchten sich allerdings die großen Stars keine Sorgen zu machen, denn sie erhielten nicht nur ein hohes Fixum, sondern oft auch noch einen Prozentsatz der Einnahmen. Prozentuale Beteiligung war vor allem beim Musical üblich: Von dessen Einnahmekuchen mußten nicht nur die Tantiemen von Librettist, Texter und Komponist gezahlt werden, sondern auch der Regisseur, der Choreograph und mindestens einer der Stars, gelegentlich sogar der Bühnenbildner, erhielten 0,5 bis 5% der Bruttoeinnahmen.

Vielleicht war der Streik die Ursache, daß in der darauffolgenden Spielzeit die Zahl der Broadway-Produktionen auf einen bis dahin noch nie erreichten Tiefpunkt sank, es gab nur 48 Neuaufführungen. In den folgenden Jahren stieg die Zahl der Aufführungen zwar wieder etwas an, in der Spielzeit 1967/68 gab es 74 Produktionen, doch schon drei Jahre später war die Gesamtzahl wieder auf 46 abgesackt, ein neuer Negativrekord. Danach ging es wieder ein

wenig aufwärts, nach sechs Jahren war immerhin eine Zahl von 63 erreicht, doch in der Spielzeit 1978/79 gab es schon wieder nur noch 47 Produktionen. Diese Auf-und-Ab-Bewegung setzte sich fort: In den beiden nächsten Spielzeiten gab es je 67 neue Produktionen; von 1981/82 an ist dagegen ein stetiger Abstieg zu verzeichnen, 1985/86 gab es nur noch 28 Neuaufführungen, und die Aussichten für eine Zunahme der Aktivitäten in den allernächsten Jahren werden als recht gering eingeschätzt. Zur Zeit steht etwa die Hälfte der noch bestehenden 35 Broadway-Theater leer.

Die Gründe für die gegenwärtige Flaute am Broadway sind unschwer zu erkennen: Die Explosion der Produktionskosten, die von privater Seite aufgebracht werden müssen, hat dazu geführt, daß nur noch als »todsicher« geltende Projekte finanzierbar sind – und von diesen enden auch noch manche in den roten Zahlen. Das Theatergeschäft ist während des letzten Vierteljahrhunderts spekulativer denn je geworden: 1943 mußte die »Theatre Guild« 75 000 Dollar aufbringen, um einen der größten Musical-Erfolge, *Oklahoma!*, zu finanzieren, die Musicals des Jahres 1986 dagegen erfordern ein Startkapital von 4 bis 5 Millionen Dollar, um überhaupt bis zur Uraufführung in New York zu gelangen. Warum dies so ist, wird in einem späteren Abschnitt untersucht werden.

Der Rückgang der Produktionen hat aber noch andere Gründe: Die am Broadway immer besonders beliebten Schwänke sind jetzt eine Domäne des Fernsehens geworden, das diese »Sitcom«-Stücke (Abkürzung für Situationskomik) dem Publikum umsonst ins Haus liefern – zum Teil sogar von Autoren geschrieben, die früher für den Broadway tätig waren. Auch fallen heutzutage die Einnahmen durch den Verkauf von Filmrechten für Sprechstücke fast ganz fort, weil auch in Hollywood – ganz ähnlich wie am Broadway – die Zahl der Produktionen zurückgeht. So ist es nicht verwunderlich, daß sich das finanzielle Engagement der Geldgeber, der sogenannten »angels«, auf die Produktion von Musicals konzentriert. Sprechstücke gibt es am Broadway eigentlich nur noch zu sehen, wenn sie schon vorher off-Broadway oder an einem der zahlreichen Regionaltheater erfolgreich waren. Originalproduktionen von Sprechstücken am Broadway sind im Verlauf der letzten 25 Jahre immer seltener geworden; heute sind es höchstens noch die Komödien des unermüdlichen Vielschreibers Neil Simon, die die Theater füllen können.

Die sechziger Jahre brachten allerdings auch eine positive Entwicklung: die Schaffung des National Endowment for the Arts, das 1965 zum erstenmal in der Geschichte der Vereinigten Staaten die darstellenden und bildenden Künste subventionierte. Die Initiative hierzu ging noch von Präsident Kennedy aus; doch nach seiner Ermordung hielt sein Nachfolger Lyndon Johnson an dieser für Amerika revolutionären Idee fest. 1965 wurde das Endowment ins Leben gerufen, zusammen mit einem parallelen Endowment for the Humanities, das für Forschungszwecke eingerichtet wurde. Im ersten Jahr wurden für sämtliche Künste im ganzen Land 2 Millionen Dollar zur Verfügung gestellt; nach 20 Jahren ist die Subvention auf 163 Millionen, also auf mehr als das Achtzigfache, angewachsen. Doch diese Summe ist immer noch sehr klein, wenn man bedenkt, daß allein die Theater in der Bundesrepublik alljährlich Subventionen von rund 1,5 Milliarden DM erhalten. Neben dem Bundes-Endowment unterhalten allerdings auch die 50 Bundesstaaten sogenannte »Arts Councils« zur Unterstützung der Künste, darunter ist der Arts Council des Staates New York mit Jahresausgaben von etwa 40 Millionen Dollar der bei weitem größte.

Selbstverständlich geht von diesen Geldern nichts an das auf Gewinn spielende Broadway-Theater. Aber Off-off-Broadway-Bühnen, von denen es in New York allein fast 200 gibt, bekommen aus den genannten Quellen Subventionen, ebenso wie die jetzt vorhandenen zahlreichen Regionaltheater. Manche dieser Theater haben auch schon vor 1965 bestanden und sich mit Not über Wasser gehalten; heute spielen sie eine gewichtige Rolle im amerikanischen Theaterleben. Die bekanntesten unter ihnen, die auch das Theater in New York anregen, befinden sich in Los Angeles (»Mark Taper Forum«), San Francisco (»American Conservatory Theatre«), Seattle (»Repertory Theatre«), Minneapolis (»Guthrie Theatre«), Milwaukee (»Repertory Theatre Company«), Chicago (»Goodman Theatre Center« und »Steppenwolf Theatre Co.«), Louisville (»Actors Theatre«), Houston (»Alley Theatre«), New Haven (»Long Wharf Theatre«), Buffalo (»Studio Arena Theatre«), Washington (»Arena Stage«) und Providence (»Trinity Square Repertory Company«), ferner in Cambridge bzw. New Haven die Theater der Harvard- und Yale-Universitäten, um nur die wichtigsten zu nennen. Maximal erhalten diese nichtkommerziellen Theater aus öffentlichen Mitteln etwa 40 Prozent ihrer Etats; da sie aber in keinem Fall die restlichen 60 Prozent einspielen können, sind sie außerdem noch auf Privatspenden angewiesen. Doch grundsätzlich ist festzustellen, daß sich die Lage dieser Theater gegenüber früheren Zeiten erheblich verbessert hat. Vor allem auch das Theater in der amerikanischen Provinz, durch die vielen Tourneen aus New York lange Zeit fast zur Untätigkeit verdammt, zeigt jetzt neues Leben.

Mit der stärkeren finanziellen Unterstützung entwickelte sich auch der Bau von Kulturzentren. Zahlreiche Städte erhielten neue oder zusätzliche Konzertsäle, Theater und Opernhäu-

Innenansicht des Vivian Beaumont Theatre

ser, so zum Beispiel das »Lincoln Center« in New York, das »Kennedy Center« in Washington, das »Music Center« in Los Angeles und andere. Ein Teil des New Yorker »Lincoln Center« sollte ursprünglich auch ein Sprechtheater mit 1100 Sitzen sowie ein kleineres Arenatheater mit 300 Plätzen umfassen, von denen man sich die Entwicklung eines amerikanischen Nationaltheaters versprach. Aber diese Hoffnungen erfüllten sich nicht, und unter wechselnden Leitern konnte das »Vivian Beaumont Theatre« (wie es, dem amerikanischen Brauch entsprechend, nach der Geldgeberin hieß) nie eine konsequente Linie verfolgen. Es gab wohl hin und wieder beachtliche Aufführungen, aber im ganzen waren die Leistungen enttäuschend, und trotz fünfzehnjähriger Tätigkeit konnten noch nicht einmal die Fundamente zu einem Nationaltheater gelegt werden. 1977 gingen dem letzten Leiter des Theaters, Joseph Papp, schließlich die Lust und dem Vorstand das Geld aus, so daß das Theater geschlossen wurde. Mehrere Wiederbelebungsversuche schlugen fehl; erst Ende 1985 konnte unter einem neugewonnenen Leiter, Gregory Mosher, dem erfolgreichen Direktor des »Goodman Theatre Center« in Chicago, wenigstens das kleine Haus wieder geöffnet werden, und im Frühjahr konnte auch im großen Haus der Theaterbetrieb wiederaufgenommen werden – dank eines erst im Kleinen Haus erprobten Erfolgsstückes *The House of the Blue Leaves* von John Guare. Bis ein regulärer Spielbetrieb möglich sein wird, muß ein Betriebskapital von wenigstens 5 Millionen Dollar aufgebracht werden – eigentlich nicht viel für ein ständiges Theater, wenn – wie schon erwähnt – eine solche Summe für die Produktion eines einzigen Musicals am Broadway benötigt wird.

Die neuen Bühnenautoren, die etwa seit 1970 in Erscheinung getreten sind, werden relativ selten am Broadway gespielt. Lanford Wilson, David Mamet, Sam Shepard, Christopher Durang, Albert Innaurato, Marsha Norman, Beth Henley, David Rabe, Tina Howe, Michael Cristofer, Ntozake Shange, Wendy Wasserman – um nur einige dieser neuen Generation zu nennen –, sie alle sind nicht von Broadway-Produzenten entdeckt worden. Sie verdanken vielmehr ihre Karriere den Off-off-Broadway- oder den Provinztheatern, vor allem denen, die sich in erster Linie der modernen Dramatik annehmen, zum Beispiel Los Angeles, Louisville und Washington, und in New York die »Circle Repertory Company«, der »Manhattan Theatre Club« sowie das »New York Shakespeare Festival«. Erst auf diesen Bühnen besonders erfolgreiche Stücke wandern dann an den Broadway, wo sie freilich nicht immer reüssieren.

Denn das Broadway-Theater, einst von O'Neill im Jahre 1920 bis zum frühen Albee 1962 im Mittelpunkt intellektueller Auseinandersetzungen, hat diese Position weitgehend aufgegeben und sie den Off- und Off-off-Broadway-Theatern überlassen. Jason Miller, Autor, Regisseur und Schauspieler, der 1973 für sein Erfolgsstück *This Championship Season* den Pulitzerpreis gewonnen hatte, aber seither nur noch für Film und Fernsehen gearbeitet hat, erklärte 1983 zur Funktion und Bedeutung des Broadways: »Ich glaube nicht, daß das Broadway-Theater überhaupt noch eine Rolle spielt, es ist eigentlich nur noch eine Kloake. Um eines ernsten Theatererlebnisses willen gehen die Menschen heute nicht mehr in ein Broadway-Theater.«

Hierbei handelt es sich gewiß um eine überspitzte Formulierung, die aber 1983 mehr Wahrheit enthielt, als dies noch in den sechziger und siebziger Jahren der Fall war. Es ist sicherlich bezeichnend, daß in den Jahren 1961 bis 1970 der Pulitzerpreis viermal überhaupt nicht vergeben wurde, das war bisher noch nie innerhalb eines Jahrzehnts vorgekommen. Selbst als das Preisrichtergremium in den siebziger Jahren beschloß, den Preis auch an Off- und Off-off-Broadway aufgeführte Stücke zu vergeben, konnte man sich in zwei Jahren auf kein preiswürdiges Bühnenwerk einigen. Die New Yorker Theaterkritiker drückten sich zwar in keinem Jahr um eine Entscheidung, hatten es aber auch leichter als ihre Pulitzer-Kollegen, weil sie nach 1962 auch ausländische Stücke auszeichnen konnten. Gerade davon machten sie in diesen zwei Jahrzehnten ausgiebigen Gebrauch: So erhielt den Preis John Osborne für seinen *Luther* (1963/64), Peter Weiss für *Marat/Sade* (1965/66), Harold Pinter für *Homecoming* (1966/67), Tom Stoppard für *Rosencrantz and Guildenstern Are Dead* (1967/68) und *Travesties* (1975/76), Brendan Behan für *Borstal Boy* (1969/70), David Storey für *Home* (1970/71), *The Changing Room* (1972/73) und *The Contractor* (1973/74), Peter Shaffer für *Equus* (1974/75), Simon Gray für *Otherwise Engaged* (1976/77) und Hugh Leonard für *Da* (1977/78).

Für Amerikaner blieb angesichts dieses Preisregens auf englische Autoren nicht viel übrig: Frank D. Gilroy erhielt den Preis 1964/65 für *The Subject Was Roses,* Arthur Sackler 1968/69 für *The Great White Hope,* Miller, wie schon erwähnt (1971/72), Bernard Pomerance, ein in England lebender Amerikaner, für *The Elephant Man* (1978/79) und Lanford Wilson für *Talley's Folly* (1979/80). Die Pulitzerpreisrichter, nach wie vor auf die Auszeichnung amerikanischer Bühnenwerke angewiesen, entschieden sich 1976 schließlich für ein Musical, *A Chorus Line,* und trafen im übrigen weitaus mehr Fehlentscheidungen als die keine akademische Luft atmenden Kritiker, wenn auch anerkannt werden muß, daß sie 1977 mit *A Shadow Box* von Michael Cristofer, 1979 mit *Buried Child* von Sam Shepard, 1980 mit *Talley's Folly* und 1982 mit *A Soldier's Play* von Charles Fuller (erst der zweite Pulitzer, der an einen schwarzen Autor ging) ins Schwarze getroffen hatten.

Sicherlich kann man die New Yorker Kritiker nicht eines mangelnden Patriotismus zeihen, daß sie die Stücke ihrer Landsleute so oft hintansetzten. Es gab in der Tat nur wenige preiswürdige amerikanische Stücke am Broadway zu sehen, zumal ja ein Stückekonfektionär wie Neil Simon kaum einen Anspruch erheben konnte – es sei denn, es gäbe eine Kategorie »beste Komödie«. Von 1961 an, als er mit *Come Blow Your Horn* erstmals am Broadway erschien, schrieb Simon bis heute fast zwei Dutzend Stücke, arbeitete mehrere um, lieferte die Libretti für einige Musicals und verfaßte für die Verfilmung seiner Stücke die Drehbücher. Kein anderer Autor in der Geschichte des amerikanischen Theaters war so fleißig wie er, und die Vielschreiber früherer Jahre – etwa William Gilletts, David Belasco oder Clyde Fitch, der zwar früh starb, aber immerhin den auch von Simon noch nicht erreichten Rekord aufstellte, in der Spielzeit 1907/08 gleichzeitig fünf seiner Stücke am Broadway aufgeführt zu sehen – können

Werbung für ein Neil-Simon-Stück: Vor dem Broadway-Theater, in dem The Odd Couple *in der neuen Version für zwei Frauen gespielt wird, hängt ein großes Plakat mit den beiden Darstellerinnen*

ihm das Wasser nicht reichen. In der Spielzeit 1985/86 liefen drei Stücke von Simon zur gleichen Zeit: *Biloxi Blues, Brighton Beach Memories* und *Odd Couple* (ursprünglich 1965 für zwei Männer entworfen, wurde es 20 Jahre später für zwei Frauen umgeschrieben). Kaum ein anderer am Broadway dürfte während des letzten Vierteljahrhunderts soviel Geld verdient haben wie Neil Simon; ihm gehört sogar ein eigenes Broadway-Theater.

Die Handlung der Stücke von Neil Simon ist fast immer nur dürftig; sie beziehen ihre Wirkung allein aus der Situationskomik und den »Gags«, die sich der Verfasser offensichtlich nur so aus dem Ärmel schüttelt. Angesichts der unsicheren Abgrenzung von Komödie, Lustspiel und Schwank ist es schwierig, Simons Werke genau einzuordnen. Die Zahl seiner handelnden Personen ist meist klein, und im allgemeinen sind sie eher Typen als gutgezeichnete Charaktere, aber in der Beherrschung des rein Handwerklichen wird Simon heute von keinem zweiten Broadway-Autor übertroffen. Der Dialog ist treffsicher und sitzt immer, und in keinem Broadway-Theater kann man soviel lachen wie bei Simon. Daß sein Humor zudem meist jüdisch eingefärbt ist, garantiert ihm eine feste Klientel am Broadway. Manche der Stücke sind weitgehend autobiographisch, so sein schon erwähntes erstes und einige seiner letzten wie

Brighton Beach Memories und *Biloxi Blues.* Nicht alle Stücke hatten Erfolg, aber das erfolgreichste, *Barefoot in the Park,* das 1963 herauskam, brachte es auf mehr als 1500 Aufführungen und befindet sich damit in der Gruppe der 20 am längsten gegebenen Stücke am Broadway. Auch *Plaza Suite* (1968) erlebte nahezu 1100 Aufführungen en suite, und *Prisoner of Second Avenue, The Last of the Red-Hot Lovers, The Sunshine Boys* (1972), *California Suite* (1976), *Chapter Two* (1977), *Brighton Beach Memories* (1983) und *Biloxi Blues* (1985) waren ebenfalls alle Erfolgsstücke des jetzt 58jährigen Autors. Wenn Simon allerdings auch nur halb ernst oder gar sentimental wird, versagen ihm Kritiker und Publikum die Gefolgschaft: *God's Favorite* (1974), eine Nacherzählung des Buches Hiob, ähnlich wie bei MacLeish, aber völlig anders gestaltet, fiel ebenso durch wie *The Gingerbread Lady* (1970) mit Maureen Stapleton in der Titelrolle als eine sex-

hungrige und alkoholsüchtige Kabarettistin oder *Fools* (1981), in dem die Geschichte eines ukrainischen Dorfes erzählt wird, dessen Bewohner unter dem Fluch der Dummheit leiden. Auch *The Good Doctor* (1973), eine lose Anthologie von Szenen nach Kurzgeschichten Tschechows, mußte rasch wieder abgesetzt werden. Dennoch bleibt Neil Simon das Broadway-Phänomen der sechziger, siebziger und achtziger Jahre.

Simon arbeitete hauptsächlich mit zwei Regisseuren zusammen. Einer war Mike Nichols, ein in Berlin geborener Enkel Gustav Landauers (sein eigentlicher Name ist Michael Igor Peschkowsky, sein Vater änderte ihn bei der Ankunft in den USA), der seinen Ruf mit seiner ersten Regiearbeit, Simons *Barefoot in the Park,* 1963 begründete. Der andere, Gene Saks, hatte schon eine fast zwanzigjährige erfolgreiche Laufbahn als Schauspieler hinter sich, ehe er für Simon zu arbeiten begann. Nichols, der Simons *The Odd Couple,* Murray Schisgals *Luv* und einige andere Lustspiele inszenierte, wurde, noch ehe er das 40. Lebensjahr vollendet hatte, einer der begehrtesten Regisseure und weitete schon bald seine Tätigkeit auch auf das Musical und Schauspiel aus (so Lillian Hellmans *The Little Foxes* und Tschechows *Onkel Vanya*). Wie Simon, der 13 Filmdrehbücher verfaßte, ist auch Nichols ein Pendler zwischen Broadway und Hollywood und hat sich als Filmregisseur ebenso bewährt wie im Theater.

Autor Neil Simon, Maureen Stapleton und George Scott, die beiden Hauptdarsteller in Simons Plaza Suite, *und Regisseur Mike Nichols (von links)*

Freilich kann jedoch ein Neil Simon kein Ausgleich dafür sein, daß am Broadway der amerikanische Autor, der ernste Stücke schreibt, nur noch ein gelegentlich gesehener Gast ist. Sam Shepard, wohl der aufregendste Stückeschreiber, den Amerika zur Zeit hat, ist noch nicht ein einziges Mal am Broadway zu Wort gekommen, obwohl von seinen mehr als 100 Stücken – er weiß selbst nicht, wie viele er geschrieben hat – sehr viele Off- und Off-off-Broadway-Aufführungen erlebt haben. Für sein Stück *Buried Child,* das in einem Greenwicher-Village-Theater gegeben wurde, erhielt Shepard 1980 den Pulitzerpreis, aber der durchschnittliche Theaterbesucher wußte bis zu diesem Zeitpunkt weder etwas über den Autor noch über sein Schauspiel. *The Tooth of Crime* wurde, selbst ehe es off-off-Broadway herauskam, sogar bereits in London, Vancouver und in der amerikanischen Provinz gegeben. Fast das gesamte Werk von Shepard befaßt sich mit dem Westen und Südwesten der Vereinigten Staaten und den Menschen dieses Teils des Kontinents, dem er selbst entstammt. Sein Humor ist schwarz, und mit Vorliebe zeigt er die Niedertracht der Menschen. Er ist auch schon als Filmschauspieler und Drehbuchverfasser in Erscheinung getreten, zum Beispiel in Wim Wenders' Film *Paris, Texas.*

Amerikanische Themen beschäftigen auch Lanford Wilson, Gründungsmitglied der »Circle Repertory Company«, einer der wenigen Off-Broadway-Bühnen mit einem festen Ensemble, deren Hausautor er seit mehr als 15 Jahren ist. Nahezu alle Stücke von Wilson haben in diesem kleinen Theater, das einstmals eine Garage war, ihre Uraufführung erlebt. Drei von Wilsons Stücken kreisen um die Familie Talley in Lebanon, US-Bundesstaat Missouri, zwei von ihnen, *Talley's Folly* und *The 5th of July*, wanderten an den Broadway, und *Talley's Folly* trug dem Autor seinen ersten Pulitzerpreis wie auch den Preis der New Yorker Theaterkritiker im Jahre 1980 ein. Wilsons Werk, sein erstes Stück war *The Hot 1 Baltimore* (1973), zeichnet sich durch ungewöhnliche Charakterisierungskunst der handelnden Personen aus. Trotz seiner Broadway-Erfolge ist Wilson der »Circle Repertory Company« treu geblieben, weil er weiß, wie sehr die Stabilität eines Ensembles die Wirkung seiner Stücke erhöht. Marshall W. Mason, künstlerischer Leiter des Theaters, hat alle Stücke Wilsons inszeniert und sie auch am Broadway betreut, wobei sich jedoch neue Besetzungen gelegentlich nicht vermeiden ließen.

Die Bevorzugung vor allem englischer Dramatiker bei der Preisvergabe und die wachsende künstlerische Bedeutung des Off-Broadway-Theaters bildeten, wenn man so will, das positive Gegengewicht zu dem Niedergang des Broadways während der sechziger Jahre. Denn in diesem Jahrzehnt wurden nur wenige wesentliche Stücke hervorgebracht, und wenn schon einmal ein wichtiges Schauspiel produziert wurde, ließ dann meist die Aufführung zu wünschen übrig. New York mußte bis 1963 warten, ehe es Brechts *Mutter Courage* zu sehen bekam, und dann stimmte an der Aufführung fast gar nichts, nach nur einer Handvoll Aufführungen mußte sie abgesetzt werden. Jerome Robbins, der Regisseur der *Mutter Courage*, ursprünglich Choreograph und später erfolgreicher Musical-Regisseur – ein Jahr später sollte er mit *Anatevka* einen seiner größten Erfolge erzielen –, wußte

Vom Off-Broadway zum Broadway: Judd Hirsch und Trish Hawkins in Talley's Folly *von Lanford Wilson*

mit Brecht überhaupt nichts anzufangen. Weder brachte er irgendwelche Affinität für Brechts Stil mit, noch war ihm klar, welcher Schauspielertyp nötig war. Selbst ein erfahrenerer Regisseur als Robbins hätte für dieses Stück eine längere Probenzeit gebraucht, als sie üblicherweise im kommerziellen Theater zur Verfügung steht; und da Robbins außerdem zwischen Probenbeginn und Premiere auch noch sein ganzes Konzept veränderte, kam ein Wechselbalg heraus, der weder Fleisch noch Fisch war, auf jeden Fall aber nicht Brecht. Ein ad hoc zusammengestelltes Ensemble, wie es am Broadway die Regel ist, wird bei Brecht nie ein befriedigendes Ergebnis erreichen; wenn überdies keiner der Schauspieler jemals zuvor Brecht gespielt hat und wenn man auch noch gegen eine falsche Akzente setzende Übertragung ins Englische ankämpfen muß, dann ist das Ausmaß des katastrophalen Ergebnisses in etwa umschrieben. Doch an einem solchen Fall werden die großen Schwächen des Broadway-Theaters deutlich, die in seiner Struktur begründet liegen. Als einige Monate später ein anderer Produzent es mit *Arturo Ui* versuchte, waren diese Schwächen wieder genauso augenfällig – und seither hat sich der Broadway von Brecht ferngehalten. Es dämmerte die Erkenntnis, daß beide nicht zusammenpassen. Diese Einsicht wurde um so deutlicher, als in derselben Spielzeit mit Albees *Virginia Woolf* alle Stärken desselben Theaters demonstriert werden konnten.

Unter den wenigen deutschsprachigen Stücken, die in diesen Jahren an den Broadway kamen, waren nur wenige Erfolge, die als solche registriert wurden, d. h., die einen Gewinn abwarfen. Selbst Rolf Hochhuths *Stellvertreter,* angesichts seines Themas eine Sensation, endete trotz einer relativ langen Laufzeit in den roten Zahlen. Max Frischs *Andorra* und *Biedermann und die Brandstifter* mußten wegen total verkorkster Aufführungen rasch wieder abgesetzt werden; ihr Autor, der eigens nach New York

gekommen war, näherte sich einem Zustand völliger Verzweiflung ob dieser doppelten Niederlage und hat sich erst nach fast einem Jahrzehnt wieder mit New York ausgesöhnt. Friedrich Dürrenmatts *Besuch einer alten Dame* dagegen, am Broadway unter dem Titel *The Visit* stark bearbeitet, wurde ein künstlerischer und kommerzieller Erfolg, dank einer brillanten Inszenierung durch Peter Brooks und der Darstellung der Hauptrollen durch das Ehepaar Alfred Lunt und Lynn Fontanne. Weniger reüssierten allerdings *Die Physiker,* mit dessen Problematik die Theaterbesucher noch weniger anzufangen wußten als die Kritiker. Peter Weiss' *Marat/Sade* wiederum wurde aus England in einer Aufführung der Royal Shakespeare Company importiert und war sensationell erfolgreich: Wieder bestach die Virtuosität von Peter Brooks' Regieführung, und die Leistung des Ensembles, aus dem Ian Richardson, Patrick Magee und Glenda Jackson in den Hauptrollen herausragten, war von einer Vollkommenheit, wie sie am Broadway selten erreicht wird. Andere Stücke dieser deutschsprachigen Autoren wurden off-Broadway und an den Regionaltheatern gegeben; in den siebziger und achtziger Jahren wurden, ebenfalls in gebotener Entfernung vom Broadway, Peter Handke und Botho Strauß gespielt, allerdings ohne auf einhellige Zustimmung zu stoßen, was oft an den unzureichenden Übersetzungen, aber auch an sinnlosen Streichungen lag (etwa bei *Groß und Klein,* ein Stück, an dem sich zwei Off-Broadway-Theater versuchten und damit scheiterten, mit Recht übrigens, wie man anmerken muß). Heiner Kipphardts *In der Sache J. Robert Oppenheimer,* als kalt-nüchternes Dokumentationsdrama angelegt, fand – ebenfalls abseits vom Broadway – im »Lincoln Center« sein Publikum, dank der Sympathie für den Protagonisten.

Viele der während des letzten Jahrzehnts in Off-, Off-off-Broadway- und in Provinztheatern uraufgeführten ernsten Stücke wären früher sicherlich am Broadway herausgekommen – wenn man sie nur gehabt hätte. Broadway-Produzenten waren es ja gewesen, die sich um die Stücke von Williams, Miller und, nach einigem Zögern, auch von O'Neill gerissen hatten. Aber als in den späten sechziger Jahren unter dem Einfluß der Aufrüstung für den Vietnamkrieg die Inflation wie ein Zyklon immer mehr zunahm, setzte eine Kostenexplosion ein und, zusammen damit, eine Erhöhung der Eintrittspreise, die den Broadway viele potentielle Zuschauer kostete. Bis dahin hatten Produzenten noch ganz bewußt Risiken mit ernsten Stücken eingehen können, wenn sie diese der Mühe wert erachteten, immer in der Hoffnung, daß nicht nur gute Kritiken, sondern auch die Mundpropaganda genügend Zuschauer mobilisieren werde, und oft genug war diese Rechnung aufgegangen.

Nach einer Reihe langweiliger Jahre bahnte sich 1975 eigentlich ganz unverhofft eine neue Konjunktur für das Broadway-Theater an. Seltsamerweise war es das Jahr, in dem die Stadt New York in finanziellen Schwierigkeiten war und monatelang am Rande eines Konkurses existieren mußte. Aber während im Rathaus Trübsal geblasen wurde, begannen die Menschen wieder ins Theater zu gehen. Was war passiert? Ein findiger Kopf hatte Theater-Werbespots für das Fernsehen erfunden: In die 30 oder 60 Sekunden langen Ansagen wurden kurze Ausschnitte aus den Aufführungen eingeblendet. Zum erstenmal wurde diese Methode für das Musical *Pippin* ausprobiert, das Ende 1972 seine Uraufführung erlebt hatte, dessen Anziehungskraft aber nach etwa zwei Jahren nachzulassen begann. Die Fernsehwerbung hatte den Erfolg, daß mehr und mehr Menschen wieder zu *Pippin* ins Theater kamen, so daß es noch zweieinhalb Jahre lang gegeben werden konnte, bis es auf nahezu 1800 Aufführungen gekommen war: für ein Musical, dessen Held Karl des Großen Vater war, sicherlich eine beachtliche Leistung! Seither ist Fernsehwerbung für das Broadway-Theater fast unerläßlich geworden. Im allgemeinen ist sie aber zu kostspielig, um auch für Sprechstücke erschwinglich zu sein – ganz abgesehen davon, daß es fraglich ist, ob man auf diese Weise das richtige Publikum ansprechen könnte.

Das Jahr 1975 brachte auch die Uraufführung des erfolgreichsten Musicals aller Zeiten, *A Chorus Line,* das selbst nach einem Dutzend Jahren am Broadway noch immer eine ungewöhnliche Anziehungskraft ausübt. Die Eintrittskarten gingen weg »wie warme Semmeln«, im Schwarzhandel sogar für das Doppelte und Dreifache des offiziellen Preises. Es ist ein psychologisch interessantes Phänomen, daß sich das Interesse am Broadway-Theater sofort erhöht, wenn ein paar besonders beliebte Attraktionen zu sehen sind, für die Eintrittskarten Mangelware sind.

Doch bald darauf trat etwas ein, das die ganze Richtung am Broadway verändern sollte: Nach einer längeren Durststrecke fühlten sich die Produzenten und Theaterbesitzer plötzlich wieder reich, und als die nächste Verhandlungsrunde mit den Gewerkschaften der Bühnentechniker begann, wurde gar nicht erst lange verhandelt, sondern die Forderung des Personals wurde sofort bewilligt. Damit aber noch nicht genug, es fing auch der nach Ansicht vieler Broadway-Beobachter unheilvolle Brauch an, die bereits erwähnte Beteiligung von Regisseur, Choreograph und Stars an den Bruttoeinnahmen einzuführen, die bis dahin nur eine feste Gage erhalten hatten. Um diese Mehrbelastungen auszugleichen, setzte eine schnell anwachsende Erhöhung der Eintrittspreise ein, die zehn Jahre später für die besten Plätze im Musical 50 Dollar und in Sprechstücken 42,50 Dollar erreicht hatte, ohne daß ein Ende dieser Preiseskalation vorherzusehen war. Es war ein Circulus vitiosus: erhöhte Einnahmen führten zu gesteigerten Gewerkschaftsforderungen, Zugeständnisse führten zu wieder höheren Eintrittspreisen, dies zu neuerlich gesteigerten Gewerkschaftsforderungen usw.

Das Sprechstück mußte dabei auf der Strecke bleiben. Bei so hohen Eintrittspreisen wuchs auch der Widerstand des Publikums, denn die Besucher von Sprechstücken müssen im allgemeinen eher mit dem Dollar rechnen als die Besucher von Musicals, zu denen vor allem Touristen, Kongreßteilnehmer und Geschäftsleute aus anderen Teilen des amerikanischen Kontinents gehören. Produzenten und Gewerkschaften sollten zu der Einsicht gelangen, daß es so wie in den letzten Jahren nicht weitergehen kann. Im Interesse einer Stabilität auf lange Sicht wäre kurzfristig ein Entgegenkommen der Gewerkschaften erforderlich, damit das Sprechstück nicht ganz abstirbt. Über bescheidene Ansätze in dieser Richtung wird noch zu berichten sein.

Um die Mitte der achtziger Jahre jedenfalls ist das Broadway-Theater, wie wir es bisher kannten, ernsthaft auf die Probe gestellt. Da Off- und Off-off-Broadway-Bühnen – übrigens auch zu immer höheren Eintrittspreisen – sich für ernste Stücke engagieren, könnten die Broadway-Produzenten auf die Idee kommen, sie seien für diese Art Theater nicht mehr verantwortlich und könnten sich ganz auf die leichte Kost, auf Musicals und Komödien, konzentrieren. Bei solchen Überlegungen wird aber eines übersehen: Die Tantiemen für die Autoren, die die kleineren Off- und Off-off-Broadway-Bühnen zahlen, sind selbst bei längerer Laufzeit eines Stückes zu gering, um selbst den erfolgreichen Stückeschreibern einen angemessenen Lebensunterhalt zu garantieren. Die vorhersehbare unvermeidliche Folge wäre dann, daß diese Autoren zum Film oder Fernsehen abwandern und somit dem Theater verlorengehen – was viele auch schon getan haben. Im schlimmsten Fall stünden dann in einigen Jahren auch für Off- und Off-off-Broadway nicht mehr genügend Stücke zur Verfügung. Sollte es wirklich so weit kommen, wird die Theaterkrise, von der jetzt schon so viel geredet wird, alle Zweige des Theaters erfassen, was natürlich nicht zu bedeuten braucht, daß es nichts Sehenswertes mehr gibt. Im Gegenteil: Die immer größere Virtuosität der Darbietung, die heute schon das Musical gegenüber früheren Zeiten auszeichnet, wird weiter und weiter entwickelt werden, und der, der gerne lacht, wird ebenfalls auf seine Kosten kommen. Aber ob dann auch noch intellektuelle Anregung vom amerikanischen Theater zu erwarten ist, ist nicht vorauszusehen. Schon heute steht das Theater nicht mehr im Zentrum des Kulturlebens, wie dies früher einmal der Fall war; bei der jungen Generation ist diese Abwendung vom Theater sogar schon seit langem eingetreten: Film, Popmusik, Tanz, Literatur und dann erst Theater – etwa diese Reihenfolge der Interessen besteht heutzutage bei den jungen Menschen. Es ist sicher kein Zufall, daß gerade diese Reihenfolge auch bei der Besprechung der künstlerischen Ereignisse in der *Village Voice* eingehalten wird, der in Greenwich Village beheimateten Zeitschrift, die die Zeichen der Zeit wahrscheinlich besser kennt als die traditionelle *New York Times,* bei der das Theater in der kulturellen Berichterstattung immer noch an erster Stelle steht.

Die Sprache des amerikanischen Theaters

Das amerikanische Theater hat im Laufe der Zeit seine eigene, dem Nichteingeweihten nicht ohne weiteres verständliche Sprache entwickelt, einzelne Ausdrücke wurden jedoch immer wieder in den allgemeinen Sprachschatz übernommen. Damit sind aber nicht die Worte gemeint, die die dem Schaugeschäft gewidmete Zeitschrift *Variety* während ihrer mehr als achtzigjährigen Existenz »erfunden« hat. Sehr oft sind sie durch Zusammenziehungen oder Abkürzungen entstanden, etwa »scripter« für den Autor, »stager« für den Regisseur, »nudie« für eine Aufführung mit Nacktszenen, so beispielsweise *Oh, Calcutta!*.

Einige besonders treffende und häufig verwandte Begriffe dieses Theater-Slangs, der erstaunlicherweise immer wieder neue Wörter hervorbringt, sind die folgenden:

Aisle-Sitter – ein Synonym für Kritiker, die normalerweise immer Plätze am Gang (aisle) erhalten.

Angel – eigentlich Engel, aber am Broadway die Bezeichnung für jene Wohlbetuchten, die Geld in ein Musical oder Sprechstück investieren und so die Aufführung überhaupt erst ermöglichen.

Audition – die Gelegenheit, die Schauspieler und Sänger zum Vorsprechen oder Vorsingen einer Rolle erhalten, um die sie sich beworben haben. Bereits bewährten Darstellern bleibt diese Tortur erspart, Produzent, Regisseur oder Agent setzen sich direkt mit ihnen in Verbindung.

B. & O., B. & S. – Bei der Ankündigung von Rollen bedeutet die erste Abkürzung, daß Schauspieler gesucht werden, die auch in einer Kapelle spielen können, die zweite Abkürzung betrifft Musiker, die auch schauspielern können.

Backer – ein etwas aus der Mode gekommenes Synonym für »Angel«. Zum Unterschied zur gewöhnlichen »Audition« (s. o.) finden Auditions auch für »Angels« und »Backers« statt, die eingeladen werden, sich einige Szenen oder Songs eines geplanten Stückes anzuhören, um ihre Investitionsbereitschaft anzustacheln.

Barn – eigentlich Scheune, eine abwertende Bezeichnung für ein übergroßes Theater, ursprünglich nur von Schauspielern benutzt, jetzt in den allgemeinen Sprachgebrauch für einen großen, ungemütlichen Raum eingegangen.

Bedroom Farce – nahezu identisch mit »Sex Comedy«, ein Stück, bei dem es hauptsächlich um das Sexualleben der Protagonisten geht.

Billing – die Ankündigung der Darsteller bei einer Produktion. »Star Billing« bedeutet, daß der betreffende Schauspieler oder Sänger vor dem Titel des Stückes genannt wird, nach der Nennung von Stück und Autor (letzterer, wenn er nicht sehr berühmt ist, in einer kleineren Drucktype) häufig ein anderer wichtiger Darsteller und immer der Regisseur, die »bottom billing« haben.

Bit Part – eine kleine Rolle von nur wenigen Sätzen, fast immer von Anfängern gespielt.

Blockbuster – eigentlich »Minenbombe«, ist Synonym für einen ganz großen Erfolg, mehr noch als ein »Hit«. Zwischen beiden Begriffen etwa steht »Boffo«, ein großer, aber kein ganz großer Erfolg.

Break a Leg – die englische Bezeichnung für »Hals- und Beinbruch« und genauso angewandt. Angelsachsen geben sich offenbar mit einem Beinbruch zufrieden.

Breakeven – das Stück spielt gerade seine Kosten ein.

Brush-Up Rehearsal – Proben, die bei dem am Broadway üblichen System des En-suite-Spiels alle paar Monate nötig sind, damit eine Aufführung nicht verschlampt.

Bus – hat nichts mit dem vierrädrigen Fahrzeug zu tun, sondern ist eine Abkürzung für »Stage Business«, was alle Bewegungen und Handlungen eines Schauspielers während seines Auftritts umfaßt.

Cameo – eine kurze Rolle, meist ein einziger Auftritt, den der »Star« übernimmt; heutzutage im Theater selten.

Cheesecake – bezieht sich auf Fotos von Schauspielerinnen, die für Werbezwecke ihre attraktivsten Körperteile entblößen.

Closing Notice – die am Anschlagbrett nahe dem Bühneneingang angebrachte Ankündigung, daß die Produktion in einer Woche dichtmacht. Oft wird sie zurückgenommen, wenn die Einnahmen in der »letzten Woche« wieder ansteigende Tendenz zeigen.

Cold House – wenn das Publikum keinerlei Zeichen von Begeisterung zeigt, weder für die Darsteller noch für die Dekorationen, über Witze nicht lacht usw.; wird auch »Dead House« genannt.

Company Manager – der Vertreter des Produzenten in allen geschäftlichen Dingen, so wie der Stage Manager den Regisseur in künstlerischen Dingen vertritt.

Contract House – gewöhnlich ein großes Broadway-Theater, das sich gegenüber der Musikergewerkschaft verpflichtet, während der Spielzeit eine bestimmte Zahl von Musikern zu beschäftigen, ob sie nötig sind oder nicht. Dafür ist die Wochengage geringer als in einem »Penalty House«, das die Musiker nur engagiert, wenn sie benötigt werden.

Corn – Äquivalent für Kitsch.

Curtain Call – die Entgegennahme des Applauses am Ende der Vorstellung ist ein genau einstudiertes Ritual und hat diese Bezeichnung erhalten, obwohl heute in den meisten Fällen bei offener Bühne gespielt wird und der Vorhang nicht mehr fällt.

Double Willie – Wenn Bühnenarbeiter die gewöhnlich für das Essen reservierte Zeit von 12 bis 13 und 18 bis 19 Uhr tätig sein müssen, erhalten sie den doppelten Stundenlohn, den »Double Willie«.

Drag – Szenen, in denen Männer Frauenkleider tragen, etwa in dem Musical *Cage aux Folles,* das seine Uraufführung 1983 erlebte.

Dream Street – eine andere Bezeichnung für Broadway, vor allem bei Schauspielern beliebt, die davon träumen, dort einmal aufzutreten.

Fat Part – eine große Rolle.

Flack – eine Kurzbezeichnung für den Presseagenten, der am Broadway für jede Schau obligatorisch ist und die Presse mit Material versorgen muß.

Freebees – Eintrittskarten, die umsonst ausgegeben werden, um das Haus zu füllen (auch »paper the house« genannt). Auch der, der eine solche Karte benutzt, ist ein »Freebee«.

George Spelvin – ein fiktiver Schauspielername, den man von Zeit zu Zeit in den Programmen findet. Dies ist der Fall, wenn – aus welchen Gründen auch immer – ein Schauspieler anonym bleiben will oder wenn er eine Doppelrolle spielt und nicht zweimal mit dem gleichen Namen im Programmheft erscheinen möchte. »George Spelvin« ist schon über 100 Jahre alt, trat erstmals 1886 auf und hat seither in Tausenden von Aufführungen mitgewirkt.

Gofer – entspricht etwa dem Lehrling in einem kaufmännischen Betrieb, er steht auf der untersten Sprosse des Produktionsteams. Entstanden ist das Wort aus »to go for«: Er holt Kaffee, belegte Brote, Limonade usw. (siehe auch Twofer).

Ham Actor – ein Schauspieler, der gern übertreibt, dadurch oft lächerlich erscheint und für die Galerie spielt.

Hang A Show - keine Hinrichtung, sondern eher eine Herrichtung - ein Stück ist aufführungsbereit, das Bühnenbild steht, die Bühnenlichter sind an, die Versatzstücke und Requisiten sind da, wo sie sein sollen.

Heavy - ein unsympathischer Bühnencharakter, der auch über Leichen geht, um sein Ziel zu erreichen.

House Manager - der Mann, der die Verantwortung für alle dem Publikum zugänglichen Räume in einem Theater trägt.

House Seats - einige wenige Sitze im besten Teil des Hauses, die dem Produzenten zur Verfügung stehen und die er für seine engsten Mitarbeiter und deren Familien reserviert. Manchmal werden sie noch kurz vor der Vorstellung verkauft.

Ice - der Aufschlag, den man für Eintrittskarten im Schwarzhandel bezahlt und der in die Taschen unredlicher Kassierer wandert, die ihn sich mit dem illegalen Händler teilen.

Legit - Bezeichnung für »echtes« (legitimes) Theater mit Berufsschauspielern zur Abgrenzung gegenüber Film, Fernsehen, aber auch Amateurtheater.

Nut - die wöchentlichen Betriebskosten für ein Stück oder Musical, deren Höhe entscheidend für die Gewinnmöglichkeiten ist.

One-Night Stand - auf einer Tournee die einzige Aufführung an einem Ort, am darauffolgenden Tag geht es schon weiter.

Overcall - wenn ein »Angel« (s. d.) einen gewissen Betrag in eine Theaterproduktion investiert, verpflichtet er sich gleichzeitig, noch weitere 10 bis 20 Prozent dieser Summe, den »Overcall«, einzulegen, falls sie benötigt werden.

Papering The House - Ausgabe von Freikarten für eine nicht sehr gut gehende Produktion, um den Eindruck eines vollen Hauses zu erwecken (s. auch »Freebees«).

Photo Call - die Zeit, die Schauspieler zur Verfügung stellen müssen, um im Kostüm für Pressefotos aufgenommen zu werden.

Play Doctor - Diese sehr begehrten Routiniers sind Theaterleute, die eine - wie sich bei den Proben oder den Voraufführungen vor der Premiere herausstellt - noch nicht so recht funktionierende Show »ausbessern«. Sie streichen Szenen, schreiben andere dazu, ändern einige, machen dasselbe auch mit den musikalischen Einlagen, müssen rasch arbeiten können und sind hochbezahlte Spezialisten.

Plug - eine im allgemeinen von einem Presseagenten lancierte lobende Erwähnung für eine ganze Schau oder einen ihrer Darsteller in einer Zeitung, Zeitschrift oder im Fernsehen.

Press Agent - muß für jede Produktion tätig sein und ist eine Art Werbeleiter, der oft eine maßgebliche Rolle für den Erfolg spielt. Er ist Verbindungsmann zwischen der Produktion und den Medien und kontrolliert auch den Versand der Eintrittskarten an die Kritiker, deren Namen sich auf der sogenannten *Press List* finden.

Preview - die Aufführungen vor der Premiere zur Erprobung eines Stückes; früher fanden sie in der »Provinz« statt, heute infolge der hohen Transportkosten fast nur noch in New York.

Producer - wenn man so will, Herz und Hirn des kommerziellen Theaters, ohne den nichts läuft.

Props - Requisiten, wobei zwischen »general props« (in erster Linie Möbel, Teppiche usw.) und »hand props« (von nur einem Schauspieler benötigt und häufig erst auf die Bühne gebracht) unterschieden wird.

Einer der jungen amerikanischen Autoren: David Mamet

Rialto – ein alter, gelegentlich noch benutzter Ausdruck für Broadway-Theater.

Road – Darunter versteht man das gesamte Gebiet der USA außerhalb Manhattans, das vom New Yorker Tourneetheater versorgt wird, heute allerdings nicht mehr im gleichen Maße wie früher.

Run-Through – eine Phase der Proben, bei der das ganze Stück gespielt wird, aber ohne Bühnenbild, Kostüme und möglicherweise nicht einmal auf der Bühne.

Scalper – Schwarzhändler, die Eintrittskarten außerhalb der Theaterkasse für ein meist beträchtliches Aufgeld verkaufen.

Showcase – eine Aufführung, in der am Beginn ihrer Laufbahn stehende Schauspieler, meist ohne Gage, auftreten, um gesehen zu werden. »Showcase Productions« off-off-Broadway stellen eine Sonderregelung durch die Schauspielergewerkschaft dar, nach der nur zwölf Aufführungen eines Stückes an drei aufeinanderfolgenden Wochenenden gegeben werden dürfen.

Sleeper – eine Produktion, von der man sich nicht viel verspricht, die sich aber zu einem richtiggehenden Erfolg entpuppt.

Smash – im Wörterbuch ein Negativ-Zeitwort, etwa zerschlagen, zerschmettern, kaputtmachen, in der Theatersprache dagegen das genaue Gegenteil: das, wonach sich alle Theaterleute sehnen, ein ganz, ganz großer Erfolg.

Sock – hier nicht als Haupt-, sondern als Eigenschaftswort benutzt, das eine Produktion kennzeichnet, die starke Anziehungskraft ausübt.

SRO – eine Abkürzung für »Standing Room Only«, tatsächlich aber ein ausverkauftes Haus, da nur wenige Broadway-Theater überhaupt Stehplätze verkaufen.

Standing Ovation – wenn die Zuschauer von einer Aufführung so begeistert sind, daß sie sich von ihren Sitzen erheben, um ihren Beifall auszudrücken.

Steal a Scene – Schauspieler oft kleinerer Rollen, die sich in einer Szene nach vorn spielen, die eigentlich einem Hauptdarsteller oder einer Hauptdarstellerin »gehören«. Solche Schauspieler sind bei ihren Kollegen unbeliebt.

Tony – eine Abkürzung für den Antoinette Perry Award, benannt nach einer früh verstorbenen Broadway-Regisseurin, seit seiner Einführung 1947 alljährlich in zahlreichen Sparten vergeben und eine der begehrtesten Auszeichnungen des Broadway-Theaters.

Turkey – Weshalb der Mißerfolg eines Stückes die Bezeichnung für den am amerikanischen Erntedankfest in großen Mengen verspeisten Truthahn bekommen hat, ist unklar, und keine der gewöhnlich gegebenen Erklärungen ist überzeugend.

Twofer – eigentlich »two for«, ein in vielen Geschäften auf dem Tresen liegender Gutschein, für den man Eintrittskarten zum halben Preise (jetzt meistens zu zwei Dritteln des ursprünglichen Preises) kaufen kann. *Going on Twofers* bedeutet für eine Produktion, daß die Einnahmen zu wünschen übriglassen.

Type – ein Schauspieler, der nur ein einziges Rollenfach beherrscht, daher *Type Casting*, wenn gewisse Schauspieler immer ähnliche Rollen erhalten.

Understudy – die zweite Besetzung, häufig ein Schauspieler, der in einem Stück eine kleine Rolle darstellt, aber auch eine Hauptrolle gelernt hat und in dieser einspringen kann.

Walk-On – eine kleine Rolle (s. Bit Part), meistens stumm, aber gelegentlich mit einem »unvergeßlichen« Satz wie: »Die Pferde sind gesattelt.«

Whodunit – ein Kriminalreißer, in dem jemand ermordet oder entführt wurde, und die Frage auf aller Munde ist: Wer hat es getan? (Whodunit ist eine Zusammenziehung von »Who has done it?«.)

Wings – die zu beiden Seiten der Hauptbühne liegenden Nebenbühnen.

Des Broadways liebstes Kind: Das Musical

O'Neill hin, Tennessee Williams her: wie viel gespielt auch ihre Stücke in der ganzen Welt sein mögen, nur wenige Zweifel werden daran geäußert, daß das Musical, so amerikanisch wie Coca-Cola und Blue jeans, der wesentlichste Beitrag der Vereinigten Staaten zur universalen Theaterkultur ist. Natürlich war auch das Musical nicht eines Tages plötzlich da, eine revolutionäre Neuerung, die dann in wenigen Jahrzehnten das Welttheater eroberte. Es hat eine lange, zumindest hundertjährige Vorgeschichte, viele Einflüsse waren hier am Werk, ohne daß sich interessanterweise heute noch feststellen ließe, wann genau der Gattungsbegriff »Musical« aufkam und wer ihn prägte.

Unter den zahlreichen Einflüssen, die zur Entstehung des Musicals beitrugen, nur die europäischen herauszugreifen ist sicherlich nicht richtig. Vor einigen Jahren tat dies einmal ein tschechischer Theatermann auf einer in München stattfindenden Tagung des International Theatre Institute. Er meinte, das Musical gründe sich auf die Opera buffa, das Vaudeville, die opéra comique, die Operette und Revue, die dann nach bewährter amerikanischer Manier einfach zu etwas Neuem »verschmelztiegelt« wurden, folglich könne man den Broadway nicht als Schöpfer dieses Genres ansehen.

Ganz abgesehen davon, daß die amerikanischen Einflüsse ganz außer acht gelassen wurden, handelt es sich hier um eine völlig fehlerhafte Argumentation. Sie verkennt, daß nichts Neues entstehen kann – man nehme denn an, daß neue Kunstformen, neue Kunstepochen ihre Existenz sozusagen einer mythischen Geburt wie Pallas Athene verdanken –, ohne Einflüsse der verschiedensten Art aufzusaugen.

Doch durch die Einbeziehung verschiedenartiger Einflüsse verlieren neue Kunstformen noch lange nicht ihre Originalität. Vielleicht haben die Amerikaner selbst ein wenig Schuld daran, daß eine solche Musical-Theorie überhaupt aufgestellt werden konnte, denn ihre Kulturhistoriker behaupten immer wieder, daß *Oklahoma!* das erste »wahre« Musical gewesen sei und damit 1943 die Geburtsstunde des Musicals schlug. Auch das ist eine kaum haltbare These, denn wer wollte *Show Boat* von Jerome Kern (1927), auch wenn es sich noch mit der damals üblichen Bezeichnung »musical comedy« schmückte, oder *Lady in the Dark* von Kurt Weill (1941), das sein Urheber »musical play« nannte, heute nicht als Musical bezeichnen? In späteren Jahren nannte Weill seine *Street Scene* allerdings ein »folk play with music« und *Lost in the Stars* eine »musical tragedy«, dies aber bewußt zu einem Zeitpunkt, da sich der Begriff »Musical« schon längst eingebürgert hatte.

Das Musical muß in der Tat als amerikanisch bezeichnet werden, und der Streit, ob es eine amerikanische »Erfindung« ist oder nicht, ist eigentlich müßig – schließlich gelten ja auch Alexander Graham Bell und Thomas Edison als die Erfinder des Telefons und der Schallplatte, nicht aber Philipp Reis oder Emil Berliner, die die theoretischen Grundlagen zu diesen Erfindungen legten. Dennoch hat das Musical sehr viele Väter (und Mütter), auf die wir kurz eingehen wollen.

Der älteste Vorfahre, schon zu Beginn des 19. Jahrhunderts, war die Burlesque (absichtlich wird hier das englische Wort benutzt, weil das deutsche Wort Burleske etwas anderes bedeutet, und selbst im amerikanischen Theater hat man zu verschiedenen Zeiten verschiedenes darunter verstanden). Die spätere Betonung des Sexuellen fehlte noch dieser frühen Burlesque, die eher karikieren und parodieren wollte, aber auch schon mit Musik verbunden war. Da gab es Darbietungen, die sich über bekannte Stücke wie *Hamlet* oder bekannte Darsteller, wie die gegen Mitte des 19. Jahrhunderts in Amerika besonders populäre Wiener Tänzerin Fanny Elßler, lustig machten. Zu einem späteren Zeitpunkt entwickelten sich aus dieser Theaterform die zwerchfellerschütternden Szenen, die das deutsch-jüdische Gespann Weber und Fields sowie die beiden Iren Harrigan und Hart jahrzehntelang zu Publikumslieblingen des New Yorker Theaters machten.

Auf die Burlesque folgte Ende der dreißiger Jahre des 19. Jahrhunderts die Minstrel Show, deren Beliebtheit fast 50 Jahre lang anhielt. Ihre Akteure waren Weiße, die ihre Gesichter mit Ruß schwärzten, sich dicke Lippen schminkten und sich schwarze, gewellte Perücken aufsetzten, um wie Neger auszusehen, denen zu dieser Zeit das amerikanische Theater noch versperrt war. Die Darsteller sangen, tanzten, erzählten Witze und spielten kurze Szenen im Dialekt der Südstaatenneger, die auf solche Weise karikiert wurden. Der erste dieser »Minstrels« war Thomas D. Rice, allgemein nur Jim Crow Rice nach einer der von ihm dargestellten Figuren genannt (der Ausdruck »Jim Crow« wurde später im amerikanischen Sprachschatz eine Bezeichnung für die Diskriminierung der Neger schlechthin). Meistens traten die Darsteller in Gruppen auf, und zwar in den größten New Yorker Theatern, so Rice selbst im »Bowery Theatre«. Aus dieser Frühzeit sind die Virginia Minstrels besonders bekannt und dann vor allem Christy's Minstrels, später die Bryant's Minstrels, Lew Dockstaders Truppe und die langlebigste Gruppe von allen, deren Name »Thatcher, Primrose und West« fast wie der einer Anwaltsfirma klang. Ein später Nachfahre der Minstrels

war Al Jolson, der die »Blackface«-Tradition im Theater bis zum ersten Tonfilm, *The Jazz Singer* (1927), aufrechterhielt.

Vaudeville, manchmal auch Variety genannt, entstand ebenfalls in der Frühzeit des amerikanischen Theaters; freilich ist nicht nachweisbar, ob die 1926 begangene Jahrhundertfeier dieses Genres mit den Tatsachen übereinstimmt. Trotz der Namensgleichheit hat das amerikanische Vaudeville mit dem Vaudeville, das schon im 18. Jahrhundert in Frankreich aufgekommen war, nichts zu tun, es ähnelt auch nicht der englischen Music Hall. Das amerikanische Vaudeville war eine lose Folge aller möglichen Nummern, ein bißchen Zirkus (Tierbändiger, Jongleure, Akrobaten und Zauberer) hatte dort ebenso seinen Platz wie meist wenig bekleidete Tänzerinnen und Sketche von solcher Ein- oder Zweideutigkeit, daß Frauen diesen Darbietungen fernblieben. Das »Fellow's Opera House« oder »Burton's ›444‹« wie es später nach der Hausnummer des am Broadway gelegenen Hauses genannt wurde, waren die Hauptschauplätze des Vaudevilles. Tony Pastor, ursprünglich vom Zirkus herkommend, ein ausgezeichneter Sänger und jeder Zoll ein »Showman«, schien immer genau zu wissen, was sein Publikum wollte. Er begann um 1865 das Vaudeville zu »säubern«, so daß es nunmehr Familienunterhaltung wurde. Berühmtheiten wie die Sängerin Lillian Russell, fast zur Symbolfigur ihrer Epoche geworden, die schon erwähnten Weber und Fields sowie Harrigan und Hart, aber auch die vier Cohans, Pat Rooney und andere begannen ihre Karriere bei Pastor, der bis ins 20. Jahrhundert hinein aktiv blieb.

Ohne daß er sich selbst daran beteiligen konnte, mußte Pastor mitansehen, wie sich der Vaudeville-Betrieb dank der Tätigkeit einiger gerissener Geschäftsleute wie Benjamin Franklin Keith, Edward Franklin Albee und Frederick Francis Proctor über das ganze Land ausbreitete. Sie schickten Truppen in die entlegensten

Tony Pastor, der spätere Leiter seines eigenen Vaudeville-Theaters (1865), als er noch als Zirkusclown auftrat

Orte, bauten in den größeren Städten luxuriöse Theaterpaläste (Keith allein 29 solcher Häuser in 25 Städten), fanden aber auch zahlreiche später berühmte Darsteller, von denen einige schon genannt worden sind.

Ned Harrigan übrigens, der schöpferische Partner des Teams Harrigan und Hart (beide 1984 Helden eines gleichnamigen Musicals, das am Broadway mit Pauken und Trompeten durchfiel), und sein Komponist David Brahams hatten etwa von 1880 bis 1900 einen heute vielfach unterschätzten Einfluß auf die spätere Entstehung des Musicals. Von 1879 bis 1895 schrieb Harrigan nicht weniger als 24 Possen mit Musik, verfaßte die Liedtexte und spielte in allen selbst mit. Viele der Songs waren um diese Zeit in aller Munde. Charles Hale Hoyt, ein Vielschreiber wie Harrigan, der in 17 aktiven Jahren (1883–1900) fast zwei Dutzend vaudevilleartiger Stücke verfaßte, erzielte 1891 mit *A Trip to Chinatown*, mit der Musik eines heute völlig unbekannten Komponisten namens Percy Gaunt, den größten Erfolg des 19. Jahrhunderts. In dem von ihm gepachteten »Madison Square Theatre«, das er in »Hoyt's Theatre« umbenannte, wurde das Stück 657mal en suite gegeben, ein Rekord, der erst nahezu 30 Jahre später von dem Musical *Irene* von Joseph McCarthy und Harry Tierney übertroffen wurde, das es auf 670 Aufführungen brachte (als 1973 daraus ein Musical-Riesenspektakel gemacht wurde, das mit dem Original kaum noch etwas gemein hatte außer dem Titel, gab es immerhin noch 604 Aufführungen). Auch *A Trip to Chinatown* wurde mehrfach neu produziert, allerdings nur bis 1912, als es unter dem Titel *A Winsome Widow* herauskam. In den neunziger Jahren des vorigen Jahrhunderts wurden mehr Noten dieses Musicals verkauft als von irgendeinem anderen bisher; insbesondere der Schlager *The Bowery* errang einen langanhaltenden Erfolg. Harry Conor sang und spielte die Hauptrolle des Ben Gay elf Jahre lang, erst in New York, dann auf Tournee, danach wieder in New York und nochmals auf einer Tournee, die kein Ende zu nehmen schien.

Ein anderer direkter Vorfahre des Musicals ist die sogenannte Extravaganza, ein nur schwer übersetzbares Wort. Sie bestand neben Minstrel Show und Vaudeville; die erste ihrer Art war *The Black Crook,* uraufgeführt am 12. September 1866 in »Niblo's Garden«, Ecke Broadway und Prince Street. Schon die Vorgeschichte dieser Theaterform ist interessant: Zwei Produzenten hatten eine Pariser Gruppe mit 100 Tänzerinnen engagiert, aber als das Theater, in dem sie auftreten sollten, Opfer eines der vielen Theaterbrände wurde, waren sie gezwungen, sich nach einem anderen passenden Haus umzusehen. »Niblo's Garden« erschien ihnen von Größe und Ruf her als geeignet, aber dort sollte gerade ein Melodram in Szene gehen, dessen Qualität man bestenfalls mit dem gesprochenen Libretto des *Freischütz'* vergleichen könnte. Und nun passierte etwas in den Annalen des amerikanischen Theaters Einzigartiges: Es wurde beschlossen, die beiden Attraktionen, das geplante Stück und das französische Ballett *La Biche du Bois,* zusammenzulegen! Auf diese Weise entstand *The Black Crook,* eine Aufführung, die fünfeinhalb Stunden, von 19.45 bis 1.15 Uhr, die Zuschauer fesselte, und das 475mal en suite!

»Eine Spielzeit der Sensationen« hat George Odell, der Chronist des New Yorker Theaters, die Jahre 1866/67 genannt, in denen sowohl *The Black Crook* wie auch *Rip Van Winkle* mit Joseph Jefferson uraufgeführt wurden und die berühmte Italienerin Adele Ristori erstmals am Broadway auftrat. Gemessen an dem, was normalerweise während eines Jahres im New Yorker Theater geboten wurde, mochte Odells Feststellung stimmen. Aber es war auch zu bedenken, daß diese »Sensationen« im Jahr nach der Beendigung des Bürgerkriegs kamen, zu einer Zeit also, da die Wirtschaftskonjunktur wieder anzog (im Gegensatz zu anderen Kriegen

Programm von The Black Crook, *Uraufführung am 12. September 1866 in Niblo's Garden*

hatte der zwischen Nord- und Südstaaten geführte Bürgerkrieg keine konjunkturfördernde Wirkung gehabt).

Die Musik von *The Black Crook,* die keine sehr große Rolle spielte und auf einige Songs sowie auf die Balletteinlagen beschränkt blieb, stammte von mehreren Komponisten. Die Liedtexte waren von ungewollter Komik – kein Wunder, daß die gerade um diese Zeit in New York gastierenden San Francisco Minstrels in ihr Programm eine Parodie auf das Stück aufnahmen. Im Stück verleitet der Teufel die Titelfigur, ihm jedes Jahr kurz vor Mitternacht am Silvestertag eine Menschenseele auszuliefern. Aber schon bei dem ersten Kandidaten hat die Titelfigur Pech: Der Maler Rudolf, dem er zur Flucht aus den Händen des Grafen Wolfenstein verhilft und dem er Gold verspricht, rettet unterwegs einer Taube das Leben, in die sich Stalacta, die Königin des Goldenen Reiches, verwandelt hatte. Schließlich kommt es zur Hochzeit mit Prinzessin Amina – und wenn sie nicht gestorben sind . . .

Der Erfolg wurde weder durch eine solche mit falscher *Zauberflöte-* und *Freischütz-*Sentimentalität versetzte Handlung erzielt noch durch die Musik, sondern einzig und allein durch die in rosa Trikots auftretenden Tänzerinnen und die für die damalige Zeit geradezu phantastischen Dekorationen. Dennoch bezeichneten die beiden führenden Zeitungen, *Herald* und *Times,* das Unternehmen als »Schund« (die eine benutzte das Wort »rubbish«, die andere »trash«), aber ganz ernst und als wollte der anonyme *Times-*Kritiker das eben gefällte Urteil wettmachen, fügte er hinzu: »Etwas Ähnliches ist . . . noch nie auf einer amerikanischen Bühne geboten worden, wenn man an dieses Zusammenspiel von Jugend, Anmut, Schönheit und Elan denkt . . . zweifellos das Ereignis dieses sensationellen Zeitalters.« Noch während des 19. Jahrhunderts gab es nicht weniger als acht Neuinszenierungen des *Black Crook* in New York,

keine war allerdings so erfolgreich wie das Original. Eine weitere Extravanganza, eine Nachahmung von *The Black Crook,* die Anfang 1868 herauskam, fiel glatt durch, und andere Extravaganzas hatten es nicht besser, so daß von diesem Genre nur *The Black Crook* als theaterhistorisch relevant angesehen werden kann.

Inzwischen hatte sich die Burlesque zu einer Form der Unterhaltung entwickelt, die ganz offen auf das voyeuristische Männerpublikum abzielte und zwischen anderen Nummern immer wieder den mehr oder weniger enthüllten Frauenkörper als Anreiz bot. Doch auch in diesen Enthüllungen muß man eine Quelle des späteren Musicals sehen, wenn auch im Musical die bloße Nacktheit nicht die *raison d'être* des Ganzen ist. In der Burlesque, die keineswegs nur auf New York beschränkt blieb, aber doch dort ihre weiteste Verbreitung fand, stand dagegen die eigentliche Absicht außer Frage. Zudem gab es Burlesque-Aufführungen nunmehr in nicht sehr begehrten, um nicht zu sagen, vom eigentlichen Theater bereits aufgegebenen Häusern, in New York häufig südlich der 14. Straße, zu einem Zeitpunkt, da sich der Theaterdistrikt schon viel weiter nördlich befand.

Die größten Burlesque-Produzenten aller Zeiten waren M. William Minsky und nach ihm seine Söhne. Letztere mußten übrigens 1925 zusammen mit der Tänzerin Mlle. Fifi und einigen anderen Darstellern nach einer Beschwerde der damals noch bestehenden Gesellschaft zur Unterdrückung von Unzucht und ihres Sekretärs John Sumner, der die Rolle des Moral-Wachhundes spielte, vor Gericht erscheinen. Sieben Wochen dauerte der Prozeß, endete aber mit dem Freispruch der Angeklagten und führte zu einem Aufblühen der Burlesque. Während die Minskys inzwischen schon das bis dahin als achtbar geltende »Republic Theatre« in der 42. Straße West erworben hatten, konnte man Burlesque bald auch in anderen Häusern derselben Straße sehen: Burlesque-Produzenten brachten

Minsky Burlesque in New York

das »Eltinge«, »Gaiety« und »Apollo Theatre«
an sich (heute sind sie alle Kinos, zum Teil unter
anderem Namen, in einem der übelsten Stra-
ßenzüge, die es in New York gibt). Gelegentliche Beschwerden bei der Polizei vermochten
der Burlesque geraume Zeit nichts anzuhaben.
Nach Mlle. Fifi wurde Minskys Sensation die
noch berühmtere Gypsy Rose Lee, die später
auch Autorenehrgeiz entwickelte. Die Titel der
Minsky-Darbietungen wurden immer offener:
The Sway of All Flesh (Das Schwingen allen Flei-
sches – ein Wortspiel auf *The Way of All Flesh);
Panties' Inferno* (Inferno der Höschen) oder
Dress Takes a Holiday (Kleidung macht Ferien)
usw. Schließlich gingen die Minskys an den
Broadway, wo sie ausgerechnet am Weihnachts-
abend 1936 das »Oriental Theatre« mit ihrer
neuesten Burlesque öffneten. Doch vier Monate später war alles vorbei: Auf Betreiben
des gerade wiedergewählten Bürgermeisters

Fiorello La Guardia wurde den Minskys eine
Erneuerung ihrer Lizenz zum Betreiben des
»Oriental Theatre« verweigert. Darüber hinaus
wurde durch städtisches Edikt verboten, daß der
Name Minsky am Äußeren irgendeines der Gebäude, das der Unterhaltung der Öffentlichkeit
diente, angeschlagen wurde. Andere Städte folgten bald darauf dem New Yorker Beispiel – die
Burlesque Show war bald am Ende.

Statt dessen wurde die europäische Operette nun zum Vorbild des Musiktheaters, die innerhalb eines kurzen Zeitraums in Paris, London, Wien und schließlich auch in Berlin entstanden war. Jacques Offenbach war der erste Operettenkomponist, den New York kennenlernte, doch trotz des großen Erfolges blieb sein Einfluß auf das amerikanische Musiktheater relativ gering.

Schon im September 1867 – als *The Black Crook* noch gegeben wurde – kam nur fünf Monate nach der Pariser Uraufführung Offenbachs *Die Großherzogin von Gerolstein* in dem ein Jahr zuvor erbauten »Théâtre Français« an der 14. Straße heraus (es war dasselbe Theater, in dem von 1926 bis 1932 Eva La Galliennes Civic Repertory Company spielte und wo 1935 Gorki-Brechts *Mutter* durchfiel) und, wie es in einer Zeitung hieß, »eroberte New York im Sturm«. Die Operette, die auf Französisch gegeben wurde, konnte 156mal aufgeführt werden. Anfang 1868 folgte im gleichen Theater *Die schöne Helena* und noch im selben Jahr *Orpheus in der Unterwelt*, von einer eilends aus New Orleans importierten Truppe gespielt, danach *Blaubart* in »Niblo's Garden« und *Geneviève de Brabant,* Anfang 1868 *Pariser Leben* und *La Périchole.* Dann ebbte die Offenbach-Begeisterung etwas ab, und erst drei Jahre später wurde wieder eine neue Operette, *Die Prinzessin von Trapezunt,* produziert. Im 20. Jahrhundert gab es am Broadway kaum noch eine Offenbach-Produktion; lediglich vor einem Vierteljahrhundert wurde seine *Lysistrata*-Musik für ein Musical, *The Happiest Girl in the World,* verwendet, das jedoch rasch wieder verschwand.

Vielleicht war an dem erlahmenden Interesse an Offenbach die Tatsache schuld, daß alle seine Werke auf Französisch gegeben wurden. In dieser Beziehung hatten es die beiden Engländer Gilbert und Sullivan besser, aber ihre erste Operette, *Trial by Jury,* seltsamerweise als »Kantate« bezeichnet, machte bei seiner amerikanischen Erstaufführung Ende 1876 noch kei-

nen großen Eindruck. Doch als am 15. Januar 1879 im »Standard Theatre« (Broadway, zwischen 32. und 33. Straße) *H.M.S. Pinafore* erstmals zu sehen war, schien alles andere Musiktheater vergessen. Bis Mai desselben Jahres wurde *H.M.S. Pinafore* noch in zehn (!) weiteren New Yorker Theatern gegeben, gleichzeitig mehrmals in nicht weniger als drei Häusern.

Hier hatte man es zum erstenmal in der Geschichte des »unterhaltenden Musiktheaters« (um August Everdings Definition zu verwenden) mit einem Werk zu tun, in dem Libretto, Gesangstexte und Musik eine Einheit bildeten. Zugleich waren die Texte witzig, und die Musik, in der alte Formen wie Balladen und Matrosenlieder verwandt wurden, war so melodiös, daß sie leicht nachzusingen war. Noch im selben Jahr kam die D'Oyly Carte Company aus London nach New York, um eine exemplarische Vorstellung von *H.M.S. Pinafore* vorzuführen, und ließ ihr am Silvesterabend die Uraufführung von *The Pirates of Penzance* folgen. Auch diese Operette – die übrigens mehr als 100 Jahre später mit Linda Ronstad in der Rolle der Mabel noch einmal am Broadway gegeben wurde und damit erheblich größeres Stehvermögen bewies als die Werke Offenbachs – war wieder ein großer Erfolg, der aber nicht voll ausgekostet werden konnte, weil das Ensemble nach England zurückkehren mußte. In der Folgezeit kam eine Gilbert/Sullivan-Operette nach der anderen heraus, um die Jahreswende 1881/82 gleich von drei Ensembles.

Den ersten Wiener Komponisten, den New York kennenlernte, war nicht etwa Johann Strauß, sondern Franz von Suppé, dessen *Fatinitza* nur zwei Monate nach *H.M.S. Pinafore* herauskam, erst auf Deutsch im »Germania Theatre« und eine Woche später auf Englisch im »Fifth Avenue Theatre«. Suppé wurde vielfach der »deutsche Offenbach« genannt, obwohl er weder deutsch noch seine Musik offenbachisch war, es fehlte ihr vor allem die spritzige Art, und die sentimentale Grundhaltung war eigentlich nicht zu überhören. Zwei Jahre später kam Suppés *Boccaccio*, bald danach *Juanita*, nur *Dichter und Bauer* blieb den New Yorkern vorenthalten. In Wettbewerb mit Gilbert und Sullivan trat auch Carl Millöcker, von dem zuerst 1882 *Apajune*, ein längst vergessenes Werk, in New York herauskam. Im darauffolgenden Jahr folgten *Die Gräfin Dubarry* und *Der Bettelstudent* und schließlich 1890 *Der arme Jonathan*. Obwohl fast alle diese Werke Augenblickserfolge verzeichnen konnten, wurden sie nach den jeweiligen Erstaufführungen nur selten neu inszeniert.

Johann Strauß erschien erstmals auf einer New Yorker Bühne im Jahre 1879 mit *Indigo*, einer Operette, die keinen großen Eindruck hinterließ. Damit hing es sicherlich zusammen, daß erst vier Jahre später sein nächstes Werk, *Der lustige Krieg*, hier erschien, dann die Operette *Das Spitzentuch der Königin*, mit der das neue »Casino Theatre«, Broadway und 39. Straße, eröffnet wurde, das jahrzehntelang bestes Musiktheater bot. Es folgten *Prinz Methusalem* und *Eine Nacht in Venedig*. Erst zehn Jahre nach der Uraufführung in Wien wurde endlich *Die Fledermaus* in New York gegeben – jedoch mit weitaus geringerem Erfolg als die anderen Operetten. Erst im 20. Jahrhundert wurde diese Operette immer wieder gespielt, und gleichzeitig waren die einst erfolgreichen vergessen.

Übrigens führten die europäischen Operetten in Amerika nicht diese Bezeichnung, man sprach vielmehr von »Light oder Comic Opera«. Diese Bezeichnung erhielten auch jene Operetten, die nun in Amerika geschrieben wurden, größtenteils von eingewanderten Komponisten, von denen der aus Wien stammende Ludwig Englander, der in Herford geborene Gustave A. Kerker, vor allem aber der Ire Victor Herbert, später dann die Ungarn Rudolf Friml und Sigmund Romberg die bekanntesten waren. Englander, in seiner Geburtsstadt Wien ausgebil-

det, kam im Alter von 23 Jahren nach Amerika und wurde Kapellmeister am deutschen »Thalia Theater« an der Bowery, wo sein erstes Werk, *Der Prinzgemahl*, im Frühjahr 1883 noch in Deutsch uraufgeführt wurde. Anschließend wechselte er allerdings in die Landessprache und bevorzugte in seinen Werken amerikanische Themen. Kerker begann seine Ausbildung als Cellist, kam schon im Alter von zehn Jahren in die USA, lebte zunächst in Louisville und wurde in den frühen achtziger Jahren, selbst erst 25, Hausdirigent des »Casino Theatre«. Die Zahl seiner Operetten ist Legion, aber keine konnte sich im Repertoire behaupten.

Ganz anders Herbert, der 1859 in Dublin geboren wurde und nach dem Tod des Vaters erst in England und dann in Stuttgart, wohin seine Mutter sich ein zweitesmal verheiratete, aufgewachsen war. Wie Kerker ließ auch er sich zum Cellisten ausbilden und wurde in dieser Eigenschaft an die Stuttgarter Hofoper berufen, wo er die berühmte Sopranistin Theresa Förster kennenlernte. Als Theresa Förster bald darauf ein Engagement an die Metropolitan-Oper erhielt, wollte sie nur unter der Bedingung annehmen, daß auch Herbert gleichzeitig als Cellist angestellt wurde. Die erste Operette Herberts, *Prince Ananias*, wurde 1894 am »Broadway Theatre« uraufgeführt, doch wurde die allgemein von der Kritik gelobte Musik Opfer eines überlangen, verworrenen Librettos. *Babes in Toyland* (1903), *Mlle. Modiste* (1905) mit der großartigen Wienerin Fritzi Scheff in der Hauptrolle, *The Red Mill* (1906) und *Naughty Marietta* (1910) wurden dann Herberts berühmteste Werke und eigentlich die ersten echten, einheimischen Perlen des amerikanischen Musiktheaters. Insgesamt stammen von ihm nahezu 50 Operetten, die letzte war *Dream Girl*, 1924 erst posthum uraufgeführt. Da die Partitur von *Dream Girl* bei Herberts Tod noch nicht ganz fertiggestellt war, wurde Romberg herangezogen, um dem Werk den letzten Schliff zu geben.

Bedenkt man, daß schon wenige Jahre nach Herberts Tod Jerome Kerns *Show Boat* herauskam, wird deutlich, daß dieser irische, in Deutschland ausgebildete Komponist die wichtigste Brücke zum Musical unserer Tage bildet.

Auch einige in Amerika geborene Komponisten wandten sich der Operette zu. Von diesen muß Reginald De Koven besonders erwähnt werden, ebenfalls Jahrgang 1859, der seine musikalische Ausbildung in Deutschland und Frankreich erhielt, wo er ein Schüler von Leo Delibes wurde. Sein erstes Werk, *The Begum* (1887), erzielte zwar nur einen Achtungserfolg, doch sein *Robin Hood* (1891) wird allgemein als die erste amerikanische Operette mit zeitgenössischem Flair angesehen, und *Oh, Promise Me* wurde ein viele Jahre gesungener Schlager. Bis 1913 legte De Koven fast alljährlich eine Operette vor, dennoch gehört er heute zu den »Vergessenen«. Dasselbe gilt auch für den Komponisten John Philip Sousa, Sohn eines portugiesischen Vaters und einer deutschen Mutter, aber als hundertprozentiger Amerikaner angesehen. Freilich erwarb er sich durch seine vielen Märsche für die US Marine Band, an deren Spitze er zwölf Jahre stand, unsterblichen Ruhm. Als sein bekanntestes Bühnenwerk gilt *El Capitán* (1896).

Edward Harrigan schuf die Grundlagen für das spätere Musical. Er leitete von 1881 bis zu seinem Tod 30 Jahre später mehrere Theater und brachte dort die von ihm geschriebenen Stücke mit Musik heraus

117

Nachdem wir nun in einiger Ausführlichkeit die verschiedenen Einflüsse skizziert haben, die auf die Entstehung des Musicals einwirkten, soll noch einmal die große Linie nachvollzogen werden. Sie führt von Tony Pastor und Ned Harrigan, den typischen und besten Vertretern des Vaudeville, über Charles Hale Hoyt und europäische Komponisten, darunter vor allem Engländer, aber auch Österreicher, bis zu den ersten Werken dieser Art, »made in USA«. Ihre Autoren waren zu Anfang noch in Europa geborene Komponisten, Victor Herbert war unter ihnen der bedeutendste, dann folgten in der Linie die Ziegfeld Follies, denen weniger die Musik als die Ausstattung heutiger Musicals viel verdankt, und die ältere Musikergeneration, angeführt von Jerome Kern, Richard Rodgers, Irving Berlin, Vincent Youmans, Cole Porter, George Gershwin und Kurt Weill, an deren besten Schöpfungen für das Musiktheater alle gemessen werden, die nach ihnen kamen.

Das Musical unserer Tage verdankt seine Qualität fast immer der engen Zusammenarbeit zwischen Komponist, Librettist und Texter, zu denen noch zur Vervollständigung des Teams Regisseur, Choreograph und Bühnenbildner stoßen. Es kann fast mit dogmatischer Sicherheit behauptet werden, daß nur da, wo diese ideale Zusammenarbeit erreicht wird, auch das Endergebnis den höchsten Anforderungen entspricht.

Wie es schon bei vielen Darstellern der Fall war, so erhielten auch die ersten Musical-Komponisten ihre praktische Ausbildung im Vaudeville (eine theoretische haben die meisten ohnehin nicht gehabt). Irving Berlin schrieb Songs für Sophie Tucker, George M. Cohan schüttelte sich Melodien aus dem Ärmel für die vier Cohans, Gershwins erster Hit war *Swanee* für Al Jolson. Mit der Zeit wuchsen die Anforderungen, die an den Broadway-Komponisten gestellt wurden; wie ein Kritiker schrieb: »Der Broadway-Komponist begann damit, daß er für Solosänger und Chor die rudimentäre Musik zu schreiben lernte, die das Vaudeville erforderte. Dann schaffte er es bis zur Reprise, dem dramatischen Monolog und der Untermalung der Handlung.« Im Gegensatz zu ihren europäischen Kollegen in Wien und Berlin untersuchten die Broadway-Komponisten aber auch die Möglichkeiten, die der Jazz ihrer Musik bieten konnte, allen voran Irving Berlin, ihm folgten vor allem Gershwin und Porter. Jerome Kern und Richard Rodgers erkannten schon bald – sicher darin von Gilbert und Sullivan beeinflußt – die Möglichkeiten, die witzige, aktuelle Produktionen eröffneten. Aus Harlem kam 1921 mit *Shuffle Along* die erste Revue der Neger, die Songtexte stammten von Noble Sissle, die Musik von Eubie Blake, deren Synkopen das Publikum von nah und fern anlockten, unter anderen wurden hier auch Josephine Baker und Florence Mills erstmals herausgestellt. Revuen waren in den zwanziger Jahren an der Tagesordnung, neben Ziegfeld waren es Charlot, Cochran, George White und andere, die jedes Jahr mit einem neuen Programm antraten. Von den fast 300 Theaterproduktionen des Rekordjahrs 1927/28 waren allein 80 Musicals, und von diesen erwiesen sich immerhin 27 als äußerst zugkräftig. Erst der Beginn der Weltwirtschaftskrise machte diesem Überangebot von musikalischen Produktionen ein Ende.

Das erste »schwarze« Musical am Broadway: Shuffle Along, *Musik von Eubie Blake (am Flügel), neben ihm Noble Sissle, Verfasser des Librettos und der Gesangstexte (1921)*

Jerome Kern und Oscar Hammerstein II blieb es vorbehalten, im Jahre 1927 das erste echte Musical mit *Show Boat* zu schaffen. Dem Stück lag der gleichnamige Roman von Edna Ferber zugrunde, die allerdings nur widerwillig ihre Erlaubnis zur Verwendung des Romans gab, da sie sich eine musikalische Version nicht vorstellen konnte. Hammerstein schrieb das Libretto und die Gesangstexte, Kern die Musik; von letzterem stammte auch die Idee zu diesem Musical. Die Skepsis Edna Ferbers, die Geschichte vom Leben an Bord eines Mississippi-Dampfers in die Form einer »musical comedy« umzugießen (denn das war nach dem Willen der Autoren immer noch der Gattungsbegriff), wurde auch von mehreren Freunden Kerns geteilt, die ihn von diesem – ihrer Meinung nach aussichtslosen – Vorhaben abbringen wollten. Nur Hammerstein war sofort Feuer und Flamme; ein einziger Telefonanruf Kerns überzeugte ihn von der Richtigkeit und Wichtigkeit dieser Idee. Gemeinsam brachten Kern und Hammerstein schließlich auch Ziegfeld dazu, der Produktion zuzustimmen, obwohl er sich bis dahin in erster Linie mit seinen völlig andersgearteten *Follies* abgegeben hatte.

Eigentlich sollte *Show Boat* das neuerbaute, opulente »Ziegfeld Theatre« an der 6. Avenue, Ecke der 54. Straße, eröffnen, aber das Theater war bereits fertig, noch bevor Kern und Hammerstein ihre Arbeit vollendet hatten. Das »Ersatzstück« *Rio Rita,* eine konventionelle Operette, war dann so erfolgreich, daß *Show Boat* noch fast ein Jahr auf seine Uraufführung am 27. Dezember 1927 warten mußte. Doch dann waren Zuschauer wie Kritiker so begeistert, daß *Show Boat* nicht nur 560mal gegeben werden konnte, sondern seither immer wieder aufgeführt wird. Diese Tatsache allein, die auch auf die bekanntesten der Gilbert-und-Sullivan-Operetten sowie auf die heutigen Neuproduktionen der »klassischen« Musicals aus den zwei Jahrzehnten 1943 bis 1964 zutrifft, ist allein schon eine deutliche Anerkennung der Qualität dieses Werks.

»*Show Boat* war eigentlich die erste ganz amerikanische Operette«, schreibt Gerald Boardman in seinem Buch *American Operetta,* in dem er sich bemüht, dem Gattungsbegriff »Operette« den abwertenden Beigeschmack zu nehmen. »Sie war ganz amerikanisch, nicht nur, weil alle Autoren hier geboren waren oder weil das Stück eine amerikanische Handlung hatte, sondern auch, weil die Musik sich stark an eingeborene Musikformen anlehnte, die Gesangstexte und Dialoge ganz und gar der Umgangssprache entstammten und selbst ihre nicht näher definierten philosophischen Voraussetzungen die fundamental versnobten europäischen Empfindlichkeiten und den Puritanismus ablehnten.« Auch wenn Kerns Musik traditioneller war als Hammersteins Libretto, das sich von allen bisherigen Vorstellungen löste, bewies sie von Anfang an ihre mitreißende Kraft, vor allem in solchen Nummern wie dem Mississippi-Loblied *Ol' Man River* und dem mit Bluesrhythmen durchsetzten *Can't Help Lovin' Dat Man.* Selbstverständlich hatte in diesem realistischen Tableau der walzerselige Dreivierteltakt keinen Platz mehr. Mit ihrem nächsten Musical, *Sweet Adeline,* das Ende 1929 uraufgeführt wurde, waren Kern und Hammerstein nicht ganz so erfolgreich; von den achtziger Jahren, als die Schiffahrt auf dem Mississippi ihren Höhepunkt erreicht hatte, wandten sie sich darin den ausgelassenen neunziger Jahren zu. In *Adeline* war alles eher nett und ansprechend, während *Show Boat* großartig und neu gewesen war.

Der »Schwarze Freitag« im Oktober 1929 und die anhaltende Börsenkrise führten zu einem zumindest vorübergehenden Kollaps des Schaugeschäfts. Dennoch zeigte gleich das erste Musical der dreißiger Jahre, *Strike up the Band* (Libretto von George S. Kaufman und Morrie Ryskind, Gesangstexte von Ira Gershwin, Musik von George Gershwin), das am 14. Januar

1930 seine Uraufführung erlebte, daß auch noch andere Wege begangen werden konnten als in *Show Boat*. Als Satire auf den Krieg und das Großkapital konzipiert, war das Musical zwar bei einer Voraufführung 1927 in Philadelphia durchgefallen, aber in die Form eines Traums gegossen und dadurch erheblich abgemildert, hatte es 1930 Erfolg. Drei Monate nach dem »Schwarzen Freitag« hatten die Zuschauer offenbar mehr Verständnis dafür, daß die großen Konzerne durch den Kakao gezogen wurden. Das Buch und die Songs wimmelten nur so von aktuellen Anspielungen, und die spritzige, freche Musik Gershwins tat ein übriges, um diesem eher parodistischen Musical zum Erfolg zu verhelfen.

George Gershwin, Karikatur von ihm selbst gezeichnet

Nicht ganz zwei Jahre später folgte von demselben Team *Of Thee I Sing,* das zu Beginn des letzten Hoover-Jahres seinen Spott über die politischen Institutionen der Vereinigten Staaten ausgoß. Wie schon *Strike Up the Band* war auch dieses Stück zeitgebunden, vielleicht sogar noch mehr: Die Darstellung der korrupten Verhältnisse der damaligen Zeit dürfte heute nicht mehr auf allgemeines Verständnis stoßen. 1930 dagegen übte das Stück eine geradezu sensationelle Wirkung aus, der sich sogar die nicht immer vorurteilsfreien Pulitzerpreisrichter nicht entziehen konnten: *Of Thee I Sing* war das erste Musical, das mit dem Pulitzerpreis ausgezeichnet wurde (in mehr als 50 Jahren seither ging der Preis nur an vier weitere Musicals: 1950 an *South Pacific,* 1960 an *Fiorello!,* 1962 an *How To Succeed in Business Without Trying* und 1976 an *A Chorus Line*). Da der Pulitzerpreis ursprünglich als literarische Auszeichnung gedacht war, blieb übrigens Gershwin von der Preisvergabe ausgeschlossen, die nur an seine drei Mitarbeiter ging! Das dritte Werk desselben Teams kam mit *Let 'Em Eat Cake* Ende 1933: Die handelnden Personen waren größtenteils dieselben wie schon in *Of Thee I Sing,* aber diese Satire verpuffte, weil sie oft mit Entsetzen Scherz trieb, vor allem bei der Darstellung eines Regierungssturzes nach faschistisch-nationalsozialistischem Muster. Es bedurfte erst eines Charles Chaplin, um eine solche Satire glaubwürdig zu machen: mit seinem Film *The Great Dictator* fast sieben Jahre später.

Gershwin beendete schließlich die Zusammenarbeit mit Kaufman und Ryskind und wandte sich einem Stoff zu, der zu seinem Meisterwerk werden sollte, *Porgy and Bess,* am 10. Oktober 1935 im »Alvin Theatre« unter den Auspizien der »Theatre Guild« uraufgeführt. Von Gershwin selbst wurde das Stück als »amerikanische Volksoper« bezeichnet. Ist es dennoch berechtigt, es unter dem Rubrum »Musical« zu behandeln, selbst in einer Zeit, da sich die Grenzen zwischen Musical und Oper zu verwischen scheinen? Wir glauben dies bejahen zu können, denn Gershwin kam vom Broadway her, seine Schöpferkraft wurde ganz von dort genährt, und das Werk wurde zuerst am Broadway aufgeführt. Andererseits ist zu bedenken, daß *Porgy and Bess* anstelle von Dialogen Rezitative enthält, wie sie nur Opern eigen sind – wenn sie auch bei der Uraufführung, die noch ausführlicher behandelt werden soll, ohne Musik gesprochen wurden. Die Premiere des Werkes war nicht sonderlich erfolgreich, und Gershwin muß knapp anderthalb Jahre später in dem deprimierenden Gefühl gestorben sein, daß sein Opus magnum ein Versager war. Tatsächlich aber wurde eine Neuinszenierung am Broadway 1942 zu einer Ehrenrettung des Komponisten, und in den fünfziger Jahren wurde das Stück durch die Tournee eines amerikanischen Ensembles weltweit bekannt und unter die Meisterwerke der Oper eingereiht. 1984 fand *Porgy and Bess* sogar Eingang ins Repertoire der Metropolitan-Oper; dabei handelte es sich allerdings um keine glückliche Aufführung, weil einmal die Regie es nicht vermochte, die Opernsänger von ihrer Steifheit abzubringen, und zum anderen, weil das Orchester sich mit der Musik schwertat. Die Aufführung war ein Beweis dafür, daß dieses Werk nicht ins Opernhaus gehört – schon Gershwin hatte Ende 1934 ein Angebot der Met abgeschlagen, das Stück dort uraufführen zu lassen – wahrscheinlich kann es nur mit den Mitteln des Broadway-Theaters gegeben werden. Es ist müßig, darüber nachzudenken, was Gershwin noch für das amerikanische Musiktheater hätte schaffen können, wäre er nicht schon vor seinem 39. Geburtstag einem Hirntumor erlegen. Er war ein Frühvollendeter, dessen Karriere schon in einem Alter endete, in dem sie für andere erst beginnt.

Ein Komponist von ganz anderer künstlerischer Herkunft, der sich rasch an den Broadway gewöhnen konnte und das Musiktheater vor und nach *Oklahoma!* mit sieben Werken dieses Genres befruchten konnte, war Kurt Weill. Auch er starb schon früh, im Alter von 50 Jahren, auch er arbeitete wie Gershwin, den er persönlich kannte und bewunderte, in der Absicht, eine amerikanische Volksoper außerhalb der Opernhäuser ins Leben zu rufen, was er schließlich in zwei seiner letzten Werke, in *Street Scene* und *Lost in the Stars,* auch erreichte.

In seinem ersten Stück, *Johnny Johnson,* vom »Group Theatre« 1936 uraufgeführt, war er allerdings von diesem Ziel noch weit entfernt. Paul Green, der Libretto und Gesangstexte schrieb, nannte das Werk eine Legende, nach einem Kritiker war es eine ins Amerikanische abgewandelte Version von Hašeks *Bravem Soldaten Schwejk* »eine Mischung von Karikatur, Satire, Musical, Melodram, Gesellschaftspolemik und Parabel«. Obwohl in der Musik noch Anklänge an Weills frühere Periode deutlich waren, mußte doch auch hier schon seine Hinwendung zur amerikanischen Musik auffallen, die sich in der Verwendung von Cowboy-Liedern, sentimentalen Theaterballaden und ähnlichem äußert.

Mit der zwei Jahre später, nunmehr von der »Playwrights Company« aufgeführten Satire *Knickerbocker Holiday,* zu der der bekannte amerikanische Dramatiker Maxwell Anderson Buch und Gesangstexte lieferte, gelang Weill mit seiner kaum verhüllten Gleichsetzung des Kolonialgouverneurs Pieter Stuyvesant mit Franklin D. Roosevelt eine hervorragende Parodie auf den Präsidenten, über die selbst dieser sich königlich amüsierte, als er einer Voraufführung in Washington beiwohnte. Auch hier schrieb Weill die Musik wieder zu einem amerikanischen Thema; am bekanntesten wurde der *September Song,* der erst im nachhinein auf Vorschlag eines Schauspielers, in diesem Fall des Stuyvesant-Darstellers Walter Huston, in das Stück eingefügt worden war – wie dies auch 1928 bei der Mackie-Messer-Ballade in der *Dreigroschenoper* der Fall war.

den 19.November 1938

Lieber Herr Weill:-

  Sie können sich denken,dass mich Ihr Stück
brennend interessiert,sowohl künstlerisch als auch mit
Rücksicht auf die politische Wirksamkeit. Ich bin aber
so sehr in Anspruch genommen, dass ich leider nicht daran
denken kann, die Zeit für einen Besuch in NewYork zu
opfern.

  Indem ich Ihnen für Ihre Freundlichkeit herzlich danke und dem Stück weiterhin besten Erfolg wünsche,
bin ich
              mit freundlichen Grüssen
                    Ihr
                    A. Einstein

Ich hoffe, das Stück bei einem weiteren
New-York-Besuch kennen zu lernen.

*Brief von Albert Einstein an Kurt Weill auf eine Einladung,
sich* Knickerbocker Holiday *anzusehen*

Kurt Weill, Bildnis um 1940

Es folgte *Lady in the Dark,* nach dem Buch von Moss Hart und mit Gesangstexten von Ira Gershwin, der seine mit dem Tode seines Bruders eingetretene schöpferische Pause nach sechs Jahren erstmals unterbrach. Mit Gertrude Lawrence in der Titelrolle wurde diese Satire auf die Psychoanalyse (wobei Hart auf persönliche Erlebnisse zurückgriff) zu einem großen Erfolg, zu der Weill eine nunmehr völlig amerikanisierte Musik beitrug. *My Ship,* das Leitmotiv für die sich immer wiederholenden Traumszenen, wurde zum Hauptschlager. Auf Wunsch Harts wurde *Lady in the Dark* als ein »play with music« bezeichnet.

Mit S. J. Perelman und Ogden Nash konnte Weill für sein nächstes Musical, *One Touch of Venus* (1943), wieder ein ausgezeichnetes Mitarbeiterpaar gewinnen, und mit Mary Martin hatte er eine hervorragende Hauptdarstellerin in diesem Musical, das die Liebesgeschichte eines von seiner Braut verlassenen Friseurs mit einer zum Leben erweckten Venus-Statue schildert. *One Touch of Venus* wurde Weills größter Broadway-Erfolg mit 567 Aufführungen en suite, *Speak Low* war der meistgesungene Schlager des Stückes. Mit *Street Scene* (1947) schließlich nahm Weill eine bewußte Hinwendung zur Oper vor, obwohl er es nur »Volksstück mit Musik«

nannte. Als Grundlage diente das gleichnamige, fast zwei Jahrzehnte alte Bühnenstück von Elmer Rice; die Gesangstexte stammen von dem bekannten schwarzen Lyriker Langston Hughes. Kurt Weill, so hieß es in einer Kritik der Aufführung, »gestaltete *Street Scene* zu einer Symphonie der Stadt mit ihren Strängen von Liebe, Sehnsüchten und Gewalt in einem Gewebe täglicher Plackerei. Seine Musik spiegelt die heißen Nächte, das Geschwätz der Hausfrauen, die Kinderlaute beim Spielen, das Auf und Ab anonymer Existenz.« Nach dem weniger bemerkenswerten *Love Life* (1948), Buch von Alan Jay Lerner, kam knapp ein halbes Jahr vor Weills Tod Ende 1949 *Lost in the Stars* heraus, das die Bezeichnung »musikalische Tragödie« führt. Das Stück hat Alan Patons Roman *Cry the Beloved Country* zur Grundlage und setzt sich kritisch mit der Apartheid in Südafrika auseinander. Die

tiefe Menschlichkeit des Vorwurfs findet auch in der Musik ihren Niederschlag, vor allem in den dem Chor vorbehaltenen Stellen. Sowohl *Street Scene* wie *Lost in the Stars* sind nach Weills Tod von der New York City Opera aufgeführt worden.

Szene aus Johnny Johnson *von Kurt Weill und Paul Green (1924)*

Cole Porter, der seine Broadway-Karriere 1916 im Alter von 23 Jahren begann, komponierte in den darauffolgenden 40 Jahren – er starb 1958, schrieb aber wegen seiner schweren Krankheit nach 1955 nichts mehr – fast 25 Musicals. Für alle Werke verfaßte er auch die Gesangtexte, was ihm von allen Broadway-Komponisten nur Irving Berlin und in späteren Jahren Stephen Sondheim gleichtat. Porters immer intelligente Texte waren seiner Musik ebenbürtig, so daß die Zahl seiner Schlager Legion ist. Zu seinen bekanntesten und erfolgreichsten Musicals gehören: *Anything Goes* (1934) mit Ethel Merman, die mit ihrer großen, rauchigen Stimme *I Get a Kick Out of You* und *Blow, Gabriel, Blow* zu vielgesungenen Schlagern machte; *Dubarry was a Lady* (1939), wieder mit Ethel Merman; *Panama Hattie* (1940), ebenfalls mit Ethel Merman, die als Sängerin in einer Bar in der Panama-Kanalzone das Musical dominierte; *Let's Face It* (1941), mit Danny Kaye in der Hauptrolle; *Mexican Hayride* (1944), mit June Havoc in der Hauptrolle als amerikanische Stierkämpferin in Mexiko; *Kiss Me, Kate* (1948), eine zeitgenössische Version von Shakespeares *Der Widerspenstigen Zähmung* und mit 1077 Aufführungen Porters größter Erfolg; *Can-Can* (1953), ein Ausflug in das Paris der neunziger Jahre, das Gwen Verdon zu Starehren verhalf und mit 892 En-suite-Aufführungen Porters zweitgrößter Triumph wurde; und als letztes *Silk Stockings* (1955), eine Bühnenversion von Ernst Lubitschs Film *Ninotschka* mit Greta Garbo, in der Hildegard Knef (in den USA Neff genannt) die Hauptrolle spielte.

Jerome Kern, dessen Bühnenlaufbahn zweifellos ihren Höhepunkt mit *Show Boat* fand, brachte vorher und nachher noch eine Reihe bemerkenswerter musikalischer Werke heraus, wenn auch mit wechselndem Erfolg. Der 1885 in New York geborene Komponist hatte seine Ausbildung zuerst in seiner Vaterstadt, später in Berlin und in England erhalten. Nach seiner Rückkehr in die USA verfaßte er zunächst einige Songs zu Revuen und Vaudeville-Aufführungen, dann ganze Musicals, zum Beispiel die *Princess Theatre Show,* so genannt nach dem den Shuberts gehörenden Theater am Broadway zwischen der 28. und 29. Straße. Es war ein kleines Theater, in dem diese eher »intimen Musicals« mit relativ wenig Ausstattung und in nur kleiner Besetzung herauskamen. Von 1915 bis 1918 schrieb Kern die Musik zu insgesamt vier solcher Musicals, von denen *Oh, Boy!* mit 463 Aufführungen das erfolgreichste war; es enthielt auch die Ballade *Till the Clouds Roll By,* deren Titel mehr als 30 Jahre später nach Kerns Tod auch für seine Filmbiographie gewählt wurde. Kerns erster großer Erfolg wurde *Sally,* 1920 von Ziegfeld in einer ungewöhnlich aufwendigen Ausstattung des Ex-Wieners Joseph Urban herausgebracht, mit Marilyn Miller als dem großen Star. Das Musical *Sunny* (1925) führte zur ersten Zusammenarbeit mit Hammerstein und Otto Harbach, wiederum spielte Marilyn Miller die Hauptrolle. Kerns Musik für *Sunny,* die ein Kritiker als »aristokratisch« bezeichnete, enthielt zwei vielgesungene Schlager: *Who?,* ein Duett, sowie den Song *D'ye Love Me?,* und mit 517 Aufführungen war dieses Musical fast so erfolgreich wie *Show Boat.* Danach kamen – wie schon erwähnt – *Sweet Adeline* (1929) und *The Cat and The Fiddle* (1931), *Music in the Air* (1932), *Roberta* (1933) und, nach einer langen Pause, *Very Warm for May,* das trotz der Zusammenarbeit mit Hammerstein ein eklatanter Reinfall wurde. Zwischendurch und danach bis zu seinem Tod 1945 war Kern in Hollywood tätig, wo er sein großes Können in den Dienst zahlreicher Filme stellte. Kerns Glanzzeit am Broadway war zwar kurz und dauerte nur sieben Jahre, aber während dieser Zeit war er einer seiner anerkannten Meister.

Irving Berlin, der 1888 in Rußland als Israel Berlin geboren wurde und mit seinen Eltern im Alter von vier Jahren nach Amerika gekommen war, hat alle seine Kollegen überlebt und sieht jetzt seinem 100. Geburtstag entgegen. Eine richtige musikalische Ausbildung hat er nie erhalten, als Sänger in der Bowery verdiente er sich seine ersten Sporen, und als singender Kellner war er in einem Restaurant am Union Square tätig. Schließlich begann er, Texte zu verfassen und auch Songs zu komponieren, obwohl er nicht einmal gelernt hatte, Klavier zu spielen, und zeit seines Lebens seine Melodien mit einem Finger auf dem Instrument »erfand«. Aber trotz fehlender »Technik« wurde Berlin einer der bedeutendsten populären Komponisten unserer Zeit. 1914 begann er seine Broadway-Karriere mit der Musik zu der Revue *Watch Your Step.* 1918 folgte das schon erwähnte *Yip, Yip, Yaphank* und die Musik zu den Ziegfeld Follies von 1919 und 1920. 1921 bis 1924 schrieb er Buch, Gesangstexte und Musik zu den alljährlich herauskommenden Music Box Revues, die seine ersten berühmtgewordenen Schlager enthielten, und 1925 schrieb er Gesangstexte und Musik zu *The Cocoanuts,* in dem die Marx Brothers zum zweitenmal am Broadway auftraten. George S. Kaufman, der hierzu das Buch verfaßt hatte, soll beim Besuch einer der 377 Aufführungen zu einem neben ihm sitzenden Freund gesagt haben: »Stell dir vor, der Groucho hat eben einen Satz genauso gesprochen, wie ich ihn geschrieben habe.« In der Revue *As Thousands Cheer* (1933) kommt die berühmte *Easter Parade* vor, von Marilyn Miller und Clifton Webb gesungen. *Louisiana Purchase* (1940) war Berlins nächstes Musical, dann kam das ebenfalls schon erwähnte *This is the Army* (1942) mit zahlreichen, immer wieder gesungenen Schlagern. Doch der größte Erfolg Berlins wurde mit 1147 Aufführungen das Musical *Annie Get Your Gun* (1946), dessen Musik eigentlich Kern schreiben sollte, aber nach seinem plötzlichen Tod fiel die Wahl auf Berlin – die Produzenten waren interessanterweise Rodgers und Hammerstein. Herbert und Dorothy Fields, die häufig

mit Porter zusammengearbeitet hatten, schrieben das Buch über die schießfreudige Anne Oakley, eine legendäre Figur, die in Buffalo Bills Wildwestschau Berühmtheit erlangt hatte und im Musical in unnachahmlicher Weise von Ethel Merman verkörpert wurde. Berlin hat *Annie* in relativ kurzer Zeit verfaßt, und einige der Lieder waren besonders erfolgreich, so *They Say It's Wonderful* und *I Got The Sun in The Morning,* vor allem aber *There's No Business Like Show Business,* das seither eine Art Berufshymne der Theaterleute wurde. *Miss Liberty* (1949) und *Call Me Madam* (1950) waren nicht so erfolgreich, ebensowenig *Mr. President,* das letzte Musical Berlins, das er 1962 im Alter von 74 Jahren schrieb, und zugleich das erste, aus dem kein Schlager hervorging. Vor allem konnte es sich nicht mit den beiden anderen Musicals messen, die die Präsidentschaft parodiert hatten, *Knickerbocker Holiday* und *Of Thee I Sing.*

Richard Rodgers, der bei weitem produktivste aller Broadway-Komponisten, hat von 1925 an, als er wie Cole Porter im Alter von 23 Jahren seine Broadway-Laufbahn begann, bis zu seinem Tod nicht weniger als 37 Musicals komponiert. Für seine Texte hatte er 40 Jahre lang nur zwei Mitarbeiter, denen er bis zu ihrem Tode die Treue hielt: Lorenz Hart von 1920 bis 1942 und Oscar Hammerstein II von 1943 bis 1960. Danach wechselten seine Mitarbeiter, doch diese späteren Musicals waren nicht mehr so erfolgreich. Darüber hinaus stammen 1500 Songs aus Rodgers' Feder, und er schrieb die Musik zu zehn Filmen. Ein weiterer Rekord: Seine Musicals wurden am Broadway mehr als 20 000mal gegeben. Rodgers' musikalische Ausbildung war, wie die der meisten seiner Kollegen, rudimentär; erst nach seinem ersten Musical nahm er Kurse in Harmonie und Musiktheorie, nach eigenem Eingeständnis spielte er nur soviel Klavier, wie gerade nötig war. Harmonische und rhythmische Einzelheiten interessierten ihn kaum, die Orchestrierung seiner Werke überließ er anderen – auch darin den meisten anderen Musical-Komponisten ähnlich –, doch Rodgers hatte einen sechsten Sinn für Melodie.

Während die meisten seiner mit Hart geschriebenen Frühwerke noch ohne Bedeutung für die Weiterentwicklung des Musicals sind, sollte sich das mit *Pal Joey* (1940), das nach John O'Haras Geschichten entstand, ändern: Hier wagten es Rodgers und Hart, nach einem sorgfältig ausgearbeiteten Libretto des Autors die Musical-Bühne mit Gigolos, Prostituierten und Zuhältern zu bevölkern. Der Uraufführung blieb allerdings noch der Erfolg versagt; *Pal Joey* wurde nur 270mal gegeben. Erst als das Stück zwölf Jahre später zum zweitenmal herauskam, wurde es mehr als doppelt so oft gespielt und dann auf eine längere Tournee geschickt. *By Jupiter* (1942) war das letzte gemeinsame Werk von Rodgers und Hart, es behandelte mit viel Witz und Charme ein der griechischen Mythologie entnommenes Thema.

Danach entstand das Team Rodgers und Hammerstein – »die gründlichste Veränderung im Musical der letzten 40 Jahre«, wie Cole Porter diese Zusammenarbeit charakterisierte. Beide kannten sich schon lange, bevor sie ihr erstes gemeinsames Musical schufen: Rodgers war gerade 13 Jahre alt, als er durch seinen Bruder Mortimer dessen Columbia-Kommilitonen, den um sieben Jahre älteren Oscar Hammerstein II, kennenlernte. Später kreuzten sich ihre Wege mehrmals am Broadway, Hammerstein wohnte seit 1926 allen Rodgers-Premieren bei. Aber erst nach Harts plötzlichem Tod begann die professionelle Zusammenarbeit der beiden, die auf Anhieb das amerikanische Musical grundlegend verändern sollte: ihr erstes Gemeinschaftswerk war *Oklahoma!*

Im Gegensatz zu Rodgers, dessen Vater Arzt gewesen war und dessen Mutter einer Kaufmannsfamilie entstammte, kam Hammerstein mit Theaterblut auf die Welt. Sein Großvater, der erste Oscar, ein gebürtiger Berliner und ur-

sprünglich in der Zigarrenbranche tätig, war in den neunziger Jahren einer der aktivsten Theaterleute Manhattans, der ein halbes Dutzend Theater baute, unter anderem auch das »Manhattan Opera House« in der 34. Straße, mit dem er einige Jahre lang dem »Metropolitan Opera House« erfolgreiche Konkurrenz machte. Oscar hatte zwei Söhne: William, des zweiten Oscar Vater, wurde Direktor des »Victoria Theatre«, der Hochburg des Vaudeville an der 42. Straße, sein Bruder Arthur wurde ein bekannter Broadway-Produzent. Oscar II studierte zunächst Jura, schrieb nebenbei aber schon Texte für Amateurrevuen. Nach kurzer Zeit in einem Anwaltsbüro, das er verließ, als ihm eine Gehaltserhöhung verweigert wurde, verschaffte ihm Onkel Arthur eine Anstellung als Hilfsinspizient einer Broadway-Show, wodurch er Gelegenheit hatte, das Theaterhandwerk von Grund auf zu erlernen, und er konnte später mit einigem Recht sagen, daß er vielleicht schlechte Texte schreibe, aber niemals für die Bühne ungeeignete. Sein erstes Stück allerdings, das er 1918 verfaßte, schaffte es nie bis zum Broadway; nach nur fünf Vorstellungen mußte es schon beim sogenannten »Tryout« in der Provinz abgesetzt werden.

Dennoch nicht entmutigt, schrieb Hammerstein dann Buch und Gesangstexte für das Musical *Always You* (der inzwischen vergessene Komponist war Herbert Stothart), das Onkel Arthur im »Central Theatre« am Broadway herausbrachte. Mäßige, aber im ganzen nicht unfreundliche Kritiken ermöglichten immerhin 66 Aufführungen und eine anschließende Tournee von sechsmonatiger Dauer. Aber trotz der Protektion durch seinen Onkel erlebte Hammerstein in den nächsten drei Jahren vier weitere eklatante Mißerfolge. Dann endlich kamen zwei Erfolge rasch hintereinander: *Wildflower*, dessen Buch und Gesangstexte in Zusammenarbeit mit dem erfahrenen Otto Harbach entstanden waren, und *Rose Marie* mit der Musik von

Rudolf Friml. *Rose Marie* wurde im »Imperial Theatre« im September 1924 uraufgeführt, erreichte in New York 557 Aufführungen, in London 851 und in Paris sogar 1250; vier Truppen brachte diese konventionelle Operette gleichzeitig bis in die entlegensten Ecken des Landes. Auch Berlin, Stockholm, ja sogar Moskau bekamen dieses Werk zu sehen.

Hammersteins nächste große Erfolge waren *Desert Song* im Jahre 1926, das schon erwähnte *Show Boat* mit Jerome Kern 1927 und *New Moon* 1929, fünf Jahre später folgte *Music in the Air*. Danach kam eine lange Durststrecke, während der Hammerstein weder am Broadway noch in Hollywood besonders erfolgreich war. Allein drei Mißerfolge gab es für ihn im Jahr 1931, ein weiterer folgte 1939, und der vielleicht größte, *Sunny River*, mit dem Komponisten Romberg 1941 ließ sogar Stimmen aufkommen, daß Hammerstein, gerade erst 46 Jahre alt, bereits erledigt sei.

Für Rodgers war es somit ein Risiko, Hammerstein als Librettisten und Texteschreiber zu verpflichten, als die »Theatre Guild« an ihn mit dem Auftrag herantrat, aus Lynn Riggs' Volksstück *Green Grow the Lilacs* ein Musical zu machen. Hammerstein selbst hatte auch schon einmal die Idee gehabt, das Stück als Grundlage für ein Musical zu verwenden, aber Kern hatte den Vorschlag als nicht erfolgversprechend verworfen. Daraufhin hatte Hammerstein versucht, das Stück auf eigene Faust herauszubringen, konnte aber die Rechte nicht von der »Theatre Guild« erlangen, die sie Rodgers und Hart zugesagt hatte. Nachdem Hart gestorben war, kamen so Rodgers und Hammerstein durch Vermittlung der »Theatre Guild« zusammen.

Richard Rodgers (links) und Oskar Hammerstein auf Hawaii

Schon bei einer ihrer ersten Zusammenkünfte trafen sie einen für die weitere Entwicklung des Musicals wichtigen Entschluß: Von nun an sollten immer zuerst die Liedtexte und dann die Musik geschrieben werden. Bis dahin hatte nicht nur in der Geschichte des Broadway-Musiktheaters, sondern selbst bei Schlagern fast immer der Brauch bestanden, daß die Texte der schon vorhandenen Musik angepaßt werden mußten. So hatte Rodgers auch mit Hart gearbeitet und Hammerstein mit Friml, Romberg und Kern. Seltsamerweise ist nicht überliefert, ob diese Umkehrung der bisherigen Arbeitsweise zuerst von Rodgers oder Hammerstein angeregt wurde. Hammerstein brauchte drei Wochen bei *Oklahoma!,* um den Eröffnungssong *Oh, What A Beautiful Mornin'* zu Papier zu bringen, und schreibt selbst dazu, daß es praktisch eine Woche dauerte, bis er sich schlüssig war, ob er das »Oh« am Anfang der ersten und zweiten Zeile *(Oh, What a Beautiful Morning, Oh, What a Beautiful Day)* stehenlassen oder streichen sollte! Als Hammerstein Rodgers dann den Text brachte, erfand dieser in weniger als zehn Minuten die inzwischen weltberühmt gewordene Walzermelodie. Was die erfolgreichen Songs in *Oklahoma!* auszeichnete, war vor allem die Wahl der einfachsten Worte, die der alltäglichen Umgangssprache entnommen waren, hinzu kam, daß Rodgers Melodien schrieb, die eine ebenso einfache, eingängige Linie hatten, so daß in diesem Fall idealer Zusammenarbeit von »erfundener Volksmusik« gesprochen werden könnte. Alles war so ungekünstelt wie nur möglich, weder für die Texte noch für die Musik wurden komplizierte Techniken benutzt.

Dennoch gestaltete sich die Finanzierung des Musicals schwierig, weder die Texte noch die Melodien konnten potentielle Geldgeber dazu bringen, Geld in die Show zu stecken, zumal die USA sich mitten im Kriege befanden. Es wurde unter anderem kritisiert, daß der in Musicals erwartete Humor fehlte, daß sich ein

Mord auf offener Bühne ereignete und daß ein äußerst unsympathischer Charakter eine der Hauptrollen spielte. Auch die Betonung des amerikanischen Volkstanzes durch die am Broadway neue Choreographin Agnes de Mille gefiel den »Angels« nicht, weiterhin waren keine prominenten Darsteller vorgesehen. Kurzum, es sah so aus, als könnten die notwendigen 83 000 Dollar – eine geradezu lächerliche Summe, wenn man an die 1986 benötigten Mittel denkt – nicht aufgebracht werden. Auch ein Versuch der »Theatre Guild«, die Filmrechte in diesem Stadium an Metro-Goldwyn-Mayer zu verkaufen, scheiterte, ebenso zeigte sich die 20th Century-Fox uninteressiert. Der größte Teil des Geldes mußte schließlich in mühsamer Arbeit in kleinen Beträgen zusammengebracht werden; größtenteils kam es von Freunden der »Theatre Guild«, die ihre 1000 oder 2000 Dollar als Spenden und nicht als Kapitalanlage verstanden wissen wollten. Ausnahmen waren der Bühnenautor S. N. Behrman, der 5000 Dollar investierte, und Harry Cohn, der Chef von Columbia Pictures, der 15 000 Dollar beisteuerte, nachdem auch er bei seiner Firma den Ankauf der Filmrechte nicht durchsetzen konnte.

Vom 11. März 1943, als *Oklahoma!* seine erste Voraufführung in der Universitätsstadt New Haven, Connecticut, erlebte, bis zur New Yorker Premiere im »St. James Theatre« wurde noch Wesentliches verändert, darunter auch der Titel, der ursprünglich *Away We Go* lautete. Doch der Erfolg machte alle Mühe vergessen. Die Begeisterung des Premierenpublikums kannte keine Grenzen, alle Kritiker waren voll des Lobes. Und nicht nur die Begeisterung der Zuschauer, sondern vor allem auch die Neuerungen, die Rodgers und Hammerstein gegenüber dem bisherigen Broadway-Musiktheater eingeführt hatten, sowie die völlige Übereinstimmung von Wort, Musik und Tanz, die mit den bisher bestehenden »festen Nummern« aufräumte, so daß gerade der Tanz ein nicht loszu-

lösender Bestandteil der Handlung wurde, führten dazu, daß in späteren Jahren die *Oklahoma!*-Premiere als eigentliche Geburtsstunde des Musicals angesehen wurde.

Das Wort »Musical« war übrigens zu diesem Zeitpunkt immer noch nicht geboren; in den Kritiken wird *Oklahoma!* noch ein »musical play« genannt und dieser Ausdruck wird auch noch bis in die fünfziger Jahre hinein verwendet. Es ist seltsam, daß man weder in einem Buch über das Musiktheater noch in den wichtigsten Wörterbüchern einen Hinweis darauf finden kann, wann das Kürzel »Musical«, ursprünglich ein Adjektiv, erstmals als Substantiv und Gattungsbegriff verstanden wurde. Die Urheberschaft dieses weltweit verbreiteten und in alle Sprachen eingegangenen Wortes scheint völlig im dunkeln zu liegen.

Oklahoma! wurde über fünf Jahre en suite gegeben und war mit 2248 Aufführungen das bis dahin erfolgreichste Musical am Broadway, inzwischen ist es allerdings von fünf anderen Musicals, von *My Fair Lady, Hello, Dolly!, Anatevka* und *Man of La Mancha* und schließlich von dem bisher meistgespielten und immer noch aufgeführten *A Chorus Line* übertroffen worden. Zwei Tage nach dem Ende der New Yorker Laufzeit begann *Oklahoma!* eine einjährige Tournee mit dem Broadway-Ensemble, die im Lauf eines Jahrzehnts 250 Städte in den USA und in Kanada besuchte: Man hat ausgerechnet, daß innerhalb dieser Jahre 28 Millionen Menschen *Oklahoma!* gesehen haben! Außerdem erlebte das Stück eine mehr als dreijährige Laufzeit in London und wurde auch in anderen europäischen Städten gegeben. 1955 kam dann auch noch der von dem Ex-Wiener Fred Zinnemann in Hollywood gedrehte Film heraus, der die *Oklahoma!*-Begeisterung wieder neu anfachte. Von den mehr als 20 000 Aufführungen, die die Musicals von Rodgers insgesamt in den USA erlebt haben, dürften allein 8000 auf dieses eine Werk entfallen.

Dabei ist nicht einmal anzunehmen, daß Rodgers und Hammerstein sich etwa bewußt darum bemüht hätten, einen Wandel des amerikanischen Musicals herbeizuführen. Zusammen sollten sie in den nächsten 20 Jahren, bis zum Tode Hammersteins, noch weitere Musicals schreiben, aber keines war so erfolgreich wie *Oklahoma!*. Einige waren sogar ausgesprochene Mißerfolge, wenngleich sich beide bemühten, nicht wieder in die alten Konventionen des Musiktheaters zurückzufallen. Doch trotz gelegentlicher Mißerfolge können Rodgers/Hammerstein als das bewährteste Musical-Team der vierziger und fünfziger Jahre angesehen werden. Ihre weiteren Werke waren:

1945: *Carousel,* eine Bearbeitung von Ferenc Molnars *Liliom,* 890 Aufführungen;

1947: *Allegro,* 315 Aufführungen;

1949: *South Pacific,* nach James Micheners *Tales of the South Pacific,* 1925 Aufführungen;

1951: *The King and I,* nach der romanhaften Autobiographie *Anna and The King of Siam* von Margaret Landon, 1225 Aufführungen;

1953: *Me and Juliet,* 358 Aufführungen;

1955: *Pipe Dream,* nach John Steinbecks letztem Roman *Sweet Thursday,* 246 Aufführungen;

1958: *Flower Drum Song,* nach C. Y. Lees gleichnamigem Roman über San Franciscos Chinatown, 601 Aufführungen;

1959: *The Sound of Music,* nach Maria Augusta Trapps Biographie *The Trapp Family Singers,* 1443 Aufführungen.

Wie auch schon bei *Oklahoma!* verzeichneten jene Musicals den größten Erfolg, die sich auf eine bereits erprobte Vorlage gründeten – mit Ausnahme von *Pipe Dream,* einem Musical, dem Steinbecks vielleicht schlechtester Roman als Vorlage diente –, während die von Hammerstein selbst erfundenen Stoffe wie *Allegro* und *Me and Juliet* Versager waren. Für *The Sound of Music* schrieb Hammerstein übrigens nur noch die Gesangstexte, für das Buch zeichneten Howard Lindsay und Russel Crouse, ein bekanntes Lustspielteam, verantwortlich. Hammerstein starb noch während der Laufzeit von *The Sound of Music,* und Rodgers machte noch einige Jahre allein weiter, jedoch ohne daß ihm ein größerer Erfolg beschieden gewesen wäre: 1962 kam *No Strings* heraus, zu dem er selbst die Gesangstexte geschrieben hatte, während das Buch von dem Dramatiker Samuel Taylor stammte; 1965 folgte *Do I Hear A Waltz?,* eine Bearbeitung von Arthur Laurents' Stück *The Time of the Cuckoo,* mit Gesangstexten von Stephen Sondheim, das es nur auf 220 Aufführungen brachte; 1970 kam *Two By Two* heraus, eine Bearbeitung der Noah-Legende unter Benutzung von Clifford Odets' Stück *The Flowering Peach* von Peter Stone, Gesangstexte von Martin Charnin, das sich allein dank der Virtuosität des Komikers Danny Kaye behauptete – sehr zum Leidwesen von Rodgers, der Kayes Darstellungsstil als »One-for-one«-Vaudeville bezeichnete. 1976 wurde *Rex* aufgeführt. Das Buch, eine Geschichte über Heinrich VIII., war von Sherman Yellen, die Gesangstexte von Sheldon Harnick, mit nur 41 Aufführungen war es das erfolgloseste aller Bühnenwerke des inzwischen 74jährigen Rodgers. 1979 folgte schließlich noch *I Remember Mama,* nach dem bekannten Bühnenstück von John Van Druten, bearbeitet von Thomas Meehan und mit Gesangstexten von Charnin.

Nur wenige Monate nach der Premiere starb der in seinen späten Lebensjahren von vielen Krankheiten – Krebsoperationen, Herzinfarkt und Schlaganfall – geplagte Komponist, und damit hatte eine beispiellose Broadway-Karriere ihr Ende gefunden.

In seinem Testament verfügte er: »Die künstlerische Integrität und der Ruf meiner Kompositionen sowie ihrer Liedtexte und die Art und Weise, wie meine Werke nach meinem Tode aufgeführt werden, ist für mich von großer

Bedeutung. Ich weise meine Nachlaßverwalter an, keine Vereinbarungen für Produktionen meiner Werke abzuschließen, es sei denn, daß ich es, nach ihrem Urteil, ebenfalls getan hätte.« Auf den folgenden acht Seiten führt er dann im einzelnen an, wie die Aufführungen beschaffen sein sollten, damit er sie gutgeheißen hätte. Infolge dieser restriktiven Testamentsklausel sind Rodgers' Musicals im Ausland nach seinem Tod nur noch selten gegeben worden; in Amerika ist seither nur die längere Aufführungsserie von *The King and I* bemerkenswert, in der – wie schon bei der Uraufführung – der im Herbst des Jahres 1985 verstorbene Yul Brynner in der Hauptrolle des Königs von Siam sensationell erfolgreich war.

Szene aus The King and I *von Rodgers und Hammerstein mit Gertrude Lawrence und Yul Brynner (1951)*

Obwohl Rodgers und Hammerstein zweifellos das meistgespielte Musical-Team aller Zeiten waren, beherrschten sie keineswegs allein das New Yorker Musiktheater, das in dem Vierteljahrhundert nach der Uraufführung von *Oklahoma!* die wohl wichtigsten Werke dieses Genres hervorbrachte. Kaum ein Jahr verging, in dem am Broadway nicht gleich mehrere bedeutende Musicals herauskamen, sehr zum Unterschied gegenüber der jüngsten Vergangenheit, in der der Strom dieser Musicals fast ganz versiegt ist, was – wie wir noch sehen werden – sicherlich nicht nur künstlerische Gründe hat.

Aber es muß festgehalten werden, daß nach dieser Glanzzeit der vierziger bis sechziger Jahre, in der nahezu ein halbes Hundert beachtlicher Musicals herauskam, sich eine Auflösung des Musicals – weg von einer festen Handlung – abzuzeichnen begann, die – immer von einigen Ausnahmen abgesehen – es wieder dem Vaudeville annäherte, aus dem es mit entstanden war.

Nach 1968 war in manchen Jahren die Mittelmäßigkeit der musikalischen Broadway-Kost geradezu beängstigend, und in den zwei Jahrzehnten seither hat die Zahl der Nieten überwogen. Eine Ausnahme verdient freilich erwähnt zu werden: 1975 kam das Musical, das bisher am Broadway länger gegeben wurde als irgendein anderes: *A Chorus Line.*

Außer Rodgers starben von der alten Komponistengarde inzwischen Jerome Kern (1945), Kurt Weill (1950), Cole Porter (1963) und Frank Loesser (1969). Jules Styne und Harold Rome, Jahrgang 1905 bzw. 1908, haben längere Zeit nichts mehr von sich hören lassen, ebensowenig Frederick Loewe, Jahrgang 1904, der in völliger Zurückgezogenheit lebt. Auch Meredith Willson, eigentlich nur mit *The Music Man* (1957) erfolgreich, hat lange nichts mehr produziert, und Mitch Leigh, mit *Man of La Mancha* 1965 sensationell erfolgreich, ist nach einigen Enttäuschungen Produzent und Manager geworden. Auch Burton Lane hatte nur einen einzigen Erfolg vor langer Zeit: *Finian's Rainbow* 1947. Ob Leonard Bernstein nach *On The Town* (1944), *Wonderful Town* (1953), *West Side Story* (1957), *Candide* (1973) und dem total danebengegangenen *1600 Pennsylvania Avenue* (1976) noch einmal ein Musical schreiben wird, erscheint äußerst fraglich. Jerry Bock, obwohl noch keine 60, hatte sich zwar mit *Anatevka* (1964) an die Spitze der amerikanischen Komponisten gesetzt, bis er von *Grease* und dann von *A Chorus Line* überholt wurde, aber auch er hat seit den enttäuschenden *Rothschilds* (1970) nichts mehr geschrieben.

Somit bleiben von den bewährten Komponisten nur noch übrig: John Kander (Jahrgang 1927), der bisher mit *Cabaret* (1966) und *Chicago* (1977) sehr erfolgreich war; Charles Strouse (Jahrgang 1928), dessen Hauptwerk *Annie* (1977) ist, Stephen Sondheim (Jahrgang 1930), der von 1962 bis 1984 neun künstlerisch brillante Musicals schuf, die jedoch kommerziell hinter den Erwartungen zurückblieben, und Jerry Herman (Jahrgang 1933), der neben seinen vielgespielten Musicals wie *Hello, Dolly* (1964), *Mame* (1966) und *La Cage aux Folles* (1983) auch einige völlige Versager schrieb. 1985 verfaßte er mit *Jerry's Girls* eine Anthologie früherer Musicals, in der nur Frauen auftreten.

Mehrere der genannten Musicals gehören zu den Glanzaufführungen am Broadway und werden später noch einmal ausführlicher behandelt. Dann wird auch der Dauerrenner unter den Musicals, allerdings eine Off-Broadway-Produktion, *The Fantasticks,* gebührende Beachtung finden, der bereits sein Silberjubiläum hinter sich hat. Seit 1960 wird dieses Musical allabendlich in dem kleinen »Sullivan Street Playhouse« in Greenwich Village gegeben, das nur 150 Plätze hat. Aber da es schon mindestens 10 000mal aufgeführt wurde, hat es sicherlich bisher ein ebenso zahlreiches Publikum gehabt wie manches erfolgreiche Broadway-Musical.

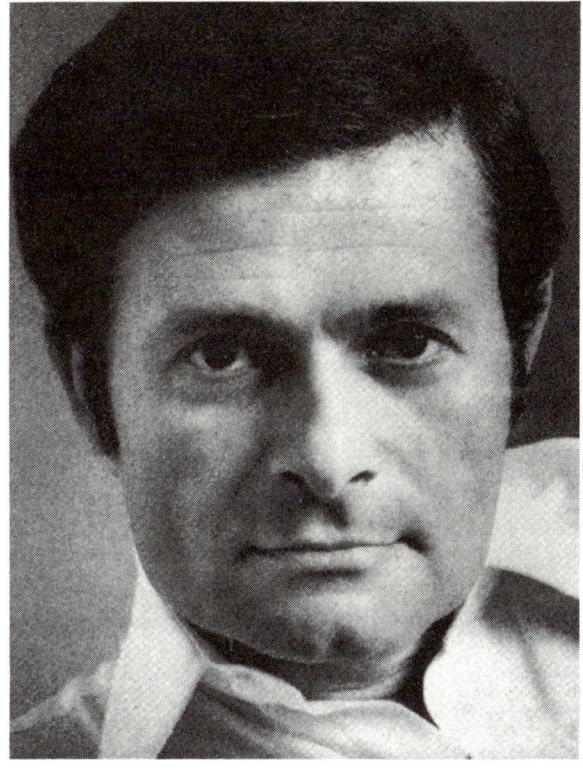

Jerry Herman

Stephen Sondheim

Das einzige Mal übrigens, als sich das *Fantasticks*-Team, der Komponist Harvey Schmidt und der Librettist Tom Jones, mit dem Musical *I Do, I Do* (nach einem Stück des Holländers Jan de Hartog) an den Broadway wagte, konnten sie in etwa 550 Aufführungen lange nicht so viele Zuschauer finden wie für *Fantasticks,* das vielleicht noch den Londoner Erfolg von Agatha Christies Dauerbrenner, *The Mousetrap,* in den Schatten stellen wird.

Welche Entwicklung wird das Musical nehmen? Wenn nicht alles täuscht, wird das fast traditionelle Buch-Musical, das uns die nachhaltigsten Eindrücke während der größten Zeit des Musicals bescherte, immer seltener werden. Viele der weitgehend handlungslosen Musicals der jüngsten Vergangenheit dagegen (eigentlich müßte für sie wieder ein neuer Name geprägt werden) übten starke Anziehungskraft auf das Broadway-Publikum aus, ohne freilich dem Musical einen neuen Weg zu weisen. Dazu gehören zum Beispiel Musikanthologien, d. h. Werke, in denen die Stücke eines Komponisten aneinandergereiht sind, um gespielt, gesungen und getanzt zu werden, etwa *Eubie!* (Kompositionen von Eubie Blake) oder *Sophisticated Ladies* (Kompositionen von Duke Ellington). Oder man verzichtet nicht nur auf die Handlung, sondern auch auf den Gesang und läßt ein »Musical« nur noch tanzen; *Dancin',* von dem Choreographen Bob Fosse zu Musik von Bach bis Johnny Mercer konzipiert, ist dafür das beste Beispiel. Auch das aus England importierte Musical *Cats* von Andrew Lloyd Webber mit Gesangstexten von keinem Geringeren als T. S. Elliot, der große Broadway-Schlager seit 1982, ist praktisch ohne erkennbare Handlung. Selbst *A Chorus Line* kommt mit ganz wenig Handlung und mit weniger als einem Dutzend Songs von Marvin Hamlisch aus. Michael Bennett, der Produzent von *A Chorus Line,* folgte einem ähnlichen Rezept sechs Jahre später noch einmal mit *Dreamgirls,* das uns wieder einen Blick hinter die Kulissen des Theaters tun läßt. *Sugar Babies,* für die populären Filmschauspieler Mickey Rooney und Ann Miller geschrieben, ist reines Vaudeville, fand aber dennoch – oder gerade deswegen – ein aufnahmebereites Publikum. Gerade bei den genannten Bühnenwerken mit Ausnahme von *A Chorus Line* ist die Ausstattung ein wichtiger Faktor – auch in dieser Beziehung ist also eine Veräußerlichung des Musicals eingetreten.

Glücklicherweise gibt es aber auch noch einen anderen Trend, auch wenn sich von ihm jetzt noch nicht sagen läßt, ob er Zukunftsaussichten hat. Kurt Weill war Ende der vierziger Jahre der letzte Komponist gewesen, der konsequent das Musical zur Oper ausweiten wollte, und in *The Street Scene* und *Lost in the Stars* war ihm dies weitgehend gelungen; auch wenn beide Werke zunächst am Broadway herauskamen, fanden sie später doch Eingang ins amerikanische Opernrepertoire. Der einzige Komponist,

der Weills Gedanken weiterverfolgt – wenn auch nicht so systematisch –, ist Stephen Sondheim, dessen fast ganz gesungenes Werk *Sweeney Todd* (1979) ebenfalls zunächst am Broadway gespielt wurde, ehe die »New York City Opera« es einige Jahre später mit Erfolg in ihren Spielplan aufnahm.

Diese Brücke von Musical zu Oper zu schlagen ist auch das Ziel von Sondheims langjährigem Mitarbeiter Harold Prince, der als Regisseur und Produzent seit mehr als drei Jahrzehnten mit dem amerikanischen Musiktheater eng verbunden ist. Er produzierte bisher sechs Musicals, die mehr als 1000 Aufführungen erreichten, darunter *West Side Story, The Pajama Game* und *Anatevka.* Seit 1966 führt er auch Regie, unter anderem in Kanders *Cabaret* und *Zorba* sowie in Sondheims *Company, Follies, A Little Night Music, Pacific Overtures, Sweeney Todd* und *Merrily We Roll Along,* außerdem in Bernsteins *Candide.* Auch *Evita,* ein Werk der beiden Engländer Andrew Lloyd Webber (Musik) und Tim Rice (Buch und Gesangstexte), wurde von Prince sowohl in New York wie London inszeniert. Dazu arbeitet Prince auch mehr und mehr im Opernhaus; so setzte er etwa Puccinis *Mädchen aus dem Goldenen Westen* an der »Lyric Opera« in Chicago und außer *Sweeney Todd* auch Weills *Silbersee* und *Ashmedai,* eine Oper des israelischen Komponisten Josef Tal, in Szene. Seinem Einfluß war es vor allem zu verdanken, daß das National Endowment for the Arts im Jahre 1978 die Förderung der Oper aus dem klassischen Musikprogramm herausnahm und eine neue Gattung Oper/Musiktheater schuf, so daß es seither auch für nichtkommerzielle Musicals möglich ist, Subventionen von der Bundesstelle zu erhalten. Auch *Jesus Christ Superstar* von Webber und Rice war übrigens als Oper konzipiert, hat aber bisher noch keinen Eingang ins Opernrepertoire gefunden, wohl weil es sich um eine Rock-Oper handelt. Neben *Jesus Christ Superstar* sind am Broadway nur zwei wesentliche Rock-Musicals herausgekommen: *Hair* von Galt McDermot und *Grease* von Jim Jacobs und Warren Casey.

Bei den Produzenten besteht inzwischen immer weniger Neigung, kostspielige Musicals herauszubringen, bei denen keine Gewähr auf Erfolg besteht, so daß immer mehr auf Neuinszenierungen der sogenannten »klassischen« Musicals zurückgegriffen wird. Dieser Trend begann etwa 1980, nachdem in der vorangegangenen Spielzeit nicht weniger als neun neue Musicals durchgefallen waren. Seither sind mehr als 25 der alten Musicals in Neuinszenierungen geboten worden, was selbstverständlich auf Kosten von Neuaufführungen geht. Ein Kritiker sprach in diesem Zusammenhang von einer »gegenwärtigen Travestie einer glorreichen Vergangenheit«, ein anderer von einem »konservativen Schaugeschäft mit wenig Risiko, mehr Geschäft als Schau«.

Mit Ausnahme von Weill und dem Gershwin von *Porgy and Bess* war keiner der genannten Musical-Komponisten imstande, seine Musik auch zu instrumentieren; auch Gershwin lernte es erst, als er schon fast 35 Jahre alt war. Für die Orchestrierung verläßt man sich auf Spezialisten, die genau wissen, wie man den »Broadway-Klang« hervorbringt. Zwei der begehrtesten dieser Fachleute waren der Ex-Berliner Hans Spialek sowie der New Yorker Robert Russell Bennett, mit denen übrigens auch Rodgers häufig zusammenarbeitete, der kaum etwas weniger gern tat, als eine Klavierpartitur auszuschreiben. Irving Berlin, der in seinem Leben mehr als 3000 Songs schuf, darunter einige der populärsten dieses Jahrhunderts, hat sogar nie Musik lesen oder schreiben gelernt. Im Museum der Smithsonian Institution in Washington steht eines der beiden Klaviere, die er beim »Komponieren« benutzte: Er drückte die Fis-Moll-Taste herunter und konnte mittels eines an der Tastatur angebrachten kleinen Hebels den Klang der angeschlagenen schwarzen Note verändern!

Einige der Broadway-Komponisten, von denen nur wenige eine Konservatoriumsausbildung erhielten, entwickelten insofern eine Doppelbegabung, als sie immer ihre eigenen Liedtexte schrieben, gelegentlich auch das ganze Buch. Meredith Willson war einer dieser Komponisten, andere, wie Cole Porter, Frank Loesser, Jerry Herman und Stephen Sondheim, begnügten sich mit den Texten, ja letzterer begann sogar seine Karriere als Textschreiber, und zwar für Bernsteins *West Side Story*. Sondheim war übrigens ein Protegé des erfahrenen und vielleicht besten Texters, Oscar Hammerstein II. Es verdient übrigens erwähnt zu werden, daß nur die Liedtexte Porters und Hammersteins bisher für würdig befunden wurden, in Buchform veröffentlicht zu werden.

»Das Musical stellt den Hauptanspruch des amerikanischen Theaters auf Ruhm dar«, sagte Jerry Herman, der selbst sehr wesentlich dazu beigetragen hat. »Möglicherweise sind wir im Drama unter ferner liefen, ebenso wie auch in der Bühnenausstattung, doch ein Musical zustande zu bringen ist etwas, das wir besser können als irgend jemand in der Welt. Es ist Amerikas ureigene Kunstform, die wir nicht anderen nachgemacht haben und die wirklich die unsere ist.«

Zum Musical gehört freilich neben den Komponisten, Textern, Produzenten und Regisseuren vor allem auch noch das Ensemble, die Darsteller, die in der Kunst des Musicals unterwiesen werden müssen. Das geschieht etwa seit den dreißiger Jahren in systematischer Weise; an der New York University gibt es sogar eine eigene Musiktheaterschule, an der Studenten in allen theoretischen und praktischen Einzelheiten des Musicals unterrichtet werden. Wenn man von Ausnahmen wie Fred Astaire und George M. Cohan absieht, war es im Vaudeville und in der Revue noch üblich, daß für jede Sparte – Spielen, Singen und Tanzen – eigens Schauspieler, Sänger und Tänzer engagiert wurden. Das änderte sich aber sehr rasch, vor allem nach der *Oklahoma!*-Uraufführung 1943, als man begann, eine vollständige Integration der drei Sparten anzustreben. Heute ist die Vielseitigkeit eines Musical-Darstellers – er kann spielen, tanzen und singen – gang und gäbe und löst gerade bei europäischen Besuchern große Bewunderung aus, die solche Vielseitigkeit nicht gewöhnt sind – was wohl auch einer der Hauptgründe für Mißerfolge so mancher amerikanischer Musicals im europäischen Theater ist.

Das Musical braucht aber vor allem singende Schauspieler und nicht schauspielernde Sänger; gelegentliche Anleihen, die das Musical-Theater in der Oper macht, mögen zwar vom rein Musikalischen aus sehr befriedigend sein, aber für die Gesamtwirkung eines Musicals sind sie es keineswegs immer. Es ist überraschend, wie viele Musical-Darsteller vom Schauspiel herkommen und manchmal dann beim Musical bleiben: Manche sind in beiden Sparten des Theaters bewandert und wechseln ab, was ihnen offenbar nicht schadet. Selbst Katharine Hepburn, die in ihrem ganzen Leben nur im Sprechtheater aufgetreten war, erzielte in einem Musical über Coco Chanel Ende 1969 einen Triumph, der ihrer Nachfolgerin, der gesangserfahreneren Danielle Darrieux, versagt blieb, so daß *Coco* (Musik von André Previn, Buch und Liedtexte von Allen Jay Lerner) abgesetzt werden mußte. Ein ähnlicher Fall ist der des Engländers Rex Harrison, der noch nie in einem Musical aufgetreten war, als er 1956 für die Rolle des Professor Higgins in *My Fair Lady* verpflichtet wurde. Seither hat er diese Rolle immer wieder gespielt und ist auch in anderen Musicals aufgetreten. Allerdings verdanken wir ihm eine Unsitte, die nach 30 Jahren nicht mehr ungeschehen gemacht werden kann: die Lautverstärkung bei Musicals, selbst in kleinen Off-Broadway-Theatern. Harrisons Singstimme reichte nicht aus, um sich mit der seiner Partne-

rin Julie Andrews messen zu können, die übrigens auch vom Sprechtheater herkam. So wurde ihm ein Körpermikrofon angelegt, und nun konnte seine Stimme mithalten. Aber unglücklicherweise wurde von da an immer verstärkt, heute ist sogar der »Sound Designer« auf dem Programmzettel eines jeden Musicals verzeichnet. Aber trotz aller technischen Vollkommenheit, die heutzutage möglich ist, entsteht auf diese Weise ein blecherner Klang, der den Stimmen meist mehr schadet als dem Orchester. Vielleicht hat sich aber der Durchschnittsbesucher dank seiner Kino- und Fernseherlebnisse schon so sehr an diesen Klang gewöhnt, daß er ihn unkritisch hinnimmt.

2
Das amerikanische Theater heute

ERSTES KAPITEL

Der Times Square und seine Theater

Der Times Square ist trotz seines Namens kein »Square«, kein Platz, und es befindet sich dort auch nicht mehr die *New York Times,* der er seinen Namen verdankt. Ja, dem Times Tower, dem stolzen Wahrzeichen der ganzen Gegend, dessen ursprüngliche italienische Terrakotta-Fassade schon längst durch eine eintönige Marmorverkleidung ersetzt wurde, droht sogar bald der Abriß, wenn die architektonischen Alpträume der Städteplaner Wirklichkeit werden sollten. Dennoch wird der Times Square immer der Times Square bleiben, auch wenn er einiges von seinem heruntergekommenen Charme einbüßen sollte.

Für New Yorker Maßstäbe – die Geschichte der Stadt begann vor mehr als 260 Jahren – ist der Times Square noch relativ jung. Fast bis zur Mitte des 19. Jahrhunderts befand sich in der Gegend der 42. Straße – der Südgrenze des Times Square – noch ein kleiner Weiler namens Great Kill, der sich an dem gleichnamigen Bach entlangschlängelte. Aber im Laufe der Zeit wurden dort und etwas weiter nördlich Stallungen angelegt, Geschirrmacher ließen sich nieder, und Schauräume für Equipagen öffneten ihre Tore für wohlhabende New Yorker.

Mit dem Bau der »Metropolitan-Oper« zwischen der 39. und 40. Straße im Jahre 1883 war der Theaterdistrikt des Broadway schon dicht an den späteren Times Square herangerückt. Oper wurde bis dahin in der »Academy of Music« in der 14. Straße gegeben, die die alten New Yorker Aristokraten vom Schlage Stuyvesant, Beekman und Schuyler – alles holländische Familien, deren Ahnen schon vor der »Mayflower« in Amerika ansässig waren – als ihr eigenes, exklusives Spielzeug betrachteten. Die Neureichen aber wollten auch mit diesem Spielzeug spielen und boten für eine Opernloge bis zu 30 000 Dollar, aber selbst für diese Summe waren die Logenplätze den Aristokraten nicht feil. Kurz entschlossen bauten sich deshalb die neuen Millionäre, die Vanderbilts, Morgans und Goulds, ein eigenes Opernhaus, die »Metropolitan Opera«. Dort konnten sich die Vanderbilts auf einmal gleich fünf Logen kaufen, während sie »downtown« vergeblich versucht hatten, auch nur eine einzige an sich zu bringen. Als freilich die »Academy of Music« als Opernhaus ein paar Jahre später einging, klopften die alten Aristokraten ihrerseits an der Tür der »Metropolitan« an.

Als die »Met« 1883 mit Gounods *Faust* eröffnet wurde – diese Oper wurde in den ersten Jahren so oft gegeben, daß die »Metropolitan« »Faustspielhaus« genannt wurde –, war der Times Square, der damals den Namen »Longacre Square« trug, noch eine stille Oase. Gras wuchs am Rand der Pferdebahnschienen, und in der warmen Jahreszeit saßen die Bewohner auf den Treppen ihrer Häuser. Und als zehn Jahre später Oscar Hammerstein, der Großvater des gleichnamigen Librettisten, das »Olympia« an diesem Platz zwischen der 44. und 45. Straße errichtete, hielten ihn die New Yorker für verrückt: Niemand würde jemals so weit in den Norden kommen, um ins Theater zu gehen. Inzwischen war aber auch schon das »Empire Theatre« am Broadway zwischen der 40. und 41. Straße entstanden, und auch Oscar Hammerstein selbst baute noch vor dem Ende des Jahrhunderts das »Victoria Theatre«, Ecke 42. Straße und 7. Avenue.

In Hammersteins beiden Theatern wurde

zunächst nur Vaudeville geboten. Eine der erfolgreichsten Nummern im »Victoria« war eine Frau namens Sober Sue (die nüchterne Sue). Hammerstein versprach demjenigen, der sie zum Lachen bringen könnte, 1000 Dollar. Bekannte Komiker kamen und versuchten ihr Bestes: Sober Sue auf der Bühne verzog keine Miene. Hammerstein mußte die 1000 Dollar nie zahlen, zog aber viele Zuschauer an. Erst später wurde bekannt, daß Sober Sues Gesichtsmuskeln gelähmt waren. So etwas gab es noch im New Yorker Theater um die Jahrhundertwende!

Im Jahre 1903 entstand mit dem von Daniel Frohman erbauten »Lyceum Theatre« an der 45. Straße das damals am weitesten nördlich gelegene Theater, heute ist es der älteste noch erhaltene Theaterbau und steht unter Denkmalsschutz. Noch ehe das Theater fertig war, wurde bekannt, daß die erste der neuen Untergrundbahnlinien von der City Hall zum Grand Central, von dort entlang der 42. Straße nach Longacre und von da aus – nun wieder unter dem Broadway – bis in die Bronx hinein gebaut werden sollte.

Adolph S. Ochs, der nur ein paar Jahre zuvor die in der New Yorker Zeitungsstraße, der Park Row, ganz in der Nähe der City Hall, gelegene New York Times gekauft hatte, beschloß, die Nordwärtsbewegung der Untergrundbahn mitzumachen, erwarb das trapezförmige Stück Land des Longacre Squares an der Kreuzung Broadway und 7. Avenue und ließ dort das in die Zukunft der *Times* weisende, über 100 Meter hohe Gebäude errichten. Ochs hatte leichtes Spiel, das Stadtparlament zu überreden, dem Longacre Square den Namen Times Square zu geben. Natürlich erhielt dann auch die Untergrundbahnstation diesen Namen und mehr noch: Ein direkter Zugang sollte von der Bahn in das Zeitungsgebäude führen.

Aber schon Ende der zwanziger Jahre gab Ochs das Gebäude wieder auf und zog in eine Seitenstraße des Times Square. Seither und bis zum heutigen Tag unterstützt die Zeitung alle Bemühungen, den Times Square und seine unmittelbare Umgebung zu »säubern«, das heißt, ihn von Prostituierten beiderlei Geschlechts, von Zuhältern, Drogenhändlern und Pornokinos zu befreien. Solche Sanierung, so meinen die Zeitung, aber auch viele Städteplaner, könne am besten erreicht werden, wenn man den Times Square mit Wolkenkratzern beinahe zubaut, um auf diese Weise den unerwünschten Elementen den Bewegungsraum zu nehmen. Auch bei diesem Projekt ist wohl wieder einmal der Wunsch der Vater des Gedankens, denn bisher haben Wolkenkratzer noch nie vermocht, soziale Probleme zu lösen. Aber das einzigartige Fluidum des Times Square wäre für alle Zeiten dahin, auch wenn man sich noch so sehr über seinen traurigen Zustand ärgert. Die 42. Straße freilich, zwischen Times Square und der 8. Avenue, einst Teil einer Prachtstraße mit mehr als zehn Theatern (nicht Kinos, wie heute), ist so, wie sie sich heute darbietet, tatsächlich ein Schandfleck für die Stadt.

Das war keineswegs immer so. Denn am Times Square – oder wenigstens in seiner unmittelbaren Nähe – standen einige der besten New Yorker Hotels, keines höher als 16 Stockwerke. Hier befanden sich auch zahlreiche, in hohem Ansehen stehende Restaurants, von den Größen der Theater- und Opernwelt fast monopolisiert, so daß es für gewöhnliche Sterbliche schwierig war, sich Eingang zu verschaffen. Als 1898 Groß-New York entstand, hatte die Stadt bereits den größten Hafen der Welt, war das Finanzzentrum der Vereinigten Staaten und stand mit an erster Stelle bei den Dienstleistungsbetrieben. Das Theaterleben entwickelte sich mit rasender Geschwindigkeit, vor allem dank der besonders beliebten Vaudeville-Theater, die – wie bereits erwähnt – zu diesem Zeitpunkt die Zahl der Sprechtheater bei weitem übertrafen.

Heute gibt es nur noch ein einziges Broadway-Theater südlich der 42. Straße, und nördlich des Times Square sind es auch nur fünf. Von den restlichen 30 Theatern befinden sich 27 in den Seitenstraßen des Times Square, am Times Square selbst gibt es nur noch drei, von denen zwei in neuen Wolkenkratzern eingebaut sind und daher von der Straße aus nicht als Theater ins Auge fallen. Von den etwa 70 Theatern, die vor 1900 in New York bestanden, ist kein einziges mehr erhalten, von den nach 1900 errichteten 86 Häusern bestehen nur noch 30 als Theater, etwa ein Dutzend noch als Kinos und zwei, drei andere als Fernsehstudios. Wohl keine andere Stadt hat je so viele Theater gehabt und so viele verloren, die meisten durch Abriß. Zu dem jetzigen Bestand müssen allerdings noch die Off- und Off-off-Broadway-Theater mitgerechnet werden, deren Gesamtzahl sich auf 180 bis 200 belaufen dürfte, die aber durchwegs klein sind, viele mit weniger als 100 Sitzplätzen.

Nach dem Ersten Weltkrieg drängte das Kino, das damals die populärste und billigste Unterhaltungsform wurde, das Theater langsam, aber sicher vom Broadway ab. Die Theater mußten sich in den Seitenstraßen des Times Square ansiedeln, während der immer teurer werdende Boden direkt am Times Square von Filmunternehmern und Spekulanten aufgekauft wurde. Zwar erhöhte sich die Zahl der Theater noch bis 1928, als es ungefähr 80 Broadway-Theater gab, aber dann, unter dem Einfluß der Weltwirtschaftskrise und des aufkommenden Tonfilms, wurden mehr und mehr Theater in Kinos umgewandelt oder abgerissen, auch zahlreiche Geschäfte und Restaurants wurden zur Schließung gezwungen. In jenen Jahren begann der Times Square sein Gesicht entscheidend zu verändern: Die von vielen als anstößig empfundenen Burlesque-Theater machten sich breit, der Flohzirkus wurde eine neue Attraktion, und billigste Unterhaltung war Trumpf. Diese Zirkusatmo-sphäre hat der Times Square seither behalten, vor allem nach Einbruch der Dunkelheit, und New Yorker meiden ihn, wenn ihr Weg ins Theater sie nicht vorbeiführt. Aber für die Besucher der Stadt hat der Platz noch nicht an Anziehungskraft verloren; insbesondere die in vielen Farben leuchtenden Lichtreklamen haben es ihnen angetan, auch wenn sie nicht mehr dreidimensional sind, wie es zum Beispiel früher einmal die Rauchringe blasende Werbetafel einer Zigarettenfabrik war. Auch der leuchtende Wasserfall, den früher die Menschen bestaunten, ist nicht mehr zu sehen, und das Nachrichten-Leuchtband, das sich bis vor wenigen Jahren um das ehemalige Times-Gebäude (mangels eines Namens heißt es jetzt 1 Times Square) schlängelte, war lange dunkel und ist erst Anfang 1986 wieder in Betrieb genommen worden. Niemand weiß, wie lange.

Einen Teil seines früheren Glanzes verlor der Times Square auch mit der Einführung der Prohibition im Jahre 1920. Damals wurde der Alkoholkonsum als Sünde und Verbrechen gebrandmarkt, zahlreiche der von der Hautevolée frequentierten Lokale wurden behördlich geschlossen oder schlossen freiwillig, da sie nun nicht mehr gewinnbringend betrieben werden konnten. An ihrer Stelle entstanden in den Seitenstraßen sogenannte »Speakeasies«, in denen weiterhin – illegal und für sehr viel Geld – Alkohol in beliebigen Mengen zur Verfügung stand. Manche dieser Lokale maskierten sich als Klubs, zu denen nur Mitglieder Zutritt hatten, andere waren in Privathäusern untergebracht, an deren Türen Besucher – meist von Taxifahrern gegen ein gebührendes Aufgeld dorthin gebracht – ein Losungswort sagen mußten, um Zutritt zu finden. Dies war die Zeit, in der Gangster keine Schwierigkeiten hatten, Geld zu scheffeln, denn sie kontrollierten und beschützten (und genossen ihrerseits den Schutz einer korrupten Polizei) diese Klubs. Oft änderten die Klubs ihre Namen und Adressen, sobald bekannt wurde, daß Bundesbeamte eine Razzia planten, vor der seltsamerweise die Klubs meist immer im voraus gewarnt wurden. Aber mit der Zeit mußte auch mancher dieser »Racketeers« sein Leben lassen, und Schießereien am und um den Times Square waren in den zwanziger Jahren keineswegs selten. Als schließlich 1933, kurz nach dem Amtsantritt Präsident Roosevelts, dieses »noble Experiment« der Prohibition, wie es von seinen Befürwortern bezeichnet wurde, sein Ende fand, kehrte normaleres Leben an den Times Square zurück.

In den dreißiger Jahren waren es nicht die Theater, sondern die großen Kinos mit ihren den Filmen vorangehenden Bühnenschauen, die das Leben am Times Square beherrschten. Kinos wie das Paramount, Roxy, Strand, Capitol und Loew's State – keines von ihnen besteht heute mehr – engagierten populäre Kapellen, darunter Benny Goodman, die Brüder Dorsey, Guy Lombardo, Kay Kyser, Eddie Duchin, Count Basie, und bekannte Sänger wie Frank Sinatra und Lannie Ross sowie Komiker wie Danny Kaye, Milton Berle, Bob Hope, Jack Benny, Dean Martin und Jerry Lewis – eine Entwicklung, die bis nach dem Ende des Zweiten Weltkriegs anhielt. Als während des Zweiten Weltkriegs die Regierung in Washington erstmals in der Geschichte der Vereinigten Staaten eine allgemeine Polizeistunde verhängte, verlängerte sie der New Yorker Bürgermeister Fiorello La Guardia eigenmächtig von Mitternacht auf ein Uhr, denn

Das Shubert Theatre, *nach einem Aquarell von Paul Maroon*

schließlich – dies seine Begründung – »New York ist noch New York«. Aber der Zwang zur Energieeinsparung machte auch vor dem Times Square nicht halt: Die Lichter, die seit 1919 den Platz erhellten, gingen vorübergehend aus. Wohl die größte Menschenansammlung, die der Times Square je erlebte, gab es am 15. August 1945, als der Krieg mit der Kapitulation Japans sein endgültiges Ende erreicht hatte. Schon im Mai hatten Hunderttausende die Kapitulation Nazideutschlands mit frenetischem Applaus begrüßt, aber das war nichts gegen die Kundgebungen drei Monate später: Als die Kapitulation der Japaner um 19.03 Uhr über das Nachrichten-Leuchtband bekanntgegeben wurde (»Amtlich: Truman verkündet die Kapitulation Japans«), kam ein Schrei der Begeisterung aus etwa 750000 Kehlen, den man meilenweit hören konnte. Die Polizei schätzte, daß sich bis Mitternacht eineinhalb Millionen Menschen auf dem Times Square angesammelt hatten – mehr als 15 Prozent der Bevölkerung der Stadt.

Die letzten Stunden der großen Kinopaläste schlugen mit dem zunehmenden Einfluß des Fernsehens in den fünfziger Jahren. Die meisten Kinos wurden abgerissen und wichen Bürowolkenkratzern, einige wurden – wie dies auch in anderen Städten üblich war – in mehrere kleine Kinos »zerlegt«. Die Zahl der Theater hatte sich ohnehin inzwischen auf etwa 30 bis 35 reduziert und ist seither stabil geblieben: Zwar wurden 1982 drei Theater (»Helen Hayes«, »Morosco« und »Bijou«) eingeebnet, um dem Bau eines riesigen, nahezu 2000 Zimmer aufweisenden Hotelbunkers (Marriot-Marquis) an der 46. Straße Platz zu machen, aber diese Abrisse wurden durch neue Theater wettgemacht, darunter auch eines in dem neuen Hotel, das 1987 unter dem Namen »Marquis Theatre« eröffnet wird. Ein Vorschlag, um das neue Hotel eine Fußgängerzone zu legen (bisher besitzt New York keine einzige), mußte allerdings aus verkehrstechnischen Gründen wieder aufgegeben werden.

Zum gegenwärtigen Zeitpunkt sieht der Times Square noch einer ungewissen Zukunft entgegen. Ob er durch mehr Bürowolkenkratzer eingerahmt werden wird, ob ein großes Einkaufszentrum errichtet werden soll, ob eine wirksame Sanierung der 42. Straße zwischen Times Square und 8. Avenue überhaupt möglich ist – all dies steht zur Zeit noch in den Sternen. Sicher ist jedenfalls, daß Änderungen kommen werden, die wahrscheinlich dem Times Square etwas von seiner Attraktivität für die vielen Millionen Besucher, die alljährlich dorthin strömen, nehmen werden. Sicher ist aber auch, daß der Times Square auf absehbare Zeit das Zentrum des Theaterbetriebs bleiben wird, denn die Nordwärtsbewegung der Theater, die zu Beginn des 19. Jahrhunderts begann, hat ihr Ende erreicht.

Die New Yorker Theater zeichnen sich, von einigen ganz wenigen Ausnahmen einmal abgesehen, kaum durch besondere Architektur aus, deshalb wurden auch trotz wiederholter Anträge bisher nur wenige Theater unter Denkmalschutz gestellt. Von den bestehenden 35 Theatern sind nicht weniger als 15 das Werk eines einzigen Architekten, über den sich aber die New Yorker Architekturgeschichte weitgehend ausschweigt. Herbert J. Krapp verstand es offenbar, den Forderungen seiner Auftraggeber, deren prominenteste die Gebrüder Shubert waren, nach Billigkeit und Geschwindigkeit zu entsprechen: Im allgemeinen nahm die Bauzeit der Krappschen Theater nur einige Monate in Anspruch. Für den Besucher ergibt sich daraus ein Eindruck von Eintönigkeit der Bauten, nur wenige Theater kann man ob ihrer individualistischen Züge identifizieren.

Der bekannte Bühnenbildner Lee Simonson hat diese Situation in seinem Buch *The Stage Is Set* vielleicht am besten dargestellt: »Das typische New Yorker Theater ist ein Mietshaus, dessen Eigentümer keinerlei Interesse am Theater hat – er will nur hohe Mieteinnahmen ... Er braucht nicht mehr zu verkaufen als den Wert des Bauplatzes an Spekulanten. Daher werden Theater auf die kleinstmöglichen New Yorker Grundstücke gesetzt und haben eine Form, die die denkbar schlechteste Grundlage für eine befriedigende architektonische Planung in bezug auf das Verhältnis von Bühne zu Auditorium bildet. Aber der Theatereigentümer verkauft dem Meistbietenden die Gelegenheit, Sitze zu verkaufen. So viele Sitze wie nur möglich werden zusammengedrängt, auf Sichtlinien wird keine Rücksicht genommen, die Bühne hat nur eine geringe Breite und ist nicht tief, oft nicht mehr als acht Meter.«

Diese Beschreibung gilt vor allem für die kleineren Theater mit 1000 bis 1200 Sitzplätzen, in denen ausschließlich Sprechstücke gegeben werden, während die größeren Häuser – derzeit 15 – vorwiegend für Musicals genutzt werden. Krapp hat Theater beider Größen gebaut, allein in den Jahren 1917 bis 1928 nicht weniger als 21, von denen sechs seither abgerissen oder zweckentfremdet wurden. Nachfolgend ein kurzer, alphabetischer Überblick über die Broadway-Theater:

»Ambassador«, 215 West 49th Street: 1125 Plätze (Shubert-Konzern), eröffnet 1921. Es wurde als »kleines« Musical-Haus erbaut und 1935 bis 1955 abwechselnd als Kino, Rundfunk-und Fernsehatelier genutzt, seither wieder seinem eigentlichen Zweck zugeführt. In den letzten Jahren wurden dort u. a. die Musicals *Eubie* und *Dancin'* gegeben.

»Belasco«, 111 West 44th Street: 1018 Plätze (Shubert-Konzern), eröffnet 1907. Es wurde von David Belasco, dem Stückeschreiber, Regisseur und Produzenten, erbaut und hieß zunächst »Stuyvesant Theatre«. 1910 erhielt es seinen jetzigen Namen. Belasco, der sich in dem Theater eine Wohnung einbaute, lebte bis zu seinem Tode 1931 dort. Abgesehen von einer kurzen

Periode Anfang der fünfziger Jahre, als die National Broadcasting Company das »Belasco« für die Ausstrahlung von Hörspielen verwandte, ist es immer Theater geblieben und hatte viele Erfolge zu verzeichnen.

»Biltmore«, 261 West 47th Street: 948 Plätze (Nederlander-Konzern), eröffnet 1925. Eines der sechs Theater, die die Gebrüder Chanin in den zwanziger Jahren erbauten, aber während der Weltwirtschaftskrise ein paar Jahre später wieder verloren. Hier wurde Mae West 1930 wegen Mitwirkung in dem angeblich obszönen Stück *Pleasure Man* verhaftet; in den dreißiger Jahren wurde das »Biltmore« vom Federal Theatre bespielt, und von 1968 an war hier auf mehrere Jahre das Rock-Musical *Hair* zu Hause.

»Booth«, 222 West 45th Street: 783 Plätze, (Shubert-Konzern), eröffnet 1913. Es trägt den Namen des Schauspielers Edwin Booth, wurde von Winthrop Ames nach seinem Fiasko mit dem »New Theatre« erbaut und gehört zu den kleinsten Broadway-Häusern, ist aber wegen seiner guten Akustik besonders beliebt.

»Broadhurst«, 235 West 44th Street: 1155 Plätze (Shubert-Konzern), eröffnet 1917. Es wurde nach dem jetzt völlig vergessenen Bühnenautor George Broadhurst benannt, der es erbauen ließ, aber nicht lange halten konnte. Hier wurden gelegentlich auch Musicals wie *Cabaret* aufgeführt, und einer der jüngsten Erfolge war Peter Shaffers *Amadeus.*

»Broadway«, 1681 Broadway: 1765 Plätze (Shubert-Konzern), 1924 als Kino eröffnet, dient seit 1929 als Theater, vorwiegend für große Musicals. Es ist eines der wenigen Theater, die sich noch am Broadway befinden, und schon das fünfte oder sechste Theater in New York, das diesen Namen trägt. Eines der jüngsten Erfolgsmusicals war *Evita,* das über drei Jahre gegeben wurde.

»Brooks Atkinson«, 256 West 47th Street: 1088 Plätze (Nederlander-Konzern), eröffnet 1926 als »Mansfield Theatre«, nach dem um die Jahrhundertwende berühmten Darsteller Richard Mansfield. 1960 erhielt es seinen jetzigen Namen, zu Ehren des langjährigen Theaterkritikers der *New York Times* (1925–1960). In den vorangegangenen zehn Jahren diente es einer Fernsehgesellschaft.

»Cort«, 138 West 48th Street: 1089 Plätze (Shubert-Konzern), eröffnet 1912 für die Produktionen von John Cort, der es erbauen ließ. Es genießt – was für abergläubische Theaterleute wichtig ist – den Ruf eines »glückbringenden« Hauses, in dem im Laufe der Jahre viele berühmte Schauspieler aufgetreten sind, von Laurette Taylor in der Eröffnungsvorstellung bis zu Al Pacino.

»Ethel Barrymore«, 243 West 47th Street: 1096 Plätze (Shubert-Konzern), eröffnet 1928 von der Schauspielerin Ethel Barrymore, der zu Ehren die Shuberts das Haus benannten – sie taten es freilich in erster Linie, um einen langjährigen Managementvertrag mit ihr zu bekommen. Hier fand u. a. die Uraufführung von Tennessee Williams' *Endstation Sehnsucht* statt, und auch Musicals wurden hier gegeben, so Cole Porters *Gay Divorce* und Weills *Knickerbocker Holiday*.

Das Booth Theatre, *nach einem Aquarell von Paul Maroon*

»Eugene O'Neill«, 230 West 49th Street: 1101 Plätze (Neil Simon), eröffnet 1925 als »Forrest Theatre« (zu Ehren des ersten amerikanischen »Stars« Edwin Forrest). Von 1945 bis 1959 hieß es »Coronet Theatre«, bis es seinen jetzigen Namen erhielt. Hier behauptete sich sieben Jahre lang, von 1934 bis 1941, *Tobacco Road,* und in den letzten 15 Jahren, seitdem es Neil Simon gehört, sind dort fast alle seine Komödien aufgeführt worden.

»46th Street«, 226 West 46th Street: 1342 Plätze (Jujamcyn-Konzern). Weihnachten 1925 eröffnet, sind hier seither fast ausschließlich Musicals gegeben worden, darunter Frank Loessers *Guys and Dolls,* Weills *One Touch of Venus* und John Kanders *Chicago.* Früher gab es auch ein 44th, 48th, 49th, 51st und 58th Street Theatre, aber keines von diesen existiert mehr, und das 46th ist neben dem Broadway das einzige, das noch eine Straßenbezeichnung im Namen führt.

»George Gershwin«, 1633 Broadway: 1933 Plätze (Nederlander-Konzern), 1972 in einem Büro-wolkenkratzer eröffnet. Es ist das größte aller New Yorker Theater und daher nur für spektakuläre Musicals geeignet. Bis 1983 hieß es »Uris Theatre« nach seinem Erbauer. Hier waren *Porgy and Bess, Sweeney Todd* und *Pirates of Penzance* einige der großen Erfolge.

»Imperial«, 249 West 45th Street: 1452 Plätze (Shubert-Konzern), eröffnet 1924. Hier wurden fast ausschließlich Musicals gegeben, darunter vor allem *Anatevka* (von 1964 bis 1972) und anschließend *Pippin* bis 1977. Eine historisch bedeutsame *Hamlet-*Aufführung ging hier Mitte der dreißiger Jahre in Szene, aber danach nur selten Sprechstücke, so John Osbornes *A Patriot for Me* und Neil Simons *Chapter Two.*

»John Golden«, 252 West 45th Street: 805 Plätze (Shubert-Konzern), eröffnet 1927 unter dem Namen »Theatre Masque«. Zehn Jahre später wurde es nach dem Theaterproduzenten John Golden benannt, der es von den in Konkurs gegangenen Gebrüdern Chanin erwarb. Hier erfolgreiche Stücke wurden häufig in Theater mit einer größeren Kapazität verlegt.

»Longacre Theatre«, 230 West 48th Street: 1452 Sitze (Shubert-Konzern), eröffnet 1913 von dem Baseball-Magnaten H. H. Frazee. In den dreißiger Jahren wurden hier durch das »Group Theatre« drei Stücke von Clifford Odets uraufgeführt. Hier fand auch die berühmt gewordene Aufführung von Ionescos *Nashörnern* 1961 statt. Gelegentlich werden auch Musicals gegeben.

»Lunt-Fontanne«, 204 West 46th Street: 1478 Plätze (Nederlander-Konzern). Bei seiner Eröffnung im Jahre 1910 hieß es noch »Globe«, es wurde von den Architekten Carrère und Hastings entworfen und gilt als eines der schönsten Broadway-Häuser. Ein Vierteljahrhundert lang, von 1932 bis 1957, war es Kino, dann wurde es unter dem Namen eines der bekanntesten Schauspielerehepaare wieder als Theater eröffnet, mit Alfred Lunt und Lynn Fontanne in Dürrenmatts *Besuch einer alten Dame.* In diesem Theater wurden auch mehrfach Musicals aufgeführt.

»Lyceum«, 149 West 45th Street: 928 Plätze (Shubert-Konzern), 1903 von Daniel Frohman eröffnet. Es ist das älteste noch bestehende Broadway-Theater, das sowohl 1939 wie 1970 vom Abriß bedroht war, jetzt aber unter Denkmalschutz steht. Außen wie innen ist es das luxuriöseste Theater New Yorks, von den Architekten Herts und Tallant erbaut, in dem sich auch eine Wohnung für den Produzenten befand mit einer Falltür, durch die er die Vorgänge auf der Bühne beobachten konnte. In der Wohnung war vorübergehend das ausgedehnte Shubert-Archiv untergebracht, eine für die New

Yorker Theatergeschichte unentbehrliche Fundgrube, jetzt in einem Gebäude der New York University.

»Majestic«, 245 West 44th Street: 1629 Plätze (Shubert-Konzern), 1927 als weiteres der von den Chanins erbauten Theater eröffnet. Es ist wohl das eleganteste Haus am Times Square und war bis zur Erbauung des »George Gershwin« auch das größte. Abgesehen von einigen Sprechstücken wie Peter Weiss' *Marat/Sade* sind hier fast nur Musicals aufgeführt worden, darunter *Carousel, South Pacific, The Music Man, The Wiz, The Act* und *42nd Street.*

»Mark Hellinger«, 237 West 51st Street: 1603 Plätze (Nederlander-Konzern), ursprünglich als Kinopalast 1930 unter dem Namen »Hollywood« eröffnet. Zunächst mehrfach abwechselnd war es Theater und Kino, dann wurde es 1936 in »51st Street Theatre« umbenannt, hieß darauf wieder eine Zeitlang »Hollywood« und erhielt schließlich seinen jetzigen Namen (nach einem bekannten Broadway-Kolumnisten) erst 1949. Es ist ausschließlich Musical-Haus, sein größter Erfolg war *My Fair Lady,* das hier von 1956 bis 1962 aufgeführt wurde.

»Marquis«, 1633 Broadway: 1600 Plätze (Nederlander-Konzern). Dieses in das neue Marriott Marquis Hotel eingebaute Theater wird erst 1987 eröffnet. Die Größe deutet darauf hin, daß es vorwiegend für Musicals in Frage kommen wird.

»Martin Beck«, 302 West 45th Street: 1280 Plätze (Jujamcyn-Konzern), 1924 von dem Produzenten Martin Beck eröffnet, der an der Spitze eines der großen Vaudeville-Unternehmen stand. Es ist das westlichste der Broadway-Theater und wurde in den zwanziger und dreißiger Jahren vielfach für Aufführungen der »Theatre Guild« benutzt. Gelegentlich werden in diesem Theater auch Musicals gespielt. 1981 fand hier das vielbeachtete Broadway-Comeback Elizabeth Taylors in Lillian Hellmans *The Little Foxes* statt.

»Minskoff«, 1515 Broadway: 1621 Plätze (Nederlander-Konzern), 1973 eröffnet. Wie das »George Gershwin« ist auch dieses Theater in einen Wolkenkratzer eingebaut und daher von der Straße aus nicht zu sehen. Das Theater, das an der Stelle steht, wo sich ein halbes Jahrhundert lang bis 1968 das berühmte Hotel Astor befand, ist ausschließlich für Musicals gedacht. Den Namen verdankt es dem Bauherrn Jerry Minskoff, der den 55 Stockwerke hohen Wolkenkratzer errichten ließ.

»Music Box«, 239 West 45th Street: 1010 Plätze (gehört zur Hälfte dem Shubert-Konzern), 1921 eröffnet. Es wurde für Irving Berlins Music-Box-Revuen gebaut, die bis 1925 alljährlich dort gezeigt wurden. In der Folgezeit wechselten Sprechstücke und Musicals miteinander ab: Hier trat Humphrey Bogart auf, und Musicals wie George Gershwins *Of Thee I Sing* und Kurt Weills *Lost in the Stars* erlebten in diesem Theater ihre Uraufführung. In den fünfziger Jahren wurden hier die drei wichtigsten Stücke von Inge gespielt, *Picnic, Bus Stop,* und *The Dark at the Top of the Stairs.*

»Nederlander«, 208 West 44th Street: 1168 Plätze (Nederlander-Konzern), 1921 als »National Theatre« eröffnet. 1959 erhielt es den Namen »Billy Rose« nach dem Produzenten, der es gekauft hatte. 1977 ging es in den Besitz der Gebrüder Nederlander über, die es zunächst »Trafalgar« nannten, ihm aber drei Jahre später ihren Familiennamen gaben, womit David Tobias Nederlander, ihr Vater und Begründer des Konzerns, geehrt werden sollte. Hier wurden im Lauf der Jahre viele Erfolgsstücke gegeben, darunter Noel Cowards *Tonight at 8.30, The Corn Is Green* (mit Ethel Barrymore), Odets' *The Big Knife* und vor allem Albees *Wer hat Angst vor*

Virginia Woolf?. In den letzten Jahren trat hier Lena Horne in ihrer Soloschau *The Lady and Her Music* auf.

»Neil Simon«, 250 West 52nd Street: 1334 Plätze (Nederlander-Konzern), 1927 als »Alvin« eröffnet. Der Name entstand als Akronym nach den beiden Produzenten *Al*ex Aarons und *Vin*cent Freedley, die es als Musical-Haus erbaut hatten. Es erhielt seinen jetzigen Namen 1982 und ist damit das einzige Theater, das den Namen eines lebenden Bühnenautors trägt. Neben zahlreichen Musicals – der letzte Schlager war *Annie,* das von 1977 bis 1982 gezeigt wurde – beherbergte es auch Sprechstücke.

»Palace«, 1564 Broadway: 1686 Plätze (Nederlander-Konzern), wurde 1913 als Vaudeville-Theater eröffnet, das es zwei Jahrzehnte hindurch blieb. Es war dann drei weitere Jahrzehnte ein Kino, bis es 1966 von den Nederlanders wieder dem Theater zugeführt und mit dem Musical *Sweet Charity* von Cy Coleman eröffnet wurde. Seitdem wurden hier viele Erfolgsmusicals gegeben, aber auch nicht wenige Nieten waren zu verzeichnen.

»Plymouth«, 236 West 45th Street: 1077 Plätze (Shubert-Konzern), 1917 von dem Produzenten Arthur Hopkins mit finanzieller Unterstützung der Shuberts erbaut. In den ersten Jahren wurden hauptsächlich Ibsen und Tolstoj gespielt, danach amerikanische Sprechstücke. In den letzten Jahren wurden hier drei Stücke von Neil Simon gegeben: *Odd Couple, Plaza Suite* und *The Gingerbread Lady,* ferner Peter Shaffers *Equus* und Simon Grays *Otherwise Engaged.*

Das Neil Simon Theatre, nach einem Aquarell von Paul Maroon

Das Royal *und das* John Golden Theatre, *nach einem Aquarell von Paul Maroon*

»Ritz«, 219 West 48th Street: 1100 Plätze (Jujamcyn-Konzern), 1921 nach einer Bauzeit von nur 66 Tagen (einem Rekord für New York) von den Shuberts eröffnet. Es diente von 1939 bis 1970 zahlreichen Radio- und Fernsehübertragungen, wurde dann 1972 wieder Theater, erwies sich als unprofitabel, danach diente es nochmals als Kino und wurde erst 1984 wieder seinem eigentlichen Zweck zugeführt.

»Royale«, 242 West 45th Street: 1058 Plätze (Shubert-Konzern), 1927 eröffnet. Fünf Jahre später wurde es von dem Produzenten John Golden gepachtet, der ihm den Namen »Golden« gab. Von 1936 bis 1940 diente es als Rundfunkstudio und wurde dann wieder unter seinem ursprünglichen Namen für das Theater zurückgewonnen. Hier wurde das Musical *Grease,* das erst in zwei anderen Theatern gegeben worden war, von 1973 bis 1980 gespielt.

»St. James«, 246 West 44th Street: 1601 Plätze (Jujamcyn-Konzern), unter dem Namen »Erlanger« 1927 eröffnet (Abraham Erlanger stand an der Spitze eines bedeutenden Theatersyndikats). 1932 erhielt es seinen jetzigen Namen nach dem gleichnamigen Londoner Theater (das allerdings St. James's buchstabiert wird) und hatte viele Erfolge zu verzeichnen: Einer der größten kam 1943 mit *Oklahoma!,* das über fünf Jahre en suite gespielt wurde. Noch ein Jahr länger, von 1964 bis 1970, wurde *Hello, Dolly!* gegeben, mit insgesamt sechs verschiedenen Dollys: Carol Channing, Martha Raye, Ginger Rogers, Betty Grable, Ethel Merman und Pearl Bailey.

»Shubert«, 225 West 44th Street: 1483 Plätze (Shubert-Konzern), 1913 mit einer *Hamlet-*Produktion eröffnet. In der Folgezeit wurde es meist von Musicals bespielt, seit dem 25. Juli 1975 wird hier *A Chorus Line* gegeben, das mehr Aufführungen erzielte als irgendein anderes Broadway-Musical. Im Theaterbau, in der ehemaligen Wohnung des 1953 verstorbenen Lee Shubert, befinden sich auch die Büros des Shubert-Konzerns.

»Virginia«, 245 West 52nd Street: 1177 Plätze (Jujamcyn-Konzern), 1925 als »Guild«, das Haus der »Theatre Guild«, eröffnet. Es erfreute sich nie großer Popularität bei Schauspielern oder Publikum, und viele Produktionen der »Guild« kamen in anderen Theatern heraus. Von 1943 bis 1950 diente es als Hörspielstudio, 1950 wurde es von der American National Theatre and Academy (ANTA) gekauft und erhielt deren Namen. 1981 ging es an den Jujamcyn-Konzern über und wurde in »Virginia« umbenannt. Hier sind viele gut aufgenommene Sprechstücke herausgekommen.

»Winter Garden«, 1634 Broadway: 1529 Plätze (Shubert-Konzern), 1911 von den Shuberts an einer Stelle erbaut, an der sich bis dahin Pferdestallungen befanden. Anfangs wurden hier Revuen gegeben, später ausschließlich Musicals, darunter *Funny Girl* mit Barbra Streisand, *Mame* mit Angela Lansbury, *42nd Street* mit Tammy Grimes und Jerry Orbach sowie seit 1981 *Cats,* das englische Musical von Andrew Lloyd Webber, für das das Innere des Theaters weitgehend umgebaut wurde.

Aus dieser Liste geht die überragende Stellung der Shuberts mit ca. 16 und der Nederlanders mit neun Theatern hervor, zwischen denen verständlicherweise erhebliche Rivalität besteht. Die Theater wurden häufig nach den sie erbauenden Produzenten benannt, während nur eine Handvoll die Namen von Schauspielern, Autoren und eines Kritikers tragen. Auffallen muß, daß mit Ausnahme von Gershwin keiner der anderen für die vielen erfolgreichen Musicals Verantwortlichen wie Richard Rodgers und Oscar Hammerstein, Cole Porter oder Jerome Kern bisher durch die Benennung eines Theaters geehrt wurde. Andere Theater erhielten Namen, die Luxus oder Vornehmheit suggerieren sollen (was aber nur auf ganz wenige Broadway-Theater zutrifft), etwa »Imperial«, »Royale«, »Majestic«, »Palace«, »Ambassador« oder »Ritz« – Bezeichnungen, von denen jemand einmal gesagt hat, sie seien für Zigarettenmarken oder Hotels in Atlantic City besser geeignet als für New Yorker Theater.

Wie ungenügend diese Theater freilich genutzt werden, geht daraus hervor, daß beispielsweise in der Spielzeit 1985/86 nur sechs Häuser das ganze Jahr hindurch, 52 Wochen, bespielt wurden, vier weitere waren 40 bis 47 Wochen geöffnet, sechs 30 bis 39 Wochen, fünf 20 bis 29 Wochen, 13 weniger als 20 Wochen und zwei – das Martin Beck und Belasco – blieben während der ganzen Spielzeit dunkel.

Theater am Broadway

1	Virginia	**18**	Palace
2	Broadway	**19**	Imperial
3	Neil Simon	**20**	Music Box
4	Mark Hellinger	**21**	46th Street
5	George Gershwin	**22**	Lyceum
6	Circle	**23**	Martin Beck
	in the Square	**24**	John Golden
7	Winter Garden	**25**	Royale
8	Ambassador	**26**	Majestic
9	Eugene O'Neill	**27**	Plymouth
10	Ritz	**28**	Booth
11	Biltmore	**29**	Shubert
12	Ethel Barrymore	**30**	Broadhurst
13	Longacre	**31**	Minskoff
14	Cort	**32**	Belasco
15	Brooks Atkinson	**33**	St. James
16	Edison	**34**	Helen Hayes
17	Lunt-Fontanne	**35**	Nederlander

TKTS

52nd Street
51st Street
50th Street
49th Street
48th Street
47th Street
46th Street
45th Street
44th Street
43rd Street
42nd Street
41st Street

48th Street
47th Street
46th Street
45th Street
44th Street
43rd Street
42nd Street
41st Street

Eighth Avenue
Seventh Avenue
Broadway
Avenue of the Americas (Sixth Avenue)

ZWEITES KAPITEL

Wie eine Broadway-Aufführung zustande kommt

»Der Broadway ist eine sehr, sehr schwierige Arena geworden, vielleicht mehr als jemals zuvor«, klagte im Jahre 1970 der Produzent Hillard Elkins, der sich seither vom Theater zurückgezogen hat. Aber, so fügte er hinzu, Broadway »gibt zumindest das Privileg, das zu tun, woran man glaubt, sofern man sich die nötige Zeit und Mühe nimmt«. Doch diese idealistische Einstellung, die sicherlich noch die großen Produzentenpersönlichkeiten früherer Jahre unterschrieben hätten, ist heutzutage überholt, es finden sich nur noch wenige Produzenten, die aus reiner Begeisterung Theater machen. Vielleicht ist das angesichts der gewaltig erhöhten Kosten verständlich, die heute in eine Theateraufführung investiert werden müssen: Zwischen 750 000 und 850 000 Dollar werden schon für ein Sprechstück mit nicht mehr als sieben Darstellern und einer Einheitsdekoration benötigt, zwischen 4 und 6 Millionen Dollar kostet ein aufwendiges Musical. Solche Summen lassen sich nicht mehr mit Idealismus allein finanzieren, und entsprechend sind die Produzenten mehr und mehr Geschäftsleute geworden, oft sogar schon theaterfremd, die sich von einer Theaterproduktion ebenso Gewinnchancen versprechen wie von der Produktion von Waren. Ausnahmen gibt es zwar, aber sie sind rar.

Wo sind die Zeiten, da die »Theatre Guild« Georg Kaisers *Von morgens bis Mitternacht* für nur 2000 Dollar herausbringen konnte, William A. Brady *Street Scene* von Elmer Rice oder Herman Shumlin Lillian Hellmans *The Children's Hour* zu je 8000 Dollar, Sam H. Harris die Komödie *You Can't Take It With You* von Moss Hart und George S. Kaufman mit 20 Mitwirkenden für 16 000 Dollar auf die Bühne brachte?

Noch 1943 genügten für das Musical *Oklahoma!* 75 000 Dollar – und diese Beispiele ließen sich beliebig verlängern. Der Glaube allein in ein Stück oder Musical kann nicht mehr die (Geld)-Berge versetzen, die heute am Broadway benötigt werden.

Zweifellos ist der Produzent die Schlüsselfigur des Broadway-Theaters, ohne ihn bewegt sich nichts. Er ist für den gesamten Produktionsprozeß verantwortlich: von der Auswahl eines Stückes oder Musicals bis zur letzten Aufführung – und manchmal noch länger, wenn es um die Verwertung von Zweit- und Drittrechten geht. Dazwischen liegt buchstäblich eine Myriade kleiner und großer Schritte, von denen jeder einzelne von entscheidender Bedeutung für das Endergebnis sein kann. Der Produzent wählt das Stück aus, das er aufführen möchte, billigt oder – nicht selten – initiiert die Idee zu einem Musical, und oft muß eine Entscheidung schon fallen, lange bevor das Musical in endgültiger Form vorliegt. Er wählt den Regisseur und die Hauptdarsteller, den Bühnenbildner und Kostümentwerfer aus, für ein Musical oft auch noch den Choreographen und Dirigenten. Er stellt einen »General Manager« für die geschäftliche Seite der Produktion ein und einen »Press Agent«, einen Werbeleiter, der im kommerziellen Theater eine wichtige Rolle spielt.

Oft überwacht der Produzent auch die künstlerische Seite und muß als seine vielleicht wichtigste Funktion das benötigte Geld aufbringen, öffentliche Subventionen gibt es nicht. Im Gegensatz zu etwa der Zeit vor 1950 sind heute die Produzenten auch nur noch selten in der Lage, eine Produktion alleine zu finanzieren - eine solche Ausnahme in den letzten Jahren war die

Alleinfinanzierung des Musicals *42nd Street* mit rund 4 Millionen Dollar durch David Merrick. Will der Produzent allen diesen Aufgaben nachkommen, muß er noch vielseitiger sein als beispielsweise ein deutscher Theaterintendant, denn er hat keine festen Mitarbeiter, vor allem keinen Dramaturgen und keinen Verwaltungsdirektor, die ihm zur Seite stehen. Jede Produktion beginnt am Nullpunkt; oft ist noch nicht einmal das Theatergebäude gefunden worden, wenn die Vorbereitungen für die Produktion bereits angelaufen sind.

Früher war es fast selbstverständlich, eine praktische »Lehre« durchzumachen, ehe man Produzent wurde, entweder als Regisseur, als Werbeleiter, Inspizient, General Manager oder Assistent eines Produzenten. Allerdings gab es immer wieder Ausnahmen: Jed Harris zum Beispiel, ein gebürtiger Wiener, beschloß nach einigen für ihn langweiligen Kritikerjahren, selbst Theater zu machen, und war, knapp 26 Jahre alt, mit *Broadway* sensationell erfolgreich, einem Stück des vergessenen Autors Philip Dunning, in dem man erstmals auf der Bühne Gangster aller Art sehen konnte. Für nur 13 000 Dollar Produktionskosten brachte Harris 1926 das Stück heraus, schon nach zwei Wochen hatte er seine Kosten eingespielt, und insgesamt verdiente er an *Broadway* 750 000 Dollar – ein Betrag, der heute etwa 10 bis 12 Millionen entspricht.

Die heutigen Produzenten haben selten viel Theaterkenntnis. Sie wollen einfach viel Geld verdienen. Auf diese Weise sind manche der älteren, bewährten Produzenten in den Hintergrund gedrängt worden, oft vielleicht auch, weil ihnen die Produzentenrolle, bei der die Beschaffung des Geldes die wichtigste Funktion geworden ist, nicht mehr behagt. Harold Prince beispielsweise hat seit 1975 nichts mehr produziert und sich mit der Rolle des Regisseurs zufriedengegeben.

Natürlich muß der Produzent, noch ehe er überhaupt mit der Geldbeschaffung beginnen kann, gewisse Summen vorschießen. Handelt es sich um ein Musical, obliegt es ihm, den Komponisten und Texter zu bezahlen, solange sie noch an dem Werk arbeiten. Er muß für seine Bürokosten aufkommen, Finanzberater, die den Kostenvoranschlag aufstellen, und Anwälte, die für die Ausarbeitung der juristischen Einzelheiten verantwortlich sind, für ihre Arbeit honorieren. Erst, wenn die Details einer Produktion feststehen, kann die Finanzierung in Angriff genommen werden. Es muß ein Prospekt, eine Art Werbebroschüre, ausgearbeitet werden, den eine oder zwei Regierungsstellen billigen müssen: der Justizminister des Staates New York, wenn die Gelder nur innerhalb des Staates aufgebracht werden sollen, zusätzlich auch noch Security and Exchange Commission in Washington, sofern der Prospekt nicht nur an New Yorker Adressaten geht. Juristisch wird eine sogenannte »limited partnership« gegründet, bei der der Produzent die Rolle des »general partner« übernimmt, während die Investoren »limited partners« sind, vergleichbar etwa dem Kommanditisten und den Komplementären einer deutschen Kommanditgesellschaft.

Der Prospekt muß alle wesentlichen Informationen enthalten: Stück bzw. Musical, Inhaltsangabe, bisherige Leistungen des Produzenten und des bereits verpflichteten oder in Aussicht genommenen künstlerischen Personals, außerdem auch den genauen Zeitpunkt, wann das Geld an den Einleger zurückgezahlt werden wird, für den Fall, daß der benötigte Gesamtbetrag nicht aufgebracht werden kann. Darüber hinaus muß auch ausdrücklich auf das Risiko einer Produktion hingewiesen werden, zum Beispiel wird angeführt, wie viele Produktionen der vorangegangenen Spielzeit in roten oder schwarzen Zahlen endeten. Meist ist auch noch der folgende Satz enthalten: »Das Risiko eines Verlustes ist besonders hoch im Vergleich zu den Aussichten auf einen Gewinn. Eine Beteiligung sollte nicht erwogen werden, wenn der

Anleger nicht die Möglichkeit eines totalen Verlusts seines Geldes in Betracht zieht.« Mit ähnlichen, behördlich vorgeschriebenen Texten in den Zigarettenanzeigen will man die Menschen vom Rauchen abbringen!

Für den Produzenten selbst steht meist sehr viel auf dem Spiel: Er hat monate-, manchmal jahrelange Arbeit investiert, für die er bei einem Mißerfolg nicht entschädigt wird, ebenso wie für das von ihm verauslagte sogenannte »front money«, die bereits erwähnten Kosten, die er tragen muß, ehe mit der Geldbeschaffung begonnen werden kann. Erst wenn das Stück zur Aufführung kommt, erhält der Produzent einen im Kostenvoranschlag festgesetzten Betrag für seine Bürokosten sowie einen Prozentsatz der Kasseneinnahmen. Und erst wenn die Anfangskosten eingespielt wurden, entfällt auf den Produzenten die Hälfte des Gewinns und auf die Investoren, in der Broadway-Sprache »Angels« genannt, die andere Hälfte. Der »general partner« ist überdies für alle finanziellen Verpflichtungen voll verantwortlich, der »Angel« nur bis zur Höhe des von ihm eingelegten Kapitals. Manchmal sieht sich der Produzent (oder die Produzentengemeinschaft, wenn mehr als ein »general partner« vorhanden ist) gezwungen, sich an dem finanziellen Risiko zu beteiligen, falls nicht genügend Geld zusammenkommt und der Produzent das Projekt auf jeden Fall durchziehen will. Dies geschieht dann oft in der Weise, daß er den ihm zustehenden Gewinnanteil von 50 Prozent auf 40 oder 35 Prozent reduziert, je nachdem, wieviel Geld noch benötigt wird.

Innerhalb dieser Richtlinien gibt es zahllose Varianten, die am besten an einem Beispiel illustriert werden. Als vor mehreren Jahren Edward Albees *The Lady From Dubuque* uraufgeführt werden sollte, schied – gerade, als die Proben beginnen sollten – einer der Geldgeber aus der »limited partnership« aus, und die Aufführung, für die das Premierendatum schon festgesetzt

war, geriet in Gefahr. Eine Verschiebung war ausgeschlossen, weil Alan Schneider, der Regisseur, auch noch andere Verpflichtungen hatte. Aber ein Probenbeginn war nicht möglich, solange nicht alles Geld beisammen war. Richard Barr und Lester Osterman, die beiden Produzenten, teilten schließlich der *New York Times* ihr Problem mit, die dies auch veröffentlichte – mit dem Ergebnis, daß das Geld doch noch hereinkam. Aber die vier zusätzlichen Geldgeber traten als »general partners« in die Gemeinschaft ein, was natürlich für Barr und Osterman einen Verzicht auf mindestens die Hälfte ihres Gewinnanteils bedeutete. Mit zweiwöchiger Verspätung begannen endlich die Proben, und der Premierentermin am 31. Januar 1980 konnte eingehalten werden. Doch genutzt hat all diese Hektik niemandem, denn alles Geld ging verloren: Die Kritiken waren so vernichtend, daß Albees Stück bereits am 9. Februar abgesetzt werden mußte.

Welcher Art sind nun die Wege, die ein Produzent beschreitet, um zu Geld zu kommen? Zunächst kann er sich an seine Geldgeber aus früheren Produktionen wenden, auch kann er auf andere bekannte Geldgeber - ihre Namen werden, wie das Gesetz es vorschreibt, laufend im *New York Law Journal* und überdies in der Theaterzeitschrift *Show Business* veröffentlicht - zurückgreifen, oder er kann, was in letzter Zeit häufig geschah, über Zeitungsinserate Geldgeber anwerben. Ferner hat er die Möglichkeit, Interessenten zu Lesungen oder Auszügen aus den musikalischen Nummern einzuladen, um sie auf diese Weise dazu zu bringen, Geld in das geplante Projekt zu stecken.

Die Anzeigenwerbung war besonders erfolgreich im Falle des Musicals *Sweeney Todd* von Stephen Sondheim, dessen Regie Harold Prince führen sollte. Die Namen Sondheim und Prince schienen Erfolgsgarantie zu bieten: mittels einer einzigen halbseitigen Anzeige in der *New York Times* gelang es, 271 Personen zu finden, die insgesamt 900 000 Dollar in das Musical steckten. Trotz längerer Laufzeit am Broadway warf das Musical zwar zunächst noch keinen Gewinn ab, aber spätere Aufführungen in London und auch der Erlös aus Schallplattenaufnahmen brachten schließlich den finanziellen Erfolg. Zumindest für die Geldgeber ging dagegen die Anzeigenaktion für ein anderes Musical daneben, das nicht weniger erfolgversprechend schien: *I Remember Mama* mit der Musik von Richard Rodgers, Liedtexten von Martin Charnin, der auch Regie führte, und mit der populären Schwedin Liv Ullman in der Hauptrolle. Anzeigen in der *New York Times* sowie in dem Börsenblatt *Wall Street Journal* waren noch erfolgreicher als im Falle von *Sweeney Todd,* denn nicht weniger als 323 Geldgeber meldeten sich, die insgesamt einenviertel Millionen Dollar in das Musical steckten. Aber sie verloren alles bis auf den letzten Penny: Das Musical erlebte nur knapp über 100 Aufführungen.

Da die Broadway-Produktionskosten insbesondere für Musicals in den letzten Jahren eine Explosion erfahren haben, gelingt es manchmal nicht, von Privatanlegern genügend Geld zusammenzubringen. Dann erweist sich zumeist Hollywood als Retter in der Not, wenn auch das Interesse der am Broadway besonders aktiven Filmstudios wie Warners, Columbia, Paramount und Universal nicht so sehr darin liegt, einen Gewinn aus den Aufführungen zu erzielen, sondern vielmehr darin, sich geeignetes Filmmaterial zu sichern, denn mit der Finanzierung ist immer eine Option auf die Filmrechte verbunden. Solches Interesse erweist sich für das Theater allerdings oft als ein zweischneidiges Schwert, weil es dazu führt, daß der Einfluß Hollywoods auf den Spielplan am Broadway größer wird. Die erste Vollfinanzierung eines Musicals durch eine Filmgesellschaft erfolgte 1956: CBS Columbia trug die gesamten Produktionskosten für *My Fair Lady* von Frederick Loewe und Allan Jay Lerner in Höhe von 400 000 Dollar, um sich die Schallplattenrechte zu sichern. Auch an den Filmrechten war die Firma beteiligt, so daß sich ihr Gesamtgewinn auf 42 Millionen Dollar belaufen haben soll. Zu den Großanlegern gehören neuerdings auch die Theaterkonzerne Shubert und Nederlander, die sich ausschließlich an den in ihren Broadway-Häusern aufgeführten Stücken und Musicals beteiligen und manchmal auf diese Weise die Verpachtung ihrer Theater an eine Produktionsgemeinschaft erst möglich machen. Hier wäscht dann sozusagen die linke Hand die rechte.

Auf welch unterschiedliche Weise Musicals am Broadway herauskommen und sich behaupten, soll an zwei Musicals aus dem Jahr 1985 deutlich gemacht werden. Im »Gershwin Theatre«, dem größten Theater am Broadway, wurde *Singin' in the Rain* aufgeführt, vor mehr als 30 Jahren ein Film mit George Kelly in der Hauptrolle. Regisseurin war die Broadway-unerfahrene, aber berühmte Choreographin Twyla Tharp. Die Produzenten waren reiche Amateure: der Chicagoer Anwalt Maury Rosenfield, seine Frau Loie und eine Freundin der Familie, Cindy Pritzker, deren Mann die Hyatt-Hotelkette besitzt. Die Rosenfields und Frau Pritzker teilten sich die Kosten des Musicals, die sich auf 5,7 Millionen Dollar belaufen haben sollen (da es privat finanziert wurde, war eine Veröffentlichung nicht notwendig). Diese Summe stellte einen Broadway-Rekord dar – aber die Kritiken waren fast einheitlich schlecht. In der Nachmittagsvorstellung am Tage nach der Premiere saßen nur 250 Zuschauer in dem fast 2000 Personen fassenden Haus. Daraufhin begann ein Kampf gegen die Kritiker, der indirekt eine weitere Million Dollar erforderte: Das in den ersten Monaten allwöchentlich anfallende Defizit mußte gedeckt werden, und es wurde eine massive Werbekampagne per Fernsehen durchgeführt. Die Fernseh-Werbespots für fünf Wochen kosteten 200 000 Dollar; gleichzeitig wurden allerdings die wöchentlichen Kosten von ursprünglich 300 000 auf 200 000 Dollar gesenkt. Die Darsteller waren mit einer Gagenkürzung einverstanden, der Nederlander-Konzern, der das Theater betreibt, setzte die Miete herab, und diejenigen, die Tantieme erhielten, erklärten sich bereit, diese zu stunden, solange die Kosten nicht eingespielt wurden. Allmählich begannen schließlich die Einnahmen zu steigen, aber diese Tendenz hielt nicht lange genug an und schließlich mußten die Produzenten, um mehr als 6 Millionen Dollar ärmer und klüger, im Juni 1986 das Handtuch werfen. Zwei andere Amateure, New Yorker Textilfabrikanten, hatten kurz zuvor 4,7 Millionen Dollar in das Musical *Grind* investiert, waren aber am Ende nicht willens, dem schlechten Geld noch gutes nachzuwerfen, so daß das Musical nur drei Monate lang gegeben wurde und beide ihre gesamte Kapitaleinlage verloren.

Ist also das Broadway-Theater eine Art Glücksspiel, bei dem es um alles oder nichts geht? Bei Musicals, die besonders kostspielig sind (für *Singin' in the Rain* beispielsweise kosteten die Bühnenbilder allein eine Million Dollar, die 300 benötigten Kostüme 725 000 Dollar!), ist dies ganz gewiß der Fall. Aber nehmen wir ein anderes Musical, das kurz nach *Singin' in the Rain* seine Uraufführung erlebte: *Big River* nach Mark Twains *Huckleberry Finn*. Die Idee entstammte den Köpfen eines Ehepaars: Rocco und Heidi Landesmann, er ein ehemaliger Theaterkritiker und Yale-Professor, jetzt im kommerziellen Bereich tätig, sie eine für das nichtkommerzielle Theater arbeitende Bühnenbildnerin. Nach längerem Hin und Her gewannen beide Roger Miller, einen Volksliedsänger und -komponisten, der sich noch nie zuvor an ein Musical gewagt hatte. William Hauptman, der seit vielen Jahren kein Stück mehr geschrieben hatte, mit Landesmann von Yale her bekannt, erklärte sich bereit, das Buch auf der Grundlage von Twains Roman zu schreiben. Robert Brustein, Leiter des nichtkommerziellen »American Repertory Theatre« in Cambridge und als langjähriger Leiter der Yale Drama School Lehrer des Ehepaars Landesmann und Hauptmans, die sich alle in seinen Klassen kennengelernt hatten, war mit einer Aufführung Anfang Februar 1984 einverstanden. Michael David, ebenfalls früher Yale, stieg als Koproduzent in das Unternehmen ein und führte ihm einen alten Freund ohne jegliche Musical-Erfahrung, Des McAnuff, als Regisseur zu, mit dem er off-off-Broadway zusammengearbeitet hatte. Die Bostoner Kritiken für *Big River* waren wohlwollend, aber alle waren sich darüber im klaren, daß das Musical in dieser Form noch nicht für den Broadway reif war, es brauchte vor allem noch mehr Musik.

Im Sommer 1984 führte McAnuff das Musical in dem von ihm geleiteten »La Jolla Playhouse« in San Diego, Kalifornien, auf, Miller hatte inzwischen vier weitere Songs geschrieben (insgesamt waren es nun zwölf), aber trotz ausgezeichneter Rezensionen der kalifornischen Presse wurden noch weitere Verbesserungen vorgenommen. Schließlich beschlossen die Landesmanns und David, selbst das Musical am Broadway herauszubringen, ohne auf Angebote anderer Produzenten einzugehen. Sie engagierten die Schauspieler und begrenzten die Gesamtkosten auf zweieinhalb Millionen Dollar, was für ein Musical mit nicht weniger als 24 Mitwirkenden außerordentlich wenig ist. Im »Eugene O'Neill Theatre«, das dem Jujamcyn-Konzern gehörte, erhielten sie günstige Bedingungen, da sich ihre Miete nach den Wocheneinnahmen richtete, und die Urheber des Werks gaben sich mit einer Gesamttantieme von 11,6 Prozent gegenüber den üblichen 15 Prozent zufrieden. Frau Landesmann entwarf die phantasievollen Bühnenbilder der Mississippi-Landschaft, und vor der Eröffnung wurde die Reklame auf das Notwendigste beschränkt.

Die Reaktion der Medien, wie sie allwöchentlich in der Zeitschrift *Variety* festgehalten wird, war nicht überwältigend, aber doch recht gut: Es gab 15 positive Kritiken, sieben gemischte und zwei negative. Immerhin vergingen auch in diesem Fall fast zwei Monate, ehe die wöchentlich anfallenden Kosten eingespielt werden konnten. Dann kam der große Coup: *Big River* wurde von den darüber abstimmenden Kritikern für 15 Tony-Preise nominiert – der wichtigsten Theaterauszeichnung, benannt nach der früh verstorbenen Regisseurin Antoinette Perry und alljährlich von der League of New York Theatres and Producers vergeben. Zugegebenermaßen war die Konkurrenz von anderen Musicals in der Spielzeit 1984/85 nicht sehr stark, aber es überraschte dann doch, daß *Big River* sieben Tony-Preise einheimste. Danach wurden fast 230 000 Dollar für eine Fernseh- und Rundfunkkampagne ausgegeben, mit dem Erfolg, daß bereits im Juni die Wocheneinnahmen auf 250 000 Dollar anstiegen und Anfang 1986 bei täglich ausverkauftem Haus mit etwas mehr als 1000 Plätzen über 300 000 Dollar betrugen, also beträchtlich über der sogenannten »Nut«, den wöchentlichen Kosten, lagen.

Singin' in the Rain, von einigen Millionären ohne ausreichende Broadway-Erfahrung für sehr viel Geld mit zweifelhaftem Enderfolg herausgebracht; *Big River* von einer Gruppe idealistischer Theaterleute ohne kommerzielle Theatererfahrung über Aufführungen in der amerikanischen Provinz an den Broadway geleitet: das sind die beiden Extreme, wie wir sie heute im New Yorker Theaterleben finden. Diese Erfahrungen sollten zu denken geben und haben auch im Jahr 1985 zu einer vielleicht entscheidenden Reform geführt: Eine Gruppe junger Theaterleute hat unter der Führung des *Big-River*-Koproduzenten Michael David und Fred Zollos, der sich als Produzent mehrerer Stücke bereits einen Namen gemacht hat, die »Producers Group« ins Leben gerufen, die für wirtschaftliche Änderungen des bestehenden Systems eintritt. Auch einige der »grand old men« des Broad-

way-Theaters haben sich der neuen Organisation angeschlossen, die eine Alternative zum jetzigen Betrieb anstrebt. Vor allem kommt es der Producers Group darauf an, eine Kostendämpfung zu erreichen, weil eine weitere Erhöhung, wie sie von Jahr zu Jahr seit den fünfziger Jahren eingetreten ist, nicht mehr tragbar zu sein scheint. Denn wenn die Eintrittspreise – derzeit bis zu 40 Dollar für Sprechstücke und 50 Dollar für Musicals – weiter stiegen, müßte mit einem grundsätzlichen Widerstand des Publikums gerechnet werden. Nach Ansicht der Producers Group sollten sich deshalb alle am Broadway Beteiligten – Produzenten, Theaterbesitzer, technische Gewerkschaften und künstlerisches Personal – auf Maßnahmen einigen, die zu einem Kostenstopp führen. Die sonst nur geringe Kompromißbereitschaft zeigende Gewerkschaft der Bühnenarbeiter hat überraschenderweise schon einen Anfang gemacht: In einem neuen Dreijahresvertrag für 1986 verzichtete sie ganz auf eine Lohnerhöhung und gab sich für 1987 und 1988 mit Erhöhungen von 5,5 bzw. 5 Prozent zufrieden. Dadurch werden natürlich die übrigen neun Gewerkschaften unter starken Druck gesetzt, ähnliches Entgegenkommen zu zeigen.

Ein Vergleich der Kosten derselben Theateraufführung in einem kommerziellen Theater im Londoner West End und am Broadway ist aufschlußreich. Vergleichszahlen gibt es für ein Einpersonenstück, aufgeführt von dem bekannten englischen Schauspieler Ben Kingsley, der in einer Zimmerdekoration den Schauspieler Edmund Kean darstellte. Beide Aufführungen fanden 1983 statt und waren identisch. Die Londoner Produktionskosten beliefen sich auf 30 000 Dollar, und der beste Platz kostete dort 13 Dollar; in New York mußten 150 000 Dollar, d. h. das Fünffache, ausgegeben werden, ehe sich der Vorhang über der ersten Vorstellung hob, und der teuerste Platz kostete 32,50 Dollar, genau das Zweieinhalbfache des Londoner Preises. Kingsleys Wochengage in London belief sich auf 3000 Dollar, in New York erhielt er 12 500 Dollar, die Theatermiete betrug 2500 Dollar in London, 10 000 Dollar in New York.

Das Musical *Cats* – um noch ein anderes Beispiel anzuführen – verschlang schon 1,1 Millionen Dollar an Produktionskosten in London, aber 5,3 Millionen in New York, der beste Platz in London kostete 19 Dollar, in New York dagegen 50 Dollar. Diese Zahlen machten das höhere Erfolgsrisiko am Broadway, verglichen mit dem Londoner West End, ganz deutlich.

Die Cats *im* Winter Garden

Offensichtlich sind die höheren Gagen und Löhne am Broadway und die höheren Mieten für den Kostenunterschied verantwortlich, aber sie sind nicht allein mit dem Unterschied in den Lebenshaltungskosten in den beiden Städten zu erklären. Tagegelder für Diplomaten und andere Würdenträger, wie sie beispielsweise von der UNO festgesetzt werden, liegen für New York nur um 20 Prozent höher als in London. Auch erklärt sich die viermal so hohe Miete nicht ausschließlich aus den dem Theaterbesitzer erwachsenden höheren Kosten, wie ein Vergleich zwischen dem »Haymarket Theatre« in London und dem »Brooks Atkinson« in New York ergibt. Für die etwa gleich großen Häuser (das New Yorker Theater hat nur etwa 100 Sitze mehr) macht die Grundeigentumssteuer in London 30 000, in New York 49 000 Dollar aus, also nur um 65 Prozent mehr.

Harvey Sabinson, einst einer der erfolgreichsten Broadway-Werbeleute, jetzt Geschäftsführer der League of New York Theaters and Producers, kommentierte diese Zahlen mit einem Achselzucken. »Laufen wir hier Amok? Vom Standpunkt der Unternehmer aus, ja. Vom Standpunkt der Arbeiter aus vielleicht nicht. Ich kenne nicht den Punkt, an dem wir Amok zu laufen begannen. Ich weiß nur, daß es einfach zu teuer ist.« Ein Gewerkschaftsvertreter, dem die Zahlen vorgelegt werden, hat ein Argument parat: »Alles Personal, das in ›Kean‹ arbeitete, war arbeitslos, als die sechs Wochen Laufzeit vorüber waren. Ich glaube nicht, daß die Arbeitsregeln unangemessen sind. Sie sind zum Schutz der Arbeitenden vereinbart worden. Das Theater ist kein Spiegelbild des normalen Lebens, und das muß ausgeglichen werden.«

Mit anderen Worten, wirtschaftliche Sicherheit für das künstlerische und technische Bühnenpersonal wird am Broadway kleingeschrieben. Bezahlung gibt es nur für die Zeit, während der ein Stück oder Musical gegeben wird (wobei es freilich die Regel ist, daß beim technischen Bühnenpersonal Bezahlung für einen vollen Arbeitstag erfolgt, auch wenn manche Gewerkschaftsmitglieder nicht mehr als drei Stunden täglich tätig sein müssen und andere überhaupt nichts zu tun haben). Von den 28 000 Mitgliedern bei Actors Equity ist weit mehr als die Hälfte zu irgendeinem Zeitpunkt arbeitslos oder muß sich außerhalb des gelernten Fachs den Lebensunterhalt als Kellner, Verkäufer, Bote usw. verdienen. Wer dagegen das Glück hat, für einen Dauerrenner am Broadway engagiert zu werden, hat für mehrere Jahre ausgesorgt, obwohl gerade diese Schauspieler sich, wahrscheinlich nicht zu Unrecht, darüber beschweren, daß es eine fast übermenschliche Anforderung an sie stellt, ein und dieselbe Rolle mehrere Jahre lang achtmal wöchentlich zu spielen. Änderungen in der Besetzung sind daher gerade bei den lange Zeit laufenden Stücken und Musicals an der Tagesordnung.

Im Gegensatz freilich zu Sabinsons Ansicht, daß sich der Anfang der Kostenexplosion nicht bestimmen läßt, ist einwandfrei nachzuweisen, daß dieser etwa um 1975 eintrat. In den zehn Jahren bis 1985 ist das allgemeine Preisniveau in den Vereinigten Staaten um 60 Prozent gestiegen, während sich am Broadway Löhne und Gagen, Miete- und Werbekosten nahezu verdreifacht haben.

DAVID MERRICK'S

SONG & DANCE
EXTRAVAGANZA

42ND STREET

 1981 TONY AWARD
BEST MUSICAL

Direction & Dances by
GOWER CHAMPION

MAJESTIC THEATRE 247 West 44th Street

The ODD Couple

PERFORMANCES BEGIN TUESDAY, JUNE 4
OPENS TUESDAY, JUNE 11

EMANUEL AZENBERG
WAYNE M. ROGERS & THE SHUBERT ORGANIZATION
present

RITA MORENO   SALLY STRUTHERS

in

NEIL SIMON'S
New Version Of

The ODD Couple

with

MARILYN COOPER   **KATHLEEN DOYLE**   **JENNY O'HARA**

TONY SHALHOUB   **LEWIS J. STADLEN**   **MARY LOUISE WILSON**

Scenery by	Costumes by	Lighting by
DAVID MITCHELL	ANN ROTH	THARON MUSSER

Directed by

GENE SAKS

BROADHURST THEATRE
235 WEST 44 STREET

"A STIRRING PLAY WITH BOTH CHARITY AND HUMOR."
—Frank Rich, N.Y. Times

"A RATTLING GOOD PLAY!"
—Clive Barnes, N.Y. Post

"THE BEST PLAY I'VE SEEN IN AGES!"
—Liz Smith, N.Y. Daily News

"IF YOU SEE NO OTHER PLAY THIS YEAR, THIS IS THE ONE TO SEE!"
—Rex Reed

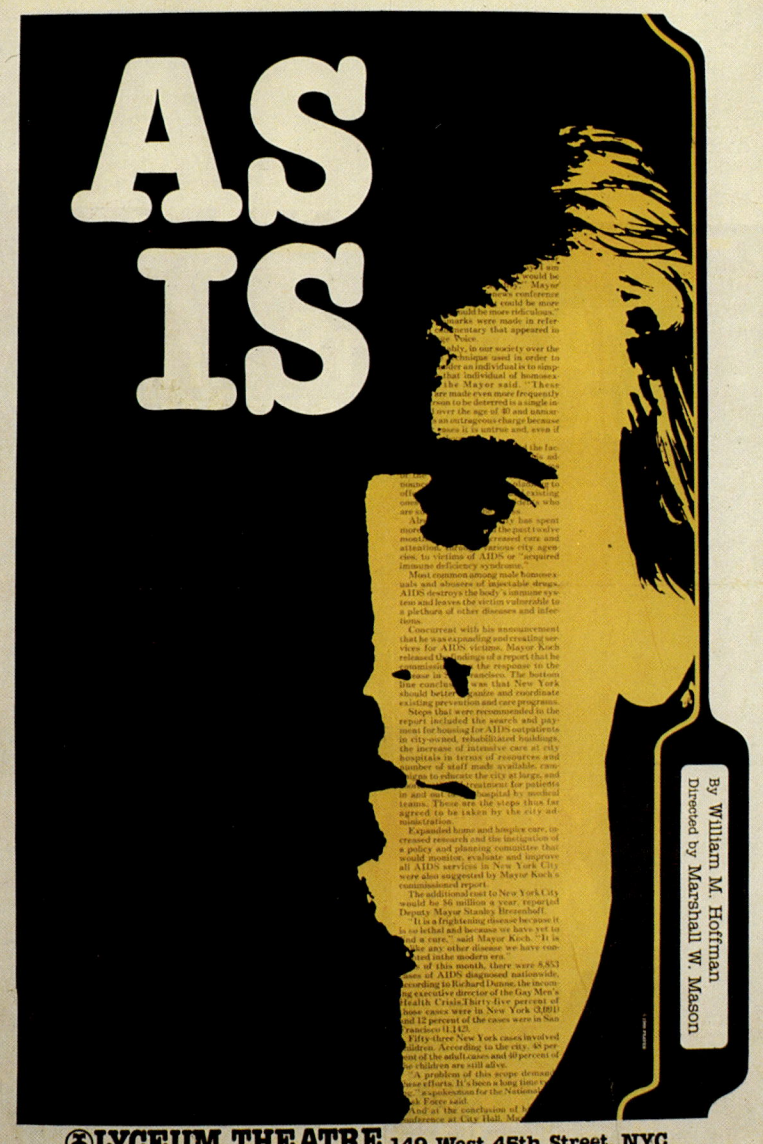

AS IS

By William M. Hoffman
Directed by Marshall W. Mason

Ⓢ LYCEUM THEATRE 149 West 45th Street, NYC

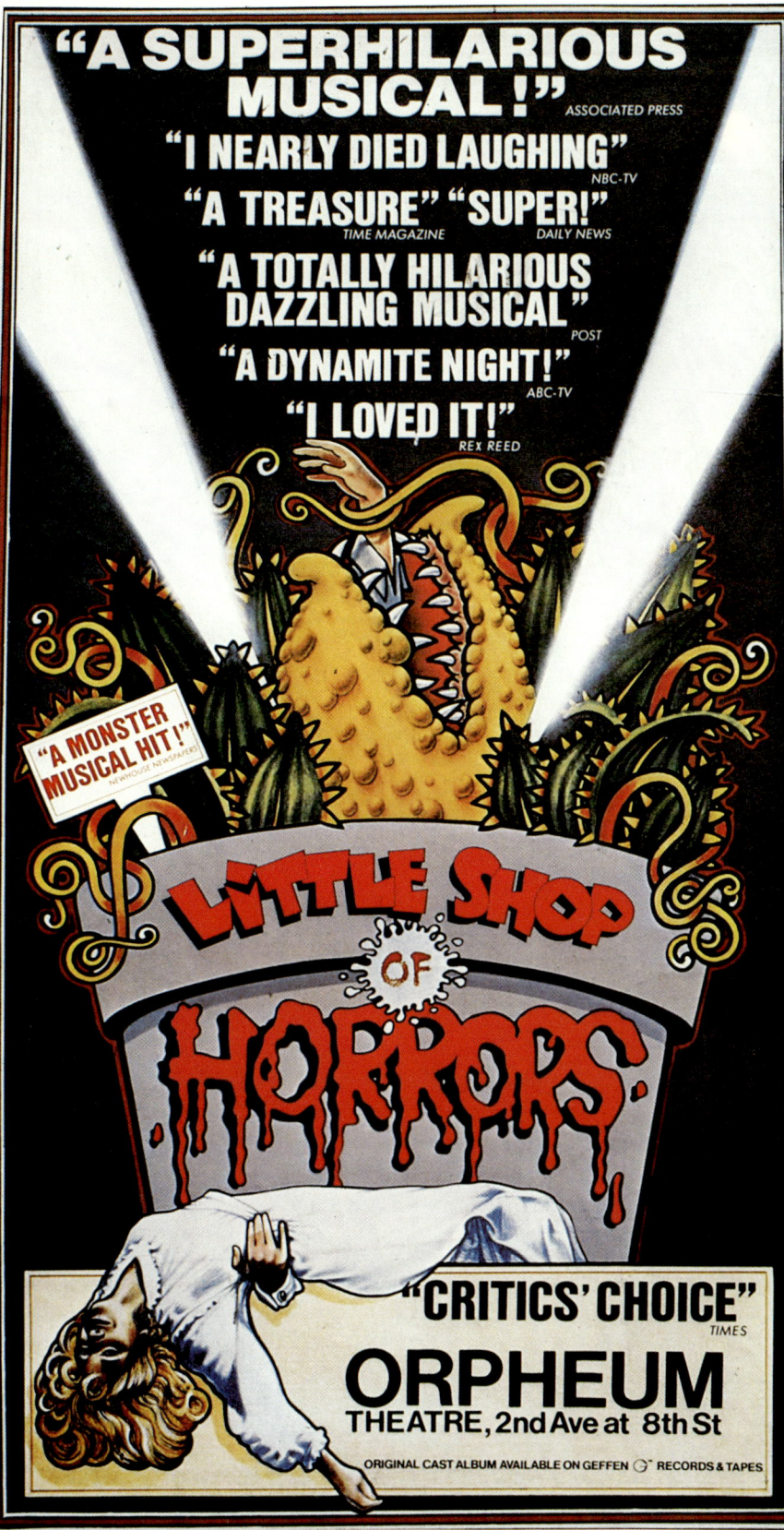

DRITTES KAPITEL

Wo bleibt der Theaterbesucher?

Am Broadway gibt es heute, wie bereits erwähnt, 35 Theater. Würden alle gleichzeitig bespielt, ständen an sechs Abenden und zwei Nachmittagen in der Woche jeweils 44 000 Plätze zur Verfügung, d. h. pro Woche rund 350 000. Aber in den letzten Jahren ist es nie vorgekommen, daß in allen Häusern gleichzeitig gespielt wurde; in der Hochsaison, etwa von Oktober bis Mai, sind bestenfalls 20 Theater geöffnet, in den Monaten Juni bis September sind es selten mehr als 10 oder höchstens 15. Also wäre der Bau neuer Theater, von dem in Verbindung mit der geplanten Sanierung des Times Square gesprochen wird, kaum nötig, denn selbst die jetzt geöffneten Theater sind eigentlich nie ausverkauft. Wie viele Plätze es für den Theaterbesucher außerdem off- und off-off-Broadway gibt, kann angesichts der sehr labilen Struktur und der zum Teil unregelmäßigen Spielweise dieser Bühnen nur geschätzt werden, aber 10 000 dürfte eine realistische Annahme sein; bei vier bis acht Aufführungen pro Woche wären dies sicherlich mehr als 50 000 Plätze, so daß das wöchentliche Zuschauerpotential in New York bei rund 400 000 Personen läge. Aber das ist, wie gesagt, nur Theorie.

Warum sind die New Yorker Theater nicht immer voll? Liegt es am Produkt, an den hohen Eintrittspreisen, an mangelndem Interesse, an anderen Faktoren? Bedenkt man, daß es vor 60 Jahren mehr als 70 Broadway-Theater gab, also doppelt so viele wie heute, und jeweils weitaus mehr als die Hälfte bespielt wurden, wenn auch zum Teil mit minderwertigen Schwänken und was sonst noch vom Vaudeville-Theater übriggeblieben war, so ist es offensichtlich, daß das Theaterpublikum stark geschrumpft ist. Der Farbfilm und vor allem das Fernsehen haben sich als unerbittliche Konkurrenten erwiesen, denen gegenüber das Theater einen schweren Stand hat. Angesichts der hohen Preise, über die wir schon im vergangenen Kapitel gesprochen haben, kann sich heute ein von den Kritikern nur zurückhaltend begrüßtes Stück nicht lange halten, denn für sein Geld verlangt der anspruchsvoller gewordene Theaterbesucher etwas Erstklassiges. Wird es ihm nicht geboten, geht er für 5 Dollar ins Kino oder setzt sich vor den Fernsehschirm, was ihn überhaupt nichts kostet.

Andererseits ist es immer schon schwierig gewesen – und jetzt noch schwieriger –, für eines der wirklich großen Erfolgsstücke Eintrittskarten zu bekommen; will man an einem bestimmten Tag gehen, etwa am Freitag- oder Samstagabend, kann es durchaus vorkommen, daß man die Karten drei bis vier Monate im voraus bestellen muß – wo und wie es schneller geht, wird ein wenig später verraten. Vielleicht ist es nur eine erfundene, aber dennoch recht typische Geschichte, die der Kassierer eines New Yorker Theaters erzählte, in dem eines der großen Erfolgsmusicals lief: Eines Tages erhielt er das Telegramm eines Mannes: »Hatte vier Karten Anfang Januar für erste verfügbare Samstagnachmittagvorstellung mit Scheck bestellt. Warte noch immer auf Antwort.«

Der Kassierer drahtete zurück: »Immer einer nach dem anderen.« Meldete sich der Kunde, wieder telegrafisch: »Erhielt ermutigendes, aber kryptisches Telegramm. Meine beiden Kinder sind 10 und 12 Jahre alt. Wie groß sind Aussichten, daß sie Musical noch während ihrer Kindheit sehen?«

Darauf der Kassierer: »Kunst ist zeitlos. Ihre Kinder werden sich des Musicals auch als Erwachsene erfreuen.«

Und wieder der verhinderte Theaterbesucher: »Habe Lebenserwartungstabellen studiert. Wenn es so weitergeht, bezweifle, ob ich das Musical zusammen mit ihnen sehen kann.« Nun schickte der Kassierer einen Brief: »In Erinnerung an unsere eigene Kindheit und aus Respekt vor den Lebenserwartungstabellen und Ihrer erschütternden Logik die vier Karten anbei.« Wenn die Geschichte stimmt, für die sich Al Hildreth, der langjährige Oberkassierer am »St. James Theatre« verbürgt, kann man nur hoffen, daß dem besorgten Vater im letzten Augenblick nicht noch etwas dazwischenkam, das die ersehnte Theaterreise nach New York verhinderte.

Tatsächlich kommen rund 30 Prozent der Broadway-Theaterbesucher von außerhalb New Yorks, darunter viele Kongreßbesucher und Ausländer. Von den verbleibenden 70 Prozent entfallen 10 Prozent auf Geschäftsfreunde New Yorker Firmen, die auf Spesenkosten – von der Steuer absetzbar – ins Theater geführt werden. Eine jüngst von der Bundesregierung vorgeschlagene Änderung der Steuerabzugsfähigkeit von Spesen mußte deshalb auch auf den erbitterten Widerstand der Theaterorganisationen stoßen. (Sie trat nicht in Kraft.)

Der TKTS-Pavillon am Times Square, vor dem sich täglich lange Menschenschlangen bilden, um Theaterkarten zu ergattern

Die Erfahrung hat gelehrt, daß die Theaterbesucher von außerhalb New Yorks im Theater in erster Linie Zerstreuung suchen, die sie den Alltag vergessen läßt, außerdem sollen die Gefühle angesprochen werden, man will lachen und weinen können. Verhältnismäßig wenig Zuschauer suchen im Theater – und ganz gewiß nicht im Broadway-Theater – Erleuchtung und Aufklärung, eine Stellungnahme des Autors zu Problemen des menschlichen Lebens, die ihnen durch die Interpretationskunst der Schauspieler nahegebracht wird. Nach diesen Erkenntnissen richten sich die meisten Broadway-Produzenten, obwohl immer wieder deutlich wurde, daß auch ein ernstes, zur Diskussion herausforderndes und dazu noch gut gebautes Stück genügend Anziehungskraft besitzen kann, um sogar einen Gewinn abzuwerfen. Schließlich sind Tennessee Williams, Arthur Miller, William Inge und Edward Albee, um nur die wichtigsten Autoren der jüngsten Vergangenheit zu nennen, am Broadway herausgekommen, haben sich dort durchgesetzt, ihren Produzenten eine Menge Geld eingebracht und von hier aus ihren Siegeszug um die Welt angetreten.

Angesichts des hohen Risikos und der Unvorhersehbarkeit der Publikumsreaktion sind aber die jungen Autoren – mit Ausnahme einiger Engländer wie Harold Pinter, Tom Stoppard und Simon Gray – ins Abseits, d.h. zum Off- oder gar Off-off-Broadway, gedrängt worden. Von den bedeutendsten Amerikanern unserer Tage ist Lanford Wilson erst nach zahlreichen Off-Broadway-Erfolgen an den Broadway gekommen, David Rabe erst dann, als er vom Schauspiel zu Komödie überwechselte, und Sam Shepard überhaupt noch nicht. Insbesondere Shepard ist typisch für jene Autoren, die nicht schreiben, was die Produzenten gerne sehen möchten, d.h. Stücke, die mehr Zerstreuung und Unterhaltung als intellektuelle Bereicherung bieten. Vielleicht ist die Mission des Theaters verlorengegangen, wenn ein so erfahrener amerikanischer Theatermann wie der Komödienautor und Schauspieler Howard Lindsay sagt: ». . . das Theater hat nicht das Publikum verändert. Das Publikum hat das Theater verändert.« Aber die Frage ist dennoch berechtigt: Was war zuerst da, das Ei oder die Henne?

In diesem Zusammenhang muß natürlich auch die Frage nach der Theaterkritik aufgeworfen werden, die für die Broadway-Unternehmer vielleicht von noch größerer Bedeutung ist als für den potentiellen Theaterbesucher. New York, das einst mehr als ein Dutzend Tageszeitungen in der Landessprache hatte, besitzt heute nur noch drei, und von diesen zählt eigentlich nur eine, die *New York Times.* Daneben gibt es Fernseh- und Rundfunkkritiker, die meist unmittelbar nach der Premiere, spätestens um 23 Uhr, ihre Meinung in Kapselform äußern, wozu sie selten mehr als zwei Minuten zur Verfügung haben, meistens sogar weniger. Die Kritiker der Wochenzeitschriften (allen voran *Time, Newsweek, The New Yorker, New York* und *Village Voice*) kommen mit ihrer Zeitschrift meistens zu spät, um einen Verriß des *New-York-Times*-Kritikers wieder wettzumachen. Haben aber die *Times* und, in deren Schlepptau, die beiden anderen Zeitungen einer neuen Schau Qualität bescheinigt, besteht für die übrigen Kritiker kaum noch eine Möglichkeit, an diesem Urteil zu rütteln, d. h., ihre vielleicht entgegengesetzte Meinung wird kaum zur Kenntnis genommen.

In einem früheren Kapitel haben wir den Fall des Musicals *Singin' in the Rain* erwähnt, das sich nur dadurch gegen die fast einhellig schlechte Kritik durchsetzen konnte, weil seine Amateurproduzenten eine äußerst kostspielige Fernseh-Werbekampagne ins Werk setzten. Dazu wäre ein professioneller Produzent nie imstande, weil ihm dafür von seiten seiner »Angels« nicht genügend Geld zur Verfügung gestellt wird.

So ist schon manches Stück, das sicherlich ein besseres Schicksal verdient hätte, von der Kritik begraben worden, weil dem Theaterbesucher keine andere Informationsquelle zur Verfügung steht als eben die Ansicht des Kritikers, die notwendigerweise subjektiv sein muß. Es ist unbestritten, daß in ästhetischen Urteilen Kategorien wie »richtig« und »falsch« nicht existieren. Was ein Kritiker äußert, ist nur seine persönliche Ansicht.

Diesen Erwägungen muß sich das nichtkommerzielle oder gar das subventionierte Theater nicht stellen – es sei denn, daß zu viele Mißerfolge in einer Saison den Sessel des Intendanten ins Wackeln bringen.

Brooks Atkinson, 35 Jahre lang, von 1925 bis 1960, Theaterkritiker der *Times,* meinte einmal, wenn es so etwas wie einen alle zufriedenstellenden Rezensenten gäbe, dann sagte er nie etwas, womit nicht alle übereinstimmen – die Theaterleute wie das Publikum in seinen zahlreichen Schattierungen. Aber so einen Kritiker kann es nicht geben. Und er fügte hinzu: »Der Zeitungskritiker unterscheidet sich von den meisten Theaterbesuchern in einem Punkt: Er darf sich nicht völlig seinem persönlichen Geschmack hingeben. Trotz aller Einschränkungen muß er den Versuch machen, an ein Stück mit den Augen des Autors und der Schauspieler heranzugehen. Theaterbesucher können radikale Äußerungen tun, etwa: ›Es gibt soviel Elend in der Welt, daß ich im Theater unterhalten sein möchte.‹ – der Kritiker dagegen nicht . . . Wenn der natürliche Geschmack (des Kritikers) nicht durch seine Verantwortung im Zaum gehalten wird, begeistert er sich entweder für das Schaugeschäft oder für die Kunst – und da scheiden sich die Geister im Theater. Seine Urteile können nicht an beiden Extremen des Spektrums gleichermaßen scharfsinnig sein, aber er hat die Pflicht, es zu versuchen. Er muß sich um Gerechtigkeit bemühen. In der Beurteilung einer Kunstgattung in einer Tageszeitung ist selbst relative Gerechtigkeit schwierig. Objektive Gerechtigkeit ist unmöglich.«

Brooks Atkinson, 35 Jahre lang, von 1925 bis 1960 Kritiker der New York Times, der angesehenste und einflußreichste seines Fachs

Nehmen wir an, die Kritik veranlaßt den Leser einer Zeitung, einen Theaterbesuch zu planen. Er hat dann mehrere Möglichkeiten, was den Kauf der Theaterkarten angeht:

1. Er stellt sich an der Theaterkasse an, die täglich von 10 bis etwa 20.30 Uhr geöffnet ist, sonntags erst ab 12 Uhr, wenn das Theater an diesem Tag überhaupt eine Nachmittags- und/ oder Abendvorstellung gibt. Will man für denselben Tag noch Karten kaufen, ist die günstigste Zeit von 17.30 bis 18 Uhr, weil dann die bis dahin zurückgehaltenen Haussitze (über die wir bereits berichtet haben) freigegeben werden. An der Kasse muß in der Regel bar bezahlt werden,

häufig werden auch Kreditkarten akzeptiert, während Schecks im allgemeinen nur im Vorverkauf angenommen werden.

2. Er bedient sich des Telefons, in den Theateranzeigen ist die jeweilige Nummer der Theaterkasse angegeben. Diese Möglichkeit besteht allerdings nur für Kreditkarteninhaber, sie geben ihre Kartennummer an, die mit dem Betrag belastet wird. Nach Möglichkeit sollte er dann mit der Kreditkarte in der Hand die bestellten Billette spätestens etwa eine halbe Stunde vor Vorstellungsbeginn an der Theaterkasse abholen. Für solche telefonischen Bestellungen wird ein Aufgeld von 2 Dollar pro Billett berechnet.

3. Ticketron: Dies ist ein Computersystem, das ursprünglich in einigen Kaufhäusern seinen Anfang nahm und inzwischen auf mehr als 500 Stellen in New York und Umgebung angewachsen ist. Mittels eines Zentralcomputers kann innerhalb von Sekunden festgestellt werden, ob es für den vom Kunden gewünschten Tag noch Karten gibt, die dann sofort ausgedruckt werden und an der Ticketron-Stelle bar bezahlt werden müssen. Auch hier wird ein Aufgeld von 2 Dollar pro Sitz verlangt. Für die 17 Shubert-Theater am Broadway und einige andere, die sich dem Netz angeschlossen haben, gibt es ferner ein das ganze Land umspannendes Computersystem, durch das man von fast allen amerikanischen Großstädten und zahlreichen Kleinstädten aus Karten bestellen kann. Dabei sollte man sich freilich vorsehen, daß einem nicht dasselbe passiert wie vier Besuchern aus San Francisco, die mit über Ticketron gekauften Karten im »Shubert Theatre« ankamen, um *A Chorus Line* zu sehen. Das Datum auf den Karten stimmte, das angegebene Musical auch, aber sie wurden trotzdem nicht ins Theater hineingelassen. Die Karten waren nämlich für das Shubert-Theatre in Los Angeles, wo auch gerade *A Chorus Line* gegeben wurde: Der Computer hatte sich geirrt!

4. Auf dem Postweg: Eine Bestellung wird mit einem Scheck und frankiertem Rückumschlag an das Theater geschickt. Insbesondere bei Erfolgsmusicals empfiehlt es sich allerdings, mindestens drei verschiedene Daten anzugeben.

5. TKTS-Pavillon am Times Square und der 47. Straße gegenüber dem »Palace Theatre«: Hier werden Karten für denselben Tag zum halben Preis zuzüglich einer kleinen Bearbeitungsgebühr verkauft. Diese vor einigen Jahren eingerichtete Stelle (ähnliche gibt es unter anderen Namen auch in Washington, Boston, Philadelphia und San Francisco) erfreut sich bei Theaterenthusiasten besonderer Beliebtheit, weil die Möglichkeit besteht, billige Karten zu bekommen. Per Boten schicken die Theater, die noch Karten übrighaben, diese an den TKTS-Pavillon (die Abkürzung steht für »Tickets«). Dort sind an einem Brett die Aufführungen angeschlagen, für die es noch Karten gibt. Für Abendvorstellungen beginnt der Verkauf um 15 Uhr und geht bis kurz vor 20 Uhr, für Nachmittagsvorstellungen von 12 bis 14 Uhr. Telefonische Auskünfte über die Verfügbarkeit von Karten werden nicht gegeben, man kann sich aber immer überraschen lassen. Besonders für die besuchsschwächeren Abende (Montag und Dienstag) kann man unter Umständen sogar Karten zum halben Preis für Erfolgsmusicals erhalten, die oft an diesen Abenden auch nicht ausverkauft sind. Alle Karten müssen bar bezahlt werden.

6. Twofers (ein Kürzel für »two for«) werden für Vorstellungen ausgegeben, die seit einiger Zeit nicht mehr ausverkauft sind, und liegen in vielen Geschäften, Hotels usw. aus. Tatsächlich bekommt man aber nicht, wie es früher einmal der Fall war, die Karten zum halben Preis, sondern zahlt etwa zwei Drittel. Mit den Twofers, eine Art Gutschein, geht man an die Theaterkasse und löst die Karten für den gewünschten Abend ein, die dann auch bar bezahlt werden

müssen. Es geht freilich nicht so, wie ein Schlaumeier meinte, der, mit einem Twofer bewaffnet, einen Theaterkassierer fragte: »Twofer bedeutet doch, daß man für eine Karte zahlt und die andere umsonst bekommt?« Der Kassierer antwortete, daß dies technisch gesehen richtig sei. »Na ja«, gab der Mann zurück, »da ich alleine bin, möchte ich gerne nur das Gratisbillett haben!«

7. Theaterkartenhändler: In New York allein gibt es, wie aus dem Branchenbuch hervorgeht, etwa drei Dutzend sogenannte Ticket Brokers, die oft noch über Karten verfügen, wenn sie an den Theaterkassen schon nicht mehr erhältlich sind. Hier ist zur Zeit ein Aufgeld von 2,50 Dollar zu bezahlen; zahlt man mit Kreditkarte, werden weitere 2 Dollar pro Billett berechnet. Schwarzhändler, die man allerdings nach Möglichkeit umgehen sollte, halten sich oft in der Nähe eines Theaters auf, für das es auf legalem Weg keine Karten mehr gibt, und verlangen für eine Karte mindestens das Doppelte des offiziellen Preises. Theaterkarten kann man auch in den meisten größeren Hotels von eigens eingerichteten Büros aus bestellen.

A Chorus Line *im* Shubert Theatre

Wer sich in diesem Dickicht der Kartenbeschaffung zurechtgefunden hat, den erwartet im Theater selbst eine Überraschung: Alle Programme werden umsonst abgegeben. Das ist eine seit Bestehen des amerikanischen Theaters eingehaltene Tradition, die vor mehr als 100 Jahren institutionalisiert wurde, als ein findiger Anzeigenfachmann namens Frank Vance Strauss auf den Gedanken kam, ein gemeinsames Programm für alle New Yorker Theater herauszubringen, diesen eine kleine Summe für die Verteilung zu zahlen und den Erlös aus dem Anzeigengeschäft für sich zu behalten. Das 20 Seiten starke Programm, mit dem Strauss begann, enthielt 16 Seiten Anzeigen, die restlichen vier Seiten standen dem jeweiligen Theater zur Verfügung.

Dieses Einheitsprogramm hatte vor 1911 noch keinen eigenen Namen, dann hieß es bei fortgesetzt steigendem Umfang »Strauss Magazine Theatre Program«. Sieben Jahre später verkaufte Strauss es seinem Schwiegersohn Richard M. Huber, der es in »Magazine Theatre Program« umbenannte, und erst 1934 erhielt es seinen jetzigen Namen *Playbill*. 1956 übernahm der Broadway-Produzent Roger L. Stevens, der jetzige Chef des Kennedy Center in Washington, *Playbill*. In den folgenden Jahren wechselte das Programmheft noch zweimal den Besitzer, bis es schließlich der bisherige Produktionsdirektor Arthur Birch erwarb, der den Textanteil des Heftes wesentlich erweiterte und reich illustrierte, erstmals auch mit Farbfotos. Jetzt gelangt *Playbill* nicht nur in allen Broadway-Theatern zur Verteilung, sondern auch in Theatern in Boston, Philadelphia, Baltimore und anderen Städten. Neuerdings kann es sogar von Theater-Aficionados, die nicht jeden Monat ins Theater kommen (es erscheinen zwölf Hefte pro Jahr), abonniert werden. Dem jeweiligen Theater, das auf der Titelseite genannt wird, stehen bis zu 14 Seiten zur Verfügung. Hier nehmen die vom Werbeleiter der Produktion verfaßten Kurzbiographien der Schauspieler und aller übrigen Mitwirkenden einen breiten Raum ein, während es – im Gegensatz zum europäischen Brauch – so gut wie keinerlei Information über Autor und Stück gibt. Das zum hundertjährigen Jubiläum der *Playbill* veröffentlichte Heft war das umfangreichste seiner Geschichte: Es umfaßte 132 Seiten mit vielen interessanten Beiträgen, aber auch 70 Seiten Anzeigen, größtenteils in Farbe.

Was man freilich in New Yorker Theatern vergeblich sucht, ist Komfort. Die Sitze sind schmal, und der Abstand der Sitzreihen ist auf ein Mindestmaß beschränkt, so daß der Theaterbesuch für Beleibte und Übergroße kein reines Vergnügen ist. Zudem sind fast alle Theater so gebaut, daß man aus dem Kassenvorraum direkt in das Theater eintritt; Wandelgänge wie in europäischen Theatern gibt es nicht, und in der Pause gibt es oft nichts Besseres zu tun, als auf dem Sitz zu verharren. Erfrischungsstände befinden sich allerdings in fast allen Theatern; die meisten haben seit einigen Jahren auch wieder Bars, an denen alkoholische Getränke zum Ausschank kommen. Aber von einigen wenigen Theatern abgesehen, ist der für die Zuschauer im Theaterraum selbst wie in den anderen Teilen des Gebäudes zur Verfügung stehende Raum außerordentlich knapp bemessen.

VIERTES KAPITEL

Off-Broadway und Off-off-Broadway

Eine Darstellung des New Yorker Theaters wäre unvollständig, ohne die Gruppen und Bühnen zu erwähnen, die auch die Bezeichnung »Broadway« in ihrem Namen führen, die Off- und Off-off-Broadway-Theater. Diese Theater versuchen Distanz zwischen sich und das kommerzielle Theater zu legen, auch wenn dies nicht immer gelingt. »Off«- und »Off-off-Broadway« ist keine geographische Bezeichnung, denn es gibt drei Off-Broadway-Theater, die direkt am Broadway liegen: eines unterhalb des Times Square nahe dem Union Square – es nennt sich, seinen Standort verratend, »890 Broadway Theatre« – und zwei andere, ebenso weit vom Times Square in nördlicher Richtung entfernt, das »Promenade Theatre« und »Stage Two«. »Off«- und »Off-off-Broadway«: das hat etwas mit der Größe zu tun; erstere haben nie mehr als 599 Sitzplätze, letztere weniger als 200.

Off-Broadway, wenn auch nicht unter dieser Bezeichnung, gibt es seit mehr als 70 Jahren. Wollte man von Theaterperioden sprechen, so währte die erste Off-Broadway-Periode von etwa 1912 bis 1927, die zweite und kürzere setzte auf dem Höhepunkt der Weltwirtschaftskrise 1931 ein und hatte am Ende des Jahrzehnts bereits ihr Pulver verschossen; die dritte und letzte Periode begann Anfang der fünfziger Jahre und wurde am Ende des Jahrzehnts durch die Off-off-Broadway-Szene ersetzt. Off-Broadway ist seither ein kleinerer, billigerer Broadway geworden, wo Stücke zu geringeren Produktionskosten und niedrigeren Eintrittspreisen aufgeführt werden können, in denen aber nach denselben kommerziellen Grundsätzen gearbeitet wird wie am Broadway. Off-off-Broadway, begonnen 1958, hat sich etwas von dem Idealismus des alten Off-Broadway-Theaters bewahrt, obwohl es allmählich in zunehmendem Maße nach »oben«, d. h. zum Off-Broadway und zum Broadway schielt.

Zwischen Off- und Off-off-Broadway haben sich in den letzten Jahren eine Reihe von festen Gruppen geschoben, die alljährlich mit einiger Regelmäßigkeit vier bis acht Produktionen herausbringen, ein Abonnement auflegen und eine gewisse Konstanz der künstlerischen Ziele und Errungenschaften besitzen, die den von der Hand in den Mund lebenden Off-off-Broadway-Theatern noch fehlt und nach denen das Off-Broadway-Theater schon gar nicht mehr strebt. Mangels einer besseren Bezeichnung werden diese Gruppen Repertoiretheater genannt, obwohl sie in den allermeisten Fällen ihre Produktionen nacheinander spielen, also kein Repertoiretheater im europäischen Sinne sind. Zu ihnen gehören vor allem: »American Place Theatre«, »Circle in the Square«, »Circle Repertory Company«, »Cocteau Repertory«, »Classic Stage Company«, »Hudson Guild Theatre«, »Manhattan Theatre Club«, »Mirror Repertory Company«, »Negro Ensemble Company«, »New York Shakespeare Festival«, »Playwrights Horizons«, »Roundabout Theatre Company«, »The Second Stage«. Von diesem etwas mehr als einem Dutzend New Yorker Theatern, die alle ihr eigenes Haus besitzen, gehen heute vielleicht die stärksten Impulse für das New Yorker Theaterleben aus.

Im übrigen spiegeln die Theater abseits vom Broadway immer den Geist ihrer Zeit wider und haben sich als ein belebendes Ferment für das gesamte Theater erwiesen. Allen war und ist gemeinsam die Entdeckung und Entwicklung neuer Autoren – eine Rolle, die der Broadway selbst schon vor mehr als 20 Jahren aufgegeben hat. Des Broadways letzte Entdeckung war Edward Albee, obwohl auch dessen Einakter zunächst off-Broadway herauskamen. Sein *Wer hat Angst vor Virginia Woolf?* war 1962 eigentlich der letzte große Erfolg eines zeitgenössischen amerikanischen Autors am Broadway.

Der ersten Off-Broadway-Periode im zweiten und dritten Jahrzehnt gehörten Autoren wie Eugene O'Neill, Paul Green, John Howard Lawson und John Dos Passos an, um nur die bekannteren zu erwähnen. Die zweite Periode zwischen 1930 und 1940, wie schon erwähnt stärker politisch und sozial betont, entdeckte Clifford Odets, Irwin Shaw, Marc Blitzstein, Robert Audrey – auch wiederum nur eine Auswahl. Die dritte Off-Broadway-Periode gab sich dann mehr mit Wiederentdeckungen zufrieden: Der drei Jahre nach seinem Tode fast schon vergessene Eugene O'Neill erlebte 1956 eine bis heute anhaltende Renaissance, nachdem die Gruppe »Circle in the Square« sein Drama *Der Eismann kommt* zu einem Triumph gestaltet hatte, obwohl es noch zehn Jahre vorher am Broadway bei der Uraufführung durchgefallen war. Dasselbe galt für die im selben Jahr 1956 herausgekommene *Dreigroschenoper*. 1933 am Broadway nach nur einer Woche abgesetzt, wurde sie off-Broadway ein Dauerrenner und lief mit einigen Unterbrechungen sieben Jahre lang.

Obwohl in den fünfziger Jahren Off-Broadway ein wichtiger Teil des gesamten New Yorker Theaterlebens wurde, muß man feststellen, daß in dieser Zeit weder viel Neues produziert noch ein besonders revolutionärer Darstellungsstil gepflegt wurde. In den sechziger Jahren begann dann die allmähliche Kommerzialisierung des Off-Broadway-Theaters, und seine ursprüngliche Rolle wurde vom Off-off-Broadway übernommen, dessen 150 bis 200 Gruppen – die genaue Zahl schwankt von Jahr zu Jahr beträchtlich – bis jetzt eine starke Kraft geblieben sind.

Hier verdienten Schauspieler wie Al Pacino, Dustin Hoffmann und Colleen Dewhurst ihre ersten Sporen, sozusagen als Abwechslung vom Kellnern und Geschirrwaschen. Hier wurden Dramatiker wie Lanford Wilson, Sam Shepard, John Guare, Claude Van Itallie, Tom Eyen, Julie Bovasso und viele andere erstmals dem Publikum bekannt.

Begonnen wurde diese Bewegung von zwei Persönlichkeiten, die gar nicht vom Theater herkamen: Ellen Stewart, besser bekannt als La Mama, die sich ihr tägliches Brot als Designerin in einem New Yorker Modehaus verdiente, und Joe Cino, der aus der Restaurantbranche kam, aber mit La Mama eine geradezu unbändige Theaterbesessenheit teilte. Sein Lokal Caffè Cino, 31 Cornelia Street, wurde im Dezember 1958 eröffnet und entwickelte sich dank seiner Lage im Herzen von Greenwich Village bald zum beliebtesten Treffpunkt der Bohème. Hier begannen bald danach Autoren ihre Stücke zu lesen, und es wurden Leseaufführungen mit arbeitslosen Schauspielern veranstaltet, von denen es in New York immer genügend gibt. Der nächste Schritt waren Aufführungen von Einaktern praktisch ohne Mittel. Cino selbst kannte fast nie vorher die Stücke, die er zur Aufführung bringen ließ, sondern ließ sich nur von seinem Instinkt leiten, ähnlich wie Ellen Stewart. Hier waren alle nur denkbaren Theaterexperimente möglich. Andere kurzlebige Kaffeehäuser, in denen auch Theater gespielt wurde, waren Café Manzini, Phase 2, Take 3 und andere. Letzteres brachte im Herbst 1960 Alfred Jarrys vor der Jahrhundertwende geschriebenen *König Ubu* heraus. Aus niemals geklärten Gründen vernichtete 1965 ein Feuer das Caffè Cino, und Cino selbst nahm sich zwei Jahre später das Leben.

Ellen Stewart »La Mama«, Foto von 1984

La Mama hat auch heute noch nichts von ihrer ursprünglichen Spontaneität und Experimentierfreudigkeit eingebüßt. Sie begann ihr Theaterchen in einem Keller in der 12. Straße, wo natürlich auch Kaffee serviert wurde, und zog später in einen Keller im Hause 321 Ost 9. Straße um, wo ihr eines Tages ein Haftbefehl zugestellt wurde. Aber lassen wir Ellen Stewart selbst sprechen:

»Die Nachbarn hatten mich wegen Prostitution angezeigt und den Behörden gesagt, bei mir seien innerhalb von sechs Stunden 15 weiße Männer ein und aus gegangen. Tatsächlich sind viele meiner Freunde Weiße, und sie kamen, um mir bei der Herrichtung des Kellers zu helfen. Wir erklärten das dem Beamten, der Verständnis zeigte, denn er habe, wie er uns sagte, selbst früher im Vaudeville gespielt. Er gab uns den Rat, Kaffee zu servieren und uns als Restaurant auszugeben, dann sei alles in Ordnung.

Als wir später ins Haus 82, 2. Avenue, umzogen, setzten uns die Wohnbaubehörde und andere zu. Wieder ging es darum, eine Restaurantlizenz zu erwerben, dann wollte man uns in Ruhe lassen. Das stellten wir uns einfach vor, denn vor uns befand sich dort ein Zen Tea House. Doch die Behörden hatten keine Unterlagen, weil es gar kein Teehaus gewesen war, sondern ein Versteck für eine kommunistische Druckerei. Aber wir überwanden auch dieses Hindernis.

Erst 1965 wurden wir, zusammen mit Giuseppe (Caffè Cino) zum erstenmal in der Presse erwähnt, in der *Village Voice*. Bis dahin waren wir Waisen gewesen, aber als wir in diesem Jahr den Obie für unsere Gesamtleistung erhielten, waren wir ›angekommen‹.«

Ein paar Jahre später zog La Mama ETC, (Experimental Theatre Company), wie sie sich jetzt nannten, in ein eigenes Haus an der 4. Straße und bekam bald noch ein zweites Haus in derselben Straße von der Stadt New York zur Verfügung gestellt. Trotzdem, »wenn ich heute wieder anzufangen hätte, würde ich es nicht anders machen als damals«, sagt Ellen. »Von seinen Anfängen war La Mama darauf festgelegt, so viele Stücke wie nur möglich herauszubringen, und wir führen jetzt noch alljährlich ungefähr 40 auf. Für mich ist die größte Freude das Bewußtsein, daß Menschen arbeiten. Ich nehme nicht an Proben teil. Mir liegt noch nicht einmal besonders viel daran, die Aufführungen zu sehen. Ich liebe ganz einfach die Aufregung, wenn die Menschen hin- und herlaufen, um ein Stück aufführungsbereit zu machen, und den Blick in ihren Augen, wenn sie eine gute Probe hinter sich hatten.«

Lanford Wilson, heute ein bedeutender Autor und Drehbuchverfasser, erzählt über seine frühen Erfahrungen bei La Mama: Nachdem sein Stück *Balm in Gilead* (das 1984/85 bei seiner Wiederaufführung starke Anziehungskraft ausübte) nicht mehr im Caffè Cino gegeben werden konnte, wo mehrere seiner Einakter aufgeführt worden waren, weil es aus zwei langen Akten mit nicht weniger als 56 (!) Personen bestand und ohne eine richtige Dekoration nicht zu spielen war, wandte er sich an La Mama. »Die Arbeit bei La Mama war eine reine Freude. Die Schauspieler brauchten nicht ihre eigenen Kleider zu tragen, denn Ellen war von Beruf Designerin und nähte alle Kostüme. Die 30 oder mehr Autoren bei La Mama waren voneinander sehr verschieden. Wir betrieben alle Grundlagenforschung . . . Ich glaube, wir haben alle viel gelernt, und wir wußten dies, und ich hoffe, wir lernen noch immer.«

Hier kann nicht auf die ganze Fülle der Off-off-Broadway-Theater eingegangen werden. Vielen von ihnen wurde sogar Gastfreundschaft von seiten der Kirchen gewährt, und nie wurde ein Fall bekannt, daß etwa die Geistlichen gegen ein Stück oder eine Szene protestiert hätten. In der am Washington Square gelegenen Judson Memorial Church war es sogar ein Geistlicher selbst, der das »Judson Poet's Theatre« leitete und der

Szene aus Paradise Now *»Living Theatre«*

die Musik zu mehreren Musicals schrieb, bis schließlich die Liebe zum Schaugeschäft bei ihm die Liebe zur Religion überwog: Al Carmines entsagte der Kirche und wurde ein publikumswirksamer Sänger.

Schon vor der allgemeinen Off-off-Broadway-Konjunktur bestand das von Julian Beck und seiner in Deutschland geborenen Frau, der Rabbinertochter Judith Malina, ins Leben gerufene »Living Theatre«. Beide waren Schüler Erwin Piscators an dessen Dramatic Workshop in New York gewesen und mehr an der politisch-weltanschaulichen Aussage und Wirkung ihrer Darbietungen interessiert als an einer bis ins letzte ausgefeilten Aufführung. Viel früher als die Öffentlichkeit befaßten sie sich mit erst später aktuellen Themen: In *The Connection* von Jack Gelber ging es um die Gefahren der Rauschgiftsucht, in *The Brig* von Kenneth Brown wurde die Problematik des Strafvollzugs beleuchtet – Zustände der Gefängnisse, Gewalt und Brutalität des Aufsichtspersonals. *Paradise Now,* eines der bekanntesten Stücke des »Living Theatre«, war eine dionysische Orgie, die die herkömmlichen Theatertabus zu zertrümmern suchte und die Zuschauer zur Mitwirkung aufforderte. Danach gingen Beck und seine Frau mit ihrem Ensemble nach Europa, ließen sich zeitweise in Brasilien nieder und kehrten erst 1968 nach Amerika zurück. Aber der früher von dem Ensemble ausgehende Funke zündete nicht mehr, vielleicht war das »Living Theatre« aber auch von den Entwicklungen in den USA mittlerweile eingeholt worden. Als Beck im Herbst 1985 starb, bestand das Ensemble nur noch dem Namen nach.

1963, das Jahr, in dem *Paradise Now* herauskam, sah auch die Gründung des »Open Theatre« durch Joseph Chaikin, das allerdings nur gelegentliche Aufführungen gab, bis es 1973 wieder ganz von der Bildfläche verschwand. Aber Chaikins Ideen eines experimentellen Theaters, das für seine Wirkung nicht der Aufführungen bedarf, hatten Bestand. Chaikin selbst, mit mehreren Büchern auch als Theoretiker des avantgardistischen Theaters hervorgetreten, erlitt 1981 einen Schlaganfall und ist seither an jeder praktischen Theaterarbeit behindert. Charles Ludlum dagegen hat sich mit seiner »Ridiculous Theatrical Company«, die selbstverfaßte Werke spielt – fast durchweg Parodien auf das überkommene Repertoire –, fast zwei Jahrzehnte lang behauptet und sich einen festen Platz im »Village« geschaffen. Richard Foremans »Ontological-Hysteric Theatre«, das ebenfalls umgeformte Stücke des üblichen Repertoires dazu benutzt, die Bewußtseinslage der

Zuschauer zu verändern, ist nicht mehr sehr aktiv, seitdem Foreman Aufträge zu Gastinszenierungen erhält. Reines »environmental« Theater bot in den Jahren ihres Bestehens die »Performance Group«, die von Richard Schechner, Theaterwissenschaftler der New York University, geleitet wurde. Ihr in der Nachfolge des »Living Theatre« stehender *Dionysos in 69* war ihr größter Erfolg, der auch in einem Buch voll dokumentiert wurde; danach machten sich jedoch Auflösungserscheinungen bemerkbar, und heute wird die Arbeit von der »Wooster Group« in SoHo fortgeführt.

Bei all diesen und Dutzenden anderer Gruppen wird mit einem gehörigen Schuß Idealismus ans Werk gegangen. Man könnte sie in ihrer Gesamtheit als eine Art experimentellen Theaterlabors bezeichnen, von dem außer dem Publikum auch die Autoren und Schauspieler profitieren. Geld ist allerdings kaum im Spiel, denn Off-off-Broadway ist noch immer weitgehend eine wenig lukrative Angelegenheit. Selten verdient der Off-off-Schauspieler genug, um davon leben zu können, oft sogar gar nichts. Die Bemühungen der Schauspielergewerkschaft, dies zu ändern, sind interessanterweise bisher an den Hauptbetroffenen, nämlich an den Schauspielern selbst, gescheitert, die genau wissen, daß sie die Existenz ihrer kleinen Theater gefährden, wenn sie eine nennenswerte Gage fordern. Statt dessen wurde ein Kompromiß abgeschlossen: Sollte eines der Off-off-Broadway-Stücke ein kommerzieller Erfolg und off-Broadway oder gar am Broadway selbst gegeben werden, müssen dieselben Schauspieler mit den Mindestsätzen engagiert werden, die die Gewerkschaft vorschreibt. Also hat auch das Off-off-Broadway-Theater eine spekulative Seite: Hier ist es die Spekulation auf gute Kritiken, die eine Aufführung in einem größeren Theater ermöglichen, so daß die Schauspieler wenigstens für eine gewisse Zeit von ihren Nebenberufen des Modellsitzens und des Kellnerns befreit werden.

Szene aus Antigone *»Living Theatre« mit Julian Beck,
die Arme ausstreckend*

Angesichts der vielen Off-off-Broadway-Theater ist es weder für die wenigen New Yorker Tageszeitungen noch für die Fachpresse möglich, alle Aufführungen wahrzunehmen, um darüber zu berichten. Die *New York Times,* in deren Spalten kulturellen Ereignissen vielleicht mehr Beachtung geschenkt wird als von irgendeiner anderen Zeitung der Welt – dies auch wieder dank der vielen »Kultur«-Anzeigen, im Lauf einer Woche mindestens 25 großformatige Seiten –, hat zwei hauptamtlich tätige Theaterkritiker und zwei oder drei andere Mitarbeiter, die gelegentlich Theateraufführungen rezensieren. Doch dennoch muß ein großer Teil des Off-off-Broadway-Geschehens an ihnen vorbeigehen, und die Information des theaterinteressierten Publikums bleibt auf diesem Sektor nur bruchstückhaft.

Was immer der Broadway heute dem Off- und Off-off-Broadway-Theater verdankt, zu noch größerem Dank ist er dem Provinztheater verpflichtet. Wie schon erwähnt, hat es bis etwa 1870 geblüht, um dann unter dem Einfluß New Yorker Tourneetheater nahezu zu verschwinden. Zur Abwehr der Vorherrschaft New Yorks entstanden zu Beginn des 20. Jahrhunderts eine Reihe literarischer Theater in zahlreichen Städten, die aber fast ausschließlich von den Universitäten ausgingen und auf einen kleinen Personenkreis beschränkt blieben. Sie waren also keine ernsthafte Konkurrenz für das Tourneetheater, dem erst die Weltwirtschaftskrise Anfang der dreißiger Jahre ein vorübergehendes Ende setzte. In der Folgezeit während des Zweiten Weltkriegs gestalteten Transportprobleme Gastspiele in der Provinz schwierig, erst nach 1948 erholte sich das Tourneetheater wieder, ohne jedoch seine frühere Bedeutung wiedererlangen zu können.

In den fünfziger und noch mehr in den sechziger und siebziger Jahren trat eine unvorhergesehene Entwicklung ein: Bundesstaaten, Privatstiftungen und schließlich, von 1966 an, auch die Bundesregierung begannen mit der Subventionierung des Theaters. Wegen der kommerziellen Orientierung des Theaters war lange Zeit finanzielle Unterstützung nie in Erwägung gezogen worden, aber einige Bundesstaaten, mit New York an der Spitze, ließen etwa von 1960 an dem nichtkommerziellen Theater kleinere Geldbeträge zukommen. Auch die großen Stiftungen, vor allem Rockefeller und Ford, interessierten sich plötzlich für diesen Kulturbereich, nachdem ihr Interesse lange auf die Musik beschränkt geblieben war, so wie Privatmäzene – von den bereits früher geschilderten Ausnahmen abgesehen – ihre Gebefreudigkeit traditionell fast ausschließlich Museen und Opernhäusern zuteil werden ließen. Aber auf einmal war Theaterförderung »in«: Vor allem die vielen Industriestiftungen, keineswegs mehr ausschließlich New-York-bezogen und in allen Teilen des Landes ins Leben gerufen, bemühten sich um eine Wiedergeburt des Theaterlebens in der Provinz. Mit der Schaffung des National Endowment for the Arts im Jahre 1966 stand schließlich noch eine weitere Geldquelle zur Verfügung, die zwar anfangs nur in ganz kleinen Beträgen floß, aber zunehmend wachsende Subventionen verteilte – was überdies auch die Respektabilität des Provinztheaters unterstrich.

Das Bouwerie Lane Theatre *an der Bowery*

Heute gibt es, weit über das Land verteilt, mehrere Dutzend solcher Theater, die es sich vor allem leisten können, neue Stücke auszuprobieren, die im Falle eines Erfolges häufig vom Broadway-Theater übernommen werden, ohne freilich dort immer den erwarteten Publikumszuspruch zu finden. Theater wie das »American Conservatory Theatre« (San Francisco), das »Mark Taper Forum« (Los Angeles) und das »Seattle Repertory Theatre« im Westen; das »Goodman Theatre« und die »Steppenwolf Theatre Company« (Chicago), das »Guthrie Theatre« (Minnesota) und das »Milwaukee Repertory Theatre« im Mittelwesten; das »Actors Theatre« (Louisville), das »Alley Theatre« (Houston) und das »Dallas Theatre Center« im Süden; das »Yale Repertory Theatre« und das »Long Wharf Theatre« (beide in New Haven, Connecticut), die »Hartford Stage Company«, das »Studio Arena Theatre« (Buffalo), »Syracuse Stage«, »Arena Stage« (Washington), »Trinity Square Repertory Company« (Providence, Rhode Island) und das »American Repertory Theatre« (Cambridge, Massachusetts) im Osten sind nur die wichtigsten, die hier genannt werden müssen und die die amerikanische Theaterlandschaft in den letzten Jahren grundlegend verändert haben.

Viele Schauspieler, die früher oft arbeitslos in New York herumsaßen, da sie befürchteten, durch ihre Abwesenheit von der Theaterhauptstadt die »große Chance« zu verpassen, haben jetzt keine Bedenken mehr, sich an eines der vorgenannten Theater in der Provinz verpflichten zu lassen. Dort tätig zu sein, ist kein Stigma mehr wie früher, als es sich kaum ein Schauspieler leisten konnte, aus dem Blickfeld der New Yorker Produzenten und Theateragenten zu verschwinden. Im Gegenteil: Heute werden die Vorgänge in der Provinz, die keineswegs mehr eine Theaterprovinz ist, von New York aus sehr genau beobachtet, und nicht selten werden mit den Stücken, die von dort an den Broadway gelangen, auch gleich die Schauspieler mit engagiert, so daß sie oft im Triumph an die Stätte ihrer früheren Arbeitslosigkeit zurückkehren können.

Interessanterweise ist das New Yorker Theater in jüngster Zeit gerade von einer Stadt befruchtet worden, die eigentlich schon seit Jahrzehnten im amerikanischen Theater nicht mehr mitzählte: von Chicago. Hier war es einmal das zwar schon lange bestehende, aber erst in den letzten Jahren zu neuem Leben erwachte »Goodman Theatre«, das unter seinem – inzwischen an das New Yorker »Lincoln-Center« geholten – Leiter Gregory Mosher den Mut hatte, die von seinen Vorgängern eingeschlagenen Theatermuseumswege zu verlassen, und zum anderen das neugegründete »Steppenwolf Theatre«. Letzteres verdankt seinen Namen dem Zufall, daß einer der Teilnehmer an der Gründungsversammlung ein Exemplar von Hermann Hesses Roman bei sich trug, und obwohl keiner der Anwesenden das Buch gelesen hatte, also nichts von Harry Hallers eingebildeten und echten Leiden wußte, gefiel allen die Bezeichnung.

»Steppenwolf« ist ein Theater, das von seiner Gründung im Jahre 1976 an den Ensemblegedanken am vollkommensten durchgeführt hatte: Alle Mitglieder waren gleichberechtigt in Pflichten wie in Rechten, vom Verkauf der Billetts bis zum Spielen, vom Entwerfen und Bauen der Bühnenbilder bis zur Regie, ja sogar die künstlerische Leitung wurde bewußt gewechselt, wenn auch nicht so oft wie der Präsident der Schweiz. So wuchsen sie miteinander in einer von ihnen geschaffenen Umgebung und hielten selbst die Belastungsprobe eines ersten Gastspiels in New York aus, wo sie eins von Sam Shepards besten Stücken gaben, *True West,* in dem John Malkovich und Gary Sinise, zwei der Gründer, die Hauptrollen spielten. Malkovich ist inzwischen ein Star am Broadway (als Biff im *Tod des Handlungsreisenden*) und in Hollywood *(The Killing Fields, Places in the Heart* und *Eleni)* geworden, fühlt sich aber nach wie vor dem »Steppenwolf Theatre« verpflichtet. Denn er verkennt nicht die Gefahren, die eine Aufgabe der Ideale mit sich bringen würden. »Um mit Schopenhauer zu sprechen«, so sagte er einem Interviewer, »für einen Traum gibt es nichts Schlimmeres als seine Verwirklichung.«

Im Gegensatz zu dem kleinen »Steppenwolf Theatre« mit nur 220 Sitzen hat das »Goodman Theatre« fast 700 Plätze. Mosher begann dort auch 1976, nur wenige Monate nach der Gründung des »Steppenwolf«, und ließ von Anfang an keinen Zweifel daran, daß er zeitgenössische Stücke bevorzuge - mit dem voraussehbaren Ergebnis, daß er in den ersten fünf Jahren 14 000 von seinen 16 000 Abonnenten verlor, aber – vielleicht nicht ganz erwartungsgemäß – 18 000 neue hinzugewann. Gleichzeitig stieg der Jahreshaushalt des Theaters seit 1977 um das Vierfache von 1,1 auf 4,2 Millionen Dollar, von denen immerhin zwei Drittel eingespielt werden (»Steppenwolf« bringt es nur auf die Hälfte). In den letzten Jahren wurden vom »Goodman Theatre« David Mamets *Glengarry Glen Ross* (Pulitzerpreisgewinner 1984) und David Rabes *Hurlyburly* nach New York geschickt, vom »Steppenwolf« außer *True West* noch Lanford Wilsons

Szene aus Sam Shepards A Lie of the Mind *mit Ann Wedgeworth, Aidan Quinn und Amanda Plummer (von links nach rechts)*

Balm in Gilead – alles große Erfolge, die das New Yorker Theater Chicago verdankt. Peter Sellars, der junge Leiter des »American National, Theatre« am Kennedy Center in Washington bezeichnet Chicago als »die derzeit wichtigste amerikanische Theaterstadt«. Das hätte noch vor einigen Jahren niemand über die drittgrößte Stadt der Vereinigten Staaten gesagt!

Ein lebendiges, seiner Zeit verhaftetes Theater ist nur möglich, wenn zeitgenössische Autoren ausreichende Förderung erfahren, damit sie nicht an den Film oder ans Fernsehen verlorengehen. Förderungsgelder, die vom National Endowment an die kleineren Theater kommen, verpflichten diese oft, einen bestimmten Betrag für einen Hausautor abzuzweigen, der auf diese Weise eine oder mehrere Spielzeiten an praktischer Theaterarbeit teilnehmen kann und darüber hinaus auch die Möglichkeit hat, seine Stücke in Form von Lese- oder auch Theateraufführungen zu erproben, was für ihn eine wichtige Lernerfahrung darstellt.

Die Rockefeller-Stiftung begann schon im Jahre 1970 mit der gezielten Förderung von Bühnenautoren durch die Vergabe einjähriger, unter Umständen auch wiederholbarer Stipendien, durch die es den Autoren ermöglicht wird, sich ganz der Theaterarbeit zu widmen. Anläßlich des fünfzehnjährigen Bestehens dieses wichtigen Programms kamen rund ein Dutzend der mehr als 100 amerikanischen Autoren zusammen, um der »Stifterin ihrer Träume« gebührenden Tribut zu zollen. David Mamet, einer der verheißungsvollsten der jungen Autoren, der sich neben Christopher Durang, Lanford Wilson, Charles Fuller, John Guare, Steve Tesich und Marsha Norman aus der großen Zahl der Geförderten herausgehoben hat, kleidete seinen Dank in einfache Worte: »Für mich bedeutete es, daß ich meine Zeit im Theater verbringen konnte, statt mich als Taxifahrer zu betätigen.« Charles Fuller, dessen *A Soldiers's Story* monatelang von der »Negro Ensemble Compa-ny« gegeben und Grundlage eines gleichnamigen Films wurde, erklärte: »Das Stipendium rettete mein Leben. Wie alle Schriftsteller mußte ich ständig kämpfen, um die Miete zu bezahlen und überhaupt leben zu können. Als ich das Stipendium erhielt, war es für mich eine Hilfe, diese schwierigen Monate zu überwinden, weiterhin schreiben und meinen Kopf über Wasser halten zu können. Bühnenautoren verdienen nicht viel Geld, und ohne solche Stipendien wären wir alle in einer schwierigen Situation.« Guare drückte es folgendermaßen aus: »Alle Künstler träumen, und wenn sie träumen, träumen sie von Geld. Und das ist das Großartige an den Rockefeller-Stipendien: Wenn man träumt, träumt man von Zeit.« Mit dem Geld der Stiftung konnten die Autoren sich das für sie wertvollste Geschenk leisten: Zeit, um ihre schöpferische Arbeit fortzusetzen.

3
Stars und Glanz

ERSTES KAPITEL

Der Broadway ist ein Startheater

»New York will Stars, nicht Schauspieler«, sagte einmal einer der bekanntesten »Steppenwolf«-Schauspieler aus Chicago, Joe Mantegna. Deshalb werden oft Aufführungen aus der Provinz in New York umbesetzt, damit prominente Darsteller ihre Anziehungskraft auf das Publikum beweisen können. Das ist keine erst im Jahre 1986 gemachte Entdeckung; schon in der Autobiographie William B. Woods, von 1810 bis 1826 Theaterleiter in Philadelphia, Baltimore und Washington, kann man lesen:

»Etwa um das Jahr 1835 war das Startheater an der Tagesordnung; die Schauspieler bildeten nicht länger ein Ensemble, sondern wurden zu bloßen Dienern einiger Hauptdarsteller erniedrigt und waren ausschließlich verpflichtet, deren Anziehungskraft zu steigern oder vielleicht erst hervorzubringen. Von Zeit zu Zeit wird das Theater wahrscheinlich immer wieder einem solchen System verfallen. Der Bankrott des Theaterleiters und die Herabwürdigung des Theaters werden stets das Ende sein; und das Drama, das eine solche Periode durchgemacht hat, wird neu belebt werden (so wie es jetzt wieder der Fall ist) durch den einzig wahren Grundsatz des Ensembletheaters.«

Woods optimistische Prophezeiung gründete sich darauf, daß vier Jahre vor dem Erscheinen seiner Autobiographie James W. Wallack 1852 ein Theater am unteren Broadway eröffnet hatte, in dem wieder ein Ensemble am Werk war, nachdem das Ensembletheater in den vorangegangenen zwei Jahrzehnten schon verlorengegangen zu sein schien. Aber Wood hatte sich über die weitere Entwicklung getäuscht, denn nur wenige Theaterdirektoren folgten im 19. Jahrhundert dem Vorbild Wallacks, und im

20. Jahrhundert existierten so gut wie keine Ensembletheater mehr in Amerika. Man mag diese Entwicklung bedauern, dennoch ist an der Tatsache, daß am Broadway Startheater gemacht wird, nicht zu rütteln.

Die Stars, die das kommerzielle Theater in Amerika während der letzten anderthalb Jahrhunderte zusammenhielten und ihm immer wieder neue Impulse gaben, erhielten zumindest anfangs nicht die Ausbildung, die ihnen in Europa zuteil wurde. Sie waren fast alle Schauspieler aus Instinkt, oder das Talent vererbte sich von Vater und/oder Mutter auf die Kinder und oft sogar auf die dritte Generation, was dazu führte, daß wir bis in dieses Jahrhundert hinein Schauspielerdynastien kannten. Erst vor etwa 100 Jahren wurde mit der American Academy of Dramatic Arts in New York die erste Schauspielschule gegründet, und es dauerte lange, bis eine zweite folgte. Heute dagegen gibt es nicht nur eine Reihe unabhängiger Schauspielschulen, wie das Actors Studio in New York, wo eine modifizierte Stanislawsky-Methode gelehrt wird, sondern auch Konservatorien und Universitäten, allen voran die Juilliard School of Music in New York, die New York University und die Yale University in New Haven, die sich mit wachsendem Erfolg um eine gründliche Ausbildung des Schauspielers bemühen.

Dennoch gibt es nicht wenige Stimmen, die noch immer darauf bestehen, daß Theaterspielen nicht gelehrt werden könne, zumindest nicht im Rahmen akademischer Institutionen. Zu diesen gehören auch Joseph Papp, New Yorks aktivster Theaterleiter, und das Kollektiv des »Steppenwolf Theatre« in Chicago. Sie haben fast alle nur eine praktische Ausbildung, wie es auch noch bei den meisten ihrer Kollegen der Fall gewesen war, die vor 1920 die Bretter betraten, die für sie die Welt bedeuteten. Das heißt, viele von ihnen begannen ihre Bühnenlaufbahn in Kinderrollen (das war noch bei Helen Hayes und Eva Le Gallienne so) und arbeiteten sich dann langsam nach oben. In vielen Memoiren wird dieser schwierige Weg beschrieben, der natürlich – das versteht sich fast von selbst – nur den wenigsten glückte. Die meisten blieben auf Nebenrollen beschränkt oder kehrten dem Theater ganz den Rücken, zumal auch die Verdienstmöglichkeiten und die Arbeitssituation erst nach 1920 attraktiv zu werden begannen.

Es folgen nun, in alphabetischer Reihenfolge, die Porträts einiger der wichtigsten amerikanischen Darsteller im Sprechstück und Musical aus Vergangenheit und Gegenwart.

Maude Adams in einer Szene aus Barries Peter Pan

MAUDE ADAMS
Als Peter Pan unsterblich

Auch wenn Maude Adams nur in einem einzigen Stück aufgetreten wäre, in dem von dem Engländer James Barrie für sie geschriebenen *Peter Pan,* sie hätte ihren Namen groß in die Annalen der amerikanischen Theatergeschichte eingraviert. Sie begann als Fünfjährige im Westen, wo sie, soweit jetzt noch feststellbar, in mehr als zwei Dutzend Stücken auftrat, ehe sie im Alter von 20 Jahren nach New York kam. Dort gehörte sie eine Spielzeit Charles Frohmans Ensemble an, danach zog sie fünf Jahre mit dem Barrymore-Onkel John Drew durch die Lande, um bereits im Alter von 25 Jahren an der Spitze ihres eigenen Ensembles zu stehen, das in New York vorwiegend in dem neuen »Empire Theatre« und dem »Knickerbocker Theatre« spielte, beide am Broadway gelegen.

Frohman, dem das »Empire Theatre« gehörte, hatte mehrfach Barrie auf die dramatischen Möglichkeiten seines Romans *The Little Minister* hingewiesen, doch erst als dieser in New York Maude Adams sah, glaubte er, die Darstellerin für die Hauptrolle der Babbie gefunden zu haben. Innerhalb von Monaten hatte er die Umwandlung des Romans in ein Theaterstück beendet, am 27. September 1897 fand die Uraufführung im »Empire Theatre« statt und war der erste große Erfolg für die Schauspielerin, der der Kritiker der *New York Times* attestierte, daß »ihr Charme noch nie deutlicher erschien und daß sie selbst den verwöhntesten Geschmack zufriedenstellen konnte«. Die erste Aufführungsserie umfaßte mehr als 300 Vorstellungen; bis Anfang 1905 hatte Maude Adams die Rolle in New York und auf Tournee mehr als tausendmal gespielt. Ein neuer Star war geboren. Ein Bostoner Kritiker schrieb: »Es ist zweifelhaft, ob Sarah Bernhardt oder Adelaide Neilson in dieser kultivierten Stadt jemals auf eine so offen zur Schau getragene Begeisterung stießen, wie es gestern abend der Fall war, als Maude Adams die Babbie in *The Little Minister* spielte . . . Fast der ganze Triumph ist nur Maude Adams zuzuschreiben.«

Aber ihr größter Erfolg kam im Herbst desselben Jahres in der Titelrolle von Barries *Peter Pan,* der Geschichte des Jungen, der sich zu wachsen weigerte. »Wie großartig sind die Berichte über Deinen Peter«, schrieb ihr der Autor aus London, »selbst Babbie wird sicher eifersüchtig werden.« Und Mark Twain, ernster als wir ihn gewöhnlich kennen, äußerte sich in einem Brief an die Schauspielerin: »Ich glaube, daß *Peter Pan* eine große, veredelnde und erbauende Wohltat für diese gemeine und geldgierige Welt ist und daß das nächstbeste Stück im Theater weit zurückbleiben wird, solange Sie den Peter darstellen«.

Im Laufe der Jahre spielte Maude Adams diese Symbolfigur fröhlicher Unschuld und ewiger Jugend mehr als 1500mal, und der Einfluß, den sie ausübte, ist heute kaum mehr vorstellbar, da die Jugend heutzutage ihre Helden und Heldinnen nicht mehr im Theater findet. Peter Pan war eine Idealgestalt für Tausende und Abertausende von Kindern, deren Eltern sie ins Theater schickten – und selbst mitgingen, denn auch für sie verkörperte Maude Adams in dieser Rolle eine heile Welt. Von ihrem elfenhaften Charme schwärmten die Menschen noch lange, obwohl sie schon 1918 von der Bühne abtrat, um nur noch zweimal in den dreißiger Jahren in zwei Shakespeare-Stücken außerhalb New Yorks aufzutreten. Ihr Name war Legende, und obwohl sie für die Entwicklung der amerikanischen Schauspielkunst nicht sehr viel bedeutete, gehört sie dank Babbie und Peter Pan zu den unvergessenen Darstellern des Theaters. Als sie 1953 im Alter von 81 Jahren starb, überschlugen sich die Nachrufe vor Bewunderung für ihre Leistungen, und viele, die sie fast

50 Jahre zuvor als Peter Pan gesehen hatten, legten Zeugnis ab für die langanhaltende Wirkung, die Maude Adams auf sie ausübte.

FRED ASTAIRE
»Ich tanze ganz einfach«

Als er 1933 nach zahlreichen Tourneen und über einem Dutzend erfolgreicher Auftritte in Broadway-Musicals Probeaufnahmen für einen Film unterworfen wurde, lautete das Urteil: »Er kann zwar nicht spielen, aber dafür ein wenig tanzen.« Wäre nicht die Hartnäckigkeit des Filmproduzenten David Selznick gewesen, der gerade um diese Zeit von RKO zu MGM überwechselte, hätte die Karriere des erst 34jährigen Fred Astaire einen Knick bekommen, von dem sie sich nicht so leicht – wenn überhaupt jemals wieder – erholt hätte. Seine um zwei Jahre ältere Schwester Adele, mit der er fast 20 Jahre lang ein unzertrennliches Tanzpaar gebildet hatte, war 1932 nach ihrer Heirat mit einem englischen Adligen vom Theater zurückgetreten; zum erstenmal stand Astaire – wenn dies von einem Tänzer gesagt werden kann – allein mit seinen Füßen auf den Brettern des Tanzparketts. Und nun kam noch das vernichtende Urteil der Filmleute hinzu!

Selznick hatte seinen RKO-Kollegen Astaire in einem Schreiben vor den Probeaufnahmen aufs wärmste empfohlen: »Er ist einer unserer ganz großen Künstler, ein phantastischer Darsteller, ein Mann, von dem gesagt wird, daß er neben Leslie Howard der Charmeur des amerikanischen Theaters ist, und zweifellos ist er auch noch der führende junge Darsteller des amerikanischen Musicals. Meiner Ansicht nach wäre er gut genug, um die Hauptrolle in einem Millionenfilm von Lubitsch zu spielen – vorausgesetzt, daß er sich gut fotografiert, was ich hoffe.« Und ein paar Tage später, nach den Probeaufnahmen: »Ich habe Bedenken, aber ich glaube, daß sein Charme trotz der riesigen Ohren und schlechten Kinnpartie groß genug ist, um sich über den unglücklichen Test hinwegzusetzen.«

RKO nahm Astaire schließlich unter Vertrag, reichte ihn aber schon wenige Monate später an den inzwischen zu MGM übergewechselten Selznick weiter, der ihn in *Dancing Lady* zunächst in einer Nebenrolle beschäftigte (Joan Crawford und Clark Gable waren die Hauptdarsteller). Noch im selben Jahr ließ er ihn jedoch zusammen mit Ginger Rogers in *Flying Down to Rio* auftreten und eröffnete damit eine neue Ära des Musik- und Tanzfilms.

Astaires eigentlicher Name ist Austerlitz. Sein Vater war ein gebürtiger Wiener, dem die Bevormundung durch seine beiden älteren Brüder nicht paßte und der kurzerhand nach Amerika auswanderte, wo er sich in dem von Neuankömmlingen nicht gerade bevorzugten Omaha, der größten Stadt des Bundesstaates Nebraska, niederließ. Er bekam dort bald einen Job in der Brauerei Storz, der größten des Staates, die – wie fast alle amerikanischen Brauereien – von Deutschen gegründet worden war. Er heiratete die achtzehnjährige Anna Geilus, die schon in Amerika geboren war, und noch im 19. Jahrhundert kamen ihre beiden Kinder zur Welt: Adele 1897 und Frederick, wie er ursprünglich hieß, 1899.

Kaum konnte Adele laufen, brachte ihre Mutter sie in eine örtliche Tanzschule, und als sie einmal den gerade fünfjährigen Frederick mitnahm, um das ältere Schwesterchen abzuholen, probierte er unbeobachtet ein paar herumliegende Ballettschuhe an und stellte fest, daß er auf den Zehenspitzen stehen konnte. Obwohl Tanzen damals bestenfalls als eine Beschäftigung für Mädchen galt (immerhin war es noch so verpönt, daß selbst Mutter Austerlitz ihren Eltern verschwieg, daß Adele es lernte), ging von nun an auch Frederick in die Tanzschule.

Beide machten derart rasche Fortschritte, daß ihr Vater dem Drängen seiner Frau nachgab und sie mit den Kindern nach New York gehen ließ, um dort einen Platz im Showbusiness zu finden – ein zu Beginn des Jahrhunderts sicherlich sehr gewagter Entschluß. Aber die Mutter glaubte felsenfest an das Talent ihrer beiden Kinder, die mit sechs und acht Jahren in eine New Yorker Tanzschule eintraten. Papa schickte das nötige Geld aus Omaha, und Claude Alvienne, ein französischer Tanzmeister, der mit einem Stock den Takt auf einen arg mitgenommenen Stuhl schlug, ermunterte die beiden begabten Kinder. Es dauerte nicht lange, und sie bekamen ein viertägiges Engagement in einem Vaudeville-Theater in New Jersey, wofür sie 50 Dollar erhielten. Dort sah sie zufällig ein Agent, der sie für eine 20 Wochen lange Tournee durch die Orpheum-Theater mit einer Gage von 150 Dollar pro Woche plus Reisespesen – Mama mußte natürlich noch mit dabeisein – buchte. Als sensationelles Kinder-Tanzduo riß man sich von da an um beide.

Ein Jahrzehnt anstrengender Tourneevorstellungen folgte, bis die Astaires 1918 erstmals am Broadway auftraten: Im »Winter Garden« der Shuberts wirkten sie in der Revue *Passing Show of 1918* mit, in der sie, als Hühner (!) verkleidet, tanzten und sangen. (Fred hatte schon vorher in der Revue *Over the Top* zur Musik von Sigmund Romberg eine allerdings nur sehr kurze Tanzszene bestritten.) 1922 kam ihr erster großer Erfolg in *For Goodness Sake*; eine führende New Yorker Zeitung attestierte ihnen, daß sie einen Beifallssturm nach dem anderen auslösten. Die Anmut und Leichtigkeit ihrer Tanzbewegungen, zusammen mit ihrer eigenen, oft humorvoll wirkenden Choreographie, wurden als eine große Bereicherung für die Broadway-Szene angesehen. Damals war übrigens Adele noch der berühmtere Teil des Duos, aber das sollte sich schon bald ändern. Die beiden Gershwin-Songs in *For Goodness Sake* waren für den Erfolg von weit geringerer Bedeutung als das Auftreten der Astaires, denen allein die Tatsache zuzuschreiben war, daß mehr als 100 Aufführungen zu verzeichnen waren.

Als sie zwei Jahre später in *Lady, Be Good!,* einem ganz von Gershwin komponierten Musical, auftraten, standen die Geschwister Astaire wiederum im Mittelpunkt. Nur von wenigen Kritikern wurde damals die Bedeutung der Gershwinschen Musik erkannt, aber daß die Astaires nun trotz ihres zugegebenermaßen geringen Stimmvolumens und mangelnder Ausbildung auch in Songs brillierten – hier vor allem in »Fascinating Rhythm« und »So Am I« –, verstärkte noch ihre Wirkung. Fast ein Jahr lang konnte dieses Musical en suite gespielt werden. 1927 wurde das nächste Gershwin-Musical, *Funny Face,* uraufgeführt, das den Astaires noch größere Rollen und noch mehr Anerkennung eintrug, vor allem auch für die Art und Weise, wie sie den Titelsong vortrugen. Hier erschien Fred Astaire zum erstenmal in der Nummer »High Hat« im Frack und steppte, die Hände in den Hosentaschen, während ein aus 24 Smoking tragenden Männern bestehendes Ensemble seine aufstampfenden Füße mit einem Echo begleiteten. »My One and Only« war dann ein weiterer Steptanz Astaires, der nun seine Schwester langsam, aber sicher in den Schatten zu stellen begann.

Adele und Fred Astaire in Gershwins Funny Face *(1927)*

Adele hatte sich schon aus dem Theaterleben zurückgezogen, als Fred im November 1932 zum letztenmal am Broadway auftrat, und zwar in Cole Porters *Gay Divorce*. Aber er war allein nicht weniger erfolgreich als früher mit seiner Schwester. »Night and Day«, von ihm gesunden, war bald der meistgespielte und -gesungene Schlager des Jahres. Fred Astaire war noch keine 34 Jahre alt, als er dem Broadway Valet sagte; von da an waren es der Film und, in der letzten Phase seiner 70 Jahre umspannenden Karriere, das Fernsehen, das ihm neue und ungeahnte Popularität eintrug.

In den folgenden vier Jahrzehnten hat Fred Astaire in nicht weniger als 36 Filmen mitgewirkt, in seinen erfolgreichsten als Steptänzer und Sänger, in seinen späteren in Sprechrollen, mit denen er endlich das anfängliche Urteil, er »könne nicht spielen«, richtigstellen konnte. Während er älter wurde, ohne daß dies allzu deutlich in Erscheinung trat, wurden seine Partnerinnen immer jünger. Bei Ginger Rogers betrug der Altersunterschied etwa zehn, bei Judy Garland und Cyd Charisse waren es bereits 20, bei Audrey Hepburn und Leslie Caron gar 30 Jahre. Astaire umging die Problematik dieser »Mai-Dezember«-Liaisons, indem er die Rollen als eine Art Ersatzvater begann, um sie als widerwilliger Liebhaber zu beenden. Und wenn – wie es meist der Fall war – die Dialoge nur als Vorwand dienten, um Astaire singen und tanzen zu lassen, war der Altersunterschied rasch vergessen. Astaire blieb es erspart, für immer wieder neue Filme verpflichtet zu werden, während sein Können nachließ. Schon 1946 wollte er die Filmlaufbahn an den Nagel hängen, aber ein Knöchelbruch seines großen Konkurrenten Gene Kelly führte dazu, daß er für *Easter Parade* verpflichtet wurde. Und dann kam 1949, noch einmal zusammen mit Ginger Rogers, *The Barclays of Broadway*. Weitere Filme folgten dann nur noch in Zweijahresabständen – was zum großen Teil auch damit zusammenhing, daß das

von ihm mit ins Leben gerufene Genre der großen Tanz- und Musikfilme in Hollywood langsam aber sicher ausstarb.

So fand Astaire genug Zeit, um seine Autobiographie »Steps in Time« zu schreiben (1959), ein Buch von ungewöhnlicher Bescheidenheit, verglichen mit anderen Machwerken dieser Art. Über seine Tanzkunst hatte er beispielsweise nur zu sagen: »Ich weiß nicht, wie sie begann, und ich will es auch gar nicht wissen. Ich habe auch nicht den geringsten Wunsch, irgend etwas damit zu beweisen. Ich habe Tanzen nie als ein Ventil oder als ein Mittel benutzt, um mich selbst auszudrücken. Ich tanze ganz einfach.«

Zu bewundern bleibt, wie Astaire jahrzehntelang anscheinend die Gesetze der Schwerkraft ignorieren konnte und eine Anziehungskraft auf ein immer größeres Publikum ausübte, die von einer faszinierenden Zeitlosigkeit seiner Kunst zeugt.

TALLULAH BANKHEAD
35 Stücke in 33 Jahren

Als Tallulah Bankhead, Tochter und Nichte berühmter amerikanischer Politiker – ihr Vater war mehrere Jahrzehnte Kongreßabgeordneter aus dem Südstaat Alabama und Sprecher des Parlaments, ihr Onkel Senator –, sich 1950 von der Bühne vorübergehend zurückzog, wollte sie eigentlich ganz aufhören und sagte verbittert: »In den 33 Jahren meiner Theaterlaufbahn bin ich in 35 Stücken aufgetreten, von denen nur drei wirklich bedeutend waren.« Welches diese Stücke gewesen sein sollen – dieses Geheimnis hat sie freilich mit ins Grab genommen.

Doch 1950 war nicht Tallulah Bankheads Abschiedsjahr vom Theater, sondern nur der Beginn einer vierjährigen Pause. Aber ihre späteren Erfolge von 1954 bis zu ihrem Tode 1967 waren nur noch dünn gesät, und vielleicht mag sie, deren Biographie den Untertitel »Liebling der Götter« trug, insgeheim oft bedauert haben, daß sie nicht doch schon früher von der Bühne abgetreten war. Aber nur wenige Schauspieler – und vielleicht noch weniger Schauspielerinnen – ringen sich dazu durch, im rechten Moment Schluß zu machen.

Mit Maude Adams hatte Tallulah gemeinsam, daß auch schlechte Kritiken ihr nichts anhaben konnten, sondern sie im Gegenteil ihren vielen Bewunderern noch teurer machten. Sie war eine Persönlichkeit nicht nur im Theater, sondern auch im Privatleben, extrovertiert bis zum äußersten, hundertprozentig von ihrem Wert und Talent überzeugt, rasch mit dem Wort, das nicht selten beleidigend wirkte – mit anderen Worten: Schauspielerin auch im Privatleben.

Ungelernt wie die meisten anderen Schauspieler ihrer Generation, betrat sie schon im Alter von 15 Jahren, kaum der Schule entwachsen, die Broadway-Bretter, ohne damals jedoch großen Eindruck zu machen. Vier Jahre lang schlug sie sich mit kleinen Rollen herum, dann beschloß sie, ihre Karriere in London fortzusetzen, wo ihr während der nächsten zehn Jahre der Durchbruch gelang, so daß sie als Berühmtheit 1933 nach New York zurückkehren konnte. »Von den großen Stars ihrer Zeit war Tallulah Bankhead beispielhaft für die traditionelle Schauspielerin als funkelnde Persönlichkeit«, schrieb Lloyd Morris, anerkannter Historiker des amerikanischen Theaters. »Die ungewöhnliche Legende, die ihr anhaftete, ließ das Publikum oft nicht auf ihr großes Talent achten. Vielleicht hatte kein anderer Star so viele begeisterte Anhänger . . . Sie wollten, daß sie auf der Bühne ›sie selbst‹ sei, statt eine Rolle zu spielen, und obwohl sie dieser Forderung nie nachkam, kräftigte das Bestehen darauf nicht gerade ihre schöpferischen Fähigkeiten.«

Tallulah Bankheads drei größte Rollen – und sie mögen identisch sein mit den drei von ihr als wertvoll bezeichneten Stücken – waren die Sadie Thompson in *Rain,* der Dramatisierung von Somerset Maughams Erzählung durch John B. Colton und Clemence Randolph (1935), die Regina Giddins in Lillian Hellmans *The Little Foxes* (1939) und die Sabina in Thornton Wilders *Wir sind noch einmal davongekommen* (1942). Eine ihrer letzten großen Rollen war die Mrs. Goforth in Tennessee Williams' *The Milk Train Doesn't Stop Here.* Tallulah Bankhead konnte in leichten Komödien ebenso vollendet spielen, wie sie der größten dramatischen Wirkung fähig war, dank deren sie ihr Publikum beherrschte, ja fast hypnotisierte.

Tallulah Bankhead als Sabina in Thornton Wilders Wir sind noch einmal davongekommen

Über ihr Privatleben wurde viel kolportiert, Wahres und Unwahres. Daß sie der Flasche reichlich, manchmal zu reichlich zusprach, wurde von ihr selbst in ihren Memoiren nicht in Abrede gestellt. Als sie auf einer Gesellschaft einmal Ethel Barrymore imitierte – sie war zwerchfellerschütternd in ihren Nachahmungen männlicher wie weiblicher Kollegen –, bezog sie von der offenbar nicht sehr humorvollen Ethel eine Ohrfeige in aller Öffentlichkeit, was aber die Freundschaft der beiden nicht getrübt haben soll. Zu Lawrence Langner, einem Mitbegründer der »Theatre Guild«, sagte die stimmgewaltige Tallulah einmal: »Das Eigenartige an mir ist, Darling, daß ich auf der Bühne am besten spiele, wenn ich ein wenig krank bin, da mein Zwerchfell dann nicht so stark ist.« »Ein wenig krank« konnte bedeuten »unter Alkoholeinfluß«, und »Darling« – in ihrem unnachahmlichen Südstaatendialekt mit einem langgezogenen »a« – sagte sie zu jedem, Mann, Frau oder Kind. Ein andermal sagte sie: »Meinetwegen mache ich mir keine Gedanken um dieses Stück, Darling, aber besorgt bin ich darum, was mit dem Stück passiert, wenn ich nicht auf der Bühne stehe.«

DIE GESCHWISTER BARRYMORE
Ein roter Apfel zu jeder Premiere

Die Barrymores, die »königliche Familie« des amerikanischen Theaters, waren die letzten Nachkommen eines Theaterclans, der bis in die Mitte des 18. Jahrhunderts zurückreicht. Obwohl innerhalb von vier Jahren geboren, sind die Geschwister nie zusammen auf der Bühne aufgetreten – und nur ein einziges Mal im Film –, aber sie teilten einen Aberglauben: Zu jeder Premiere schickten zwei der Geschwister dem dritten einen roten Apfel in die Garderobe, der aber nicht gegessen werden durfte. Er sollte ein Glücksbringer sein, diese Tradition

hatten sie von ihren Schauspieler-Eltern Maurice Barrymore (als Herbert Blythe in Indien geboren) und Georgie, geb. Drew, übernommen. Der Bruder der Mutter, John Drew, war ebenfalls ein berühmter Schauspieler, ebenso wie die Großeltern der Barrymores mütterlicherseits, John sen. und Mrs. John Drew, die ihren Vornamen Louisa verschwieg und 30 Jahre lang, von 1860 bis 1891, Prinzipalin des »Arch Street Theatre« in Philadelphia war. Ihre Eltern wiederum, William Haycraft und Elisa Trentner Lane, waren ein bekanntes Schauspieler-Ehepaar in England gewesen, und ihre Vorfahren können bis ins Jahr 1752 als »fahrende Komödianten« zurückverfolgt werden.

Lionel (1878–1954), Ethel (1879–1959) und John (1882–1942) Barrymore muß also das schauspielerische Talent schon mit in die Wiege gelegt worden sein. Sie begannen ihre Karrieren um die Jahrhundertwende: Lionel als Charakterdarsteller, Ethel als junge Dramatische und John fast ausschließlich als Komödiendarsteller. Dabei hatten alle drei mehr als ein Talent: Ethel wollte Pianistin werden, John Zeichner und Illustrator, Lionel Komponist und Maler. Aber nur Lionel gelang es, seine Mehrfachbegabung beruflich zu nutzen. Ethels Theaterlaufbahn war die gradlinigste und längste, und als sie nicht mehr das Fach der jungen Dramatischen ausfüllen konnte, wandte sie sich Charakterrollen zu, in deren Gestaltung sie noch größere Triumphe feierte. Ihre etwas rauhe, sehr eindringliche Stimme wurde um 1910 von den jungen Mädchen nachgeahmt, ebenso wie manche ihrer Bewegungen; sie wollten es ihrem Idol gleichtun. 1928 wurde nach Ethel ein Broadway-Theater benannt, das heute noch ihren Namen trägt.

John, kaum weniger berühmt als seine Schwester, fand erst relativ spät Zugang zum dramatischen Fach und erreichte seinen Höhepunkt als Schauspieler 1920 mit »Richard III.« und ein paar Jahre später mit »Hamlet«. Insbesondere in letzterer Rolle sah man in ihm den Nachfolger und künstlerischen Erben von Edwin Booth, der einer anderen großen Theaterfamilie angehörte. 1925 vertauschte John den Broadway mit Hollywood; der mehrfach Verheiratete und vielfach Verliebte geriet mehr und mehr unter den Einfluß von Alkohol, wurde mit den Jahren immer unzuverlässiger und deshalb weniger beschäftigt in der Filmhauptstadt, nachdem er dort einmal einer der höchstbezahlten Stars gewesen war. Als John zwei Jahre vor seinem Tode noch einmal an den Broadway zurückkehrte, um in einem quasi autobiographischen Stück *My Dear Children* aufzutreten, hatte er Schwierigkeiten mit seinem Text und geriet nicht selten ins Faseln: Dies verstärkte noch die Peinlichkeit dieses unfreiwilligen Abschieds, der sich über vier Monate hinzog. Vier Heiraten und ebenso viele Scheidungen, viele Arzt- und Krankenhausrechnungen brachten ihn gegen Ende seines Lebens an den Rand des Bankrotts, obwohl nur wenige Schauspieler in ihrem Leben mehr Geld verdient hatten als er.

Lionel war der erste Barrymore, der schon 1920 nach Hollywood ging und dann nur noch gelegentlich an den Broadway zurückkehrte. In zunehmendem Maße begann er zu komponieren, schrieb Filmmusiken und andere Werke, die gelegentlich auch von den großen Orchestern des Landes aufgeführt wurden. Auch als Maler betätigte er sich und konnte mehrere seiner Gemälde verkaufen. Er hatte vor, der offensichtlich prädestinierten Schauspielerei ganz zu entgehen, und verbrachte drei seiner Jugendjahre als Kunstschüler in Paris. Aber nach New York zurückgekehrt, lockten doch Bühne und Film. Er war einer der ersten Theater-Schauspieler, der sich dem Film zuwandte. So arbeitete er mit D. W. Griffith im »Biograph Studio« in New York, wo er unter anderem zusammen mit Mary Pickford in *The New York Hat* auftrat. Die Zahl seiner Filme und Erfolge ist Legion, und in Hollywood war er wie sein Bruder einer

der höchstbezahlten Schauspieler, ohne jemals aus den Schulden herauszukommen.

Die letzten Jahre seines Lebens verbrachte Lionel im Rollstuhl: Folge zweier Hüftgelenkbrüche und einer ihn fast zur Unbeweglichkeit verdammenden rheumatischen Arthritis in beiden Knien. Aber er blieb bis zum Ende seines Lebens 1954 aktiv; zunächst fand man für ihn Rollen, in denen er nicht zu gehen brauchte, so daß die Zuschauer nicht seines Hinkens gewahr wurden, dann solche, bei denen er im Rollstuhl sitzen konnte, darunter die Dr.-Kildare- und Dr.-Gillespie-Serien im Rundfunk. Nur das Fernsehen blieb ihm verschlossen.

Ethel hielt unerschütterlich, von einigen wenigen Ausflügen nach Hollywood abgesehen, die von Geldnöten diktiert waren, bis 1945 dem Theater die Treue. Während der 50 Jahre ihrer Bühnenlaufbahn, von 1895 bis 1945, ist sie in mehr als 50 Rollen aufgetreten, und der Erfolg hat sie selten verlassen. Wie ihre beiden Brüder wurde sie ohne besondere Ausbildung sozusagen ins Theater hineingestoßen; zum erstenmal in ihrem Leben stand sie mit ihrer schon betagten Großmutter auf den Brettern, als sie in Montreal eine kleine Rolle in Sheridans *The Rivals* spielte (im selben Stück machte ein Jahr später, in einer noch kleineren Rolle, auch Lionel sein Theaterdebüt, wurde aber von der gestrengen Großmutter als talentlos sofort entlassen). Ethel hingegen absolvierte eine erfolgreiche Lehrzeit und bekam ihre erste tragende Rolle im Jahre 1900 in einem – mit Recht – längst vergessenen Lustspiel, *Captain Jinks of the Horse Marines* von Clyde Fitch, dem um die Jahrhundertwende erfolgreichsten amerikanischen Stückeschreiber.

Eigentlich schon von da an konnte Ethel sich ihre Rollen aussuchen, und wenn es auch zunächst nur leichte Komödien und unbedeutende Schauspiele waren, in denen sie auftrat, so wuchs sie doch auch in andere Rollen hinein, etwa Nora und Rose Bernd. Mit 43 Jahren spielte sie die Julia, drei Jahre später zum erstenmal Portia und Ophelia.

Ende der dreißiger Jahre machte Ethel Barrymore die einzige erfolglose Periode ihrer Laufbahn durch. Sie schien plötzlich den Instinkt für gute Rollen verloren zu haben und wählte eine schlechte nach der anderen. Diese Pechsträhne hielt fast ein Jahrzehnt an. Und als ihr dann eine Rolle angeboten wurde, die der größte Erfolg ihrer Laufbahn überhaupt werden sollte, lehnte sie zunächst ab. Erst dem guten Zureden eines jungen Produzenten, Herman Shumlin, war es zu verdanken, daß sie sich schließlich entschloß, die walisische Lehrerin Miss Moffat in Emlyn Williams' *The Corn is Green* zu spielen. In dieser Rolle ging die Sechzigjährige vollkommen auf, und es war ein großes Erlebnis, zu beobachten, wie sie sich von einer aggressiven, fast grausamen Lehrerin in eine zu uneigennütziger Begeisterung fähige Frau verwandelte. Gerade die jüngeren Zuschauer, die Ethel Barrymore während ihrer Glanzzeit nicht gekannt hatten, entdeckten eine für sie neue Darstellerin.

Als 1944 sechs New Yorker Theaterkritiker gefragt wurden, wen sie für die bedeutendste Schauspielerin des zeitgenössischen US-Theaters hielten, entschieden sich drei für Ethel Barrymore. Zwei Stimmen entfielen auf Helen Hayes, und der sechste teilte sein Votum auf: Ethel Barrymore für ihre Stimme, Katharine Cornell für ihre Persönlichkeit, Helen Hayes für ihre Technik. In jenem Jahr sahen die New Yorker Ethel Barrymore zum letztenmal; sie trat in der Dramatisierung von Franz Werfels Roman *Der veruntreute Himmel* auf, in der sie die Köchin Teta spielte und Albert Bassermann in seinem einzigen Broadway-Auftritt den Papst. Danach zog sie sich ihrer Gesundheit wegen ins südliche Kalifornien zurück. Fast alle ihre Filme, keiner jedoch von großer Bedeutung, stammen aus der folgenden Zeit, dem Jahrzehnt von 1946 bis 1956.

Die Geschwister Barrymore: Lionel (Rasputin), Ethel (Zarin) und John (Fürst Paul Jussupoff) bei einer Besprechung in Hollywood vor Drehbeginn zum Rasputin-*Film (1932). Dies war das einzige Mal, daß die drei gemeinsam auftraten*

Das einzige Mal, das Ethel zusammen mit ihren Brüdern im Film auftrat, lag dagegen lange zurück. Es war der Film *Rasputin and the Empress* gewesen, in dem Lionel den Mönch, Ethel die Zarin und John den Fürsten Paul darstellte. Während der Dreharbeiten wurden Regisseur und Drehbuchautor gewechselt; es gab auch sonst so viele Reibungen und Streitereien, daß der Film in der Presse »Disputin and the Empress« genannt wurde. Da Ethel nur ein einziges Mal 15 Jahre vorher in einem Film aufgetreten war, mußte sie sich vor allem an die für sie neue Technik des Tonfilms gewöhnen, und als sie die ersten Probeaufnahmen sah, meinte sie, sie sehe aus »wie Tallulahs Burleske von mir«. Der Film fand eine gemischte Aufnahme; offenbar gelang es selbst der Barrymore-Batterie nicht, die auf das Drehbuch zurückgehende Überzeichnung der Charaktere zu mildern, wobei es fraglich ist, ob beispielsweise Lionel überhaupt daran gelegen war, statt der Legende die Wirklichkeit des »verrückten Mönchs« herauszuarbeiten.

Nach dem Tode Ethels 1959 im Alter von 80 Jahren war die nächste Barrymore-Generation an der Reihe. Aber es zeigte sich bald, daß mit dem Dreigestirn die 200jährige Theatertradition der Familie ihren Höhepunkt erreicht hatte. Ethels Tochter, Ethel Barrymore Colt – die Schauspielerin lebte von 1909 bis 1923 in einer wenig glücklichen Ehe mit Russel Colt –, hatte eine nur kurzlebige Karriere als Sängerin und trat in Konzerten, leichten Opern und Musicals auf. Dolores Mae Barrymore, John Barrymores Tochter aus seiner dritten Ehe mit Dolores Costello, wollte noch vor Erreichen ihres 20. Lebensjahrs die Bühnenlaufbahn einschlagen, gab dies aber nach einigen wenigen Versuchen auf und wurde Hausfrau und Mutter. Ihr Bruder, der sich John Drew Barrymore nannte, war an einer Bühnenlaufbahn nicht interessiert, sorgte aber durch seinen Lebenswandel dafür, daß der Name Barrymore ständig in der Presse war.

Am deutlichsten wurde der Verfall der Familie an Diana Barrymore, Johns Tochter aus zweiter Ehe. Ohne die geringste Ausbildung und mit minimalem Erfolg, offensichtlich nur darauf aus, aus dem Familiennamen Kapital zu schlagen, trat sie am Broadway und in Hollywood auf, verfiel aber bald dem Alkohol und Drogen und endete nach drei Heiraten, unzähligen Liebesaffären und mehreren Selbstmordversuchen sozusagen »in der Gosse«. *Zu viel zu früh* war der Titel ihrer Lebensgeschichte, die nach ihren eigenen Erzählungen 1957 erschien und kurz darauf verfilmt wurde. Buch und Film trugen ihr 150 000 Dollar ein, aber bis zu ihrem Tod drei Jahre später war alles Geld schon verpulvert. Verschwendungssucht schien das einzige zu sein, was Diana mit ihrem Vater und seinen Geschwistern teilte, die alle Schwierigkeiten gehabt hatten, mit Geld umzugehen.

YUL BRYNNER
Der »König« des Theaters

Im Verlauf von mehr als 30 Jahren trat er 4625mal in einem Stück auf, als König von Siam in *The King and I* – dem Musical von Rodgers und Hammerstein –, öfter vielleicht als irgendein Schauspieler in der Geschichte des Theaters je eine einzige Rolle gespielt hat. Kein Wunder also, daß Yul Brynner, Sohn eines mongolischen Ingenieurs und einer rumänischen Zigeunerin, 1920 in Sibirien geboren und über Frankreich im Jahre 1941 in die Vereinigten Staaten gekommen, weitgehend mit dieser einen Rolle identifiziert wurde. Diese Rolle prägte das Bild Yul Brynners – vor allem mit seinem kahlgeschorenen Kopf – in der Öffentlichkeit und stellte dadurch seine anderen Errungenschaften im Theater und sein dramatisches Leben in den Schatten.

Brynner neigte dazu, sich seinen eigenen Legendenkranz zu winden. So erzählte er gern, daß er im spanischen Bürgerkrieg auf der Seite der Loyalisten kämpfte, und gab sein Geburtsjahr unterschiedlich an, mal mit 1915 oder 1917, mal 1920 oder 1922, obwohl 1920 als authentisch gelten kann. Eindeutige Tatsache ist, daß er auf der Halbinsel Sachalin, in Peking und Paris aufwuchs, daß er sich in der französischen Hauptstadt zum Zirkusakrobaten ausbilden ließ, aber nach einem schweren Unfall – nach seiner Version erlitt er dabei 47 Knochenbrüche – auf Schauspieler und Sänger umsattelte und im Jahre seiner Einwanderung in die USA praktisch ohne Kenntnis der Sprache seine erste Rolle, den Fabian in *Was ihr wollt,* auf einer Tournee mit dem Lexikon in der Hand auswendig lernte. Zwei Jahrzehnte später, als sein Ruf und Ruhm schon längst begründet waren, diente er als Sonderberater des UNO-Flüchtlingskommissars und machte einen Fernsehfilm von seinem Besuch in mehreren Flüchtlingslagern in Europa und Nahost. 1977 war er Ehrenpräsident einer Konferenz von Zigeunern aus 22 Ländern, die ein Ende ihrer weltweiten Diskriminierung forderten. Doch was immer Brynner tat, er war mit Herz und Hand dabei.

Seine amerikanische Bühnenkarriere entwickelte sich allerdings nur langsam. Zunächst erhielt er eine verhältnismäßig kleine Rolle in dem Musical *Lute Song* (1946), in dem er den Dichter Tsai-Young spielte. Ein Filmtest im darauffolgenden Jahr ließ ihn als »zu orientalisch aussehend« abblitzen, aber gerade dies erwies sich als ein Vorteil für *The King and I.* Doch Brynner war zu wenig bekannt, um Rodgers' und Hammersteins erste Wahl zu sein; sie wollten Alfred Drake für die Rolle gewinnen, dem *Oklahoma!* zum Ruhm verholfen hatte. Aber als Rodgers und Hammerstein eines Tages in das Theater gingen, in dem mehrere Kandidaten

Yul Brynner und Gertrude Lawrence, die Stars von The King and I, *in einer Privataufnahme aus dem Jahr 1950, ein Jahr nach der Uraufführung*

darauf warteten, vorspielen und -singen zu können, waren sie beim Anblick Brynners, der mit gekreuzten Beinen auf dem Boden saß und mit seinen Schlitzaugen und seinem ganzen Gehabe nach sehr orientalisch wirkte, so angetan, daß Rodgers seinem Librettisten zuflüsterte: »Das ist unser König.«

Die Uraufführung von *The King and I* fand am 29. März 1951 im »St. James Theatre« statt, und am Tage danach war ein neuer Star geboren: Yul Brynner. Seine Partnerin Gertrude Lawrence oder »Gee«, wie sie unter Freunden und Kollegen genannt wurde, war schon lange ein Star gewesen – tatsächlich war die Anna ihre letzte Rolle, denn sie starb noch während der Laufzeit des Musicals im September 1952 an Krebs: derselben Krankheit, der Brynner 33 Jahre später erlag. *The King and I* wurde zunächst über drei Jahre 1246mal en suite gegeben und ging dann auf Tournee. In New York wurde es danach mehrere Male neu inszeniert, zuletzt 1984, immer noch mit Brynner, der inzwischen seit 1983 an Krebs erkrankt war. Er starb nur wenige Monate nach Beendigung der neunmonatigen New Yorker Aufführungsserie im September 1985. Seine Abschiedsvorstellung am 30. Juni wurde ein Triumph; am liebsten hätten ihn die Zuschauer auf ihren Schultern herausgetragen. Er hatte nichts von der Vitalität und Energie eingebüßt, die ihn 1951 auszeichneten; nur die durch Krankheit geschwächte Stimme erforderte es, daß einige seiner Songs gelegentlich gestrichen wurden.

Ehe Brynner 1951 die Königsrolle erhielt, war er als Regisseur mehrerer Fernsehspielfilme hervorgetreten. In späteren Jahren hatte er dagegen am Broadway in einigen anderen Rollen nicht sonderlich Erfolg. Das Musical *Home Sweet Home,* in dem er in der Rolle des Odysseus auftrat, erhielt sogar so vernichtende Kritiken, daß es 1976 nach nur einer einzigen Aufführung im »Palace Theatre« sofort wieder abgesetzt wurde. In Hollywood war er allerdings mit eini-

gen tragenden Rollen in den *Zehn Geboten, Anastasia* und den *Brüdern Karamasoff* erfolgreicher.

Doch keine Rolle reichte an Popularität an den König von Siam heran. »Yul Brynner hat einen Charakter geschaffen, der lange im Gedächtnis haften bleiben wird«, schrieb die *New York Times* nach seinem Tode, »weil er ein fortdauerndes Rätsel der modernen Welt verkörperte ... Sein König von Siam war ein durch und durch glaubwürdiger Monarch, gefestigt in seiner Macht und imstande, seine Haltung gegenüber Frauen zu verändern, ohne daß dies seiner lebensvollen Männlichkeit geschadet hätte. Die Rolle übte ihre anhaltende Wirkung auf die Zuschauer aus, weil sie auch in diesen Jahren – seitdem das Musical 1951 erstmals gegeben wurde – die Rolle der Geschlechter neu definieren mußten ... *The King and I* bringt eine Umkehrung der *Widerspenstigen Zähmung* mit sich, ein Stück, in dem die Frau durch die männliche Muskelkraft gezähmt wird ... Die Darstellung des schmerzlichen Unvermögens des Königs durch Yul Brynner, ihr zu trotzen, hat die Niederlage in einen Sieg umgewandelt.«

Vielleicht war das wirklich das Geheimnis des Brynnerschen Erfolges. *The King and I* jedenfalls dürfte jetzt nicht mehr gegeben werden. Brynner gehörte die Rolle, kein zweiter wird sie ihm streitig machen können.

KATHARINE CORNELL
Ein Star, der keiner sein wollte

Sie wollte kein Star sein. Als ihr nach ihrem ersten Erfolg am Broadway 1921 ein Starengagement von dem Produzenten A. H. Woods angeboten wurde, lehnte sie dankend ab, vielleicht auch unter dem Einfluß ihres Mannes Guthrie McClintic, den sie einen Monat vor der Premiere von *A Bill of Divorcement,* einem Stück der englischen Autorin Clemence Dane, geheiratet hatte. »Authentische Starqualität ist weitaus mehr, als den eigenen Namen in Leuchtbuchstaben zu sehen oder vor dem Stück genannt zu werden«, sagte Katharine Cornell mit Entschlossenheit. »Starqualität kommt selten über Nacht, um sie zu erlangen, braucht man Reife und lange Bühnenerfahrung. Überdies stellt sie ein Geschenk dar, das, um von dauernder Bedeutung zu bleiben, vom Publikum und nicht von einem Manager gegeben werden kann.« Sprach's und schickte sich an, während der nächsten zwei Jahre sieben ganz unterschiedliche Rollen zu spielen. Von einer dieser Rollen meinte der Kritiker Burns Mantle, daß »die Cornell mehr Duse-Qualität besitzt als irgendeine andere der jetzt aktiven jungen Schauspielerinnen«.

Katharine Cornell ließ sich auf ihrem Weg nicht durch Kritiker und nicht durch Manager beeinflussen. 1893 in Berlin geboren – ihr Vater, ein Arzt, hielt sich zu einem Fortbildungsstudium in der Reichshauptstadt auf –, in Buffalo aufgewachsen, hatte sie »Theaterspielen im Blut«, wie sie auf der ersten Seite ihrer Autobiographie schrieb. So war es denn kein Wunder, daß auch sie schon als Kind auftrat, wenn auch zunächst nur in Amateurvorstellungen, und ihre eigenen Stücke verfaßte. Ihr Vater hatte inzwischen den Arztberuf an den Nagel gehängt und betrieb ein Theater in Buffalo. Als Maude Adams dort in *Peter Pan* auftrat, »wurde es mir zum erstenmal klar, daß ich mein Leben dem Theater widmen wollte«.

Aber sie mußte erst die ebenfalls angeborene Schüchternheit überwinden. Im Jahr 1916 kam sie zu den »Washington Square Players«, der Vorläuferorganisation der »Theatre Guild« in Greenwich Village, wo sie mit den allerkleinsten Rollen begann.

Auch sie hatte ihr Handwerk nicht theoretisch gelernt, sondern als Mitglied einer Truppe, die während des Sommers nach Buffalo kam. Drei Sommer gehörte sie dieser Truppe an, und die Arbeit war schwer: allwöchentlich zehn Aufführungen, jeden Montag ein neues Stück. Der Wert einer solchen Ausbildung ist unbestreitbar, aber sie birgt auch Gefahren in sich. Katharine erkannte sie: »Man lernt alle Tricks, lernt, sie rasch auszuführen. Das kann natürlich gefährlich sein. Man kann nicht vorankommen, wenn man nur die so gelernten Mittel anwendet. Wenn man reifen kann und Zeit hat, eine Rolle zu entwickeln, lernt man zu unterscheiden – welche Methode man anwenden und welche man aufgeben soll. Wenn man nicht lernt, schöpferisch zu schauspielern, dann wird man später unvermeidlich ein Schmierenschauspieler.«

Die rein technische Gewandtheit überwand Katharine Cornell rasch. Als sie 1924 Shaws *Candida* darstellte, erklärte ein Kritiker, sie habe die Rolle dank »intellektueller und seelischer Empfindsamkeit gemeistert«. Sie wußte, wie man das komplexe Innenleben einer Bühnenfigur enthüllen und wie man ihr Bedeutung beilegen kann, die über die bloßen Worte des Textes hinausgehen. Am Ende der zwanziger Jahre galt sie, zumindest für einige Kritiker, als »unsere erste Schauspielerin«.

Mit ihrem Mann, der fortan der Regisseur aller ihrer Stücke war, bildete Katharine Cornell 1931 eine Produktionsgemeinschaft, um besondere und nicht nur auf Gewinn ausgerichtete Stücke herauszubringen. Ein solches Vorhaben war auf dem Höhepunkt der Weltwirtschaftskrise nicht leicht zu bewerkstelligen, aber dank der Qualität der ausgewählten Stücke wie auch der Aufführungen selbst gelang es: Die Namen Katharine Cornell und Guthrie McClintic wurden zu einem Gütezeichen im amerikanischen Theater, nicht nur auf dem Broadway, sondern auch bei langen Tourneen. Vom November 1933 bis Juni 1934 fand eine der längsten Tourneen mit drei Stücken statt (*Candida*, *Romeo und Julia* sowie *The Barretts of Wimpole Street* von Rudolf Besier), die in 31 der 48 Bun-

Katharine Cornell in Shakespeares Antonius und Kleopatra *(1947)*

Außer in den genannten Stücken erklang Katharine Cornells Stimme, die vielleicht schönste und wandlungsfähigste im modernen amerikanischen Theater, in einer Vielzahl dramatischer Werke, von denen hier genannt seien: *Antonius und Kleopatra, Der Arzt am Scheideweg, No Time for Comedy* von S. N. Behrman, *Die Heilige Johanna, Was ihr wollt* und *The Wingless Victory* von Maxwell Anderson. Alles in allem umfaßte ihr Repertoire etwa 50 Stücke, ihr letzter Auftritt fand 1949 in *Geliebter Lügner* statt, der Dramatisierung des Briefwechsels zwischen Shaw und der Schauspielerin Stella Campbell. Katharine Cornell war damals 66 Jahre alt, aber noch in keiner Weise vom Alter gezeichnet. Ihr charaktervolles Gesicht war noch ohne jede einzige Falte, ihre Haltung vorbildlich wie immer, die Stimme geschmeidig. Aber trotz ausgezeichneter Kritiken versagten die New Yorker ihr diesmal die Gefolgschaft: Sie wollten Theater sehen, nicht nur zwei Schauspieler an zwei Stehpulten, auch wenn die eine ihre verehrte »Kit« Cornell war. Erst Jahrzehnte später, als die Steigerung der Produktionskosten Sparmaßnahmen nötig machte, hatte sich das Publikum an Ein- und Zweipersonenstücke und -rezitationen am Broadway gewöhnt.

Doch ein eklatanter Mißerfolg ihrer Laufbahn soll nicht verschwiegen werden: Hebbels *Herodes und Mariamne,* in einer Übersetzung der Engländerin Clemence Dane, die auch Cornells erstes Erfolgsstück, *A Bill of Divorcement,* geschrieben hatte. Katharine Cornell spielte Mariamne, für die Rolle des Herodes soll die Journalistin Dorothy Thompson ihren guten Freund und Mitarbeiter Fritz Kortner vorgeschlagen haben.

Die Aufführung wurde zu einem Fiasko, nicht zuletzt auch wegen Kortners mangelnder Englischkenntnisse, doch wohl vor allem, weil das Stück so sentimental umgeschrieben worden war, daß von Hebbels Substanz nicht viel erhalten blieb. Die Aufführungen in Washing-

desstaaten führte, wobei oft Theater benutzt werden mußten, die schon seit Jahren geschlossen waren, oder sogar in einigen Fällen Kinos. Ein erstklassiges Ensemble war zusammengestellt worden, sein jüngstes Mitglied war der erst achtzehnjährige Orson Welles, der im Jahr zuvor in Irland erstmals auf den Brettern gestanden hatte, auch er ein »Ungelernter«, dem das Theater im Blute lag.

ton und New York wurden abgesagt, und Kortners einziger Bühnenauftritt in Amerika brachte ihn nie bis an den Broadway. Obwohl man erst das Jahr 1938 schrieb, erhielt *Herodes und Mariamne* bei den Bühnenarbeitern an den verschiedenen Tournee-Orten den Spitznamen *Heroin und Marijuana!*

Zwei Jahre nach ihrem Auftritt in *Geliebter Lügner* starb McClintic, was Katharine nur darin bestärkte, nicht mehr zum Theater zurückzukehren. Sie lebte noch weitere 13 Jahre, besuchte mehrmals ihre alte Freundin Johanna Hirth in Garmisch, verbrachte aber die Jahre meist in stiller Zurückgezogenheit auf der Massachusetts vorgelagerten Insel Martha's Vineyard. Nur gelegentlich kam sie noch nach New York. Ihre Kollegin und zeitweise Konkurrentin um die Spitzenstellung im amerikanischen Theater, Helen Hayes, sagte, sie selbst habe nie leicht atmen können, wenn sie nicht arbeitete und könne deshalb nicht verstehen, warum Kit abgetreten sei. Anders dagegen Kit: Sie habe nie leicht geatmet, während sie arbeitete, und sich der Untätigkeit hinzugeben sei für sie ein natürlicher Zustand. Man brauche nicht mehr auf seine Diät zu achten, könne Kleider tragen, die nicht mehr schmerzen, könne Patiencen legen und mit den Hunden am Strand spazierengehen.

Mrs. Fiske legte ihren Mädchennamen Minnie Maddern nach ihrer Heirat 1890 mit dem Journalisten Harrison Gray Fiske ab

MRS. FISKE
Vorkämpferin für Ibsen

Die neuere amerikanische Theatergeschichte kennt nur zwei Schauspielerinnen, die als »Mrs.« bekannt geworden sind, von denen Mrs. Fiske (ihren Mädchennamen Minnie Maddern verschmähte sie nach der Heirat mit Harrison Gray Fiske, einem Theaterjournalisten) die bedeutendere ist. Die andere, Mrs. Leslie Carter, hatte vor allem durch die Scheidung von ihrem Mann, einem Millionär aus Chicago, Aufsehen erregt, da sie des Ehebruchs für schuldig erkannt worden war.

Minnie Maddern aus New Orleans, deren Eltern Schauspieler waren, stand schon mit drei Jahren zum erstenmal auf der Bühne. Kaum 16 Jahre alt, hatte die wegen ihres üppigen, rotbraunen Haars auffallende junge Schauspielerin bereits ihren lebhaften, leichten Stil entwickelt, der freilich erst später voll in Erscheinung treten sollte. 1890 heiratete sie Fiske und zog sich vier Jahre von der Bühne zurück, dann pachtete sie zusammen mit ihrem Mann das »Manhattan Theatre« am Herald Square, das beide sechs Jahre lang mit einem ausgesucht guten Ensemble betrieben. Hier konnte sie sich erstmals den Wunsch erfüllen, Ibsen zu spielen, erst *Hedda Gabler* und *Rosmersholm,* später im »Fifth Avenue Theatre« *Stützen der Gesellschaft.* Das war um die Jahrhundertwende, als Ibsen noch nicht zum amerikanischen Standardrepertoire gehörte, eine Pioniertat. *Rosmersholm* wurde nicht weniger als 199mal en suite gegeben: Kein Wunder, daß Mrs. Fiske sagen konnte: »Unsere Ibsen-Spielzeiten warfen stets einen Gewinn ab.« *Rosmersholm* erbrachte einen Reingewinn von 40 000 Dollar. Das Ehepaar Fiske machte nicht nur ausgezeichnetes Theater, sondern beide kämpften auch mit wechselndem Erfolg gegen das sogenannte Syndikat, den Zusammenschluß der sechs wichtigsten Theaterunternehmer, Charles Frohman (New York), Al Hayman (Westküste), Klaw & Erlanger (Südstaaten), Nixon & Zimmerman (Mittelwesten), die ein Monopol für das ganze Land anstrebten.

Auch der berühmte Regisseur und Produzent David Belasco war einer der Unternehmer, die das Syndikat bekämpften, ebenso wie die einige Jahre später auf den Plan tretenden Gebrüder Shubert (nur setzten sie nach ihrem Sieg an die Stelle des zerschlagenen, alten Syndikats ein neues). Zu den Schauspielern, die sich gegen die Bedingungen des Syndikats zur Wehr setzten, gehörten neben Mrs. Fiske auch Joseph Jefferson, James O'Neill (der Vater des Dramatikers), Richard Mansfield und Sarah Bernhardt, um die Jahrhundertwende ein gern gesehener Gast in den USA. Da ihnen aufgrund ihrer Opposition die Theater des Syndikats versperrt waren, mußten sie in Versammlungsräumen, auf Rollschuhbahnen und, wie die Bernhardt, in einem von ihrer Truppe mitgeführten Zelt Theater spielen.

Mrs. Fiske war eine gestrenge Zuchtmeisterin ihres Ensembles, dem sie auch ihre Lebensweise – sie war strikte Vegetarierin – aufzwingen wollte. Selbst auf Tourneen, bei denen fast täglich der Standort gewechselt wurde, setzte Mrs. Fiske unentwegt Proben an, so daß die Schauspieler nur selten genug Schlaf bekamen. Während eines eisigen Winters verlangte sie sogar von einer jungen Schauspielerin, daß sie ihren Pelzmantel ablegte und sich auf eine vegetarische Diät beschränkte, mit dem Ergebnis, daß die Arme meist fror und hungrig war.

Die Beurteilung Mrs. Fiskes als Schauspielerin ist recht verschieden. Einige Kritiker ihrer Zeit hielten sie für die größte Menschendarstellerin, die Amerika bis dahin hervorgebracht hatte, andere meinten, es fehle ihr an gefühlsmäßiger Tiefe und Vielseitigkeit, so daß sie in jeder Rolle im Grunde Mrs. Fiske war. Doch selbst wenn dieser Mangel an Verwandlungsfähigkeit tatsächlich bestanden haben sollte, wurde er durch ihre zur damaligen Zeit seltene Konzentration auf wesentliche Stücke mehr als wettgemacht.

Da Mrs. Fiske auch in Lustspielen glänzte, vor allem solchen mit scharfgespitzten Dialogen, wurden auch diese von ihr nicht vernachlässigt; am erfolgreichsten war sie vielleicht mit *Becky Sharp,* einer Dramatisierung von Thackerays breitangelegtem Roman *Vanity Fair* durch Langdon Mitchell. Hier war Mrs. Fiskes Partner Tyrone Power, der Vater des gleichnamigen Filmschauspielers.

Mrs. Fiskes Platz als Vorkämpferin für Ibsen wurde erst wieder durch die Russin Nazimowa ausgefüllt, die mit einem russischen Ensemble nach Amerika kam, hier blieb, in erstaunlich rascher Zeit perfektes Englisch sprechen lernte und ihre ersten Erfolge mit *Hedda Gabler, Gespenster, Baumeister Solness, Nora, Die Wildente* und *Klein-Eyolf* erzielte. Auch sie war eine viel zu dedizierte Ensembledarstellerin, um sich als Star feiern zu lassen.

HELEN HAYES
Schauspielerin von Kindesbeinen an

Ich bin wirklich eine ganz gewöhnliche Frau, die ein ungewöhnliches Leben gehabt hat«, erklärt Helen Hayes mit der ihr eigenen Bescheidenheit. Sie ist so alt wie das Jahrhundert, 1900 in Washington geboren, und hat seit ihrem fünften Lebensjahr Theater gespielt – weil ihre Mutter den Leiter der »Columbia Players« in Washington kannte, der sie von 1905 an alle Kinderrollen in seinen Stücken spielen ließ. Und sie war gerade erst neun Jahre alt, als ihr Broadway-Debüt im »Herald Square Theatre« stattfand: Sie spielte die stumme Rolle eines Jungen in der Operette *Old Dutch* von Victor Herbert, einem der wenigen Mißerfolge des berühmten Komponisten.

Es folgten weitere Kinderrollen, die Helen Hayes so in Anspruch nahmen, daß sie auf einen Schulabschluß verzichtete. Als sie 18 Jahre alt war, spielte sie bereits eine Hauptrolle in dem Drama *Dear Brutus* von William Gillette, mit dem Autor als ihrem Partner. Booth Tarkington, ein anderer Autor, schrieb eigens für sie die Rolle der Cora Wheeler in seinem Stück *Clarence* (1919), und George S. Kaufman schrieb mit Marc Connelly für die junge Schauspielerin das Lustspiel *To The Ladies,* das sie fast ein Jahr lang am Broadway und zwei weitere Jahre auf einer ausgedehnten Tournee aufführte. Als sie wieder nach New York zurückkam, war sie, knapp 25 Jahre alt, ein Star, und das bedeutete, daß ihr Name auf den Ankündigungen vor dem Stück genannt wurde. Auch sie gehört zu den vielen amerikanischen Darstellern, die ihr Handwerk von der Pike auf lernten, ohne je einen Lehrer gehabt zu haben.

In den 65 Jahren ihrer aktiven Theaterlaufbahn – Helen Hayes war 70 Jahre alt, als sie von der Bühne abtrat – hat sie sich, der Titelbegeisterung der Amerikaner entsprechend, die Bezeichnung »First Lady of the American Stage«

erworben. Sie verabschiedete sich vom Theater nicht ganz freiwillig; im Laufe der Jahre hatte sie eine Allergie gegen Bühnenstaub entwickelt, und ihre Ärzte sahen darin eine möglicherweise die Lunge angreifende Gefahr für ihren gesamten Gesundheitszustand. Gerade ihre letzte Rolle, die Mutter in Eugene O'Neills *Eines langen Tages Reise in die Nacht,* bezeichnet Helen Hayes als die befriedigendste ihrer ganzen Laufbahn – ein Zeichen dafür, wie sie mit zunehmendem Alter von einer Komödiendarstellerin zu einer das ernste Fach liebenden und beherrschenden Schauspielerin reifte.

Seit ihrem Ruhestand hat Helen Hayes ihre Energien öffentlichen Anliegen gewidmet, vor allem dem Schauspieler-Seniorenheim in einem New Yorker Vorort; sie bestand auch darauf, daß dort, und nicht in einem schicken New Yorker Restaurant, ihr 80. Geburtstag gefeiert wurde.

»Ich schaue mit Dankbarkeit auf mein Leben zurück«, sagte sie auf dieser Feier, zu der Dutzende ihrer Kollegen gekommen waren, um sie zu ehren. »Wenn meine theaterbesessene Mutter mich nicht ins Theater katapultiert hätte, wäre mir die Gelegenheit genommen worden, all der Reichtümer eines langen Lebens teilhaftig zu werden: mein Mann Charlie MacArthur, all die Menschen, die ich kennengelernt habe, und die Welt, in der ich als Schauspielerin lebte. Aber was die Arbeit selbst angeht, so glaube ich nicht, daß mich das Theaterspiel je glücklich gemacht hat. Aus einem Abstand von zehn Jahren scheint es mir, als habe ich immer mit Todesängsten gelebt, ob ich es schaffen könnte, und mit wachsender Berühmtheit wurden die Erwartungen immer schlimmer. Schon Jahre, ehe jener Arzt zu mir sagte, ich sollte aufhören, hatte ich das eigentlich vor.« Ein psychosomatisch geschulter Arzt würde zweifellos die Ursache der Bühnenstaub-Allergie in diesem Wunsch sehen, dem Theaterspielen zu entrinnen.

Tatsächlich begann Helen Hayes wohl schon die Lust am Theaterspielen zu verlieren, nachdem ihre einzige Tochter mit 19 Jahren an Kinderlähmung und sieben Jahre später auch ihr Mann, der bekannte Autor Charles MacArthur, gestorben war. »Wenn Trauer auf Schuld beruht«, sagte sie einmal, »dann besteht meine Trauer darin, daß ich nicht mehr Zeit mit Char-

Helen Hayes mit Walter Connolly in Ferenc Molnars Lustspiel Die gute Fee

lie und Mary verbracht hatte, daß ich mich auf Tourneen einließ und mich daran gewöhnt hatte, dem Theater zu dienen. Heute vermisse ich das Theater überhaupt nicht. Ich bin zufrieden, zu den Zuschauern zu gehören.«

Im Laufe ihres langen Bühnenlebens hat Helen Hayes unzählige Rollen gespielt, sicher mehr als hundert, wobei die der Kinderzeit noch nicht miteingerechnet sind. Am häufigsten spielte sie die Königin Viktoria in dem Stück *Victoria Regina* des Engländers Laurence Housman, eine echte Tour de force, in deren Verlauf sie die Königin von ihrer Thronbesteigung 1840 bis fast zu ihrem Tod 60 Jahre später darzustellen hatte. Sie trat in dieser Rolle 517mal am Broadway in den Jahren 1935 bis 1937 auf und mindestens ebensooft auf einer sich anschließenden Tournee. Ihre Verwandlungsfähigkeit, nicht nur in diesem Stück, war ungewöhnlich ausgeprägt. Nicht weniger ungewöhnlich war aber auch, daß sie während ihrer ganzen Karriere niemals in einem »unsittlichen« Stück aufgetreten ist. Das lag, wie sie in ihrem Memoirenband *On Reflection* schreibt, aber gar nicht an ihr, sondern daran, daß die Mächtigen des Theaters und Films in ihr immer eine vornehme und unschuldige Frau sahen, die in der Tat ein exemplarisches Privatleben führte und nie den Klatsch nährte.

Vielleicht war die persönliche Integrität die Ursache dafür, daß das amerikanische Publikum Helen Hayes wie keine ihrer Zeitgenossinnen in sein Herz geschlossen hat. Was immer sie auch spielte, sie strahlte Wärme aus, ihre weiche, ungemein ausdrucksfähige Stimme umfing den Zuschauer in einer Weise, daß sie immer Wohlgefühl erzeugte. Ihr war es nicht gegeben, eine große Tragödin zu sein, und nicht wenige der Stücke, in denen sie auftrat, sind vergessen. Aber sie selbst wird nicht vergessen, weil – wie sie selbst von sich sagte – »ich gelernt habe, eine Schauspielerin zu sein; ich habe nie gelernt, ein Star zu sein« – und war es dennoch.

ANNA HELD
Ziegfelds Favoritin

Sie war kein Star, von dem die Nachwelt spricht, aber zu Beginn dieses Jahrhunderts war Anna Held eine der Sensationen am New Yorker Broadway. Meteorhaft tauchte die von Ziegfeld aus Europa mitgebrachte Schönheit auf – noch heute streiten die Lexikographen darüber, ob sie, wie von ihr behauptet, in Paris oder in Warschau zur Welt kam, und nicht einmal ihr Geburtsjahr steht genau fest, wenn auch 1873 sehr wahrscheinlich ist. Florenz Ziegfeld, der Erfinder der Revuen, in denen Fleisch vor Geist ging, hatte Anna erstmals 1896 im Londoner »Palace« gesehen und beschloß, sie nach New York zu bringen. Noch im selben Jahr präsentierte er sie im »Herald Square Theatre«. »Anna Held ist nicht sehr groß«, schrieb ein Kritiker, »sie hat eine Menge Haar, nicht ganz schwarz und locker nach hinten gekämmt; ihr Kostüm ist eine strahlende Mischung aus Hellblau und Rosa, reich bestickt ... Ihre Augen sind lang und schmal, mit starken Rändern, ihre Nase ist gerade, ihr Mund vollkommen ... Ihre Stimme hat nicht den Charme, den sie selbst ausstrahlt, genügt aber.«

16 Jahre lang war Anna Held der erklärte Liebling der New Yorker, die sie anbeteten. Ziegfeld gab sie als seine Frau aus, obwohl ihr katholischer erster Mann nicht in eine Scheidung einwilligte, aber das Verhältnis wurde als eine gewohnheitsrechtliche Ehe anerkannt, aus der sich Ziegfeld sogar loskaufen mußte, als er seinen nächsten Star, Billie Burke, heiraten wollte. Die Stücke mit Musik oder Operetten, in denen Anna Held auftrat, waren Nichtigkeiten, aber die Musik stammte von den damals bekanntesten amerikanischen Komponisten wie Reginald De Koven, Ludwig Englander und Harry B. Smith, und einige der Schlager taten es dem Publikum besonders an: *I Can't Make My Eyes Behave* und *I Wish I Really Weren't, But I*

Am Papa's Wife (in einem Auto aus dem Jahre 1899 machte Anna Held ihren sensationellen Abgang von der Bühne). Alle Operetten wurden ihr auf den Leib geschneidert; hier nur eine Auswahl der Titel: *The French Maid, The Parisian Model, Little Duchess, Mlle. Napoleon, Miss Innocence.* Alle enthielten umfangreiche Tanznummern, Ensemble- wie Soloszenen, eine

Anna Held in The Little Duchess, *Titelbild der Zeitschrift »The Theatre«, Januar 1903*

skizzenhafte Handlung, viele Mädchen auf der Bühne und Anna Held, immer prunkvoll gekleidet mit weitem Dekolleté, ihre »sich nicht benehmen wollenden« Augen rollend, ihren Rock anhebend und gelegentlich sogar etwas mehr von ihren schönen Beinen zeigend. Das Haus raste, wenn sie ihren Standardschlager zum besten gab, *Won't You Come and Play With Me?* Die meisten Stücke wurden drei bis vier Monate am Broadway gegeben – für damalige Verhältnisse eine lange Laufzeit –, woran sich eine mindestens ebenso lange Tournee in der Provinz anschloß, für die Anna Held ein privater Eisenbahnwagen zur Verfügung stand, der luxuriös ausgestattet war und in dem sich sogar ein Flügel befand. In der Provinz nahm gelegentlich die gestrenge Polizei Anstoß an ihren nackten Schultern oder sogar Füßen, und die immer anzügliche Art ihrer Darstellung mußte dann etwas »abgemildert« werden. Aber wo sie und die »Anna Held Girls«, wie Ziegfeld sein erstes Mädchenensemble nannte, auftraten, brauchte man sich nie über einen Mangel an Publikum zu beklagen.

Nach ihrer Trennung tröstete Ziegfeld sich mit Billie Burke, die nun seine rechtmäßige Frau wurde, und Anna Held lief zur Konkurrenz über, zu den Shuberts, die sich schon vorher lange vergeblich bei Ziegfeld bemüht hatten, die »Sensation aus Paris« vor ihren Wagen zu spannen. Doch schon bald erkrankte sie schwer und war lange leidend, ein Myelom (Rückenmarksgeschwulst) verdammte sie in den letzten Lebensjahren zur Untätigkeit. Sie starb, knapp 45 Jahre alt, kurz vor dem Ende des Ersten Weltkriegs. Nach ihrem Tode ordnete ihr Nachlaßverwalter den Verkauf ihrer Schmucksachen, Kostüme und sonstigen persönlichen Habe im alten Hotel Waldorf-Astoria (wo sich jetzt das Empire State Building befindet) an, und Frauen kamen zu Hunderten, um etwas von Anna Held zu erstehen, auf die sie alle eifersüchtig gewesen waren.

KATHARINE HEPBURN
Eine nationale Berühmtheit

In 52 Jahren, von 1932 bis 1984, hat Katharine Hepburn Hauptrollen in nicht weniger als 45 Filmen gespielt, mehr Rollen als am Broadway zwischen 1928 und 1981, dem Jahr ihres wohl letzten Auftritts. Trotzdem ist sie aus der Welt des Theaters nicht wegzudenken, der sie ihre ersten Erfolge verdankte und zu der sie immer wieder zurückgekehrt ist. Um zehn Jahre jünger als Katharine Cornell und wie diese Arzttochter, wurde sie nach den ersten Anfangserfolgen mit 25 Jahren nach Hollywood verpflichtet, wo man ihr zunächst eine Gage von 75 Dollar pro Woche anbot. Sie jedoch bestand auf 1500 Dollar und setzte ihren Willen auch durch. In ihrem ersten Film, *A Bill of Divorcement* (nach dem Stück von Clemence Dane, das elf Jahre zuvor Katharine Cornell erstmals am Broadway Starehren eingebracht hatte), war kein Geringerer als John Barrymore ihr Partner. Mit ihm hatte sie es deshalb nicht ganz leicht, weil er sie (im Leben, nicht im Film) mit ein- und zweideutigen Anträgen überhäufte und sie einmal sogar splitternackt in seiner Gardeobe empfing, was allerdings die Neu-Engländerin wenig beeindruckte. Im Atelier kniff er sie einmal in den Hintern, und als sie ihm sagte: »Wenn das noch einmal vorkommt, höre ich zu spielen auf«, erwiderte er mit Barrymorescher Arroganz: »Es war mir gar nicht bewußt, daß du schon angefangen hattest.« *A Bill of Divorcement* war übrigens der erste von zehn Filmen Hepburns mit George Cukor als Regisseur; der letzte war 1978 *The Corn Is Green* nach dem Stück von Emlyn Williams.

Für RKO hatte Katharine Hepburn in den Jahren 1932 bis 1939 bereits 15 Filme gedreht, ehe sie wieder an den Broadway zurückkehrte, um die vielleicht größte Rolle ihres Lebens zu spielen. In Philip Barrys Komödie *The Philadelphia Story,* das die damals bereits einmal am Rande des Bankrotts stehende »Theatre Guild« herausbrachte, spielte sie die Rolle der Tracy Lord, einer Gesellschaftsdame, die gerade ein zweites Mal heiraten will, als ihr betrunkener erster Mann mit einem Reporter und Fotografen auf der Bildfläche erscheint, um die Hochzeitsfeierlichkeiten in Wort und Bild festzuhalten. Als Tracy dies nicht erlauben will, drohen die Presseleute damit, eine Affäre ihres Vaters, eines angesehenen Bürgers von Philadelphia, mit einer Schauspielerin zu enthüllen. Es kommt zu vielen komischen Verwicklungen, bis am Ende Tracy ihren ersten Mann wieder heiratet. Im Grunde genommen war das Stück eine bissige Satire auf die »oberen Zehntausend«, deren Arroganz und Borniertheit gegeißelt werden sollten.

Die »Theatre Guild« hatte, wie auch vier Jahre später bei *Oklahoma!,* Schwierigkeiten bei der Beschaffung der Produktionskosten. Hepburn und Barry schossen je ein Viertel ein, die »Theatre Guild« und der Filmmagnat Howard Hughes als stiller Partner die beiden anderen Viertel. Katharine Hepburn sollte 10 Prozent der Broadway-Bruttoeinnahmen und 12,5 Prozent der Tournee-Einnahmen erhalten, außerdem wurden ihr die Filmrechte eingeräumt. Auf 417 Broadway-Aufführungen folgte eine lange Tournee, und die Gesamteinnahmen betrugen anderthalb Millionen Dollar. Der im Jahre darauf gedrehte Film, in dem Cary Grant und Jimmy Stewart ihre Partner waren, machte Kate noch wohlhabender, als sie schon war. Mit einem anderen Stück Barrys drei Jahre später, *Without Love,* der Geschichte der platonischen Ehe eines Diplomaten, erging es Katharine Hepburn weniger gut; erst der 1945 gedrehte Film, der die Handlung wesentlich veränderte, brachte ihr wieder einen großen Erfolg ein. Ihr Partner in diesem Film war Spencer Tracy, dessen Lebensgefährtin sie von 1941 bis zu seinem Tode 1968 war, denn der katholische Tracy hatte sich nicht von seiner Frau scheiden lassen.

In den fünfziger Jahren nahm Katharine Hepburn an einer Shakespeare-Tournee des Old Vic in Australien teil und spielte die Kate in *Der Widerspenstigen Zähmung,* die Isabella in *Maß für Maß* und die Portia im *Kaufmann von Venedig.* Bei den Shakespeare-Festspielen in Stratford, Connecticut, trat sie ebenfalls als Portia auf, außerdem als Beatrice in *Viel Lärm um Nichts,* als Viola in *Was ihr wollt* und als Kleopatra in *Antonius und Kleopatra,* während man sie am Broadway nur in einer Shakespeare-Rolle, der Rosalinde in *Wie es euch gefällt,* zu sehen bekam.

Mehr und mehr an Hollywood gebunden, dauerte es lange, bis sie wieder in einer Glanzrolle auf der Bühne auftrat, nun zum ersten und einzigen Male in einem Musical, *Coco,* zu dessen Vorbereitung sie zu einem langen Gespräch mit Coco Chanel nach Paris reiste. Alan Jay Lerner hatte Buch und Gesangstexte verfaßt, die Musik stammte von André Previn, der damals noch nicht ausschließlich Dirigent ernster Musik war. Katharine Hepburn führte das Musical trotz großer Schwächen des Buches und der wenig bedeutenden Songs zu einem Triumph; an die siebeneinhalb Monate lange Laufzeit am Broadway schloß sich eine bis 1971 dauernde Tournee an, die noch im Gange war, als Coco Chanel selbst starb. Die schiere Kraft von Katharine Hepburns Persönlichkeit rettete dieses Musical, unbeschadet der Tatsache, daß sie ihre Songs eher sprach als sang. Aber, wie ein Beobachter bemerkte, die Hepburn spricht besser, als die meisten Schauspieler singen, so daß dieses Manko überhaupt nicht auffiel.

Katharine Hepburn in einer Privataufnahme von 1981

In den darauffolgenden Jahren spielte sie Theaterrollen fürs Fernsehen, erst in Albees *A Delicate Balance* und dann die Amanda in Tennessee Williams' *Glasmenagerie,* eine kaum verhüllte Fehlbesetzung. Erst 1981, nun schon 74 Jahre alt, erschien sie wieder am Broadway, in Ernest Thompsons *West Side Waltz,* einem schwachen Abklatsch seines Stückes *On Golden Pond,* dem Katharine Hepburn und Henry Fonda (die letzte Rolle vor seinem Tode) in der Filmfassung zwei Jahre später in fast autobiographischer Treue zu langem Leinwandleben verhalfen. Sie war inzwischen schon längst eine nationale Berühmtheit geworden, die – vielleicht wegen ihrer vielen Filme – Katharine Cornell und Helen Hayes bereits in den Schatten gestellt hatte. Katharine Hepburn engagierte sich auch politisch und war immer auf der liberalen Seite aller Streitfragen zu finden; vor allem griff sie die Untersuchung der Hollywood-Szene durch den Kongreßausschuß gegen unamerikanische Umtriebe an, während Spencer Tracy ihr vergeblich klarzumachen versuchte, daß Schauspieler in der Politik nichts verloren hätten. Sein immer wiederholtes Argument: »Man denke nur daran, wer Abraham Lincoln umgebracht hat«, verschlug bei ihr nicht.

Starallüren waren Katharine Hepburn trotz einer gewissen Kühle fremd, und selbst noch in einem Alter, in dem andere den Ruhestand vorziehen, blieb sie aktiv, dies trotz zweier schwerer Operationen, die vorübergehend ihren Bewegungsapparat außer Gefecht setzten. Aber ihre eiserne Disziplin setzte sich gegen solche Unbill durch. »Ich bin ganz unkompliziert«, sagte sie einmal in einem Fernsehinterview. »Ich tue, was ich tun soll. Ich lege mich nieder und schlafe ein. Ich nehme an einem Programm teil, und ich rede. Ich habe Essen vor mir, und ich esse.«

Steckt ein Geheimnis dahinter? Wahrscheinlich nur das des kategorischen Imperativs, auf alle Lebensumstände übertragen.

ALFRED LUNT · LYNN FONTANNE
Vier Jahrzehnte Theater

Von den berühmten Ehepaaren auf der amerikanischen Bühne - Julia Marlowe und E. H. Sothern, Frederic March und Florence Eldridge, Hume Cronyn und Jessica Tandy, Alfred Lunt und Lynn Fontanne - hat keines länger zusammen gespielt und wohl auch kaum größeren Ruhm errungen als Lunt und Fontanne. Sie waren Theaterleute durch und durch, machten während ihres ganzen Lebens nur einen einzigen Film und lehnten die attraktivsten Angebote Hollywoods ab - selbst Millionenangebote von MGM und anderen Filmgesellschaften konnten sie nicht vom Broadway weglocken. Seit 1922 verheiratet, waren sie von 1924 an unzertrennlich auf den Brettern und traten in etwa 25 Stücken gemeinsam auf - von Molnars *Leibgardist* bis zu Dürrenmatts *Besuch einer alten Dame* 1959 (das in der amerikanischen Version den verfälschten Titel *The Visit* führte). Nach der langen Laufzeit dieses Stückes zogen sie sich nach Wisconsin zurück, wo sie eine schöne Villa in Genesee Depot hatten und wo sie selbst die kalten Winter durchhielten. Lunt starb 1971, fast 80 Jahre alt, seine Frau und Partnerin zwölf Jahre später, nachdem sie gerade ihr 96. Lebensjahr vollendet hatte.

Es war in der Tat eine einzigartige Partnerschaft. Der Amerikaner Lunt und die Engländerin Fontanne trafen sich in Chicago im Jahre 1919 (sie war etwa zehn Jahre nach Beginn ihrer Laufbahn 1916 in die USA gekommen, wo der um fünf Jahre jüngere Lunt nach ersten Anfängen in Boston seit 1917 regelmäßig am Broadway auftrat). Sie schlossen sich zunächst der »Theatre Guild« an, bei der sie sieben Jahre blieben. Nach dem *Leibgardisten* traten sie in Shaws *Helden* (1925), Werfels *Bocksgesang* (1926), Copeaus Dramatisierung der *Brüder Karamasoff* (1927), S. N. Behrmans *The Second Man* (1927), Shaws *Arzt am Scheideweg* (1927), *Meteor* von

Alfred Lunt und Lynn Fontanne etwa zur Zeit ihrer Eheschließung

S. N. Behrman (1929), Maxwell Andersons *Elizabeth The Queen* (1930) und in *Reunion in Vienna* von Robert Sherwood (1931) auf. In einigen wenigen Stücken spielten sie auch noch getrennt, so in O'Neills *Marco Millions* (Lunt, 1928) und *Seltsames Zwischenspiel* (Fontanne, 1928), Stefan Zweigs *Volpone* (Lunt, 1928). In späteren Jahren spielten sie noch für die »Theatre Guild« in *Der Widerspenstigen Zähmung*. 25 Jahre lang, bis 1959, verging kaum ein Jahr, in dem beide nicht in einer neuen Produktion auftraten, und erfolgsverwöhnt wie sie waren, haben sie kaum je einen Mißerfolg gekannt. Zahlreiche Stücke spielten sie auch auf Tournee. Eines ihrer bekanntesten Unternehmen wurde die Aufführung von Noel Cowards *Design for Living,* in der der Autor mitwirkte. Fast automatisch wurde jedes ihrer Stücke jeweils bis zum Ende der Spielzeit gegeben, an die sich auch noch eine Tournee anschloß.

Man hat Lunt und Fontanne gelegentlich vorgeworfen, daß sie leichte Kost bevorzugten. Dieser Vorwurf ist nur zum Teil berechtigt; wer sie beispielsweise in Tschechows *Möwe* gesehen hatte (Lunt als Trigorin, Fontanne als Irina), dem wurde klar, wie stark sie auch in einem solchen Drama wirkten. In späteren Jahren beschwerte sich Lunt, daß er und seine Frau nur selten eine Gelegenheit erhielten, mehr zu zeigen, als sich gegenseitig zu verführen. »Warum hat uns (der Regisseur) Elia Kazan nicht eine Chance im *Tod des Handlungsreisenden* gegeben?« wollte Lunt wissen, ohne eine Antwort zu bekommen. Tatsächlich war die Komödie mit dem geschliffenen Dialog ihr Forte, dann konnten sie das ganze Feuerwerk eines raschen Wortwechsels abschießen. Sie vermochten, wie es ein Kritiker einmal ausdrückte, von »Stimmungen der Fröhlichkeit und unschuldigen Gelächters bis zum wilden Gelächter von Satire und Ironie alles vollkommen darstellen«: Ein schöneres Zusammenspiel war in den Jahren, in denen Lunt und Fontanne am Broadway aktiv waren, nicht zu sehen.

Was immer sie taten, ihre Aufführungen wirkten frisch und neu. Das war ein Teil ihrer Legende. Von Lunt wird erzählt, daß er immer von dem Gedanken besessen war, alles richtig, vollkommen und besser zu tun als jemals ein anderer Schauspieler, selbst wenn er nur eine Teetasse zum Munde zu führen hatte. Nur auf diese Weise konnte er der Gefahr entgehen, die immerwährende Wiederholung ein und derselben Rolle nicht in Routine ausarten zu lassen.

Im Jahre 1958 wurden Lunt und Fontanne als die einzigen lebenden Schauspieler - neben Ethel Barrymore 30 Jahre vorher - dadurch ge-

ehrt, daß eines der schönsten Broadway-Theater nach ihnen benannt wurde, das sie dann auch mit Dürrenmatts schwarzer Komödie eröffneten. Am Ende ihrer Laufbahn wurde dieses Stück noch einmal einer ihrer größten Erfolge. Nach einer Tournee in den USA spielten sie dieselben Rollen 1960 auch noch im »Royalty Theatre« in London, widerstanden aber dann allen Versuchen, sie wieder an den Broadway zu locken.

ETHEL MERMAN
Musical-Heldin 40 Jahre lang

Vierzig Jahre lang, von 1930 bis 1970, war Ethel Merman mit ihrer eindrucksvollen, rauhen Stimme der erklärte Liebling des Musical-Publikums, das sie eigentlich nie enttäuschte – außer einmal, als sie als fast Sechzigjährige noch einmal in Irving Berlins *Annie, Get Your Gun* auftrat, in dem sie ein liebestolles junges Mädchen zu verkörpern hatte. Ihr Auftritt am Broadway garantierte fast schon den Erfolg eines Musicals.

Wahrscheinlich kam sie 1909 (vielleicht aber auch schon 1908) als Tochter eines deutschen Vaters (ihr eigentlicher Name ist Ethel Agnes Zimmermann) und einer schottischen Mutter im New Yorker Stadtteil Astoria zur Welt. Schon als Kind hatte sie eine ungewöhnlich starke Singstimme, und obwohl sie einige Jahre eine Handelsschule besuchte, zweifelte sie nie daran, daß sie eine Sängerin werden würde. Mit Freunden besuchte sie das »Palace Theatre« am Broadway, die Hochburg des Vaudevilles, und erklärte ohne falsche Bescheidenheit, sie könne besser singen als einige der hochbezahlten Prominenten, die sich auf der Bühne produzierten. Ehe sie ihr 20. Lebensjahr vollendet hatte, bekam sie Engagements in mehreren Nachtklubs und landete in der Bühnenschau eines Brooklyner Kinos, von wo sich über den East River bis nach

Manhattan die Nachricht von ihrer gewaltigen Stimme verbreitete. Schließlich hörte sie sich der Produzent Vincent Freedley an; sie schien ihm für das in Vorbereitung befindliche Musical *Girl Crazy* die ideale Besetzung zu sein, und auch Gershwin war von ihrem Talent so beeindruckt, daß er sich Freedleys Ansicht anschloß. *I Got Rhythm* war der Hauptschlager, den sie mit ihrer Stimme acht Monate lang in das ausverkaufte »Alvin«- (jetzt »Neil-Simon«-) Theater hinausschmetterte. Sie war die Sensation der Aufführung, obwohl neben ihr auch noch Ginger Rogers in dem Musical auftrat. Der Warnung Gershwins, sie solle ja nie Gesangsunterricht nehmen, bedurfte es kaum; sie war ein Naturtalent, das singen und spielen konnte – wenn auch nicht tanzen.

Ethel Mermans Karriere verlief in einer geraden Linie nach oben: Von den 13 Musicals, in denen sie bis 1959 auftrat, war kein einziges ein Mißerfolg, und manche wurden sogar sensationelle Triumphe, so daß man ihr den Titel »Königin des Musicals« verlieh. Neben den Musicals drehte sie auch 14 Filme, die sich ebenfalls alle der Gunst des Publikums erfreuten. Nach *Girl Crazy* trat sie 1931 in *George White Scandals* auf, eine der zur damaligen Zeit beliebten Revuen. Hier gehörte ihr der Hauptschlager *Life is Just a Bowl of Cherries,* ein wenig sentimental und der damaligen Weltwirtschaftskrise angepaßt. 1934 folgte als zweites Musical Cole Porters *Anything Goes,* mit dem die 25jährige einen ersten, einsamen Höhepunkt erreichte. Der *Variety*-Kritiker schrieb über sie: »Porter-Gesangstexte haben mehr Tricks als ein japanischer Ringer, aber wie dieses Mädchen sie singt, geht nicht eine einzige Silbe verloren, und keine einzige Modulation ist fehl am Platz.« In diesem Musical stellte sie eine New Yorker Barbesitzerin dar, die einmal eine Predigerin war. *I Get a Kick Out of You, You're The Top* waren die beiden Hauptschlager, die tout New York hören wollte. Porter schrieb für Ethel Merman noch drei weitere Musicals: 1939 *Dubarry Was a Lady* (mit *Friendship* als dem Hauptschlager), 1940 *Panama Hattie* (mit *Let's Be Buddies)* und 1943 *Something for the Boys.* Und *Red, Hot and Blue* (1936), nicht ausdrücklich für sie geschrieben, war das fünfte Musical Porters, in dem sie auftrat; hier waren die Zuschauer von *Ridin' High* hingerissen.

Dann kam 1946 *Annie, Get Your Gun* von Irving Berlin, in dem Ethel Merman 1147mal en suite auftrat, also fast drei Jahre lang. Eigentlich hätte Jerome Kern die Partitur schreiben sollen, aber nach seinem plötzlichen Tod fiel diese Aufgabe Berlin zu, der damit nicht nur seinen, sondern auch Ethel Mermans größten Erfolg erzielte. Hier wurde von dem Librettisten-Ehepaar Herbert und Dorothy Fields gar nicht erst der Versuch gemacht, die authentische Geschichte der in Buffalo Bills Wildwestschau mitreisenden Scharfschützin Anne Oakley zu einem ernsten Musical auszubauen, sondern es kam ihnen nur auf Unterhaltung an. *They Say It's Wonderful, I Got The Sun in the Morning, You Can't Get a Man With a Gun* und vor allem *There's No Business Like Show Business* waren die wichtigsten Schlager, von denen der letzte zu einer Art Hymne des Theaterlebens wurde. Vier Jahre später taten sich Berlin und Merman erneut zusammen: Das Ergebnis war *Call Me, Madam* mit einem Libretto von Howard Lindsay und Russel Crouse. Das Musical war eine Satire auf Perle Mesta, die in Washington einen Salon für Politiker unterhielt und zur Belohnung als Botschafterin nach Luxemburg, im Musical »Lichtenburg«, geschickt wurde. Ethel Merman in der Rolle der jetzt Mrs. Sally Adams genannten Gesellschaftsdame hatte wieder eine Reihe dankbarer Schlager: *The Hostess With The Mostes On The Ball,* und *You're Just in Love.* Ein Song, *They Like Ike,* wurde von den Republikanern übrigens zwei Jahre später als Wahlschlager für die Präsidentschaftskandidatur Dwight D. Eisenhowers benutzt. 644 Aufführungen waren die Broadway-Ausbeute.

Ethel Merman in Annie, Get Your Gun *(1946)*

Weniger erfolgreich dagegen war *Happy Hunting* (1956), aber 1959 kam vielleicht Mermans bestes Musical, *Gypsy,* mit dem Buch von Arthur Laurents, Gesangstexten von Stephen Sondheim und Musik von Jule Styne. Der als Regisseur ausersehene Jerome Robbins, der zwei Jahre zuvor *West Side Story* von Bernstein inszeniert hatte, setzte sich dafür ein, daß Sondheim auch die Musik schreiben sollte, aber Merman lehnte ihn als zu unerfahren ab, so daß er sich – wie schon in Bernsteins Werk – mit den Gesangstexten zufriedengeben mußte. Styne erhielt den Kompositionsauftrag. Die Mama Rose, eine an sich unsympathische Figur, bezeichnete Ethel Merman später als ihre Lieblingsrolle. *Rose's Turn,* die am Ende des Musicals kommende Arie von elf Minuten Länge, hielt sie für die schwierigste ihrer Laufbahn, und die Kritiker erklärten übereinstimmend, besser habe sie noch nie gesungen. Immerhin war sie damals schon 50 Jahre alt. Dem Musical lagen die Memoiren der Burlesque-Darstellerin Gypsy Rose Lee zugrunde, aber im Musical war nicht sie, sondern ihre Mutter Rose die Zentralfigur. Daß bei der späteren Verfilmung die Rolle dann an Rosalind Russell fiel, konnte Ethel Merman nicht so leicht verschmerzen.

Ihre Lebensgeschichte wäre unvollständig, wollte man nicht erwähnen, daß sie viermal verheiratet und ebensooft geschieden war. Aus ihrer zweiten Ehe gingen zwei Kinder hervor, von denen die Tochter 1967 Selbstmord verübte, während ihr einziger Sohn Robert Levitt sich um die seit 1970 inaktive Mutter kümmerte. Zuletzt trat Ethel Merman 1982 in der Carnegie Hall in einem Benefizkonzert auf, ein Jahr später wurde sie wegen eines Gehirntumors operiert und starb Anfang 1984 im Alter von 75 Jahren.

Irving Berlin sagte von ihr: »Sie ist die Beste. Man braucht ihr nur einen schlechten Song zu geben, und bei ihr klingt er gut. Und man muß sehr darauf achten, einen guten Gesangstext für sie zu schreiben. Auch wer in der letzten Reihe des zweiten Ranges sitzt, kann noch jedes einzelne Wort verstehen, wenn sie singt.« Sie selbst, die sich das Singen ohne Hilfe eines Lehrers beibrachte, hat nie versucht, ihre Technik oder ihren Stil zu analysieren. Sie ließ sich einfach von ihrem Instinkt leiten. Im Musical ist keine der »Ungelernten« so hoch gestiegen wie Ethel Merman.

LIZA MINNELLI
Ihrer Mutter Tochter

Sie begann ihre Karriere als ihrer Mutter Tochter. Aber noch ehe Judy Garland zwölf Tage nach ihrem 47. Geburtstag an einer Überdosis von Schlafmitteln und anderen Drogen starb, war Liza Minnelli aus dem Schatten ihres Vorbilds herausgetreten. Sie hatte ihre Theaterkarriere bereits begründet und auch ihre Filmkarriere gerade begonnen, als schon kein Atelier in Hollywood mehr mit Judy zusammenarbeiten wollte (ihre Filmkarriere, die sie als Kind begonnen hatte, erreichte ihren Höhepunkt 1953 mit *A Star Is Born* und endete, noch ehe sie ihr 40. Lebensjahr vollendet hatte). Liza, heute gerade vierzig, hat vorsichtiger gelebt als ihre Mutter; sie mußte mit der Erkenntnis weiterleben, daß ihr künstlerisches Vorbild zugleich persönliche Abschreckung war. Dennoch: »Ich weiß, daß meine Mutter ein großer Star war«, sagte sie kurz nach Judy Garlands Tod. »Aber daran denke ich jetzt nicht. Ich denke nur an die Frau, meine Mutter, und was für eine schöne, lebenslustige und ungewöhnliche Frau sie war. Wegen dieser Erinnerung an die Frau werde ich mein ganzes Leben lang mit Stolz sagen: ›Ich bin Judy Garlands Tochter.‹«

Ihre Mutter hat es Liza Minnelli zugleich leicht- und schwergemacht. In einem Interview vor wenigen Jahren stellte Liza dar, wie sich das Mutter-Tochter-Verhältnis mit einem Schlag änderte, als sie zum erstenmal zusammen im Londoner »Palladium« auftraten. »Wozu andere Frauen Jahre brauchen, haben wir buchstäblich in zwei Stunden erlebt«, so Liza. »Mama wurde es plötzlich bewußt, daß ich gut war, daß sie für mich nicht um Nachsicht bitten mußte. Es war ein ganz eigenartiges Gefühl. Einen Augenblick stand ich mit meiner Mutter auf der Bühne, im nächsten mit Judy Garland. In einer Minute lächelte sie mich an, in der nächsten war sie wie eine Löwin, der die Bühne gehörte und die entdeckte, daß jemand in ihr Gebiet eingefallen war.

Wir sangen, ich schaute sie an, und ihr Instinkt gebot ihr, mich an die Wand zu spielen. Aus irgendeinem Grunde mußte ich darüber lachen, denn ich wußte, daß ich sie nachher imitieren würde, und wir würden uns das Zwerchfell vor Lachen halten. Sie sagte: ›Liza, ich dachte, du bist auf der Bühne so ulkig und so süß – meine kleine Tochter. Aber dann gingst du einen Schritt nach vorn, und eine Hüfte wiegte sich im richtigen Takt zurück, und du strecktest die Hand aus, und ich dachte: Mein Gott, jetzt muß ich gut sein. Das Kind meint es ernst.‹ Was Mama wirklich sagte, war: ›Du hast erreicht, was ich mir von dir gewünscht habe. Du bist eine Potenz, mit der man fertig werden muß, und ich habe dich geschaffen. Nun muß ich mich dagegen behaupten.‹«

Liza Minnelli als Sally Bowles in dem Musical Cabaret

Diesen Anfall von Eifersucht faßte Liza als ein Kompliment auf. Ihre Mutter jedenfalls erkannte sie damals schon als gleichwertige Darstellerin an, während noch Jahre vergehen mußten, ehe auch die Öffentlichkeit soweit war. Ein Jahr später erhielt sie einen »Tony« als beste Darstellerin in der Titelrolle von *Flora The Red Menace,* einem Musical von John Kander (Musik) und Fred Ebb (Liedtexte), das sich nur dank ihrer Mitwirkung längere Zeit am Broadway halten konnte. Als aber Liza Minnelli sich 1973 einen »Oscar« für die Darstellung der Sally Bowles in der Verfilmung des Musicals *Cabaret* holte (wieder von Kander und Ebb), hatte die gerade 26jährige den Höhepunkt ihrer öffentlichen Anerkennung erklommen. Und für ihre Fernsehsendung »Liza with a Z« wurde ihr ein »Emmy« zuerkannt, das Pendant von »Tony« und »Oscar« für das elektronische Medium.

Doch ihre folgenden drei Filme waren weder Erfolge beim Publikum noch bei den Kritikern. *Lucky Lady* mit Burt Reynolds und Gene Hackman als Partner (1975) fiel durch; *A Matter of Time* (1976) mit Ingrid Bergman und ihrem Vater Vincente Minnelli als Regisseur wurde total verrissen, und auch *New York, New York* (1977), in dem sie sich unter dem Regisseur Martin Scorsese Starehren mit Robert De Niro teilte, erreichte bestenfalls einen Achtungserfolg. Gegen Ende des letzten Films sang sie den Garland-Schlager, der dem Film den Titel gegeben hatte; sie selbst wollte nur eine Impression ihrer Mutter geben, aber zumindest ein Kritiker sprach von einer »Reinkarnation«.

Im gleichen Jahr kehrte sie wieder an den Broadway zurück, und prompt wurde sie für das praktisch allein von ihr bestrittene Musical *The Act* zum zweitenmal mit einem »Tony« ausgezeichnet. Auch als ruchbar wurde, daß sie von den zwölf Gesangsnummern bei dreien »gemogelt« hatte – sie bewegte nur ihre Lippen, während ihr Gesang per Tonband in den Zuschauerraum übertragen wurde –, konnte dies das Publikum nicht sonderlich erregen, das ohnehin schon Tonverstärkung akzeptiert hatte. Nur einige Kritiker regten sich darüber auf. Seitdem 1956 dieser Brauch Rex Harrison und seiner dünnen Gesangsstimme zuliebe mit *My Fair Lady* eingeführt worden war, konnte an der »Mikrofonierung« von Stimmen und Musik nicht mehr gerüttelt werden; Liza Minnelli führte ihn nur einen Schritt weiter und konnte entschuldigend geltend machen, daß ihr einfach die Luft ausging bei so vielen Gesangs- und Tanznummern.

Abgesehen von einer weiteren Broadway-Produktion – wie alle übrigen auch wieder von John Kander und Fred Ebb – und einer Nebenrolle, die sie in dem Film *Arthur* (1981) spielte, konzentrierte sich Liza Minnelli in den letzten Jahren vor allem auf Konzerttätigkeit, die sie auch bereits mehrfach nach Europa brachte. In dem Musical *The Rink* (1983) spielte sie die Rolle einer eigensinnigen Tochter, die sich darum bemüht, einen Ausgleich mit ihrer nicht weniger willensstarken Mutter zu finden – es fällt nicht schwer, hier autobiographische Züge zu entdecken. Aber das problematische Verhältnis zu ihrer Mutter bedrückt Liza heute nicht mehr; schon seit 1981 begann sie mehr und mehr, die Schlager zu singen, die durch Judy Garland berühmt wurden. Ihre Zuhörer in Los Angeles überraschte sie einmal, als sie sich unterbrach, um ihnen mitzuteilen, daß sie jetzt einen Schlager singen wolle, den sie bisher noch nie vorgetragen habe. Er sei durch eine Sängerin berühmt geworden, deren Schlager sie bisher noch nie zu singen gewagt habe. »Ich hatte nicht das Gefühl, dazu bereit zu sein, und ich wollte es auch nicht. Jetzt aber will ich es, will es sogar sehr. Der Beifall, den sie erhielt, wollte oft nicht enden . . . Sie war die beste Freundin, die ich je hatte. Das ist für dich, Mama.« Und sie sang *The Man That Got Away,* und als der Beifall auch hier nicht enden wollte, kamen ihr Tränen in die Augen. Seither gehört dieser Schlager wie auch andere, darunter *The Boy Next Door* und *The Trolley Song,* die ihre Mutter populär gemacht hatten, zu ihrem festen Repertoire.

Seit ihrer Heirat mit Mark Gero 1979, den sie während der Aufführung von *The Act* kennengelernt hatte, als er Inspizient im »Palace Theatre« war, ist es um Lizas Liebesleben still geworden. Vorangegangen waren immerhin schon zwei Ehen mit dem Musiker Peter Allen (1967) und dem Schriftsteller Jack Haley jun. (1974), ein rasch gelöstes Verlöbnis mit dem um acht Jahre jüngeren Desi Arnaz (1972) und angeblich enge Liaisons mit den Schauspielern Ben Vereen und Peter Sellers und dem Filmregisseur Martin Scorsese. Mutterfreuden sind ihr versagt geblieben; seit ihrer Heirat mit Gero hatte sie zwei Fehlgeburten; sie hat sich immer eine Tochter gewünscht, die sie Judy nennen wollte.

LILLIAN RUSSELL
Göttin der Schönheit

Sie war weder eine Londoner Sängerin, wie sie bei ihrem ersten Auftritt in »Tony Pastor's Music Hall« in New York 1880 angezeigt wurde, noch war ihr eigentlicher Name Lillian Russell, aber jahrzehntelang regierte sie am Broadway als Göttin der Schönheit. Sie soll die schönste Frau gewesen sein, die je in New York Theater spielte, die Männer lagen ihr zu Füßen, sie war dreimal verheiratet und hatte viele Liebschaften mit Millionären und solchen, die es werden wollten. Tatsächlich stammte Lillian Russell aus den kleinen Ort Clinton im Bundesstaat Iowa, wo ihrem Vater die kleine Ortszeitung gehörte. In ihrer frühen Jugend siedelte die Familie nach Chicago über, von wo die Mutter nach ihrer Scheidung mit Helen Louise – wie sie in Wirklichkeit hieß – nach New York zog. Die Tochter nahm Gesangsunterricht bei dem aus Breslau eingewanderten Dirigenten und Musikpädagogen Leopold Damrosch und wurde von Tony Pastor entdeckt, der ihr den Bühnennamen gab.

Als Lillian Russell fiel sie zum erstenmal in der Gilbert-Sullivan-Operette *Patience* auf, in der sie die Titelrolle sang. Ihre Stimme war die schönste, die man bisher außerhalb der Oper gehört hatte, mühelos meisterte sie das hohe C und riß das Publikum mit. Aber nicht nur war sie mit einer ungemein voluminösen Stimme begabt, sie war gleichzeitig die personifizierte Schönheit nach dem damaligen viktorianischen Schönheitsideal: Da sie besonders Süßigkeiten liebte, neigte sie zur Fülle und wog in ihrer Blütezeit fast 80 Kilogramm, aber was machte das angesichts ihrer atemberaubenden Schönheit? »Das war keine sterbliche Frau«, sagte der Zeitgenosse Felix Isman in seiner Biographie des Komikerpaars Weber & Fields, die Lillian 1899 für ihre Music Hall am Broadway und der 28. Straße verpflichteten: für 1250 Dollar per Woche mit einer Garantie von 35 Wochen – das war die damals höchste Gage im Broadway-Theater. Außerdem verpflichteten sich Weber & Fields, die Kosten für die Kostüme zu übernehmen, bei Lillian Russell keine Kleinigkeit.

Als sie in *Whirl-i-gig* auftrat, waren die Karten für die Eröffnungsvorstellung so begehrt, daß sie versteigert wurden. Jesse Lewinsohn, ein Kupfermagnat und einer von Lillians Anbetern, bot je 1000 Dollar für zwei Logen, Stanford White, der bekannte Architekt, und der Zeitungskönig William Randolph Hearst ersteigerten ebenfalls Logen für 750 Dollar, während gewöhnliche Parkettsitze für 100 Dollar weggingen. »Niemals in den Glanzzeiten der Ensembletheater von Wallack, Daly und Palmer noch in denen der Frohmans wurden die Darsteller begeisterter begrüßt als hier«, schrieb der Kritiker des *New York Herald.* Als der Vorhang aufging, lag Lillian Russell scheinbar im Nachthemd im Bett, aber als sie sich erhob, stellte sich heraus, daß sie ein Abendkleid mit einem tiefen Ausschnitt trug. Es kamen Beschwerdebriefe

Lillian Russell, eine Entdeckung Tony Pastors

über die anzügliche Szene, und sie wurde geändert.

Was die Ausstattung anging, hatte man eine so glanzvolle Produktion am Broadway bisher noch nicht gesehen. Nach 264 Aufführungen in New York begann eine Tournee, die so erfolgreich war, daß sie Weber & Fields, die beiden typischen deutsch-jüdischen Komiker, zu reichen Männern machte. In der Folgezeit wurden die Tourneen, die meistens größere Häuser bespielten als die kleine »Weber & Fields Music Hall« am Broadway, immer länger und die Laufzeit in New York immer kürzer.

Lillian Russell hatte den Gipfel ihrer Beliebtheit erklommen. Sie galt als Symbolfigur des Goldenen Zeitalters. »So schön zu sein wie Lillian Russell« war das Ziel der Frauen, und die Klatschspalten der Zeitungen waren voll von den Eroberungen, die Lillian Russell machte. Lange Zeit war ihr ständiger Begleiter der schwerreiche Industrielle William Brady, der als Liebhaberei Edelsteine sammelte, von denen er angeblich mehr als 30000 hatte. Er schenkte Lillian ein vergoldetes Fahrrad mit Perlmutter-Lenkstangen, mit Diamanten und Rubinen in den Speichen! Damit fuhr sie den Broadway entlang, weil die Ärzte ihr Bewegung verschrieben hatten, um dünner zu werden. Aber der Erfolg wollte sich nicht einstellen: Das Radfahren machte sie nur noch um so hungriger. Sie setzte sogar zwei Jahre aus, zog sich von der Bühne zurück und versuchte, Diät zu halten, aber selbst diese Zeit reichte nicht aus, um den Kampf gegen das Dickwerden zu gewinnen. Schließlich trat sie wieder in der Operette *Lady Teazie* von A. Baldwin Sloane nach Sheridans *Lästerschule* auf, wurde mit großen Vorschußlorbeeren bedacht (»Die Unvergleichliche kehrte in vollendeter Form zurück«, so hieß es), aber die Operette, die Weihnachten 1904, übrigens als erste Produktion der Gebrüder Shubert, herauskam, brachte es auf nicht mehr als 57 Aufführungen. Daraufhin trat sie 1912 nur noch einmal in einer Operette auf, nun wieder bei Weber & Fields, sonst konnte man sie nur noch in kurzen Vaudeville-Szenen sehen.

Lillian Russell sah sich selbst übrigens nicht nur als ein Schönheitsideal. Sie hatte einen Ruf als verbissen arbeitende Sängerin und Schauspielerin (wobei sie auf ersterem Gebiet erfolgreicher war als auf letzterem), unterstützte viele ihrer Theaterfreunde in Zeiten der Arbeitslosigkeit, stellte sich auch in dem entscheidenden Streik der Schauspielergewerkschaft im Jahre 1919 voll und ganz hinter ihre nicht so mit Glücksgütern gesegneten Kollegen und nahm an den Verhandlungen mit den Produzenten und Theaterbesitzern teil, die zum erstenmal den New Yorker Schauspielern menschenwürdige Arbeitsbedingungen verschafften. Zwei Jahre später starb sie, betrauert von vielen, und wurde wie eine Königin zu Grabe getragen.

LAURETTE TAYLOR
Star kurz vor dem Tode

Frühe Erfolge in Komödien, die ihrer kaum wert waren, ein jahrelanger Kampf gegen den Alkoholismus, verursacht durch den Tod ihres Mannes, des englischen Bühnenautors J. Hartley Manners, später Ruhm als Amanda Wingfield in Tennessee Williams' *Glasmenagerie* und früher Tod im Alter von nur 62 Jahren: das sind die Stationen im Leben von Laurette Taylor, die unter anderen Lebensumständen wahrscheinlich eine der ganz großen Schauspielerinnen des amerikanischen Theaters geworden wäre.

Sie kam in New York als Lorette Cooney zur Welt und begeisterte sich schon früh für das Theaterspielen, das sie zunächst in den eigenen vier Wänden für sich allein übte. Schon als Kind hatte sie eine gewinnende Persönlichkeit voller Charme und ständiger guter Laune – Eigenschaften, die sie auch als Schauspielerin begleiteten und ihr zu ihren ersten Erfolgen verhalfen. Ihr Aufstieg war schwer, wie die meisten amerikanischen Schauspieler hat auch Laurette Taylor nie formalen Schauspielunterricht gehabt. Sie lernte in der harten Schule des Tourneetheaters. Als sie 26 Jahre alt war, hatte sie ihren ersten großen Erfolg in einem längst vergessenen Stück, *The Girl in Waiting,* in dem ihre von allen Manieriertheiten freie Spontaneität ihres Spiels den ersten Triumph feierte.

Nach ihrer Heirat trat sie fast nur in Lustspielen ihres Mannes auf, die meisten waren allerdings ziemlich bedeutungslos. Aber eines

Laurette Taylor in Peg o' My Heart, *ihrem ersten Bühnenerfolg (1912)*

dieser Stücke machte Laurette Taylor zu einem Star: 1912 und 1913 wurde *Peg o' My Heart* 603mal gegeben und war damals das erfolgreichste jemals am Broadway aufgeführte Werk. Laurette Taylor ging mit diesem Stück auch nach London, und im Jahre 1920 spielte sie es erneut am Broadway in einer Neuinszenierung: Es war die Geschichte eines irischen Mädchens, das vom Vater viel Geld erbt, nach London reist, wo ihre ganz ungekünstelte Einfachheit sich als gesünder erweist als die Listen und Ränke ihrer versnobten englischen Verwandten. Es war, wie fast alle Stücke von Manners, nicht anspruchsvoll, aber stand hoch in der Gunst des Publikums. Manners' Tantiemeneinnahmen beliefen sich auf wöchentlich 10 000 Dollar, doch wie Laurette Taylor bemerkte: »Wir haben viel Geld daran verdient, aber selbst Geld wird etwas Eintöniges.«

Laurette Taylor hatte damals viele Bewunderer ihrer Kunst, die ihr jedoch mehr und mehr vorhielten, daß die Stücke, in denen sie auftrat, eigentlich unter ihrem Niveau lägen. So ließ sie sich 1922 von ihrem Mann ein ernstes Stück schreiben, das aber gar nicht ankam. Danach trat sie nicht mehr in Stücken ihres Mannes auf, was der Ehe nicht förderlich war. 1928 starb Manners, und der Schmerz über seinen Tod ließ sie ein Opfer des Alkohols werden. Ein volles Jahrzehnt blieb sie der Bühne fern, dann trat sie erstmals wieder in Sutton Vances *Outward Bound* auf. Aber es war kein restlos geglücktes Comeback.

Das kam erst sieben Jahre später mit der Uraufführung der *Glasmenagerie*. Die Sechzigjährige galt eigentlich bereits als erledigt, als eine Schauspielerin, die nicht mehr ernsthaft mitzählte und die nicht mehr von der Aura eines Stars umgeben war. Dennoch erhielt sie hier nochmals eine Chance, und wer das Glück hatte, sie 1945 in der Rolle der Mutter Wingfield zu sehen, dem wurde bewußt, was Schauspielkunst in einer Broadway-Aufführung zuwege bringt. »Sie gab eine zündende Darstellung«, hieß es in der Theaterzeitschrift *Theatre Arts*. »Williams hat ihr eine Vorlage gegeben, die sie in reines Gold umwandelt; die zarten und unterschiedlichen Nuancen sind genauestens eingefangen in der kunstvollen Färbung ihrer Interpretation ... Die Mutter ist eitel und bemitleidenswert, ein Opfer der Umstände, gleichzeitig wütend und ergreifend ... Jede zögernde Geste, ihre Unentschlossenheit, ihre Bewegungen, manchmal beabsichtigt, manchmal verschwommen, schaffen das unvergeßliche Bild eines komplexen Menschen.« Und das Adjektiv, das am häufigsten von Kritikern auf ihre Darstellung angewandt wurde, war »transparent«.

Trotz der ausgezeichneten Besetzung aller vier Rollen war Laurette Taylors Spiel der Höhepunkt der Aufführung. Nun war sie, die eher zu den Stillen des Landes gehört hatte, wieder im Mittelpunkt. Sie war der Star, sie trug die Aufführung und verhalf Tennessee Williams zum Durchbruch. Jener 31. März 1945, an dem *Die Glasmenagerie* uraufgeführt wurde, war eine Sternstunde des amerikanischen Theaters: Ein neuer Dramatiker war geboren worden, und eine große, aber aus dem Gleichgewicht geratene Schauspielerin hatte wieder die Stellung eingenommen, die ihr gebührte. Es sollte ihre letzte Rolle bleiben, die sie dem geschwächten Körper noch abzuzwingen vermochte. Am 7. Dezember 1946 – die lange Aufführungsserie war gerade zu Ende gegangen – starb sie und hinterließ eine der großen Leistungen des Theaters.

Ethel Merman in Gypsy *(1959)*

233

Julie Andrews in Camelot *(1960)*

Carol Channing in Hello Dolly *(1964)*

Fred Astaire und Claire Luce in Gay Divorce *(1932*

Gene Kelly und Vivienne Segal in Pal Joey *(1940)*

Angela Lansbury in Sweeney Todd *(1983)*

Liza Minnelli in The Rink *(1984)*

Yul Brynner

ZWEITES KAPITEL

Glanzaufführungen am Broadway

Aus Tausenden von Aufführungen während mehr als eines Jahrhunderts etwa 20 auszuwählen, die die Bezeichnung »Glanzaufführungen« verdienen, ist ein schwieriges Unterfangen, bei dem sich der Verfasser zahlreichen Vorwürfen ausgesetzt sieht: er sei willkürlich vorgegangen, habe sein Urteil – und seinen Geschmack – zum Maßstab gemacht, habe dem Musiktheater vor dem Sprechtheater den Vorzug gegeben – kurzum, er habe keine objektive Auswahl getroffen. Er muß sich zu allen diesen Vorwürfen schuldig bekennen, weil ganz einfach nur subjektive Kriterien bestimmend dafür sein können, welche Stücke und Aufführungen man in den engen Kreis der »20 Besten« aufnimmt.

Nicht immer werden es die langlebigsten bzw. erfolgreichsten sein, die der Leser hier finden wird – schon deshalb nicht, weil Erfolg in früheren Jahren durch ganz andere Zahlen ausgedrückt wurde als jetzt. Wer würde die nur 124 Aufführungen von *Porgy and Bess* aus dem Jahre 1935 aufrechnen wollen gegen die 40 Jahre später begonnene und noch immer nicht beendete Serie von *A Chorus Line?* Wer die nach knapp 200 Aufführungen abgesetzte *Heilige Johanna* gegen die mehr als 3000 Aufführungen von *Life With Father?* Also wird »Glanz« nicht nur rein äußerlich als prächtig, blendend und schillernd definiert, sondern auch innerlich als bedeutungsvoll und wichtig. Davon abgesehen wurde – auch wieder willkürlich – eine zeitliche Grenze gezogen, weil man mit gutem Recht sagen kann, daß das amerikanische Theater erst etwa um 1920 den Kinderschuhen entwachsen war; was voranging, mochte noch soviel Glanz ausstrahlen, es war von geringer Bedeutung, gemessen am Stande des Welttheaters.

DIE HEILIGE JOHANNA
Shaw-Uraufführung in den USA (1923)

Es ist nur wenig bekannt, daß die Welturaufführung eines der bedeutendsten Stücke des 20. Jahrhunderts in New York stattfand. Schon zuvor hatte Shaw der zwar angesehenen, aber armen »Theatre Guild« die Uraufführung von *Heartbreak House* (*Haus Herzentod,* 1920) und von *Back to Methuselah* (*Zurück nach Methuselah,* 1922) überlassen. Aber diese beiden Stücke waren weder so erfolgreich wie *Die Heilige Johanna* noch reichen sie an die dramatische Qualität heran.

Weder *Haus Herzenstod* noch *Methusalem* brachten der seit 1919 bestehenden »Guild« mehr als nur Prestige ein; *Methusalem,* selbst in der verkürzten Version fast unaufführbar (Shaw bestand nicht einmal, wie es sonst immer seine Art war, auf einem Vertrag, da er meinte, an eine Aufführung würde sich ohnehin niemand wagen), endete mit einem Defizit von 20 000 Dollar – der größte Verlust, den die erst drei Jahre alte »Theatre Guild« hinnehmen mußte. Dabei erwies sich Shaw in beiden Fällen als weitaus angenehmerer Partner, als angesichts seines Rufs zu erwarten war: Er betrachtete sogar *Methusalem* noch als einen Erfolg, indem er die kühne Behauptung aufstellte, die »Guild« habe mit einem Verlust von 30 000 Dollar gerechnet, aber nur 20 000 verloren, sein Name sei also 10 000 Dollar wert gewesen. Jeder der drei Teile des Stücks wurde 25mal gegeben, d.h., wer das ganze Stück sehen wollte, mußte an drei aufeinanderfolgenden Wochen ins »Garrick Theatre« gehen. Als einer der »Guild«-Direktoren den Theaterportier fragte, wie denn das Stück ankomme, erhielt er die fast salomonische Antwort: »Gut, von Abend zu Abend verlassen immer weniger Besucher das Theater vor dem Ende!«

Auch bei der *Heiligen Johanna* gab es zwischen Autor und »Theatre Guild« nur einen Streitpunkt: die Länge des Stücks – nicht so schlimm wie bei *Methusalem,* aber doch über die Norm eines New Yorker Theaterabends hinausgehend. Nur ungern ließ sich Shaw während der Proben einige wenige Szenenteile abhandeln, antwortete aber meistens so spät auf Briefe und Telegramme, daß bis zum Uraufführungsabend immer wieder Änderungen notwendig wurden.

Die Aufnahme des Stücks durch die Kritik war unterschiedlich, im ganzen jedoch positiv, wenn auch dem einen oder anderen Kritiker Shaw nicht ernst genug war, während andere wiederum die Leichtigkeit seiner Komödien vermißten. John Corbin, der Kritiker der *New York Times,* meinte: »Manche Passagen dieses seltsam gemischten Stückes sind von alles übertreffender Schönheit ... Aber der große Triumph des Stückes ist die Szene von Johannas Prozeß und Verbrennung. Hier verschmelzen sich edelste Sympathie, die berechnendsten intellektuellen Absichten mit einfachem, menschlichem Gefühl, um wirklich großes Drama hervorzubringen. Nirgendwo sonst bei Shaw gibt es eine so wahre, so bewegende und erbauende Szene. Ja, es ist ein Stück, das im nachhinein ungemein gewinnt.«

Die Titelrolle wurde einer damals bekannten, aber nicht in der ersten Reihe der amerikanischen Tragödinnen stehenden Schauspielerin, Winifred Lenihan, anvertraut, deren »denkwürdige Interpretation« der Johanna gelobt wurde, ebenso wie die »vollendet einfache und charmante Darstellung der Stimmungen des Mädchens und der Geduld wie des Stolzes der Heiligen«. Noch 1956 sagte ein Broadway-Beobachter, er habe seither Ingrid Bergman, Katharine Cornell, Uta Hagen und Julie Harris in dieser Rolle gesehen, aber keine habe an Winifred Lenihan heranreichen können. Das Seltsame aber war: die damals 24jährige Schauspielerin tauchte fast wie aus dem Nichts empor, spielte mehr als 200mal die heilige Johanna, wurde gelobt und gefeiert und versank dann ebenso rasch in Vergessenheit. Als sie 1964 in New York starb, war sie selbst für die meisten Theaterleute eine Unbekannte. Also führen selbst große Rollen eine junge Darstellerin nicht unbedingt zu Starehren; nach 1923 hatte Winifred Lenihan ihre Zukunft bereits hinter sich!

Winifred Lenihan als Heilige Johanna *in Shaws Bühnenstück*

SHOW BOAT
Einzelfall des Musiktheaters (1927)

Keiner, der je *Show Boat* gesehen hat, wird verstehen können, weshalb der Beginn des modernen Musicals auf das Jahr 1943, auf das Erscheinen von *Oklahoma!*, gelegt wurde. Denn tatsächlich ist *Show Boat* das erste moderne Musical, seit seiner Uraufführung vor 60 Jahren bis in unsere Tage wird es immer wieder gegeben. Für Jerome Kern war es der Höhepunkt seiner Arbeit als Broadway- und Hollywood-Komponist, für Oscar Hammerstein II (von dem auch Libretto und Gesangstexte zu *Oklahoma!* stammen) die erste richtungweisende Arbeit in eine neue Zukunft des amerikanischen Musiktheaters. Noch sind hier nicht alle Spuren der alten Operette gelöscht, aber viele Elemente waren ganz neu, erstmalig auf einer Bühne.

Als Grundlage des Musicals diente der gleichnamige Roman Edna Ferbers, einer guten Unterhaltungsschriftstellerin, die realistische und zugleich sentimentale Kost von größtenteils amerikanischem kulturgeschichtlichem Interesse bot. *Show Boat* schildert das Leben einer Schauspielertruppe, die auf einem Mississippi-Dampfer in den neunziger Jahren des vorigen Jahrhunderts von Ort zu Ort tingelt, was Gelegenheit zu vielen Szenen von »Theater im Theater« bietet. Kern hatte den Roman gleich nach seinem Erscheinen Anfang 1926 gelesen und sofort die Idee entwickelt, daraus ein Musical zu machen. Für Edna Ferber schien dies ein verwegenes Unterfangen, weil sie sich nicht vorstellen konnte, wie die von ihr erfundene Handlung in das Prokrustesbett einer herkömmlichen Operette gezwungen werden sollte. Für Hammerstein, einen Mann des Theaters durch und durch, waren die sich ihm bietenden Möglichkeiten von vornherein klar, und er erklärte sich bereit, Buch und Gesangstexte zu schreiben; Florenz Ziegfeld, der die Produktion übernehmen sollte, schwankte allerdings zunächst noch zwischen Begeisterung und Ablehnung.

Und je mehr Leute von dem Plan erfuhren, um so mehr rieten davon ab. Irving Berlin, der langjährige Hauskomponist Ziegfelds, hielt die Idee rundheraus für verrückt; andere meinten, die Handlung mit ihren Anklängen an Rassenprobleme werde unliebsames Aufsehen erregen. Doch Edna Ferbers Skepsis schwand, als sie einen Teil von Kerns Musik hörte. »Die Musik wuchs, und ich gebe Ihnen mein Wort, meine Haare standen mir zu Berge, und Tränen füllten meine Augen«, so sagte sie später. »Das war Musik, die wird länger leben als Jerome Kern oder ich.«

Ursprünglich wollte Ziegfeld mit *Show Boat* sein neuerbautes Theater an der 54. Straße und 7. Avenue eröffnen, das seinen Namen trug. Aber das Theater war rascher fertig als das Musical; so wurde es mit einer Operette eröffnet, und Ziegfeld war erneut unentschlossen. »Mir

Charles Winninger (im Vordergrund) als Cap'n Andy in einer Szene der Uraufführung von Show Boat *(1927)*

liegt daran, *Show Boat* Ihrer Musik wegen herauszubringen«, telegrafierte er dem Komponisten, »aber Hammersteins Buch hat in jetziger Gestalt keine Chance. Ändert Hammerstein das Buch, will ich es machen oder einem anderen dies gestatten, sollte es nötig sein . . .«

Das Buch wurde also geändert, etwas von seiner dramatischen Schwere wurde ihm genommen, und alle Beteiligten arbeiteten auf Hochtouren. Ziegfeld beauftragte den aus Wien stammenden Josef Urban mit der Ausstattung, die außerordentlich opulent ausfiel. Hier erlebte man zum erstenmal die völlige Integration von Gesang, Tanz und Dialog; vor *Show Boat* und auch noch fast zwei Jahrzehnte danach diente die Handlung nämlich nur zum Aufhängen von Melodien, aber die einzelnen Elemente hatten nichts miteinander zu tun. Doch selbst nach den einhellig begeisterten Kritiken blieb Ziegfeld zunächst weiterhin skeptisch; erst als er die langen Menschenschlangen an den Kassenschaltern sah, war er überzeugt, auch einen kommerziellen Erfolg geschafft zu haben. Aber interessanterweise gingen weder er noch Kern oder Hammerstein, deren Wege sich wieder trennten, konsequent weiter. Im Gegenteil, sie fielen wieder auf die Operette alten Stils zurück oder suchten ihr Heil in der thematisch und musikalisch zusammenhanglosen reinen Ausstattungsrevue. So blieb *Show Boat* für lange Zeit ein einsamer Einzelfall.

Ganz zweifellos war Kerns Musik der Hauptträger des Erfolges. Aus dem Füllhorn seiner Melodien waren zwar schon Dutzende Songs gekommen, die zu den beliebtesten am Broadway wurden, aber in *Show Boat* erreichte seine Musik eine neue Dimension: Sie wurde gehaltvoller, ernster und leidenschaftlicher, was sich nirgends vollendeter zeigt als in *Ol' Man River*, dem auf der Tradition der Spirituals fußenden Song, einem unsterblichen Hymnus auf den ewig fließenden Mississippi, ein »Lied der Resignation mit einem stillschweigenden Protest«,

wie Hammerstein es formulierte. Andere berühmt gewordene Melodien sind etwa: *Only Make Believe, Why Do I Love You?, Can't Help Lovin' Dat Man* und *Till Good Luck Comes My Way.*

Der größte Teil der Handlung spielt sich auf dem Theaterboot »Cotton Blossom« ab. Sein Eigner, Cap'n Andy, leitet auch die Theatertruppe. Seine treulich behütete Tochter Magnolia verliebt sich in einen mitfahrenden Glücksspieler, Ravenal, und brennt mit ihm nach Chicago durch. Aber ihr Glück ist nur von kurzer Dauer; sie trennen sich, obwohl Magnolia schwanger ist. Nach der Geburt ihrer Tochter Kim singt Magnolia in Chicagoer Nachtlokalen die Lieder, die sie an Bord der »Cotton Blossom« gelernt hatte. Dort findet sie schließlich ihr Vater, der sie wieder auf sein Boot zurückbringt, wo ihr Mann auf sie wartet, um sie um Vergebung zu bitten. Es kommt zu einer Versöhnung, und ihre Tochter Kim wird später der Star des Show Boat. *Ol' Man River* wird von einem schwarzen Hafenarbeiter gesungen, der darin seine Hoffnungslosigkeit angesichts der Macht, aber auch der Gleichgültigkeit des großen Mississippi zum Ausdruck bringt. Paul Robeson war ursprünglich für diese Rolle verpflichtet worden, konnte aber nach der Verschiebung der Uraufführung nicht mehr mitwirken, so daß er durch Jules Bledsoe ersetzt wurde. Robeson trat erst in einer Neuaufführung auf, die Ziegfeld kurz vor seinem Tode 1932 herausbrachte.

Show Boat wurde 572mal en suite gegeben und beendete seine Laufzeit im »Ziegfeld Theatre« erst Mitte 1929. Seither hat das Musical in New York unzählige Neuaufführungen erfahren und ging sogar in das Repertoire der New-York-City-Opera ein. Dreimal wurde *Show Boat* von Metro-Goldwyn-Mayer verfilmt: 1929, 1936 und, erstmals in Farbe, 1951. Die Version von 1936 kann als die gelungenste angesehen werden, sie lehnte sich auch am engsten an das Original an.

THE GREEN PASTURES
Religion im Theater (1930)

Platz! Platz für den Herrn, für Gott Jehova!« – vielleicht kennt das moderne Theater keinen von wirksameren Worten begleiteten Auftritt. In einer der ersten Szenen von *The Green Pastures* betritt ein gütiger, breitschultriger, älterer Mann im Gewand eines Geistlichen die Bühne, nachdem der Erzengel Gabriel ihm den erforderlichen Platz verschafft hat. Bei der Uraufführung am 26. Februar 1930 im »Mansfield Theatre« am Broadway nahm Richard B. Harrison in der Rolle Gottes sofort die Herzen aller Zuschauer für sich ein. Er war ursprünglich kein Schauspieler, sondern ein Lehrer, Enkel entflohener Sklaven, und hatte Bedenken, die Rolle zu übernehmen, weil er befürchtete, das Stück könnte antireligiös sein. Erst ein längeres Gespräch mit einem New Yorker Bischof konnte ihn überzeugen, der Rolle zuliebe seinen Widerstand aufzugeben.

Nicht zuletzt durch Harrison wurde das Stück zu einem tiefen religiösen Erlebnis; er spielte Gott fünf Jahre lang, erst zwei Jahre in New York, dann drei Jahre auf Tournee, bis er selbst nach der 1659. Aufführung am 14. März 1935 im Alter von 67 Jahren in die göttlichen Gefilde einging. Mit seinem Tod fand die Aufführungsserie von *The Green Pastures* ein Ende, weil man sich nicht vorstellen konnte, daß ein anderer die Rolle Gottes übernehmen könnte. Jahre, Jahrzehnte vergingen, bis das Stück wieder in New York im »Broadway Theatre« herauskam. Die Erinnerung an Harrison war inzwischen verblaßt.

Marc Connelly war sehr wahrscheinlich der letzte Autor, dem man ein so spirituelles Stück zugetraut hätte. Als Sohn eines Hoteliers in einer Kleinstadt Pennsylvanias geboren, kam er in jungen Jahren nach New York, lernte den berühmten George S. Kaufman kennen und schrieb mit ihm eine Reihe erfolgreicher Komödien: gute Unterhaltungskost ohne große literarische Ambitionen, die für die in Amerika immer im Überfluß vorhandenen Komiker dankbare Rollen schuf. Connelly war noch nicht ganz 40 Jahre alt, als ein Freund ihn auf ein Buch von Roark Bradford, einem in New Orleans ansässigen Schriftsteller, aufmerksam machte, der in *Ol' Man Adam an' His Chillun* (Der alte Adam und seine Kinder) Bibelgeschichten, wie sie die Schwarzen von Louisiana erzählten, zusammengefaßt hatte. Connelly, der sich selbst als einen nichtreligiösen Menschen bezeichnete, erblickte in diesen Geschichten das Wesen des Alten Testaments, wie es im Verständnis der Erntearbeiter zum Ausdruck kam. Für sie war Gott der Held und der Mensch auf der Suche nach dem Göttlichen in sich selbst.

Innerhalb kurzer Zeit hatte Connelly sein Stück fertig. Aber trotz seiner guten Beziehungen am Broadway wollte kein Produzent es aufführen. Denn alle Darsteller in *The Green Pastures* sollten Schwarze sein und daß auch Gott als Schwarzer dargestellt wurde, verschreckte die wenigen Produzenten, die sich nicht daran stießen, daß ein hundertköpfiges Ensemble notwendig war (58 Schauspieler und ein Chor von mehr als 40 Sängern). Hinzu kam, daß sich in jenen Wochen die Wirtschaftskrise nach dem »Schwarzen Freitag« vom Oktober 1929 voll bemerkbar machte. Doch schließlich fand sich ein wohlhabender Wall-Street-Makler, Rowland Stebbins, der sich als einer der wenigen von seinem gesamten Aktienbesitz rechtzeitig getrennt hatte und der über genügend Geld verfügte, um die Produktion zu wagen – *The Green Pastures* sollte nicht sein einziger Ausflug an den Broadway bleiben. Er war ein ständiger Bridgepartner Kaufmans, und über diesen kam die Verbindung zwischen Stebbins und Connelly zustande, der auch selbst die Regie des Stückes übernahm. Die Bühnenbilder wurden von einem der Ersten seines Fachs, von Robert Edmond Jones, entworfen.

Obwohl in *The Green Pastures* die Bibel mit den Augen und der Mentalität einfacher Schwarzer aus den Südstaaten gesehen wurde, hatten die Erzählungen und Zwiegespräche mit Gott eine allgemein menschliche Dimension. Das Stück zeigt den allmächtigen Gott, wie er von seinen Kindern auf Erden lernt, daß Gnade die Folge von Leiden ist. In der letzten Szene des Stückes, einem Dialog zwischen Gott und Gabriel (den wir hier in Hochdeutsch und nicht in der südstaatlichen Originalsprache wiedergeben) heißt es:

Gabriel: »Herr, ist für mich die Zeit gekommen, um zu blasen?«

Gott: »Noch nicht, Gabriel. Ich denke nach.«
Gabriel: »Worüber, Herr?«
Gott: »Über etwas, das mir der Junge erzählte. Etwas über Josua und ihn. Wie sie etwas fanden.«
Gabriel: »Was denn, Herr?«
Gott: »Gnade. Durch Leiden, so sagte er.«
Gabriel: »Ja, Herr.«
Gott: »Auch ich versuche, Gnade zu finden. Es ist ganz wichtig. Es ist ganz wichtig für alle Menschen auf meiner Erde. Meinte er vielleicht, daß selbst Gott leiden muß?«

John Mason Brown (1900–1969), einer der angesehensten amerikanischen Theaterkritiker, hatte sich noch 1930 nicht übermäßig freundlich über *The Green Pastures* ausgesprochen. Erst viele Jahre später, in seinem Buch *As They Appear,* leistete er Abbitte: »Wollen wir es mit der notwendigen Dankbarkeit aussprechen. *The Green Pastures* ist ein Meisterwerk. Ich erkannte dies zu Beginn der ursprünglichen Aufführungsserie nicht, aber heute wünsche ich mir, ich hätte es schon am Abend der Uraufführung erkannt. Doch zu meiner Schande urteilte ich falsch ... Was immer meine Gründe waren, soviel weiß ich heute: ich war im Unrecht ... Ich war bei jener historischen Uraufführung im Unrecht, weil ich verkannte, was *The Green Pastures* in dramatischer, menschlicher und geistiger Hinsicht bedeutet.«

Ob das Stück heute noch ankommen könnte, ist allerdings fraglich. Möglicherweise fehlt ihm, was wir gewohnt sind, als »sophistication« zu bezeichnen, um es für ein heutiges Publikum annehmbar zu machen. Aber darauf kommt es eigentlich historisch gesehen gar nicht an. Marc Connelly, der trotz seines langen, erfolgverwöhnten Lebens nie wieder die Höhe von *The Green Pastures* erklomm, schließt seine Memoiren mit den folgenden Worten: »Lassen Sie mich am Ende sagen, daß ich das Theater für das beste jemals erfundene soziale Instrument halte. Der Umfang seiner Beobachtungen ist ohne Grenzen. Ein Tautropfen, so sagte einmal Lord Dunsany, ist klein, aber er kann den ganzen Himmel widerspiegeln. Und wo kann man auf Erden einen besseren Platz finden, um die Wahrheit unter angenehmeren Umständen zu suchen?«

Richard B. Harrison als Gott und Alonso Henderson als Moses in Marc Connellys Green Pastures

249

PORGY AND BESS
Amerikas erste Volksoper (1935)

Porgy and Bess war George Gershwins
letztes Bühnenstück. Nach der enttäuschenden
Aufnahme dieser ersten amerikanischen Volksoper wandte er sich nach Hollywood, wo er jedoch nur noch einige unwesentliche Schlager
für Filme schrieb. Nicht ganz zwei Jahre nach der
Uraufführung von *Porgy and Bess* am 10. Oktober 1935 starb der vielleicht hoffnungsvollste
Broadway-Komponist an den Folgen eines Hirn-
tumors, gerade erst 38 Jahre alt.

So wie zehn Jahre zuvor Jerome Kern durch
die Lektüre des Romans *Show Boat* von Edna
Ferber angeregt worden war, daraus ein Musical
zu machen, war der 27jährige Komponist von
dem Roman *Porgy,* den DuBose Heyward geschrieben hatte, so angetan, daß er sich sofort
mit dem Autor in Verbindung setzte. Aber Heyward und seine Frau waren bereits mit einer
Dramatisierung des Stoffs beschäftigt; das Stück
kam im Oktober 1927 heraus und entwickelte
sich zu einem mäßigen Erfolg für die »Theatre
Guild«. Anschließend war wiederum Gershwin
in so viele Broadway-Projekte verwickelt, daß er
die Inangriffnahme des *Porgy*-Stoffs immer wieder verschob.

Die »Theatre Guild« wollte schließlich 1933
aus *Porgy* ein Musical machen und versicherte
sich der Mitarbeit des *Show-Boat*-Teams Kern
und Oscar Hammerstein. Al Jolson sollte die Titelrolle spielen. Eingedenk seines früher Gershwin gegebenen Versprechens lehnte Heyward
aber diesen Plan ab; er verlangte statt dessen,
daß Gershwin mit der Arbeit beginne. Gershwin
ließ sich nun nicht zweimal bitten und fuhr
sofort zu Heyward nach Charleston, South Carolina, um die Gestaltung des Librettos mit ihm
zu besprechen, Heyward und Gershwins Bruder
Ira sollten die Gesangstexte schreiben. Im Sommer 1934 verbrachte Gershwin zwei Monate auf
der South Carolina vorgelagerten Insel Folly,
wo die von Heyward in seinem Roman beschrie-
benen Gullah-Neger lebten, deren Sprache und
musikalische Rhythmen er ganz in sich aufnehmen wollte. Elf Monate benötigte Gershwin für
die Komposition, acht weitere für die Orchestrierung: So entstand eine Riesenpartitur, deren Aufführungsdauer auf viereinhalb Stunden
veranschlagt wurde – weitaus mehr als die am
Broadway übliche Norm von zweieinhalb bis
drei Stunden.

Das freilich war nicht die einzige Schwie-
rigkeit. Von seiten der Schwarzen erhoben
sich Stimmen gegen die auch in das Opernli-
bretto eingegangene stereotype Darstellung ihres
Volkes. Der große Jazzmusiker Duke Ellington
faßte seine Gefühle in die Worte zusammen:
Porgy and Bess sei nur schwarz auf der Bühne,
sonst aber überall weiß.

Noch fast 20 Jahre später, als *Porgy and Bess*
wieder einmal aufgeführt werden sollte, bezeichnete James L. Hicks, ein bekannter schwarzer Journalist, die Oper als »die beleidigend-
ste, verleumderischste, erniedrigendste Sache,
die überhaupt farbigen Amerikanern angetan
werden kann«. Und Todd Duncan, dem ersten
Porgy, wurde von vielen seiner Freunde immer
wieder abgeraten, in Gershwins Oper aufzutreten. Ihnen entgegnete er: »Haben sich Blut-
schande und all die anderen Dinge im *Ring* gegen die Deutschen ausgewirkt? Carmen war eine
Prostituierte, hat das die Spanier herabgewür-
digt? Auch Tosca und Violetta waren Prostituierte, war das schlecht für die Italiener? Nun,
Bess ist eben auch eine Prostituierte und zufälli-
gerweise eine Negerin. Das Ganze ist eine gute
Geschichte, und damit hat sich's.«

Duncan und seine Partnerin Ann Brown
wurden ebenso wie Warren Coleman als der
brutale Crown und John Bubbles als Drogen-
händler Sportin' Life bei der Uraufführung zwar
mit großem Beifall bedacht, aber im ganzen war
die Aufnahme durch die Kritik nur wenig begeistert. Am strengsten ging der Kritiker Virgil

Thomson, der sich selbst auch als Opernkomponist betätigt hatte (*Four Saints in Three Acts*, nach Gertrude Stein), mit Gershwin und *Porgy and Bess* ins Gericht: »Ein falsches Konzept, schwerfällig durchgeführt ... unehrliche Folklore und halbherzige Oper.« Samuel Chotzinoff schrieb: »... ein Wechselbalg, sich ständig zwischen Musikdrama, Musical und Operette bewegend ... Einige der Schlager sind sorgfältig ausgearbeitet und kommen Opernarien nahe, aber sie erheben sich nicht zu der emotionalen Gewalt oder der melodischen Würde traditioneller Arien.«

Kein Wunder, daß das Publikum ausblieb und die Aufführung nach nur 124 Aufführungen (immerhin für En-suite-Aufführungen einer Oper ein Rekord) abgesetzt werden mußte; die für die Produktion erforderlichen 70 000 Dollar waren ein Totalverlust und brachten die »Theatre Guild« an den Rand einer schweren Finanzkrise. Kurt Weill dagegen, nur vier Wochen vor der Uraufführung nach New York gekommen, der die Gershwins von ihrem Berliner Besuch im Jahre 1928 her kannte, wohnte einigen Proben bei und war von den originellen, frechen Jazzrhythmen so begeistert, daß er Ira Gershwin zuflüsterte: »Ein großes Land, in dem solche Musik geschrieben und aufgeführt werden kann.«

Es dauerte geraume Zeit, ehe sich diese Ansicht durchsetzen konnte. Eine 1942 aufgeführte Neuinszenierung, in der die Rezitative durch gesprochene Dialoge ersetzt wurden, war weitaus erfolgreicher und konnte zwei Jahre lang in New York und auf Tournee gegeben werden; Duncan sang den Porgy mehr als 1600mal. Nochmals zehn Jahre später wurde eine neue Produktion der Oper auf eine Tournee geschickt, die in den Vereinigten Staaten begann, Europa, Afrika, den Nahen Osten und die Sowjetunion einbezog und überall begeistert aufgenommen wurde. 15 Jahre nach Gershwins Tod schien der Siegeszug dieser Oper gesichert.

Ein 1959 von Samuel Goldwyn gedrehter, allgemeinem Urteil zufolge schlechter Film tat der Wirkung von *Porgy and Bess* wieder Abbruch. Sidney Poitier, der für die männliche Titelrolle in Aussicht genommen war, zog seine ursprüngliche Zusage zurück, ließ sich aber dann doch wieder breitschlagen, in dem Film Otto Premingers mit Dorothy Dandridge als Bess und Sammy Davis als Sportin' Life mitzuwirken. Es war gewiß kein Höhepunkt in der langen Filmkarriere dieses ausgezeichneten Schauspielers, denn der Film war ein totaler Mißerfolg. Ira Gershwin und die übrigen Familienmitglieder widersetzten sich weiterer Aufführungen. In den 15 Jahren nach dem Film war *Porgy and Bess* nahezu vergessen; gelegentliche Aufführungen oft willkürlich verkürzter Versionen trugen nichts zur Mehrung des Ruhms bei, den die Oper in so überreichem Maße in den frühen fünfziger Jahren weltweit errungen hatte. Selbst die New Yorker Uraufführung war trotz einer Reihe notwendig gewordener Kürzungen den künstlerischen Intentionen Gershwins besser gerecht geworden, weil zumindest der Operncharakter gewahrt blieb, was von den späteren Produktionen nicht immer gesagt werden konnte.

Erstmals 1975 wurde *Porgy and Bess* genau so, wie Gershwin das Werk konzipiert hatte, der Öffentlichkeit bekannt: durch eine Schallplattenaufführung des Cleveland Orchestra unter der Leitung von Lorin Maazel. Ein Jahr später nahm sich erstmals die »Houston Grand Opera« des Originals an, d.h., von den 450 Seiten der Originalpartitur blieben nur etwa 5 Prozent un-

Folgende Doppelseite: Szenenbild aus der Uraufführung von Porgy and Bess *(1935)*

aufgeführt. Die Produktion kam in New Yorks größtem Broadway-Theater, dem »Uris«, heraus, das inzwischen in »Gershwin Theatre« umbenannt wurde, und war trotz der Länge ein großer Erfolg. 1976 wurde die Produktion in der fast 6000 Personen fassenden »Radio City Music Hall« mehrere Wochen lang gegeben, wo sie in dieser kurzen Zeit von mehr Menschen gesehen wurde als in den vier Monaten der Uraufführungsserie vier Jahrzehnte zuvor.

Anfang 1985 öffnete schließlich die Metropolitan Opera ihre Tore für *Porgy and Bess*. Aber was als Höhepunkt in der fünfzigjährigen Aufführungsgeschichte der Oper gedacht war, wurde ein Reinfall. Gewiß, das Werk wurde mit einem großen Orchester und ohne Verstärkung der Stimmen aufgeführt, aber es zeigte sich, daß ein Opernhaus für dieses Werk nicht der geeignete Platz ist, sondern daß es an den Broadway gehört, wo es eine Überfülle an singenden Schauspielern gibt, und jetzt auch gerade Schwarze. Grace Bumbry und Simon Estes aus dem Ensemble der Met wirkten in den Titelrollen schwerfällig und pathetisch; die Gesamtaufführung ließ fast alle Wünsche offen, deren Erfüllung man sich versprochen hatte. Lediglich der Hall-Johnson-Chor, der für die Massenszenen auf der Catfish Row verpflichtet worden war (im Chor der Metropolitan Opera selbst gab es nur drei Schwarze, so daß dieses Engagement nötig war), beherrschte den Stil und agierte mit der Lebhaftigkeit und Natürlichkeit, die den gestandenen Opernsängern abging. Die geplanten 32 Aufführungen in den Spielzeiten 1984/85 und 1985/86 wurden für die Abonnenten durchgezogen, und der Name Gershwin erwies sich für jene, die die negativen Kritiken nicht gelesen hatten, dennoch als Anziehungskraft. Aber der künstlerische Erfolg, den man sich für *Porgy and Bess* erhofft hatte, blieb aus – und die Aufführung bewies, wie recht Gershwin damit gehabt hatte, daß er 1935 auf einer Broadway-Aufführung bestand.

LIFE WITH FATHER
Ein Dauerrenner (1939)

Zwei Monate nach Beginn des Zweiten Weltkriegs, am 8. November 1939, fand die erste Aufführung von *Life with Father* statt; im Mai 1947, fast auf den Tag zwei Jahre nach der Kapitulation Nazideutschlands, wurde die Komödie zum letztenmal im »Empire Theatre«, Broadway und 39. Straße, gegeben. Mit 3224 En-suite-Aufführungen ist es das langlebigste Sprechstück, das je am Broadway herauskam. Fünf Jahre lang spielten Howard Lindsay, einer der Autoren, und seine Frau Dorothy Stickney Vater und Mutter Day. Was sie und Russel Crouse, der andere Autor, an Tantiemen und Gagen eingeheimst haben, kann nur geschätzt werden; wahrscheinlich war es mehr, als die meisten Stückeschreiber und Schauspieler während eines ganzen Lebens verdienen. Als vor einigen Jahren das Museum of the City of New York eine ausschließlich *Life with Father* gewidmete Ausstellung veranstaltete, wurde erklärt, daß das Stück seit seiner letzten Aufführung am Broadway in jedem Monat eines jeden Jahres irgendwo in der Welt gegeben worden war.

Familienporträt: Szene aus Life with Father *mit Dorothy Stickney und Howard Lindsay als Vinnie und Clarence Day, hinter Vinnie John Devereux als ihr ältester Sohn*

Life with Father hatte Clarence Day seine Erinnerungen an eine viktorianische Kindheit und Jugend in einem der typischen Manhattaner Stadthäuser genannt, in dem der jähzornige, aber gutmütige Vater nicht nur residierte, sondern auch präsidierte. Diese Erinnerungen erschienen zunächst in Fortsetzungen in der Zeitschrift *The New Yorker;* Lindsay las sie seiner um diese Zeit von einem Augenleiden geplagten Frau vor. Je mehr er vorlas, um so mehr wurde ihm klar, daß aus diesem Material ein wirksames Bühnenstück zu machen war. Seine Nachforschungen ergaben, daß der später als Produzent bekannt gewordene Oscar Serlin bereits die Idee gehabt hatte, einen Film aus dem Stoff zu machen, und auch schon Verhandlungen mit Days Witwe geführt hatte. W. C. Fields sollte den Vater spielen, aber der Plan war ins Wasser gefallen, weil die Familie Day, die die Rechte kontrollierte, nichts mit Fields zu tun haben wollte. Immerhin gelang es dann Serlin, Days Witwe zu bewegen, einer Bühnenfassung zuzustimmen, vorausgesetzt, daß ein geeigneter Autor gefunden werden konnte.

So trafen sich Serlin und Lindsay mit derselben Idee. Lindsay wollte zunächst das Stück alleine schreiben, zog aber dann doch seinen Mitarbeiter Russel Crouse hinzu, mit dem er bereits die Libretti für drei Musicals geschrieben hatte. Ohne sicher zu sein, daß Mrs. Day letztlich für den Plan zu haben wäre, machten sich die beiden an die Arbeit, die zunächst aus endlosen Gesprächen über die Gestaltung des Bühnenstückes bestand.

Das Schreiben selbst nahm dann nur 17 Tage in Anspruch. Die Witwe Day und ihr Schwager, Schatzmeister der Yale-Universität, die das Erbe Clarence Days verwalteten, ließen sich den ersten Akt vorlesen und billigten innerhalb einer Woche den Plan, das Stück aufzuführen. Im April 1939 war es fertig.

Aber noch fehlten die 25 000 Dollar, die für die Produktion nötig waren, und die Schauspie-ler. Zuerst bot man *Life with Father* dem Ehepaar Alfred Lunt und Lynn Fontanne an; er schien bereit zu sein, aber seine Frau war dagegen. Auch andere berühmte Schauspieler sagten ab: Walter Connolly, Roland Young, schließlich auch Walter Huston. Am Ende erklärten sich Lindsay und seine Frau bereit, das Stück selbst in einem Sommertheater im Bundesstaat Maine, weit weg vom Broadway, im August desselben Jahres auszuprobieren. Sie waren dort so erfolgreich, daß niemand mehr an einen »Ersatz« dachte. Einzelne Dialoge wurden noch geändert, in der Person Bretaigne Windusts wurde ein erfahrener Regisseur für New York gewonnen, und am 8. November 1939 fand die Uraufführung statt, die Presse war einhellig des Lobes voll, und noch Jahre später sprach Brooks Atkinson von der *New York Times* von einem »perfekten« Lustspiel.

Die »Familie« des Stückes besteht aus Clarence Day, im Stück Clare genannt, Mutter Vinnie und vier Söhnen im Alter von sechs bis 19 Jahren. Eltern und Kinder sind alle rothaarig. Vinnie ist fromm, eine eifrige Kirchgängerin; Clare nimmt es mit der Religion nicht so genau, wenngleich man ihn immer wieder »Oh, God!« sagen hört. Als er aber enthüllt, daß er nie getauft wurde, ist Vinnie empört und besteht darauf, daß dieses Versäumnis sofort nachgeholt wird, »denn ich kann ja nicht in den Himmel kommen ohne Clare. Ich sehne mich ja schon nach ihm, wenn ich nur nach Ohio gehe.«

Lindsay, der anfangs Schwierigkeiten mit der Rolle hatte – »Vater Day ist nicht bösartig, nur jähzornig«, sagte ihm seine Frau während der Proben –, analysierte seine Rolle folgendermaßen: »Während der Augenblicke von Vaters Entrüstung muß man vor allem an sein Gefühl der Ungläubigkeit denken, daß gerade ihm alle diese Dinge widerfahren sollten. Es fiel mir leicht, die Bitterkeit zugunsten einer Reizbarkeit aufzugeben. Um nicht zu verdammt edel zu erscheinen, möchte ich nur hinzufügen, daß mir nichts zu einer gewissenhafteren Aufführung verhalf als das bewußte Interesse an den Tantiemen.«

Die Darsteller der vier Söhne, die alle zwei bis drei Wochen ihre Haare rot färben lassen mußten, konnten ihre Rollen natürlich nicht so lange spielen wie Lindsay und Stickney, in den siebeneinhalb Jahren der Laufzeit des Stücks wurden nicht weniger als 28 junge Schauspieler für die vier Rollen der Söhne gebraucht. Nur der älteste der Söhne spielte seine Rolle am längsten. Es war John Drew Devereaux, ein Enkel des berühmten John Drew und mit der berühmten Barrymore-Theaterfamilie verwandt. Dabei hätte er beinahe die Rolle nicht bekommen; ursprünglich war der am Broadway schon bekanntere Montgomery Clift in Aussicht genommen: Wer vermag zu sagen, ob dessen Karriere nicht auch in einer Sackgasse geendet hätte, wie dies bei Devereaux der Fall war, von dem man nach 1947 nicht mehr viel hörte.

Life with Father lief und lief. Noch während das Stück in New York gegeben wurde, waren nicht weniger als neun Ensembles unterwegs, um es in nicht weniger als 200 Städten in den Vereinigten Staaten und Kanada aufzuführen. *Life with Father* war schon lange kein Stück mehr, sondern ein Phänomen oder – wie es in einem Artikel der *Saturday Evening Post* hieß – »eine bürgerliche Gewohnheit«. Ein berühmter Psychiater erklärte, *Life with Father* übe in Kriegszeiten eine große therapeutische Wirkung aus. Junge Leute amüsierten sich ebenso wie ältere und vergaßen ihre Probleme. Das Publikum fühlte sich in Sicherheit geborgen, die außerhalb des Theaters nicht bestand, und nicht wenige weigerten sich, nach dem Schlußvorhang auf die Straße zu gehen. Ungezählte Menschen sahen das Stück mehrmals. Zwei Präsidenten – Roosevelt und Truman – sahen es, Politiker aller Schattierungen kamen – und die Republikaner genossen besonders Vater Days Ausfälle gegen die Demokraten, in deren Händen in den achtziger Jahren des vorigen Jahrhun-

derts die total korrupte Stadtverwaltung New Yorks lag.

Trotz der langen Laufzeit spielten die Hauptdarsteller ihre Rollen nie mechanisch. Immer neue Proben und Änderungen des Dialogs, oft nur Kleinigkeiten sorgten dafür, daß die Aufführung stets frisch blieb. Zahlreiche Schauspieler waren Clare und Vinnie gefolgt, und als 1947, nach dem Ende der langen Laufzeit, einer der frühen Farbfilme von *Life with Father* gedreht wurde, traten William Powell und Irene Dunne in den beiden Hauptrollen auf. Als 1948 Lindsay und Crouse ein nicht weniger unterhaltsames Stück, *Life with Mother,* schrieben, nun mit Vinnie als der beherrschenden Bühnenfigur, blieben aber trotz guter Kritiken die Zuschauer in Scharen weg. *Life with Father* hatte seine Kriegszeit-Funktion erfüllt, für *Life with Mother,* einer Art Fortsetzung, bestand kein Bedarf.

OKLAHOMA! *Das erste Musical (1943)*

Das Jahr 1943 brachte der »Theatre Guild« zwei große Erfolge, die beide unerwartet kamen: im Frühjahr *Oklahoma!* von Rodgers und Hammerstein (zu Recht oder zu Unrecht das erste echte Musical des amerikanischen Musiktheaters genannt) und im Herbst *Othello.* Für die »Guild« kamen diese Erfolge zum richtigen Zeitpunkt, denn wieder einmal stand die seit 1919 bestehende Organisation kurz vor dem finanziellen Zusammenbruch. Als beschlossen wurde, *Oklahoma!* herauszubringen, hatte die »Guild« gerade noch 30 000 Dollar in der Kasse; die Produktionskosten wurden aber mindestens auf das Zweieinhalbfache dieser Summe geschätzt.

Wie schon im Fall von *Porgy and Bess* acht Jahre vorher fiel auch diesmal die »Guild« auf ein vor Jahren erfolgreiches Sprechstück zurück, auf Lynn Riggs' *Green Grow the Lilacs.* Die

»Guild« besprach sich mit Richard Rodgers, dem die Idee zusagte, aber sein langjähriger Mitarbeiter Lorenz Hart war bereits zu krank – er starb ein paar Monate nach der *Oklahoma!*-Uraufführung –, um mitmachen zu wollen oder zu können. Der Name Hammerstein kam auf – dieser hatte unabhängig bereits versucht, den Stoff in ein Musical umzugießen, aber Jerome Kern, mit dem zusammen er *Show Boat* geschaffen hatte, war an der Idee uninteressiert. So brachte die »Guild« Rodgers und Hammerstein zusammen und schuf so eine Partnerschaft, die bis zum Tode des Librettisten 1960 dauerte und von *Oklahoma!* bis *The Sound of Music* eine Kette der erfolgreichsten Broadway-Musicals hervorbrachte.

Im Herbst 1942 waren Buch, Gesangstexte und Partitur fertig, und für zwei der Hauptrollen wurden Alfred Drake und Joan Roberts verpflichtet, beide zwar nicht mehr unbekannt am Broadway, aber noch lange keine Stars. Für potentielle Geldgeber wurden sodann Cocktailparties veranstaltet, aber die Gelder flossen zunächst nur zögernd. Es war nur der unermüdlichen Energie der »Guild«-Direktorin Theresa Helburn zuzuschreiben, daß letzten Endes doch 90 000 Dollar aufgebracht werden konnten – eine für heutige Verhältnisse lächerlich geringe Summe. Noch zehn Tage vor der ersten der Voraufführungen in New Haven und Boston wurden »Angels« in die Proben eingeschleust, ohne daß dabei allerdings viel herauskam.

Columbia Pictures wollte ursprünglich 75 000 Dollar zuschießen, aber der erfahrene Broadway-Produzent Jed Harris warnte die Filmgesellschaft vor einer so großen Beteiligung, so daß Columbia schließlich mit nur 15 000 Dollar einstieg. Und MGM, das die Filmrechte zu dem Stück *Green Grow the Lilacs* erworben hatte, ließ die »Guild« telegrafisch wissen, an einem Western-Musical sei das Studio »im Augenblick nicht interessiert«. 25 Geldgeber, größtenteils mit kleinen Beträgen, waren schließlich mit Ach

und Krach gefunden worden, darunter die beiden Produzenten Max Gordon und Lee Shubert und der Bühnenautor S. N. Behrman – der nur deshalb eine kleine Summe herausrückte, weil er der »Theatre Guild« Dank dafür schuldete, daß sie seine ersten Stücke aufgeführt hatte, obwohl sie mit Verlustgeschäften rechnen mußte. Howard Cullman, einer der aktivsten Geldgeber am Broadway, rückte gar nichts heraus. Mike Todd, ein anderer erfahrener Broadway-Produzent, war ebenfalls völlig ablehnend, verließ das Theater in New Haven und fuhr mit dem nächsten Zug nach New York zurück. Und selbst Kurt Weill, der sich bei den Proben zu *Porgy and Bess* so begeistert hatte, sagte über *Oklahoma!* nur, das Musical tauge nichts.

In New Haven trug das Musical noch den Titel *Away We Go*. Viele Zuschauer gingen in der Tat noch vor dem Schlußvorhang, die Pressereaktion war zurückhaltend, die New Yorker Fachleute fanden das Musical nett, aber nicht überzeugend. So mußten Rodgers und Hammerstein einige Änderungen vornehmen, unter anderem wurde die Nummer *Poor Jud* eingefügt, und es wurde ein neuer Titel gesucht. Vielleicht *Swing Your Lady* oder *Cherokee Strip?* Beides wurden verworfen. Der Titel *Oklahoma* war schon vorher einmal erwogen, aber als zu leicht befunden worden; die Erinnerung an die Okies, die von John Steinbeck in seinem Meisterroman *Früchte des Zorns* so großartig geschilderte Not der Erntearbeiter, sollte nicht gerade beschworen werden. Aber nach der begeisterten Reaktion auf den Song *Oklahoma* wurde die Idee wieder hervorgeholt und von Lawrence Langner, dem Präsidenten der »Guild«, mit einem

Szenenbild aus Oklahoma! *mit Howard da Silva und Alfred Drake*

Ausrufungszeichen versehen. Dabei blieb es dann. Übrigens verdient es der Erwähnung, daß sowohl der Song *Oklahoma* wie auch der einleitende Song *Oh, What A Beautiful Morning* in der ursprünglichen Partitur nicht enthalten waren und erst während der Proben geschrieben wurden.

Oklahoma! war mehr als nur die oberflächliche Unterhaltung, die bis dahin das Kennzeichen des Broadway-Musiktheaters gewesen war. Hatte man bisher je eine Musical-Figur wie Jud Fry erlebt, einen kranken Menschen, der sich in seiner Hütte mit Bildern nackter Frauen umgibt, Laurey für sich wünscht und dann einen Rachemord plant, als sie Curley heiratet? Hier hatte man es mit einer echten Handlung zu tun, wie es sie bisher im Musiktheater eigentlich nur wenige Male gegeben hatte, so etwa in *Show Boat,* in *Pal Joey* von Rodgers und Hart (1940) und in Kurt Weills *Lady in the Dark* (1941). Der *Porgy-and-Bess*-Regisseur Rouben Mamoulian übernahm die Inszenierung; Agnes De Mille, durch ihre Choreographie für Aaron Coplands *Rodeo* als Spezialistin für amerikanischen Volkstanz ausgewiesen, arrangierte die Tänze, die der Handlung nicht aufgepfropft waren, sondern sie vorantrieben; und der Bühnenbildner Lemuel Ayres, der kaum Musical-Erfahrung hatte, war nicht in Konventionen befangen.

Die Presse in New York überschlug sich in Superlativen, und einige wenige zurückhaltende Stimmen fielen kaum ins Gewicht. »*Oklahoma!* ist anders«, jubelte Burns Mantle von der *Daily News,* »wunderschön anders.« Olin Downes, Musikkritiker der *New York Times,* sagte von *Oklahoma!:* »Es hat Stil . . . Das Ganze deutet in eine neue Richtung, die die amerikanische Oper in der vor uns liegenden Periode einschlagen wird.« Sein Kollege Lewis Nichols schrieb von einem »wahrlich köstlichen Musical«, Walter Kerr pries in der *Herald Tribune* einen »außerordentlich einfachen Abend im Theater – das war die Wirkung«.

Ähnlich wie *Life With Father* wurde *Oklahoma!* ebenfalls zu einem Broadway-Phänomen, wenn es mit 2212 Aufführungen auch noch um 1000 hinter dem Lustspiel von Lindsay und Crouse zurückblieb. *Oklahoma!* im »St. James Theatre« mußte man ganz einfach gesehen haben. Aus allen Teilen des Landes kamen Kartenbestellungen, sogar, so wird erzählt, aus einem deutschen Kriegsgefangenenlager in Texas. Außenminister Hull, Finanzminister Morgenthau und Eleanor Roosevelt, die Frau des Präsidenten, luden ihre Ehrengäste zu Aufführungen von *Oklahoma!* ein. Der Herzog und die Herzogin von Windsor sollen es sich sechsmal angesehen haben. Junge Leute erzählten voller Stolz, *Oklahoma!* habe ihre Romanze gefördert, und als Folge des Theaterbesuchs sei das Hochzeitsdatum vorverlegt worden!

Fünf Jahre und zwei Monate wurde *Oklahoma!* am Broadway gegeben und ist seither wiederholt in Neuaufführungen herausgekommen. Ein zweites Ensemble, das ganz Amerika bespielte, war zehneinhalb Jahre ununterbrochen unterwegs. In London, wo *Oklahoma!* im »Drury Lane Theatre« herauskam, wurde ein Rekord von 1548 Aufführungen erzielt. Das Musical wurde auch in zahlreichen europäischen Ländern sowie in Südafrika gespielt. 1955 wurde es verfilmt, mit Gordon McRae und Shirley Jones in den Hauptrollen, und war genauso erfolgreich, wenn sich auch das neue Farbfilmverfahren Todd A-O nicht als sonderlich förderlich erwies.

Noch ehe der Film herauskam, hatte die ursprüngliche Investition von 83 000 Dollar einen Gewinn von über 5 Millionen Dollar erbracht, d. h., wer 1943 1000 Dollar angelegt hatte, verdiente bis 1953 60 000 Dollar: eine der höchsten Wertsteigerungen am Broadway! Zum erstenmal in ihrer oft gefährdeten Existenz konnte sich die »Theatre Guild« reich fühlen, sie konnte sich ein eigenes Theater bauen, das »Guild Theatre« in der 52. Straße.

OTHELLO
Shakespeare-Rekord (1943)

Mehrere Spielzeiten sind vergangen, seitdem ein Stück so stürmischen Beifall erhielt wie die gestrige Aufführung von Shakespeares *Othello* mit Paul Robeson«, begann ein Bericht der *New York Times* am 20. Oktober 1943. »Bravo-Rufe kamen von allen Seiten des vollen ›Shubert Theatre‹ . . . Es gab mindestens zehn Vorhänge. Das Publikum wollte in erster Linie Paul Robeson sehen . . . Aber auch Uta Hagen, die die Desdemona spielte, und ihr Mann José Ferrer als Jago sowie die Regisseurin Margaret Webster, die auch die Emilia darstellte, erhielten ihren Anteil am Applaus. Margaret Webster sah sich gezwungen, ein paar Worte zu sagen. Sie erklärte, daß sie und Paul Robeson seit Monaten von einem Abend wie diesem geträumt hatten, jedoch nie damit rechneten, daß er sich jemals ereignen könnte. Und zu Robeson gewandt, der vom ganzen Ensemble umgeben war, sagte sie: ›Paul, wir alle sind heute abend sehr stolz auf dich.‹ Das Haus jubelte ihnen zu.«

Bereits im Jahre 1935 hatte Margaret Webster, eine Engländerin, *Othello* mit Robeson in London herausgebracht. Aber im Amerika des Jahres 1943 auf einer Bühne einen Schwarzen (Othello) in einer Ehe mit einer Weißen (Desdemona) auftreten zu lassen, die er dann umbringt, war gewagt. Zu einem Zeitpunkt, da in den Südstaaten die Schwarzen nach wie vor als eine niedere Menschenklasse angesehen wurden, war es fraglich, ob selbst das aufgeklärte New York eine solche Produktion akzeptieren würde. Doch das Experiment gelang nicht nur, diese *Othello*-Produktion wurde mit 296 Aufführungen sogar das meistgespielte aller Shakespeare-Stücke am Broadway. Und das Theater war fast allabendlich ausverkauft.

Auch in der Presse wurde das Problem eines schwarzen Hauptdarstellers lebhaft diskutiert; Margaret Webster selbst erklärte, sie sei überzeugt, daß Shakespeares Othello ein Mohr gewesen sei und kein Maure, wie die Historiker vielfach behaupteten. »Die schwarze Hautfarbe ist mehr als nur ein physisches Erfordernis für Othello«, ließ sie einen Vertreter der Zeitung *Cleveland Plain Dealer* wissen. »Es geht um viele psychologische Elemente, die das Stück braucht, wenn es verstanden werden soll. Othello gehörte einer anderen Rasse an als Desdemona. Das ist der Sinn dieses Stücks.« In der kommunistischen Zeitung *Daily Worker* sah es Herbert Gold so: »Das Image Afrikas tritt hervor, ein großes, edles, um Liebe und Freundschaft bemühtes Volk wie Othello, aber versklavt und betrogen durch die Arglist eines geringeren Weißen, Jago.« Im Süden der Vereinigten Staaten, so fuhr er fort, haben wir viele Jagos – Bürgermeister, Lehrer und Journalisten – die »den Neger hassen und ein ganzes Leben lang nichts anderes getan haben«. Der Kritiker George Jean Nathan kürzte dagegen die Debatte ab: »Schwarz oder weiß, die Frage dreht sich einfach darum, ob der Schauspieler die Rolle spielen kann. Robeson tut es schlecht.«

Das war übrigens auch die Ansicht von Margaret Webster selbst, die in ihren Memoiren die Ansicht vertritt, daß Robeson nur dank seiner Persönlichkeit und nicht wegen seiner Schauspielkunst der ideale Othello sei. Die ungewöhnliche Resonanz und der Wohlklang seiner Stimme – Robeson war ja eigentlich Sänger – wurden von vielen bewundert, während eine Minderheit der Auffassung zuneigte, daß gerade dies dem Drama nicht zugute komme, ja sogar die Charakterisierung der Rolle behindere. Aber, wie dem auch sei, für das Publikum war Robeson die Hauptattraktion der Aufführung, obwohl die junge, aus Deutschland stammende Uta Hagen – sie kam in Göttingen als Tochter eines Professors zur Welt – die Desdemona mit solcher Inbrunst gestaltete, daß sie eine wirksame Gegenspielerin zu Robesons robuster Art war. Und Ferrer, der kurz zuvor einen Sensationserfolg in

Brandon Thomas' Posse *Charleys Tante* errungen hatte, brachte hier die Unterwürfigkeit und den Haß auf Othello vollendet heraus. Es war vielleicht typisch für das New Yorker Theater, daß in dieser Shakespeare-Aufführung Schauspieler mitwirkten, deren Muttersprache nicht Englisch war. Uta Hagen war Deutsche und Ferrer, in Puerto Rico geboren, war mit Spanisch als Muttersprache aufgewachsen. Um so beachtlicher war die Feststellung von Burton Rascoe, dem Kritiker des *New York World-Telegram:* »Dies ist eine Shakespeare-Aufführung, in der jedes auf der Bühne gesprochene Wort klar und deutlich zu verstehen ist.« Außerdem erklärte er: »Noch nie in meinem Leben habe ich ein Publikum so still, so angespannt, so gebannt vom Zauber des Geschehens im Theater sitzen sehen wie gestern abend im ›Shubert‹.« Lewis Nichols in der *New York Times* bezeichnete die Aufführung als die beste *Othello*-Interpretation, die man seit Jahren am Broadway sehen konnte.

Die Tradition, die Titelrolle in *Othello* von einem Schwarzen spielen zu lassen, ist seit Robeson eingehalten worden. Im Jahre 1982 kam im »Winter Garden« nach vielen Jahren das Stück wieder einmal heraus, und in James Earl Jones war ein würdiger Nachfolger für Robeson gefunden worden. Natürlich kann kein Schauspieler diese Rolle glaubwürdiger darstellen, als sie von Shakespeare gezeichnet wurde, d. h., der plötzliche Stimmungsumschwung gegen Ende, auch von Shakespeare nicht hinreichend erklärt, wird für jeden Schauspieler immer eine kaum einzunehmende Hürde bilden. In der Aufführung von 1982 war Christopher Plummer, ein Kanadier, der Jago. Er war die eigentliche Vordergrundfigur, der Manipulator marionettenähnlicher Menschen, so daß das Stück mit größerem Recht den Titel »Jago« führen könnte. Großartig bis zum Ende, als er, nun schon Mörder und Mordanstifter geworden, nichts von seinem Selbstbewußtsein verliert!

An die neunmonatige Aufführungsserie am Broadway schloß sich 1945 eine längere Tournee an. Überall wurde die Aufführung begeistert aufgenommen, und die Idolisierung Robesons durch einen großen Teil des amerikanischen Publikums geht auf jene *Othello*-Aufführung zurück – die Südstaaten hatte man allerdings von der Tournee ausgespart.

Szene aus Othello *mit José Ferrer (Jago), Paul Robeson (Othello) und James Monks (Cassio)*

ENDSTATION SEHNSUCHT
Williams' stärkstes Stück (1947)

Ein außerordentliches Stück«, »eine primitiv fesselnde Tragödie«, das Werk eines »wahrhaft dichterischen Autors« waren einige der Urteile, mit denen am 4. Dezember 1947 Tennessee Williams' Drama *A Streetcar Named Desire* (Endstation Sehnsucht) von den New Yorker Kritikern aufgenommen wurde. Es war erst Williams' drittes Stück – das erste, *Battle of Angels,* war noch ein Mißerfolg gewesen, das zweite, *The Glass Menagerie,* hatte durch sein introspektives Konzept bereits auf einen bedeutenden Autor hingedeutet, und das dritte brachte die dramatische Vollendung. Überblickt man heute das Gesamtwerk Tennessee Williams', muß man zu der Feststellung gelangen, daß *A Streetcar Named Desire* tatsächlich sein stärkstes Stück ist, ein Werk, wie es dem Theater nur alle Jubeljahre beschert wird. Es war nicht überraschend, daß dieses Meisterwerk des nach O'Neill bedeutendsten amerikanischen Dramatikers sowohl den Pulitzerpreis wie den Preis der New Yorker Theaterkritik erhielt – letzteren sogar mit 17 von 21 Stimmen. Solche Einmütigkeit ist selten.

Williams breitet vor uns die Geschichte der beiden Schwestern Blanche und Stella du Bois aus, die beide bessere Zeiten gesehen haben. Blanche, eine Träumerin, war schon mit 16 Jahren verheiratet; doch als sie eines Tages nach Hause kommt, findet sie ihren Mann in den Armen eines älteren Mannes. Später nimmt er sich während eines Tanzes das Leben. Blanche hat sich über die Wunde, den Schock und Verlust nie hinwegsetzen können. Sie wirft sich allen Männern an den Hals und verliert allmählich jeden Sinn für die Realität.

Jessica Tandy (Blanche) und Marlon Brando (Kowalski) in Endstation Sehnsucht

Mit dem Straßenbahnwagen »Desire« (nach der Endstation benannt) fährt sie in die Wohnung ihrer Schwester, an den Elysian Fields in New Orleans gelegen, wo Williams selbst viele Jahre zugebracht hatte. Mit ihrem Mann Stanley Kowalski teilt Stella ein heruntergekommenes Haus mit einer anderen Familie. Blanche kommt mit einem Koffer voller schöner Kleider und ganzen 65 Cents an. Sie lebt von ihren Illusionen und Phantasien, wobei ein bißchen Alkohol von Zeit zu Zeit nachhilft. Dazu ist sie eine notorische Lügnerin; Mitch, dem Freund Kowalskis, erklärt sie: »Ich sage nicht die Wahrheit, ich sage, was wahr sein sollte.« Mitch wendet sich von ihr ab, als er einiges über ihre Vergangenheit erfährt. Tennessee Williams selbst verteidigt Blanche als eine gefallene Kreatur, ein Opfer der Umstände, deren frühe Heirat eine Katastrophe und deren Promiskuität eine Folge ihrer verzweifelten Einsamkeit war. In seinen *Memoiren* sagt Williams über seine Figur: »Sie war eine dämonische Kreatur; das Ausmaß ihrer Gefühle war zu groß für sie, um es zu kontrollieren, ohne die Flucht in den Wahnsinn anzutreten.« Am Ende konnte Blanche der Wahrheit nicht ins Auge schauen, und Williams, der es für sie tut, schont weder sie noch den Zuschauer.

Länger als zwei Jahre konnte das Stück im »Ethel Barrymore Theatre« gegeben werden; erst nach 855 Aufführungen wurde es abgesetzt. Es war eine außerordentliche Aufführung unter der Regie von Elia Kazan; er, der sich mehr und mehr zum idealen Interpreten der Nachkriegsdramatiker entwickelte, hatte ein Ensemble zusammengebracht, wie man es selbst am Broadway selten in solcher Geschlossenheit sehen kann. Die ungewöhnlich anstrengende Rolle der Blanche – sie ist fast immer auf der Bühne und spricht unentwegt – wurde von Jessica Tandy, einer englischen Schauspielerin, die seit 1930 im amerikanischen Theater heimisch war, in besonders verhaltener Weise dargestellt. »Es scheint fast unglaublich«, so schrieb der *Times*-Kritiker Brooks Atkinson, »daß sie eine so wenig faßbare Rolle so gründlich verstehen konnte und daß sie diese mit so vielen Nuancen und Impulsen wiedergeben kann, die genau, aufschlußreich und wahr sind.«

Marlon Brando, der kurz nach dem Ende der Aufführungen seine kurze Theaterkarriere schon wieder beendete, um sich ganz dem Film zuzuwenden, hat in der Rolle des Kowalski zweifellos eine Leistung vollbracht, wie er sie auch auf der Leinwand später kaum mit einer solchen Intensität wiederholen sollte. Kazans erste Wahl für den Part war John Garfield gewesen, damals schon anerkannter Hollywood-Star, der aber ablehnte, weil ihm die Rolle gegenüber der der Blanche als zu unwichtig erschien. Nachdem Kazan sich aus dem gleichen Grund zwei weitere Absagen eingehandelt hatte, wurde er von einem Agenten auf Brando aufmerksam gemacht. Brando las daraufhin für Kazan und Williams, die zunächst skeptisch waren, aber dann war der Autor erstaunt, mit welch sicherem Instinkt Brando die Rolle beherrschte. Während der Proben stellte sich heraus, daß Brando durch die Wucht seiner Persönlichkeit die Szenen, in denen er auftrat, dominierte; obwohl dies vielleicht nicht Williams' Absicht war, erklärte er sich damit einverstanden.

Brando war zur Zeit der *Streetcar*-Aufführungen ein leidenschaftlicher Boxer. Einmal erschien er kurz vor der Abendvorstellung mit einer eingeschlagenen Nase blutend im Theater, spielte aber seine Rolle und mußte anschließend in ein Krankenhaus gebracht werden. Seine krumme Nase rührt noch von damals her, da er sich gegen eine plastische Operation aussprach; vielleicht gab ihm seine »neue« Nase ein noch eindringlicheres Aussehen, als dies bei einer geraden Nase der Fall gewesen wäre.

Die Tatsache, daß Kazan alle Einzelheiten der Aufführung mit dem Autor besprach, war etwas am Broadway Ungewöhnliches, wo der Autor bestenfalls als ein notwendiges Übel angesehen wird und Regisseure sich seine Mitwirkung im allgemeinen mehr oder weniger deutlich verbitten. Aber Kazan gab auf diese Weise Tennessee Williams das Gefühl, daß er für die Vorbereitungen der Aufführung notwendig war, was sein Selbstgefühl stärkte.

TOD DES HANDLUNGSREISENDEN
Millers stärkstes Stück (1949)

Es gibt eine Reihe – äußerer – Parallelen zwischen Williams' *Endstation Sehnsucht* und Arthur Millers *Tod des Handlungsreisenden:* Williams schrieb sein Stück, als er 33 Jahre alt war, Miller das seinige im Alter von 34 Jahren; beide Werke erhielten sowohl den Pulitzerpreis als auch den der New Yorker Kritik; beide Stücke wurden von Elia Kazan inszeniert; Bühnenbildner für beide war Jo Mielziner; beide Stücke gelten als die Meisterwerke ihrer Autoren, und schließlich gehörten beide zu den meistaufgeführten Stücken am Broadway: *Endstation Sehnsucht* mit 855 und *Tod des Handlungsreisenden* mit 742 Aufführungen. Seither sind beide Stücke auch in zahlreichen Neuinszenierungen immer wieder herausgekommen.

Aber damit enden die Parallelen, denn die Stücke sind grundverschieden: Williams schrieb in der Nachfolge Strindbergs, Millers Vorbild ist Ibsen; bei Williams vermischen sich fast immer Realität und Phantasie, Miller schreibt handfestes realistisches Drama. Da die Uraufführung des *Handlungsreisenden* am 10. Februar 1949 stattfand, 14 Monate nach der Premiere von Williams' Tragödie, wurden beide Werke noch mehr als zehn Monate gleichzeitig am Broadway gegeben, das eine Stück im »Morosco Theatre«, das andere im »Ethel Barrymore«. Es war selten, vielleicht einmalig, in der Geschichte des amerikanischen Theaters, daß es die Mög-

lichkeit gab, zwei solch epochemachende dramatische Werke gleichzeitig zu sehen. Nicht umsonst gelten die späten vierziger und frühen fünfziger Jahre als eine Blütezeit des Broadway.

Tod des Handlungsreisenden ist die Geschichte eines alternden Handlungsreisenden, der fühlt, daß er nicht länger mit zwei schweren Musterkoffern auf Tour gehen kann. Jetzt, als Sechzigjähriger, merkt er, daß seine Arbeit ihn eigentlich nie ausfüllte, und auf einmal überwältigt ihn die Unwichtigkeit seiner Bemühungen. Er ist müde geworden, sein Schritt hat die frühere Leichtigkeit verloren, das Lächeln ist aus seinem Gesicht verschwunden, er ist ein Mensch ohne Herzlichkeit geworden. Mit anderen Worten: Er ist fertig und steht vor dem Nichts. Die Tragödie des alternden Menschen wird von Miller durch die einfachsten Dinge verdeutlicht: das Verständnis seiner Frau, die Selbstsucht seiner Söhne, die Sympathie eines Nachbarn, die Kälte, die ihm fremde Menschen entgegenbringen. Willy Loman werden jetzt die Illusionen voll bewußt, mit denen er gelebt hat. Der Autor bietet, hierin ähnlich Williams in bezug auf Blanche, keine Lösungen für die Probleme des Handlungsreisenden an; die Tragödie vollendet sich in den vielen Szenen des Stücks und nimmt am Ende das Publikum voll gefangen.

Fredric March in der Rolle des Willy Loman in Millers
Tod des Handlungsreisenden

Linda Loman erklärt ihren beiden Söhnen, was es mit ihrem Mann auf sich hat: »Ich sage nicht, daß er ein großer Mann ist. Willy Loman hat nie viel Geld verdient. Sein Name stand nie in der Zeitung. Er hat nicht den besten Charakter aller Menschen, die je lebten. Aber er ist ein Mensch, und etwas Furchtbares stößt ihm zu. Das erfordert Achtung. Man kann nicht zulassen, daß er wie ein alter Hund in sein Grab fällt. Am Ende muß einem solchen Menschen Achtung gezollt werden.« In der Schlußszene, als sich die Angehörigen und Freunde zur Trauerfeier für den plötzlich verstorbenen Willy Loman versammeln, ist es der Nachbar, der die Karriere Willys in wenigen Worten zusammenfaßt: »Willy war ein Handlungsreisender. Und für einen Handlungsreisenden gibt es keinen Tiefpunkt im Leben. Er setzt keine Mutter auf eine Schraube, er erklärt nicht das Gesetz, verschreibt keine Medikamente. Er ist ein Mensch da draußen, der es mit einem Lächeln und sauber geputzten Schuhen versucht. Und wenn auf einmal das Lächeln nicht mehr erwidert wird – das kommt einem Erdbeben gleich. Und dann, wenn man ein paar Flecken auf dem Hut hat, dann ist man fertig. Niemand gibt diesem Mann irgendeine Schuld. Ein Handlungsreisender muß träumen; das hängt mit seinem Beruf zusammen.«

Willy Loman ist ein typischer kleiner Amerikaner. Miller hat die Tragödie des kleinen Mannes geschrieben, und er macht ihn weder zum Helden noch zum Märtyrer. Die Tragödie des Individuums ist die einer ganzen Zivilisation. Das Verhältnis Lomans zu seinen beiden nichtsnutzigen Söhnen Biff und Happy ist ein Teil dieser Tragödie, er muß erkennen, daß er vor lauter Berufseifer als Vater völlig versagt hat, und schenkt schließlich, um seinen eigenen Stolz nicht zu verlieren, den Lügen der Söhne Glauben.

Wie *Endstation Sehnsucht* wurde auch dem *Tod des Handlungsreisenden* eine exemplarische

Broadway-Aufführung zuteil. Lee J. Cobb als Loman hatte Größe – trotz der fast volkstümlichen Art, mit der er die tragische Figur umgab. Er wurde lange Zeit mit dieser Rolle identifiziert, obwohl viele andere sie ihm nachspielten, zuletzt im Jahre 1984 Dustin Hoffman in einer anderen beachtlichen Broadway-Aufführung. Cobb war durch die Rolle schließlich derart erschöpft, daß er nach neuneinhalb Monaten aus der Originalproduktion ausscheiden mußte. Gene Lockhart, Albert Dekker und Thomas Mitchell spielten sie ihm nach, in einer Londoner Produktion war Paul Muni der Handlungsreisende, George C. Scott war ein anderer Willy Loman, im Film wurde die Rolle von Fredric March dargestellt, und Hoffman, nach 17 Filmen dem Theater keineswegs entfremdet, trat in dieser Rolle zum erstenmal nach 16 Jahren wieder am Broadway auf. Für Hoffman hatte das Stück und die Rolle viel Autobiographisches, er verglich die Familie Loman in Brooklyn mit seiner eigenen in Los Angeles, die ebenfalls zwei Söhne hatte, und sah eine Parallele zwischen seinem Vater und Millers Handlungsreisenden.

MY FAIR LADY
Pygmalion als Musical (1956)

Noch kurz vor seinem Tode hatte George Bernard Shaw dem in Hollywood tätigen ungarisch-rumänischen Produzenten Gabriel Pascal die Rechte für mehrere seiner Stücke übertragen, darunter auch *Pygmalion*. Das schloß auch die Möglichkeit ein, die Stücke in Musicals umzuwandeln. Nur einmal zuvor hatte Shaw eine solche Erlaubnis gegeben – und das war lange her. Aus seiner Komödie *Arms and the Man* wollten Leopold Jacobson und Oscar Straus eine Operette machen und wandten sich über Shaws Wiener Übersetzer Siegfried Trebitsch an den »irischen Papst«. Dieser aber lehnte zunächst mit der Begründung ab, sein Stück werde in Vergessenheit geraten, sollte die Operette erfolgreich sein. Aber Trebitsch gab nicht auf, und schließlich erklärte Shaw sich einverstanden, daß sein Stück als Grundlage für die Operette *Der tapfere Soldat* diente. Er knüpfte freilich eine Bedingung an seine Zusage: In allen Ankündigungen und Programmen müsse die Operette als eine unautorisierte Parodie von Shaws *Arms and The Man* bezeichnet werden, dafür werde er selbst auch auf alle Tantiemen verzichten. Hier schnitt sich der sonst so geschäftstüchtige Shaw ins eigene Fleisch!

Als der Plan aktuell wurde, aus *Pygmalion* ein Musical zu machen, war Shaw schon zwei Jahre tot. Pascal trug seine Absicht zunächst Rodgers und Hammerstein vor, aber diese lehnten ab. Pascal wandte sich daraufhin an Alan Jay Lerner, den Librettisten von *A Day in the Spring, Brigadoon* und anderen erfolgreichen Musicals, der an der Idee Gefallen fand und sie mit seinem Partner, dem in Wien geborenen Komponisten Fritz Loewe, besprach. Beide beschäftigten sich monatelang mit dem Stoff, ohne eine Lösung zu finden, wie er in ein Musical umgegossen werden könnte, und gaben die Idee schließlich auf: Es war ja im Grunde keine Liebesgeschichte, die man irgendwie musicalgerecht machen konnte, zumal Lerner daran lag, soviel wie möglich vom Originaldialog zu verwenden.

Erst als Pascal 1954 starb und Lerner die Nachrufe las, wurde er wieder an das alte Projekt erinnert. Er und Loewe setzten sich noch einmal zusammen, und ihnen schien es, als habe sich inzwischen der Stil des Musicals geändert, so daß es möglich sein könnte, aus Shaws Lustspiel doch ein Musical zu machen, ohne zusätzliche Bühnenfiguren zu erfinden, was sie vorher versucht hatten. Higgins könnte als Ebenbild Shaws aufgefaßt werden: als ein Mann, der geradezu leidenschaftlich um eine gute englische Sprache kämpft, der die Nichtbeherrschung der Sprache als Hauptschranke ansieht, die die Klassen voneinander trennt, und der zudem ein Weiberfeind war, dessen Liebesgeschichten nur auf dem Papier standen. In Lerners Worten: »Was mich bei Higgins immer so sehr bewegte, war die Tatsache, daß er, ein Meister der Sprache, nicht imstande war, ein paar Worte zu finden, um seiner Einsamkeit zu entgehen, die er (Shaw und/oder Higgins) so elegant und witzig verschleierte.«

Sofort wurde an Rex Harrison als idealen Interpreten dieser Rolle gedacht, und wenn auch seine Stimme nicht sehr groß war, verfügte er doch über große Musikalität, die dies wettmachte (später erwies es sich freilich als notwendig, seine Stimme durch ein Körpermikrofon zu verstärken – das war der Anfang der Tonverstärkung beim Musical am Broadway und selbst Off-Broadway, die heute – nach drei Jahrzehnten – ein notwendiges Übel geworden zu sein scheint). Als Harrisons Partnerin wurde Julie Andrews ausgewählt, die gerade in einem nicht sonderlich erfolgreichen englischen Musical am Broadway gastierte, aber für ihre eigene Leistung ausgezeichnete Kritiken bekam. Auch der Dritte im Bunde, Stanley Holloway, für die Rolle des Doolittle ausersehen, kam vom englischen Theater her. Als Regisseur wurde nach anfänglichem Zögern Moss Hart gewonnen, als Dirigent Franz Allers, und für die Choreographie verpflichtete man die Anfang der dreißiger Jahre aus Deutschland ausgewanderte Hanya Holm.

Alles war beisammen, auch die Frage der Rechte konnte mit den Nachlaßverwaltern Pascals und Shaws geklärt werden, nur ein Titel fehlte noch. »Liza« und »Lady Liza«, woran man zunächst dachte, verschwanden rasch wieder, denn man dachte an die Ankündigungen auf den großen Plakaten, wo es geheißen hätte: »Rex Harrison in ›Liza‹!«. Auch *My Fair Lady* kam schon auf, wurde aber wieder verworfen, weil es zu operettenhaft klang. *Come to the Ball,* einer der Gesangstexte, wurde ebenfalls als möglicher Titel vorgeschlagen. Als schon die erste Voraufführung in New Haven feststand, hatte man sich immer noch nicht auf einen Titel geeinigt. Man ließ alle Titel noch einmal Revue passieren, und *My Fair Lady* wurde schließlich doch akzeptiert. »Ihr könnt ihn ja später immer noch ändern«, sagte der Produzent Herman Levin, »denkt an *Oklahoma!,* das in New Haven ja auch noch *Away We Go* hieß.«

Wie üblich wurde in der einen Aufführungswoche in New Haven und in den sich anschließenden vier Wochen in Philadelphia vieles geändert – trotz der geradezu enthusiastischen Kritiken in der Presse. Aufgrund der Berichte aus der Provinz war der Vorverkauf im »Mark Hellinger Theatre« ausgezeichnet; täglich konnte man in den Wochen vor der offiziellen Premiere lange Schlangen an den Kassen sehen. Nach einer Voraufführung am Broadway wurde die offizielle Premiere am 15. März 1956 zu einem Riesenerfolg. Am darauffolgenden Sonntag wurde in einem Tonatelier das Plattenalbum hergestellt; da CBS die gesamten Produktionskosten des Musicals in Höhe von 400000 Dollar trug, hatte die Schallplattenfirma damit auch die übrigen Rechte erworben. Lerner meinte, man könne von einem Erfolg sprechen, wenn 50000 Alben des Musicals verkauft würden, tatsächlich waren es im Laufe der Jahre sage und schreibe 18 Millionen! Die ursprüngliche CBS-Investition von 400000 Dollar multipliziert sich auf 42 Millionen Dollar Gewinn.

Die New Yorker Kritiker waren einhellig begeistert. Alle bemerkten, wie sehr Geist und Witz Shaws in diesem meisterhaft gestalteten Musical erhalten blieben. Lerner wurde dafür ebenso gelobt wie Loewe für seine ausgezeichnet charakterisierende Musik, Oliver Smith für die Ausstattung, Cecil Beaton für die Kostüme, Hanya Holm für die Choreographie und natürlich auch alle Mitwirkenden. Es ist selten genug, daß die New Yorker Kritiker – und 1956 waren

es noch 20 gegenüber der Handvoll, die in den heute noch bestehenden Tageszeitungen maßgebend für Erfolg oder Mißerfolg sind – an einer Produktion überhaupt nichts auszusetzen finden und die gesamte Produktion als perfekt bezeichnen. Bei *My Fair Lady* war ein solcher Fall eingetreten, und das Musical wurde sechseinhalb Jahre bis zum 29. September 1962 en suite gegeben, insgesamt 2717mal. Während dieser

Julie Andrews und Rex Harrison in My Fair Lady

Zeit gab es auch Produktionen in vielen anderen Ländern, ebenso wie mehrere Tournee-Ensembles in den USA und Kanada. *My Fair Lady* wurde in den skandinavischen Ländern, in der Bundesrepublik, in Holland, Belgien, in der Schweiz, in Spanien, Israel, Mexiko, Japan und Australien gegeben, selbstverständlich auch in London, wo das Stück bei seiner Premiere im »Drury Lane Theatre« im Frühjahr 1958 kaum weniger erfolgreich war als am Broadway.

In seinen Memoiren philosophiert Lerner über den auch ihm unverständlichen Erfolg von *My Fair Lady,* der sich in dem von Warners gedrehten Farbfilm (mit Harrison und Audrey Hepburn in den Hauptrollen) wiederholte. »Ein Musical ist eine populäre Kunstform«, schrieb Lerner. »Ich glaube nicht, daß es so etwas wie ein avantgardistisches Musical geben kann: das ist ein Widerspruch in sich selbst. Wohl gibt es Komponisten, die zur Umgehung der Verantwortung für denkwürdige Melodien in einer musikalischen Zwielichtzone komponieren, die weder populär noch Oper ist. Kritiker sind gegenüber Melodien argwöhnisch geworden, fast als wollten sie zu sich selbst sagen, ›wenn ich mich daran erinnern kann, kann es nicht gut sein‹. So gibt es Musicals, die das Lob der Kritiker finden, aber niemandes Herz rühren und nach ein paar Monaten abgesetzt werden. Im Gegensatz zu dieser Form eines pervertierten Snobismus bleibt die Tatsache bestehen, daß nur überlebt, was gut ist. Die Songs, die leben, sind gute Songs. Die Songs in *My Fair Lady* sind gute Songs, und ich weiß, daß sie es sind, aber die Qualität vermag nicht zu erklären, weshalb ihre Beliebtheit ein solch beispielloses Ausmaß annahm. Ich habe keine Antwort dafür und bin für meine Unwissenheit dankbar. Hätte ich sie, würde dies meine Seele korrumpieren und meine schöpferische Existenz zerstören ... *My Fair Lady* war die Summe seiner einzelnen Teile. Ohne einen einzigen dieser Teile wäre es nicht dasselbe gewesen.«

Ich habe schon deshalb nie eine abendfüllende Oper geschrieben, weil ich überzeugt war, daß sich die echte amerikanische Oper aus dem Broadway-Musical entwickeln würde«, erklärte Leonard Bernstein, der es trotz seiner offenkundigen musikdramatischen Begabung nur zu zwei Kurzopern gebracht hat, deren Entstehung zudem auch noch mehr als drei Jahrzehnte auseinanderliegt. »*West Side Story* ist keine Oper trotz ihrer starken opernhaften Elemente«, so fuhr er fort, »aber ich dachte, das ist ein Schritt in die Richtung, die uns letztlich die amerikanische Oper bringen könnte. Ich rechnete damit, daß andere den nächsten Schritt ergreifen würden ... aber das war nicht der Fall. Das Broadway-Musiktheater entwickelte sich eher rückwärts und nahm Zuflucht zu starren Formeln und zu reinem Kommerzialismus.«

Bernsteins Enttäuschung ist verständlich. Aber auch er selbst hat weder für das Musical noch für die Oper wesentliche Beiträge mehr geleistet, nachdem er 1958, ein Jahr nach der Uraufführung seiner *West Side Story*, zum Chefdirigenten der New Yorker Philharmoniker ernannt wurde und bis 1970 auf diesem Posten verblieb. *1600 Pennsylvania Avenue*, das einzige Musical, das er während der letzten drei Jahrzehnte noch schrieb – Libretto und Gesangstexte stammten von Alan Jay Lerner, einem anderen Broadway-Riesen –, war sein größter Mißerfolg. Das Musical mußte bereits nach sechs Aufführungen abgesetzt werden und ist sogar aus seinem Werkverzeichnis gestrichen worden. Bernsteins für die Eröffnung des Kennedy Center in Washington komponierte »Messe«, ein Werk für Sänger, Schauspieler und Tänzer, kommt zwar in die Nähe der Oper, ist aber bestenfalls eine Art musikalischer Wechselbalg, der sich in keine Kategorie einpassen läßt. Und seine 1983 uraufgeführte Oper *A Quiet*

Place ist bei aller Virtuosität des musikalischen Ausdrucks letztlich doch nur ein grandioses Machwerk.

Pläne, bedeutende Textvorlagen wie beispielsweise Brechts *Maßnahme* (zu der es allerdings schon die Musik von Hanns Eisler gab), den *Kaukasischen Kreidekreis* desselben Autors oder Thornton Wilders *Wir sind noch einmal davongekommen* für das Musiktheater umzusetzen, wurden von Bernstein wieder aufgegeben. Monatelange Vorarbeiten mit seinen bewährten Mitarbeitern – Betty Comden und Adolph Green, die ihm Libretto und Texte für sein erstes Musical, *On the Town* (1944), geliefert hatten, Jerome Robbins und Stephen Sondheim, die an dem Erfolg von *West Side Story* maßgebend beteiligt waren – erwiesen sich als künstlerische Fehlinvestition.

Robbins, Tänzer, Choreograph und Regisseur, kurzum eine der bedeutenden kreativen Persönlichkeiten des modernen Broadway-Musiktheaters, war es übrigens, auf den die Anregung zur *West Side Story* zurückgeht. In seiner ersten Version von 1949 hieß das Musical noch »East Side Story« denn dieses zeitgenössische »Romeo-und-Julia«-Drama sollte nicht in der Nähe des Hudson, sondern des East River spielen. Und die sich liebenden Helden sollten eine Jüdin und ein Katholik italienischer Abstammung sein, deren Beziehung durch den Widerstand beider Familien dem vorherbestimmten tragischen Ende entgegengeht. Nun war aber gerade dieses Thema eines Konfessionsstreits in einem der bis dahin größten Broadway-Erfolge, Anne Nichols *Abie's Irish Rose,* vorweggenommen und eigentlich bis zur Nichtwiederverwendung gemolken worden.

Das erkannten auch Bernstein, Robbins und Arthur Laurents, der das Buch schreiben sollte. Nach einigen Versuchen wurde das Projekt fallengelassen. Als sich die drei dann 1955 wieder trafen, beschäftigten sich die Schlagzeilen der Zeitungen gerade mit den Bandenkämpfen Ju-

gendlicher in New York, denen weniger religiöse als rassische Spannungen zugrunde lagen: Immer wieder gerieten »weiße« mit gerade aus Puerto Rico eingewanderten »hispanischen« Jugendlichen aneinander. Das schien ein besseres Milieu für den gleichen Stoff abzugeben; Laurents lieferte ein Buch ab, dessen Dialog eine zum Teil wortgetreue Übertragung des Straßenjargons dieser Gruppen war. Stephen Sondheim, damals noch nicht selbst Komponist, sondern dank der Protektion Oscar Hammersteins Texter beim Fernsehen, wurde als Verfasser der Gesangstexte in das *West-Side-Story*-Team aufgenommen und ließ erstmals die »Pranke des Löwen« erkennen. Robbins' Choreographie war insofern revolutionär, als vielleicht zum erstenmal in der Geschichte des Broadway-Musicals alle Tanznummern die Handlung konsequent weiterführten und keine Tänzer nur der Tanzkunst wegen herangezogen wurden; die Darsteller mußten vielmehr gleich gut singen, spielen und tanzen.

Bernsteins Musik hat mit diesem Stück sehr wahrscheinlich ihren absoluten Höhepunkt erreicht, wenn man sein bis jetzt geschaffenes, umfangreiches Gesamtwerk betrachtet. Sie ist von einer bisher und seither nicht wieder zu verzeichnenden Einfallskraft, von starkem Ausdrucksvermögen und einer alles vor sich her fegenden Dynamik, von der sich der Hörer nur in den bewußt retardierenden (und eher der alten Operette verwandten) romantischen Liedern ausspannen kann, die die beiden Liebenden Tony und Maria miteinander oder allein singen.

West Side Story war zunächst allerdings keineswegs der einhellige Erfolg, als der das Musical später erschien, und wurde von mehreren Kritikern nur mit Vorbehalten aufgenommen. Dagegen zeigte es sich, daß das Publikum an dem neuen Musical weit mehr Gefallen fand als manche der berufsmäßigen Theaterbesucher: Es konnte 732mal en suite, und das heißt im-

merhin fast zwei Jahre, im »Winter Garden« aufgeführt werden. Nach einer Tournee durch die wichtigsten Städte des Landes kam es noch einmal an den Broadway zurück und verzeichnete weitere 249 Aufführungen im Jahre 1960. Auch spätere Aufführungsserien waren fast immer ausverkauft. *West Side Story* wurde dann schließlich ein ebenso erfolgreicher Film, und die Schallplatten von der Uraufführung verkauften sich wie »warme Semmeln«. Eine Anfang 1985 erschienene »authentische« Schallplatten-aufnahme unter der musikalischen Leitung Bernsteins wies aber vor allem wegen der Verwendung schwerfälligerer und älterer Opernsänger nicht mehr die 1957 so bestechend erfrischende Jugendlichkeit auf. Gewiß: Kiri Te Kanawa, José Carreras und Tatiana Troyanos sangen sehr schön und ausdrucksstark, aber gleichzeitig waren sie auch zu kontrolliert, zu perfekt, um die der Uraufführung eigene Unbekümmertheit zu haben. Und zudem erwies sich dramaturgisch Carreras' spanischer Akzent als besonders störend, weil ausgerechnet er gewählt wurde, um den amerikanischen Tony zu spielen, während seine puertoricanische Maria ein völlig einwandfreies Englisch sprach und sang.

Alle Kritiker erkannten an, daß *West Side Story* Neuland für das Broadway-Musical erschloß. Aber wie es bei Neuem so häufig der Fall ist, schieden sich die Geister in der Beurteilung der Einzelheiten. Liest man nach fast drei Jahrzehnten die Kritiken wieder, stellt man fest, daß zumindest zwei der Rezensenten schwere Bedenken gegen die Eignung der »anstößigen« Handlung für ein Musical anmeldeten. Andere wandten sich gegen die Entstellung des »Romeo-und-Julia«-Motivs, vor allem am Ende des Stückes, als Maria-Julia ihren Tony-Romeo überlebt. Die Parallelen zur Shakespeare-Handlung schienen manchen zu ausgewalzt und ließen außerdem den Realismus vermissen, der ein Kennzeichen der sonstigen *West Side Story* ist, wobei vor allem auf die beiden Feuerleiter-Szenen hingewiesen wurde – ein modernes Pendant zu dem Balkon, unter dem Romeo nach seiner Julia schmachtete. Insbesondere die zweite dieser Szenen wurde kritisiert: Obwohl die Zuschauer wußten, daß Tony, von der feindlichen Gang verfolgt, so rasch wie möglich das Weite suchen mußte, finden die beiden noch genügend Zeit, um eine kaum endende Ballade zu singen, von dem musikalischen Eklektiker Bernstein wunderschön komponiert, aber eben doch eher Operette als Avantgarde-Musical.

Chita Rivera und Liane Plane in einer Tanzszene aus West Side Story

Immerhin verdient festgehalten zu werden, daß eben diese Balladen, bei all der ihnen innewohnenden Melodik, dennoch einiges über den Geist einer unruhigen Jugend aussagten. Übrigens war es gerade die amerikanische Jugend, der an *West Side Story* alles gefiel und die genau die Melodien summte, die auf einmal den Kritikern, die ähnliches in anderen Werken des Broadway-Musiktheaters ohne weiteres guthießen, als zu sentimental erschienen. Spitzenreiter waren dabei vor allem *Maria*, das Lied, das Tony singt, nachdem er zum erstenmal ein Auge auf sie geworfen hat, außerdem *I Feel Pretty*, von Maria und dem Mädchenchor gesungen, nachdem auch sie in Liebe entflammt ist, dazu das große Liebesduett *Tonight* und schließlich das hoffnungsvolle *Somewhere*, mit dem beide sich Mut machen, daß es ihnen doch noch gelingen werde, einmal zur Ruhe zu kommen und frei zu sein von allen Anfeindungen und Vorurteilen.

Zwei Beiträge zu diesem Musical waren freilich über jede Kritik erhaben: die einfachen, linearen Bühnenbilder von Oliver Smith, die den düsteren Grundton des Bühnengeschehens aufs wirksamste widerspiegelten, und die Regie von Jerome Robbins, dessen Choreographie vor allem als kennzeichnendster Pluspunkt dieses Musicals angesehen wurde. Das Schnippen der Finger, die taumelnden, kauernden, hüpfenden Bewegungen der Tänzer in rascher Aufeinanderfolge hatte man vor 1957 noch nie auf einer Bühne gesehen, obwohl diese Dynamik sich seither am Broadway eingebürgert hat. Nicht nur, daß diese Tänze die Zuschauer von Anfang an in ihren Bann schlugen, man konnte sich keinen besseren Ausdruck für die Spannungen, die Brutalität und den erbitterten Haß vorstellen, die dem Thema dieses Musicals zugrunde lagen. Die Zuschauer von 1957 mochten noch glauben, daß solche Bandenkriege isolierte Vorkommnisse waren, die Ereignisse der nächsten Jahre ließen dann aber keinen Zweifel mehr

daran, daß in diesem Musical die in den jungen, größtenteils arbeitslosen jungen Menschen angestauten Spannungen eine explosionsartige Entladung fanden. Heute ist eine derartige Brutalität in der amerikanischen Großstadtgesellschaft fast schon etwas Alltägliches geworden und wird kaum noch sonderlich beachtet.

Aber in jenen fünfziger Jahren war es noch anders. *West Side Story* sollte auf die Brüsseler Weltausstellung und anschließend zu einem Gastspiel in die Sowjetunion geschickt werden, weil man dieses Musical für ein gültiges Stück Amerika hielt. Aber nach anfänglicher Ermunterung dieses Projekts winkten Regierungskreise bald ab, weil sie fürchteten, *West Side Story* könnte als negative Erscheinungsform des amerikanischen Alltags interpretiert werden, und die Tournee, für die die Vorbereitungen schon im Gange waren, wurde schließlich abgesagt. Erst mehrere Jahre nach der Uraufführung wurde *West Side Story* in London gegeben, und 1968 kam die erste, im ganzen etwas zahmere deutsche Erstaufführung an der Wiener Volksoper heraus – wenn die Schallplatte der Wiener Originalbesetzung als Grundlage für ein solches Urteil dienen kann.

Auch Bernsteins Musik wird heute im ganzen weitaus positiver beurteilt, als es noch 1957 der Fall war. Sicherlich hat der Komponist während seines ganzen Lebens die Funktion der Musik nicht nur – und vielleicht überhaupt nie – darin gesehen, ausschließlich unterhaltend zu sein. In *West Side Story* hat er die Zuhörer stärker aufgerüttelt als in irgendeinem seiner anderen Werke. Bernstein äußerte einmal die Hoffnung, später als ein Komponist angesehen zu werden, der Musik vor allem für seine Mitmenschen schrieb und nicht nur als einer, der Musik machte, gleichgültig, ob sie gut oder schlecht war, womit er sich deutlich vom L'art-pour-l'art-Standpunkt absetzte. *West Side Story* macht es uns leicht, Leonard Bernstein als einen solchen Komponisten in Erinnerung zu behalten.

THE FANTASTICKS
Off-Broadway (1960)

Am 3. Mai 1960 fand in dem kleinen »Sullivan Street Theatre« in Greenwich Village die Uraufführung des Musicals *The Fantasticks* statt. Während dieses Buch geschrieben wurde, 26 Jahre später, wird das Musical immer noch gegeben, und an ein Ende der Laufzeit ist nicht zu denken. Und vielleicht noch beachtlicher: Es wird immer noch in demselben Theater gegeben, während das langlebigste Stück überhaupt, Agatha Christies *Mousetrap,* in 33 Jahren mehrfach das Theater in London gewechselt hat. Wie viele Menschen haben das Stück gesehen? Nach vorsichtigen Schätzungen müssen es an die anderthalb Millionen gewesen sein. *The Fantasticks* jedenfalls geht jetzt seiner 11 000. Aufführung entgegen.

Nach der Premiere sah es noch so aus, als werde dieses Musical von zwei bisher unbekannten Theaterleuten – dem Librettisten und Texter Tom Jones und dem Komponisten Harvey Schmidt – nicht lange gespielt werden. Die ersten Urteile der Kritiker, von Brooks Atkinson von der *Times* und Walter Kerr von der damals noch bestehenden *Herald Tribune,* waren zwar recht freundlich, aber doch eher ablehnend. Atkinson gefiel der erste Akt besser, Kerr der zweite. »Etwas weniger als befriedigend«, sagte letzterer und Atkinson: »Zu dürftig für zwei Akte.«

The Fantasticks waren, zumindest in der Urfassung, schon Ende der vierziger Jahre in Texas entstanden. Jones, Schmidt und der spätere Regisseur Ward Baker waren Studenten an der University of Texas in Austin, wo sie sich zu einer erfolgreichen College-Show zusammentaten und, ermutigt durch den Beifall, *The Fantasticks* schrieben. Literarische Grundlage war ein Stück Edmond Rostands aus dem Jahre 1894, *Les Romanesques,* das 15 Jahre später ins Englische übersetzt wurde. 1955 kamen Jones,

Schmidt und Baker nach New York und schrieben Sketche für Kabarettrevuen; Schmidt, der Sohn eines Geistlichen, verdiente sein Geld außerdem als Illustrator. Vier Jahre später führten sie eine Kurzfassung von *The Fantasticks* im Rahmen eines Einakter-Abends im New Yorker Barnard College auf, wo es von Lore Noto gesehen wurde, einem Schauspieleragenten und bisher Produzent eines einzigen Stücks, das ein völliger Mißerfolg gewesen war und noch dazu den Titel *The Failures* getragen hatte. Noto war von dem Sketch – denn mehr war es nicht – so angetan, daß er das ganze Musical aufführen wollte. Er brachte zusammen mit Freunden 16 500 Dollar auf, von denen nur 14 000 gebraucht wurden, und sicherte Jones und Schmidt zu, daß er eine persönliche Reserve von 3500 Dollar zur Verfügung stellen werde, um das Werk über den immer schwierigen Anfang hinwegzubringen.

Wie wichtig dieses Geld sein sollte, erwies sich dann angesichts der mittelmäßigen Kritiken. Freunde rieten Noto, sofort Schluß zu machen, damit die »Angels« nicht noch mehr Geld verlören, aber der Produzent war nicht bereit, die Flinte so schnell ins Korn zu werfen. Er machte, wo immer er konnte, Reklame für sein Musical, und es wurde im Laufe des Sommers von immer mehr Prominenten besucht: von Schauspielern wie Tallulah Bankhead, Laurence Olivier, Anne May Wong, Lillian Gish, Charlton Heston, Ingrid Bergman, Mirna Loy, Jennifer Jones, von dem Regisseur Elia Kazan, dem Choreographen und Regisseur Jerome Robbins, von Schriftstellern und Dramatikern wie Bennett Cerf, Moss Hart und Marc Connelly. Die Schauspielerin Anne Bancroft und die Produzentin Cheryl Crawford riefen sogar ein Telefonkomitee ins Leben, das durch Anrufe Leute ins »Sullivan Street Theatre« zu locken begann. Zwei Präsidentengattinnen, Jackie Kennedy und Lady Bird Johnson, waren begeistert, und bald sprach es sich herum, daß man für *The Fantasticks* keine

Karten bekommen könne, da es allabendlich ausverkauft sei. Die Mundpropaganda begann ihre Wirkung zu tun.

Und was zunächst nur ein New Yorker Phänomen war, breitete sich allmählich über die ganzen Vereinigten Staaten aus, ja sogar noch darüber hinaus. Bis heute wurde das Musical schon in mehr als 1600 Orten sämtlicher 50 Bundesstaaten aufgeführt. Ferner gab es mehr als 300 Produktionen in 57 Ländern der Welt, davon in Schweden allein mehr als 50, aber auch in Japan, Saudi-Arabien, Mexiko und Ungarn wurde *The Fantasticks* gegeben – solch universale Anerkennung war nur wenigen amerikanischen Musicals beschieden. Die harmlos-bittersüße Geschichte von Matt und Lucia – sie sollte ursprünglich Maria heißen, aber *West Side Story* kam *The Fantasticks* zuvor – ist geschickt zubereitet. Nicht gering ist der Anteil der 13 Songs an dem Erfolg; der Hauptschlager und eigentlich der einzige Evergreen des Musicals, *Try To Remember,* kommt gleich zu Beginn; andere wie *Much More* und *Soon It's Gonna Rain* – von Barbra Streisand populär gemacht, als sie sie in den frühen sechziger Jahren im Nachtklub »Bon Soir« sang – erfreuen sich ebenfalls großer Beliebtheit. Von *Try To Remember* gibt es nach der letzten Zählung nicht weniger als 33 Schallplattenaufnahmen, die erste stammt von Harry Belafonte.

Schwierig ist es auch, die Schauspieler zu zählen, die in den mehr als 26 Jahren die Hauptrollen spielten. Zur ersten Besetzung gehörten Jerry Orbach, seither zu steilem Ruhm aufgestiegen, in den Rollen des Sprechers und El Gallos, Rita Gardner war Lucia und Kenneth Nelson Matt. Seither sind diese Rollen im »Sullivan Street Playhouse« von insgesamt 87 verschiedenen Schauspielern interpretiert worden (34 Sprecher, 30 Lucias und 23 Matts). Das »Orchester« bestand damals und besteht heute noch aus zwei Klavieren, Harfe, Schlagzeug und einem Musiker, der abwechselnd Cello und Kontrabaß spielt. Jones selbst übernahm zehn Monate lang unter dem Namen Thomas Bruce ebenfalls eine kleinere Rolle, hat aber seither die Schauspielerei aufgegeben.

Die Anfangsinvestitionen der »Angels« haben sich im Laufe der Jahre nahezu verachtzigfacht. Noto, der Produzent, der übrigens 14 Jahre lang selbst in einer kleinen Rolle mitwirkte, hat sich schon längst vom aktiven Theater zurückgezogen. Seine Jahreseinnahmen aus den *Fantasticks* sind im Lauf der Zeit auf 100 000 Dollar gestiegen. Allerdings hat er viel von dem Geld mit einem anderen Musical am Broadway verloren: Sein Plan, aus dem Roman von Marjorie Kinnan Rawlings, *The Yearling,* ein Musical zu machen, endete in einem vollständigen Fehlschlag und brachte es auf nicht mehr als sage und schreibe drei Aufführungen.

FIDDLER ON THE ROOF
oder Tevje der Milchiger (1964)

*F*iddler on the Roof *(Anatevka),* ein in der ganzen Welt, sogar in Japan, beliebtes Musical, dem als Vorlage Scholem-Alejchems *Geschichten von Tevje dem Milchiger* (Milchmann) dienten, scheint auf den ersten Blick eine Handlung zu haben, die sich nur um Juden in einem polnischen Stetl dreht. Woraus erklärt sich angesichts eines solchen Themas die weltweite Anziehungskraft dieses Musicals? Die Handlung konnte nur von sehr eingeschränktem Interesse sein, außerdem waren die ersten Kritiken in New York trotz der zahlenmäßig starken jüdischen Bevölkerung der Stadt nicht übermäßig günstig, und selbst die größten Optimisten hätten nicht die Voraussage gewagt, daß *Fiddler on the Roof* im »Imperial Theatre« eine Aufführungsserie von achtjähriger Dauer (genau: 3242 Aufführungen) erreichen würde.

Bei näherem Hinsehen entpuppt sich allerdings ein anderes, breiteres Thema, das des Generationskonflikts, der zu allen Zeiten besteht, und im Amerika des Vietnamkriegs voll aufbrach. Die Uraufführung von *Fiddler on the Roof* fand 1964 statt, als die Verwicklung in diesen unheilvollen Krieg offenkundig wurde, die letzte Aufführung wurde 1972 gegeben, als der Krieg zu Ende war, gegen den gerade die Jugend rebelliert hatte. Der Generationskonflikt war ein für die Zuschauer weitaus leichter verständliches Thema als das Leben der Stetl-Juden und Tevjes freundlicher Hader mit Gott.

Während es zu Anfang nur wenige uneingeschränkt positive Kritiken gab – Howard Taubman von der *New York Times* jubelte: »Es quillt über von Gelächter und Zärtlichkeit« – gab es viele eher negative: Joseph Steins Libretto wurde von einem Kritiker als »farblos« bezeichnet, die Songs (Texte von Sheldon Harnick, Musik von Jerry Bock) nannte ein anderer nur »verwendbar«, der Gesang, so ein dritter, »im Einklang mit der ganzen Show, die man nur als gewöhnlich« bezeichnen kann. Die Regie von Jerome Robbins wurde als »brauchbar« abgetan, seine Choreographie aber »langweilig« genannt. Wären alle diese Adjektive in einer einzigen Kritik verwandt worden, hätte kein Zweifel an einem raschen Ende von *Fiddler on the Roof* bestanden. Besonders erschreckend war das Verdikt der Showbusiness-Bibel *Variety:* »Kein großer Erfolg.« Harold Prince, der erfolgverwöhnte Produzent, ließ daraufhin sofort einen Rundbrief an die 148 »Angels« los, die insgesamt 375 000 Dollar in das Musical investiert hatten, in dem er erklärte, der *Variety*-Kritiker wisse nicht, wovon er spreche, und er, Prince, sei mehr denn je von einem großen Erfolg überzeugt. Keiner der 148 stieg schließlich

aus; nach der letzten New Yorker Aufführung hatte sich ihr Einsatz fast verdreißigfacht – der bis dahin erzielte Gewinn wurde auf 10 927 000 Dollar beziffert, und es hat seither natürlich immer wieder Neuaufführungen in New York und anderswo gegeben.

Die Konflikte in dem Stetl Anatevka, die das Leben seiner Bewohner ebenso unsicher machen wie das eines »Fiedlers auf dem Dach«, waren so verständlich geschildert, daß Tevje der Held (oder Anti-Held) als eine Art Jedermann erschien, mit dem sich zu identifizieren den Zuschauern leichtfiel. Die Probleme der Familienbande und der Religion vor dem Hintergrund einer zerfallenden gesellschaftlichen Ordnung gingen alle an: in Finnland wie in Neuseeland, in der Bundesrepublik wie der DDR, in Brasilien und Schweden, England und Japan, Spanien und der Tschechoslowakei, Island und der Schweiz, Frankreich und Simbabwe, Österreich und Australien, Israel und Japan. Dem 1971 gedrehten dreistündigen Film mit dem Israeli Chaim Topol in der Hauptrolle ging allerdings etwas von der Überschwenglichkeit des ursprünglichen Musicals ab.

Die Arbeit an dem Musical hatten Bock, Harnick und Stein bereits 1960 begonnen, aber ihr erster Entwurf, noch unter dem Titel *Tevje,* wurde von allen Produzenten als »zu jüdisch« abgelehnt. Nur Prince sah in einem solchen Musical Möglichkeiten, bestand aber darauf, es nur in Angriff zu nehmen, wenn Robbins für die Mitarbeit gewonnen werden könnte. Robbins aber war um diese Zeit noch mit anderen Projekten beschäftigt und stand erst Anfang 1964 zur Verfügung.

Szene aus der Uraufführung 1964 von Fiddler on the Roof, *in der Titelrolle Zero Mostel*

Von entscheidender Bedeutung war die Besetzung der Hauptrolle, für die zunächst Danny Kaye in Aussicht genommen war. Aber er lehnte ab, ebenso wie andere Darsteller, darunter auch der Anfang 1986 verstorbene Howard Da Sylva. Schließlich fiel die Wahl auf Zero Mostel, der sich ein paar Jahre zuvor in Ionescos *Nashörnern* als bedeutender Darsteller profiliert hatte. Taubman hat seine Leistung in *Fiddler on the Roof* als »eine der begeisterndsten Schöpfungen in der Geschichte des Musiktheaters« apostrophiert, aber Mostel selbst hatte immer das Gefühl, weder ausreichende Anerkennung noch Bezahlung erhalten zu haben, angesichts der Tatsache, daß er wirklich die tragende Rolle spielte. Auch kränkte es ihn, daß er von der Filmproduktion ausgeschlossen blieb. In seinem letzten Lebensjahr ging er von Juni 1976 bis Mai 1977 noch einmal mit *Fiddler on the Roof* auf Tournee und spielte danach auch wieder in New York die Hauptrolle. Ironischerweise erhielt er kurz vor seinem Tod mit 30 000 Dollar pro Woche die höchste Gage seiner Laufbahn. Viele andere spielten ihm die Rolle später nach, zuletzt in New York 1981 Herschel Bernardi, während auch 17 Jahre nach der Uraufführung Maria Karnilova noch immer als Tevjes herumnörgelnde Frau auftrat.

Fiddler on the Roof war jedoch trotz seines Erfolges kein zukunftsweisendes Stück des Musiktheaters. Dazu war es in seiner Gesamtanlage zu sentimental, zu sehr an die traditionelle Operette anknüpfend. Dennoch muß es als eines der letzten bedeutenden Buch-Musicals gelten, d. h. ein Musical mit einer echten, zum Teil sogar spannenden Handlung, was in den siebziger und achtziger Jahren immer seltener wurde. Von den musikalischen Nummern erfreuten sich vor allem *Do You Love Me?* (die Frage, die Tevje seiner Golde nach 25jähriger Ehe stellt), Tevjes *If I Were a Rich Man, To Life!* (L'Chaim), das einleitende *Tradition* und *Matchmaker, Matchmaker* großer Popularität.

HAIR
Das erste Rock-Musical (1968)

Noch ehe *Hair* am 29. April 1968 seine Broadway-Premiere erlebte, kam es vorher schon in Joseph Papps »Public Theatre« off-Broadway heraus – dort schlug es am 17. Oktober 1967 wie eine Bombe ein. Die Szenen des Musicals – von einem zusammenhängenden Libretto konnte hier nicht mehr die Rede sein – stammten von Jerome Ragni und James Rado, die auch die Hauptrollen spielten, die Musik war von Galt McDermot, Papp hat dem von Michael Butler erdachten Musical sein Theater für Proben zur Verfügung gestellt und auch die Kosten übernommen. In den nächsten Monaten experimentierte Papp übrigens noch weiter mit Rock: Er nahm einige Rocksongs in eine moderne *Hamlet*-Version im Dezember auf, und im darauffolgenden Monat gab es im »Orpheum Theatre«, ebenfalls off-Broadway, eine Rockversion von Shakespeares *Was ihr wollt* unter dem Titel *Your Own Thing,* in der ausschließlich die Liebespaare Orsino und Olivia sowie Viola und Sebastian auftraten. Wie der Regisseur Donald Driv-

Szene aus dem ersten Rock-Musical Hair, *das 1968 seine Uraufführung am Broadway erlebte*

er damals in einem Interview erklärte, gestatte die Rockmusik der Produktion, »näher an unseren heutigen Standpunkt in der Welt heranzukommen, was die politischen und sexuellen Konzepte wie auch die Proteste gegen das Establishment angeht«.

Das war eine Äußerung, die auch auf *Hair* zutrifft. Denn hier wurden ebenfalls Gegenwartsfragen, vor allem der Vietnamkrieg, die Wehrpflicht und der Sinn des Lebens überhaupt behandelt. Für den Broadway wurde das Musical noch um weitere Themen bereichert, unter anderem Drogensucht, Erhaltung der Umwelt und Religion. Die Bühne wurde von einer wilden Gruppe von Hippies bevölkert, die sich als ein liebenswertes Völkchen entpuppten. Aber die einzelnen Bühnenfiguren sind nicht sehr individualistisch gezeichnet und fast auswechselbar, der größte Teil des zweiten Aktes ist ein durch Hasch erzeugter Traum. Die Handlung – wenn man von einer solchen überhaupt sprechen kann – hängt an einem dünnen Faden. In ihrem Mittelpunkt steht Claude, ein langhaariger Rebell gegen das Establishment, der sich in der Wohnung seines Freundes Berger und dessen Freundin Sheila einquartiert. Seine eigene Freundin Jeannie ist schwanger mit dem Kind eines anderen Mannes. Claudes Problem besteht in der Frage, ob er seinen Militärpaß verbrennen und sich der wachsenden Zahl von Kriegsdienstverweigerern anschließen soll. Überraschenderweise stellt er sich der Wehrpflicht, wird nach Vietnam geschickt, wo er fällt, und seine Freunde kommen zusammen, um seinen Tod zu betrauern.

Hair war ein erregendes Musical, nicht zuletzt dank der Regie von Tom O'Horgan und der rasch aufeinanderfolgenden Songs, die oft kaum von Dialogen unterbrochen werden. Mit 30 Songs hat *Hair* fast doppelt so viele wie ein normales Musical; einige der erfolgreichsten, die wenig mit der Handlung zu tun haben, sind *Aquarius, I Met a Boy Called Frank Mills* und

Good Morning, Starshine, wie auch die übrigen durch einen unbändigen Rhythmus ausgezeichnet. »Das Ganze könnte als ein Happening bezeichnet werden«, sagt Lehman Engel, selbst Komponist und Broadway-Dirigent, in seinem Buch *Words With Music.* »Es ist kein Musical, weil sein fast nicht vorhandenes Buch zu skizzenhaft ist, um als solches angesehen zu werden . . . *Hair* pulsiert und erregt wie eine Parade . . . Es ist lauter als eine Parade, aber weniger diszipliniert. Es ist kein Stück fürs Theater – weder eine Show noch eine Revue. Ohne Handlung, ohne Humor, selbstbewußt, unlyrisch trotz vieler ausgezeichneter Melodien, ohne Charakter und ohne Entwicklung . . . Ich freue mich, daß es *Hair* gibt. Es war unvermeidlich. Es hat vielleicht eine wichtige Tür zu etwas Neuem geöffnet. Das dürfte gut sein – und später einmal gutes und interessantes Theater in einer Form und mit Charakteren werden, aus denen man sich etwas macht. Bei *Hair* ist dies noch nicht der Fall.«

Diese zwiespältige Reaktion war charakteristisch für nicht wenige – vor allem ältere – Besucher, die über dieses Musical urteilten. Der *Times*-Kritiker Clive Barnes jedenfalls war begeistert, und auch die übrigen Rezensionen waren im allgemeinen freundlich. Einige nahmen allerdings daran Anstoß, daß erstmals am Broadway, im Finale des ersten Akts, völlig nackte Menschen auf der Bühne erschienen (off-Broadway war dies schon vorher beim »Living Theatre« der Fall, ebenso wie bei *Oh! Calcutta!,* das nur kurz nach *Hair* auch an den Broadway kommen sollte).

Hair wurde am Broadway 1750mal gegeben und war damit eines der erfolgreichsten Musicals. Aber die Hoffnung, die Engel aussprach, hat sich nicht erfüllt: Es ist ihm kein anderes, besseres Rock-Musical gefolgt. Ehe eine Tradition entstehen konnte, war die Kreativität der Rockkünstler schon erschlafft, um für den Broadway etwas Neues schaffen zu können.

OH! CALCUTTA!
Legende und Wirklichkeit (1970)

Ein stetig bewundertes und nicht recht verstandenes Phänomen des Broadway-Theaters ist *Oh! Calcutta!,* 1969 off-Broadway in einem eigens für diesen Zweck in »Eden« umbenannten Theater uraufgeführt. Die Kritiker mochten dieses »Hohelied auf die Nacktheit« nicht besonders, das Stück, das sich der inzwischen verstorbene englische Kritiker und Dramaturg Kenneth Tynan ausdachte, kümmerte mit Unterbrechungen zunächst einige Jahre off-Broadway vor sich hin, kam dann 1975 in das 500 Personen fassende häßliche »Edison Theatre« (eigentlich ein im Keller befindlicher großer Saal des gleichnamigen Hotels in der 47. Straße), aber wetteifert noch heute mit dem fast gleichzeitig im »Shubert Theatre« herausgekommenen Musical *A Chorus Line* darum, das langlebigste Stück in der Geschichte des Broadway zu werden.

Niemand hätte *Oh! Calcutta!* ein so langes Bühnenleben vorausgesagt, am wenigsten Tynan selbst, der die Keimzelle für dieses Stück einmal folgendermaßen beschrieb: »Vor einiger Zeit kam mir der Gedanke, daß es für einen zivilisierten Mann kein Lokal gibt, um mit einer zivilisierten Frau einen Abend zivilisierter erotischer Anregung zu verbringen.« *Oh! Calcutta!* sollte diesem Manko abhelfen. Für den langjährigen Theaterrezensenten Tynan, der noch länger Chefdramaturg des Londoner »National Theatre« gewesen war, war es selbstverständlich, daß auf literarische Qualität Wert gelegt werden mußte. Er ließ sich Sketche von Tennessee Williams, Samuel Beckett, Joe Orton, Jules Feiffer und Sam Shepard schreiben (abgesehen von seinen eigenen Beiträgen), sorgte für eine eingängige, leichte Musik und eine nicht ganz so einfallsreiche Choreographie und gab, soweit sie nötig waren, ansprechende Kostüme in Auftrag.

In den musikalischen Nummern treten die fünf männlichen und fünf weiblichen Darsteller vollkommen nackt auf, in den eingestreuten Sketchen sind sie manchmal ganz, manchmal teilweise bekleidet, manchmal nackt und stellen fast immer sexuelle Posen dar. Hier wird alles beim Namen genannt, es werden keine euphemistischen Redewendungen benutzt, und es ist viel darüber diskutiert worden, ob die häufige Nacktheit der Darsteller allein aus künstlerischen Gründen zu rechtfertigen ist. Für viele Beobachter des *Oh!-Calcutta!*-Phänomens will es scheinen, als sei Tynan und seinen Mitarbeitern daran gelegen, mittels der Nacktheit gesellschaftliche und politische Statements abzugeben.

Wie dem auch sei, wenn man von sehr prüden Theaterbesuchern, die sich ohnehin kaum ins »Edison Theatre« verlaufen dürften, absieht, scheint der Mehrheit des Publikums der voyeuristische Aspekt von *Oh! Calcutta!* zu behagen. Jacques Levy, der Regisseur des Werkes, erzählt die folgende Geschichte:

»Ein Paar, das ich kenne, sah sich *Oh! Calcutta!* an. Es sind unkomplizierte Leute aus dem Mittelstand. Die Show schockierte sie, aber sie gefiel ihnen. Wenige Tage danach schauten sie sich Neil Simons *Plaza Suite* an. Normalerweise, so sagten sie mir, hätte ihnen dieses Lustspiel bestimmt gefallen, aber nach *Oh! Calcutta!* langweilte es sie nur. In der großen Sex-Szene von *Plaza Suite* legt ein Mann seine Hand um die Hüfte des Mädchens. Das wäre an sich aufregend genug, aber nicht mehr nach *Oh! Calcutta!*. Sie sagten, daß sie in dem Stück fast eingeschlafen seien.«

Schwer zu sagen, ob diese Geschichte stimmt, aber Levy will damit ausdrücken, daß nach *Oh! Calcutta!* gewöhnliche Sex-Szenen im Theater ihren Reiz verloren haben. Belauscht man die aus dem Theater kommenden Zuschauer, wird man immer wieder die Frage hören, wie das, was sie soeben auf der Bühne gesehen haben, noch gesteigert werden kann. Wenn Psychologen sagen, daß Sex-Simulation nackter Menschen auf der Bühne eher antierotisch wirkt, so trifft dies höchstens auf die Darsteller zu, nicht aber auf das Publikum – wenn man nach dem dauernden Zuspruch urteilen soll, den *Oh! Calcutta!* seit über einem Jahrzehnt am Broadway findet. Nur gelegentlich hört man den Vorwurf, daß hier des Guten zuviel getan wird, so daß es fast schon langweilig wirkt. Aber wer liebt seinen Sex nur in homöopathischen Dosen?

Für die Schauspieler, die häufig ausgewechselt werden, kommt es nach Ansicht des Regisseurs darauf an, daß sie sich zunächst daran gewöhnen, sich voreinander zu entblößen. Haben sie einmal diese Hürde genommen, ist es im allgemeinen nicht sehr schwierig, sich auch dem erwartungsvollen Publikum nackt zu zeigen. Schon am Ende der Eröffnungsnummer dieser Revue haben die zehn Darsteller, die erst mit dem Rücken zum Zuschauerraum stehen, sich ihrer Kleider zu entledigen, dann aber wieder in einen Bademantel zu schlüpfen. Doch anschließend drehen sie sich um, streifen auch ihren Bademantel ab und stehen nun, mit ihrer Nacktheit die Zuschauer gewissermaßen herausfordernd, auf der Vorderbühne. Ist dies nur eine andere Form des Sich-Enthüllens, eine Enthüllung des Körpers und nicht der Tiefen der Seele? »Schließlich, wenn man nackt ist, zeigt man nicht sehr viel«, meint Levy.

Trotz dieser Feststellung konnte *Oh! Calcutta!* nicht dem Vorwurf entgehen, reine Pornographie zu sein – noch dazu weit mehr zur Belustigung der zuschauenden Männer als der Frauen konzipiert. Aber in unserer Zeit blieb der Revue polizeiliche Behelligung erspart. Wer jedoch auf solche Dinge achtet und im Zeitalter zunehmender Frauenemanzipation dafür auch sensibilisiert ist, dem kann es nicht entgehen, daß in *Oh! Calcutta!* die Frau immer zur Hingabe bereit ist, wenn nur der Mann sie begehrt, selbst

dann, wenn er selbst nicht so kann, wie er möchte, oder aber, wenn es bei ihm gar zu früh losgeht (dies das Thema von drei der 14 Sketche!). Im übrigen werden alle Arten (und Abarten) des Sex für ein begieriges Publikum demonstriert oder, besser gesagt, simuliert.

Insofern ist die folgende Bemerkung Tynans nicht ganz verständlich. »Wir fordern (das Publikum) heraus, in aller Öffentlichkeit auf Dinge zu reagieren, auf die sie gewöhnlich nur in der Intimsphäre reagieren. Es gibt noch keine Einmütigkeit, wie man auf Bühnen-Sex reagiert; niemand weiß, was er empfindet, wenn man Menschen im Liebesakt sieht. So haben wir es allabendlich mit einem experimentellen Labor zu tun, in dem die Reaktionen der Menschen auf Bühnen-Sex studiert werden können.«

Wirklich?

Die von dem Briten Kenneth Tynan konzipierte Nackedei-Show Oh! Calcutta! *hatte 1969 in einem für diesen Zweck umbenannten Theater, im* Eden, *seine Uraufführung*

A CHORUS LINE
Eine Broadway-Institution (1975)

A Chorus Line kam, wie auch *Hair,* off-Broadway in Joseph Papps »Public Theatre« heraus. Der denkwürdige Tag war der 16. April 1975. Der Erfolg bei der Kritik war so stürmisch, daß Papp sofort beschloß, dieses Musical an den Broadway zu bringen. Am 25. Juli desselben Jahres begannen dort die Voraufführungen; ein Streik der Musiker unterbrach aber die Serie, so daß die offizielle Broadway-Uraufführung erst drei Monate später, am 25. Oktober, in Szene gehen konnte. Am 29. September 1983 wurde es zum bisher langlebigsten Musical, als es in einer Festaufführung, die 332 der insgesamt 457 im Lauf der Jahre aufgetretenen Mitwirkenden vereinte, zum 3389. Male im »Shubert Theatre« gegeben wurde. Anfang 1987 wird die 5000. Aufführung stattfinden, und während diese Zeilen geschrieben werden, bezweifelt niemand, daß auch diese einmalige Marke erreicht werden wird. Sogar der Ende 1985 herausgekommene Film hat den Besuch nicht abzuschwächen vermocht; im Gegenteil, da der Film von der Presse nicht allzu freundlich aufgenommen wurde, hatte er die Wirkung zusätzlicher Propaganda für das Theatermusical.

Begonnen hatte 1974 alles in denkbar kleinstem Rahmen. Michael Bennett, der schon als Regisseur und/oder Choreograph mehrerer Musicals aufgefallen war, hatte die Idee zu *A Chorus Line:* Ein Broadway-Regisseur ist dabei, die Tänzer und Tänzerinnen für ein neues Musical auszuwählen; er hat 17 Kandidaten in die engere Wahl genommen, eine Zahl, die er auf acht reduzieren muß. Die Tänzer, auf deren Erzählungen sich das Musical aufbaut, waren selbst Mitglieder des Ensembles von 1975: Zusammen mit Nicholas Dante, dem späteren Koautor des Buches, fing Bennett auf einem Tonband ein, was die jungen Menschen über ihre Familien, ihre Reife, ihre Liebesgeschichten, ihre Tagträume, ihre Phantasien und über ihre Wirklichkeit zu sagen hatten. In der Person James Kirkwoods wurde ein erfahrener Autor mit herangezogen, Edward Kleban verfaßte die Texte für die 13 Songs, und Marvin Hamlisch, bis dahin nur im Film hervorgetreten, komponierte die Musik.

Auf diese Weise entstand ein realistisches, unmittelbar aus dem Leben gegriffenes Musical, das sich von allen bisher kreierten grundlegend unterschied, aber in der Folgezeit Nachahmungen finden sollte. In *A Chorus Line* dient die »Audition« (das Vorsingen oder Vortanzen) nicht nur dem Zweck, die Begabtesten der »Gypsies« (wie man am Broadway das Ensemble der Tänzer nennt, die keine Stars sind und in einem

Szenenbild aus Chorus Line, *1975 uraufgeführt und inzwischen eine Institution*

ziemlich traurigen Theateralltag leben müssen) herauszufinden, sondern auch über ihr Vorleben unterrichtet zu werden, das für ein Engagement von ebensolcher Bedeutung ist. Die ganze Härte des Schaugeschäfts, die wenig mit dem Glitzer zu tun hat, den man gemeinhin mit dem Theater verbindet, wird hier deutlich. Die Bühne ist an drei Seiten von Spiegeln umgeben, in denen sich die Tänzer sehen können. Der Blick, den die Zuschauer in *A Chorus Line* hinter die Kulissen des Theaters tun können, hat sich inzwischen schon fortgesetzt, vor allem in Bennetts *Dreamgirls*, ebenfalls ein Erfolg, wenn auch nicht von dem Ausmaß der *Chorus Line*.

I Hope I Get It ist die erste Nummer, die die Kandidaten für die acht Plätze im Tanzensemble singen. Zach, der Regisseur, möchte auch etwas über ihre Persönlichkeit in Erfahrung bringen, aber keiner meldet sich, um sich als erster den Fragen zu stellen. So wählt Zach Mike aus, wie sich herausstellt, das jüngste von zwölf Kindern einer italienisch-amerikanischen Familie. Bobby ist der nächste: Er erzählt, wie er in jungen Jahren überall unliebsames Aufsehen erregte, wegen seiner Ungeschicklichkeiten auch von seinen Eltern nicht geliebt wurde und an Selbstmord dachte. Sheila berichtet, daß ihre Mutter Tänzerin werden wollte, ihr Vater dies aber nicht zuließ, so daß sie nun aus ihrer Tochter eine Tänzerin machen wolle. Ihr Familienleben sei katastrophal gewesen, aber im Ballett sei alles gutgegangen, so singt sie. Bebe und Maggie beschweren sich gleichfalls über ihre Eltern. Kristine ist so nervös, daß sie die Hilfe ihres sich ebenfalls bewerbenden Mannes Al braucht. Sie sagt, sie wollte immer ans Theater, aber ihr Problem war, daß sie keine Stimme hatte. Mark erzählt, daß er nie wußte, was er wollte, und schließlich von einem Geistlichen ins Gleichgewicht gebracht werden mußte. Mit den übrigen Anwärtern singt er eine der wirksamsten Nummern des Musicals, *Hello Twelve, Hello Thirteen, Hello Love*. Connie beklagt sich, daß sie eigent-

lich für eine Bühnenlaufbahn zu klein gewachsen sei. Diana berichtet über ihren ersten Tag im Schauspielunterricht, der nichts für sie war, so daß sie die Schule wechselte. Judy übte das Küssen mit ihrer besten Freundin Leslie, als sie anfing, einen Blick für Jungens zu haben. Don trat mit 15 Jahren in einem Night Club in Kansas City auf, wo er sich mit einer Prostituierten anfreundete. Gregs Jünglingszeit wurde gestört durch ungelegene Erektionen in der Schule, im Bus usw. Dann kommen noch Richie und Val, schließlich Cassie: Sie und Zach waren einmal mehr als nur Freunde, und Zach schickt die anderen kurz hinaus, um mit ihr allein zu sein. »Du bist zu gut, um im Ensemble zu tanzen«, sagt er ihr – sie war bereits Solotänzerin, aber ist nicht weitergekommen, nun will sie um jeden Preis wieder tanzen, auch im Ensemble: »Es ist besser, als Kellnerin zu spielen.« Zach: »Du hättest nicht kommen sollen. Du paßt nicht hierher. Du kannst nicht tanzen wie jede andere – du weißt nicht wie.« Paul monologisiert schließlich über seine Homosexualität.

Nun tanzt Zach mit dem Ensemble. Er ist besonders kritisch gegenüber Cassie, wirft ihr vor, das Ensemble zu stören, fordert sie auf, wie die anderen zu tanzen, und kann es nicht mitansehen, wenn sie es tut, denn sie haben sich einst geliebt. Bei einer Wendung fällt Paul hin und verletzt sich ein Knie. Zach zwingt die anderen, darüber nachzudenken, was ihnen passieren wird, wenn sie einmal nicht mehr tanzen können. Dann ist es soweit, daß Zach die acht Tänzer für sein Ensemble wählen muß. »Ich wünschte, ich könnte euch alle engagieren, aber ich kann nicht. Wen ich jetzt nenne, komme bitte nach vorn: Don . . . Greg . . . Al . . . Diana, nein falsch, zurück ins Glied . . . Kristine . . . Bebe . . . Sheila . . . Connie . . . Maggie. Ich danke euch, daß ihr gekommen seid . . . Proben beginnen am 22. September. Wir werden sechs Wochen proben, zwei Monate ›Try out‹ in der Provinz. New Yorker Aufführung kommt etwa

Mitte Januar . . . Und ich freue mich, mit euch zusammen arbeiten zu können.« So endet die Story von *A Chorus Line,* danach kommt das gesamte Ensemble zu einem herkömmlichen Finale auf die Bühne und singt die letzte Nummer *One.*

Bei der denkwürdigen Aufführung am 29. September 1983 kamen sämtliche 332 Tänzer und Sänger, die alle einmal in dem Musical mitwirkten, auf die Bühne, deren Boden eigens für diesen Abend verstärkt wurde, um *One* zu singen. Die übrigen 125 konnten entweder nicht gefunden werden, waren schwanger, mußten für Kleinkinder sorgen oder waren im Engagement. Die Tänzer, die gerade in anderen New Yorker Musicals wie *La Cage aux Folles, 42nd Street, My One and Only* und *On Your Toes* beschäftigt waren, wurden für diesen Abend freigestellt, damit sie an der Festvorstellung teilnehmen konnten, zu der 2500 Personen eingeladen waren. Es war ein Abend, würdig dieses Musicals; hinterher wurde bekannt, daß die Kosten für die Bewirtung und die Beförderung der Tänzer nach New York 450 000 Dollar betragen hatten. Drei Tage lang wurde unentwegt geprobt, um die Monstervorstellung zu ermöglichen, für die Bennett mehrere Tänze ändern mußte.

Mindestens zwei weitere Ensembles sind schon seit Jahren in den Vereinigten Staaten unterwegs, um *A Chorus Line* im ganzen Lande bekannt zu machen. Jahrelang wurde das Musical in London gegeben; Aufführungen fanden in Tokio, Berlin, in Australien und Südamerika statt. *A Chorus Line* war seit 1916, als der erste Preis vergeben wurde, erst das fünfte Musical, das mit dem Pulitzerpreis ausgezeichnet wurde. Auch alle übrigen Theaterpreise fielen diesem Musical zu, das in mehr als elf Jahren zu einer Institution am Broadway geworden ist und das bisher von etwa 15 Millionen Menschen gesehen wurde. Niemand glaubt, daß die von *A Chorus Line* aufgestellten Rekorde jemals überboten werden können.

42ND STREET
Der Tod des Regisseurs (1980)

Der Premierenbeifall wollte kein Ende nehmen. Das Publikum erhob sich von seinen Sitzen, um das Ensemble noch lauter beklatschen zu können. Überraschenderweise kam der Produzent David Merrick auf die Bühne und gebot Ruhe. Was er zu sagen hatte, betraf nicht *42nd Street,* die Show, die eben ihr glorreiches Ende gefunden hatte. Er hatte etwas anderes mitzuteilen: Nur wenige Stunden vor dem Beginn der Premiere war ihr Regisseur und Choreograph Gower Champion im Sloan-Kettering-Hospital an einer seltenen Blutkrankheit, Waldenströms Makroglobulinämie, gestorben. Dann wandte sich Merrick Wanda Richert zu, die eine der Hauptrollen getanzt und gesungen hatte, und umarmte sie. Obwohl sich zwischen ihr und Champion während der monatelangen Probenzeit ein enges Verhältnis entwickelt hatte, hatte sie ebensowenig wie die übrigen Mitwirkenden vom Tode des Regisseurs gewußt. Jerry Orbach, der die männliche Hauptrolle innehatte, rief, man solle den Vorhang herunterlassen. Das Publikum verließ an jenem Abend des 25. August 1980 schweigend das Theater. Es gab niemand, der sich nicht der Tragik des Augenblicks bewußt war.

Sechs Jahre später wird das Musical noch immer gegeben. Vielleicht war der Erfolg von *A Chorus Line* dafür verantwortlich, daß Merrick – einer der ganz wenigen Produzenten, der seine Stücke allein finanzierte, – die Idee kam, den Film *42nd Street* aus dem Jahre 1933 auf der Bühne zu beleben, der wie Bennetts Musical den Zuschauer einen Blick hinter die Kulissen des Schaugeschäfts tun läßt. In *42nd Street* bricht sich die Tanzsolistin während der letzten Proben einen Knöchel, und eine mutige Tänzerin im Ensemble erklärt sich bereit, die Rolle über Nacht zu lernen. Der Produzent (im Stück) sagt ihr: »Jetzt bist du ein unbekanntes Mädchen.

Morgen wirst du ein Star sein.« Der legendäre Busby Berkeley war der Choreograph des Films, und von der überschäumenden Tanzlust, ja Tanzwut, lebt auch das Musical – obwohl der Erfolg sicherlich auch darauf zurückzuführen ist, daß sich jeder Zuschauer bereitwillig mit der jungen Choristin identifiziert.

Der mit 61 Jahren verstorbene Champion begründete seinen Ruhm mit den Musicals *Bye, Bye Birdie, Hello, Dolly!* und *Carnival* in den sechziger Jahren. Er hatte seine Laufbahn im Vaudeville begonnen, trat später mit seiner ersten Frau Marge in Nightclubs auf und erlangte durch ein eigenes Fernsehprogramm in den fünfziger Jahren nationale Berühmtheit. *Bye, Bye Birdie* stellte seine erste Verbindung zum Broadway dar und trug ihm sofort den begehrten Tony-Preis als bester Regisseur der Spielzeit ein. Merricks erste Wahl als Regisseur für *42nd Street* war zwar Bennett gewesen, aber dieser lehnte das Angebot mit der Begründung ab, er wolle nach *A Chorus Line* nicht noch einmal ein Musical inszenieren, das mit dem Schaugeschäft zu tun habe. Daraufhin wandte sich Merrick an Champion, der für ihn bereits in *Carnival* und *Hello, Dolly!* tätig gewesen war, aber es war kein Geheimnis, daß die beiden willensstarken, Kompromissen abgeneigten Männer nicht gut miteinander auskamen. Einmal war Champion in seiner »Zusammenarbeit« mit Merrick so weit gegangen, daß er den Produzenten während einer Probe aus dem Theater entfernen ließ, wie Bernard B. Jacobs, der Präsident des Shubert-Theaterkonzerns, erzählte.

Niemand war sich darüber im klaren, daß Champion schon geraume Zeit an seiner unheilbaren Krankheit litt, am wenigsten Merrick; vielleicht hatten die Ärzte selbst dem Patienten nicht reinen Wein eingeschenkt. Wie dem auch sei, während der Proben ließ sich Champion mehrfach entschuldigen, daß er an einer Erkältung oder Grippe erkrankt sei, wodurch immer wieder Verzögerungen in der Probenarbeit ein-

traten: Die New Yorker Premiere hätte ursprünglich am 11. August 1980 stattfinden sollen und wurde schließlich um zwei Wochen verschoben. Fünf Tage vor dem späteren Premierenbeginn konnte Champion den Ernst seiner Krankheit nicht mehr verheimlichen und begab sich ins Krankenhaus; die letzten Proben wurden von Merrick selbst und von Champions Assistenten Larry Carpenter geleitet.

»Das letzte Musical dieses brillanten Theatermanns ist . . . ein vollendetes Denkmal seiner glorreichen Laufbahn«, schrieb am Tag nach der Premiere *Times*-Kritiker Frank Rich. Noch nie zuvor gab es so viele Tänze (und Tänzer) in einem seiner Musicals wie in *42nd Street;* die Handlung als solche dagegen war allerdings so dürftig, daß im Programm kein Librettist verzeichnet war. Die Songs aus dem Film, die von Harry Warren und Al Dubin stammten, wurden um mehrere Nummern aus anderen Werken der beiden vermehrt, aber die Musik trug im Grunde genommen ebensowenig zum Erfolg des Ganzen bei wie die nicht vorhandene Handlung. Es waren wirklich die Tänze, die sich vor und in einem Bühnenbild mit Spiegeln und Drehbühnen auf verschiedenen Ebenen abspielten, und die in allen Regenbogenfarben leuchtenden Kostüme, die *42nd Street* zu dem großen Erfolg werden ließen. Champion schöpfte alle Möglichkeiten des Choreographen aus, und jeder Tanz übertraf den vorhergehenden durch die Intensität der Bewegungen.

Szene aus 42nd Street, *einem Musical mit großangelegten Tanzszenen, das am 25. August 1980 uraufgeführt wurde, an dem Tag, an dem der Regisseur Gower Champion starb*

293

Rein technisch gesehen, war *42nd Street* eines der schwierigsten Musicals, die jemals am Broadway herauskamen. Im Ensemble befinden sich 52 Personen, die Zahl der Bühnenarbeiter beträgt 57, nicht weniger als 400 Scheinwerfer, 550 Kostüme und 60 Perücken werden benötigt. Um die Aufführungen nicht in Routine verfallen zu lassen, werden immer wieder Proben abgehalten; nach den Bestimmungen der Schauspielergewerkschaft können alle Darsteller pro Woche bis zu acht Probenstunden herangezogen werden, wenn eine Aufführung einmal läuft. Jeweils am Mittwoch finden Proben für die »zweite Besetzung« statt; manchmal geht es dabei nur um einzelne Szenen, aber von Zeit zu Zeit wird die gesamte Aufführung durchgeprobt. Auch für die sogenannten »Swings«, die Mitglieder des Chors, die für andere auftreten müssen, falls diese krank werden oder auf Ferien gehen, finden allwöchentlich Proben statt. Daß in *42nd Street* die Tänze, die die Hauptattraktion der Schau bilden, nichts von ihrer Vollkommenheit verlieren dürfen, versteht sich von selbst; auch hier können die Tanzassistenten für alle oder einige Angehörige des Balletts Proben ansetzen, sobald sie merken, daß bei der einen oder anderen Nummer geschlampt wird. Diese dauernde Überwachung ist gerade bei Produktionen mit einer besonders langen Laufzeit und einer aufwendigen Inszenierung wie bei *42nd Street,* das nach sechs Jahren schon 2500 Aufführungen hinter sich hat, ein wichtiges Element des Broadway-Theaters.

Für Merrick, einen der erfolgreichsten, aber auch der eigenwilligsten Produzenten, stellte übrigens *42nd Street* einen ungewollten Abschied vom Theater dar. Noch nicht einmal zwei Jahre nach der Uraufführung erlitt er einen Schlaganfall mit so ernsten Folgen, daß er an eine weitere Tätigkeit nicht mehr denken konnte. Für den Broadway war der Verlust von zwei kreativen Theaterleuten in einer einzigen Produktion ein schwerer Schlag.

CATS
Katzen, Kater, Katzen (1982)

Wenn man von Gilberts und Sullivans Operetten absieht, ist *Cats* das erste Musikstück aus England, das in Amerika anhaltenden Erfolg hat: Wie schon bei den vorangegangenen denkwürdigen Broadway-Aufführungen macht auch hier die Auflösung der in den vierziger bis sechziger Jahren entstandenen Musical-Struktur weitere Fortschritte. Es hat den Anschein, als wird die Handlung, schon in *Hair, A Chorus Line* und *42nd Street* so gut wie verschwunden, im weiteren Verlauf der achtziger und vielleicht sogar bis in die neunziger Jahre hinein kein wichtiges Element im Broadway-Musical mehr sein. Das Neue bei *Cats* besteht darin, daß die Textunterlage ein Gedichtband ist, das 1939 geschriebene *Old Possum's Book of Practical Cats* des Nobelpreisträgers T. S. Eliot, in dem der sonst häufig so obskure Dichter sich von einer ungewöhnlich heiteren Seite zeigt.

Andrew Lloyd Webber, Komponist von *Jesus Christ Superstar* und *Evita,* hat wohl selbst nicht daran gedacht, daß dieser Stoff die Sensation zweier Städte wird: In London wird das Werk schon seit März 1981, in New York seit Oktober 1982 gegeben, und es ist gegenwärtig die einzige Broadway-Schau, die allabendlich bis zum letzten Stehplatz ausverkauft ist. Webber, der in seinem Landhaus seit einigen Jahren ein Sommerfestival veranstaltet, dachte sich 1980 den Spaß aus, zehn der Eliotschen Gedichte, die er in Musik gesetzt hatte, von drei Freunden singen zu lassen. Unter den Zuschauern befand sich auch die Witwe des 1965 gestorbenen Dichters, und sie war von dem Vortrag so angetan, daß sie noch weitere, zum Teil unveröffentlichte Katzengedichte Eliots zur Verfügung stellte.

Webber setzte sich dann mit Trevor Nunn, dem künstlerischen Leiter der »Royal Shakespeare Company«, und seiner langjährigen choreographischen Mitarbeiterin Gillian Lynne in Verbindung – unbeschadet der Tatsache, daß Nunn in seinem Leben noch nie zuvor ein Musical inszeniert hatte. Die intensive Arbeit der beiden wurde nur neun Monate später mit einem großen Erfolg im »New London Theatre« gekrönt, das seit vollen zehn Jahren keinen Erfolg mehr zu verzeichnen hatte. Nunn schwebte zunächst vor, im Einklang mit dem eher intimen Charakter der doch wohl für Kinder jeglichen Alters bestimmten Verse Eliots ein »kleines« Musical herauszubringen: Fünf Schauspieler und zwei Klaviere sollten in einem der kleineren Londoner Theater *Cats* aufführen. Aber damit war Webber ganz und gar nicht einverstanden: Er dachte an ein eher spektakuläres Bühnenwerk und drängte den Regisseur dazu, das Konzept nochmals zu überdenken – mit dem Ergebnis, daß Nunn sich zur Auffassung des Komponisten durchrang. »Freilich dachten wir damals nicht im entferntesten daran, daß wir ein 4-Millionen-Musical herausbringen würden«, so sagte Nunn. Tatsächlich näherten sich aber die Produktionskosten am Broadway sogar der Fünfmillionengrenze, zumal das Innere des Zuschauerraums weitgehend umgebaut werden mußte. Als einziges Theater kam der große »Winter Garden« am Broadway in Frage, aber die Premiere konnte nicht angesetzt werden, ehe nicht *42nd Street* ein anderes passendes Theater gefunden hatte; das fünf Straßenblöcke entfernte »Majestic Theatre« hatte sogar 100 Plätze mehr, aber ein kleineres Parkett und ein schmaleres Proszenium.

In London wurden die langen Proben, die zur Erarbeitung eines endgültigen Konzepts nötig waren, aus den Gewinnen der Londoner Aufführungsserie von *Evita* finanziert. Da Webber nach der Londoner Premiere an der Gestaltung des Werkes weiterarbeitete und noch vieles änderte, wurde auch die New Yorker Aufführung fast neu konzipiert. Allerdings war es für den Broadway erheblich leichter, das Musical zu be-

setzen, als dies in London der Fall war: Denn während es in England verhältnismäßig wenige Tänzer gibt, die gut singen können, und wenige Sänger, die gut zu tanzen vermögen, ist solche Doppelbegabung in New York leicht zu finden.

Ein riesiger Abfallhaufen mit verrostenden Autos, großen Reifen, alten, verbogenen Fahrrädern und Deckeln von Abfalltonnen bildet den Hintergrund für die Welt der Menschen in Katzengestalt, zu denen sich auch noch andere gesellen: Piraten, Zauberer und Rockstars, die aber auch alle Katzen sind. Die Tänze umfassen, darin nicht ganz unähnlich *42nd Street,* das gesamte Repertoire, von wilden Ensembleszenen bis hin zu gemütvollen, fast klassischen Soli. Die aus Eliots Gedichten gewonnenen Songs sind ganz individuell auf jede Katze (oder jeden Kater) geschneidert; Webber hat hier Außerordentliches geleistet, und die Instrumentierung, in die er sich mit einem Fachmann auf diesem Gebiet teilte, ist immer melodisch und verrät wie die Tänze einen gesunden Eklektizismus. Da gibt es Rock- und Swingmelodien, da wird Webber orientalisch, um zwei siamesische Katzen zu charakterisieren. Es gibt auch ein durch Mark und Bein gehendes Lied, das einem schlechten Detektivfilm entnommen sein könnte, das von dem Kater Macavity, dem »Napoleon der Verbrecher«, gesungen wird. Und die herrlichen Namen, die Eliot seinen Kreaturen gegeben hat, so etwa Bombalurina, Mungojerrie, Mistoffolees, Munkustrap, Skimbleshanks und Grizabella, regten den Komponisten zu immer neuen Klangbildern an.

Eigentliche Stars werden in diesem Musical nicht beschäftigt; gewiß befindet sich unter den 30 größtenteils jugendlichen Darstellern keiner, der über genügend Anziehungskraft verfügt, um die Menschen ins Theater zu locken. Die Bedeutung der Rollen ist auch zu gleichmäßig verteilt, um hier den einen oder anderen herauszustellen. Für die bei Eliot mit nur acht Zeilen bedachte Grizabella, die Katzen-Schöne, hat

Webber eine an italienische Oper gemahnende Ballade geschrieben, deren Text Trevor Nunn aus anderen Gedichten Eliots gezimmert hat; diese *Memory* genannte Nummer ist eine der wenigen, die allabendlich das Haus zu voller Begeisterung hinreißt.

Was für den anhaltenden Erfolg von *Cats* ausschlaggebend ist, ist die pausenlos, rasch wechselnde Abfolge von Tanz und Gesang der phantastischsten Kreaturen, die man sich vorstellen kann. *Cats* ist weit mehr als die Summe seiner Teile, von denen einige recht schwach sind. Aber sie fallen nicht ins Gewicht, weil sich niemand dem Zauber dieser Darbietung entziehen kann, zu dem die Bühnenbilder von John Napier nicht wenig beitragen. Es ist kaum faßbar, daß dieselben Nunn und Napier noch nicht lange zuvor auch für die achtstündige Dramatisierung von Charles Dickens' *Nicholas Nicklebie* verantwortlich waren. Beide Vorstellungen waren Broadway-Höhepunkte der letzten Jahre, die eine ganz britisch, die andere weitgehend amerikanisiert.

Das englische Musical Cats *hatte am 7. Oktober 1982 im* Winter Garden *seine Broadway-Premiere*

LA CAGE AUX FOLLES
Homosexualität im Musical (1983)

Abgesehen davon, daß *La Cage aux Folles* (Ein Käfig voller Narren) erstmals in einem Musical das Thema der Homosexualität offen und ungeschminkt behandelt (wenn man dieses Wort hier anwenden darf, wo Schminke bei den Transvestiten eine beträchtliche Rolle spielt), ist es seiner ganzen Anlage nach ein altmodisches Werk. Es hat nichts von der Modernität seiner erfolgreichen unmittelbaren Vorgänger, und es könnte sehr wohl sein, daß die überraschende Anziehungskraft dieses Musicals wieder zu einer Kehrtwendung dieses Genres führen wird.

Bekanntlich war *La Cage aux Folles* ein Bühnenstück von Jean Poiret, das sieben Jahre lang in Paris gegeben wurde. Dann kamen drei Filme mit dem gleichen Titel und den Folgen 1, 2 und 3 heraus, der letzte zweifellos als Ergebnis des Musical-Erfolges erst Anfang 1986, um das Thema trockenzumelken. Selbst der unübersetzbare Titel mit seiner Doppelbedeutung (zwar bezeichnet »folles« in der Tat Verrückte, aber daß es in der französischen Umgangssprache auch ein Ausdruck für Schwule ist, ist den meisten Nichtfranzosen unbekannt) hat den Erfolg nicht gemindert, obwohl man sich fragen muß, wo sich unter den handelnden Personen die Narren befinden.

Allan Carr, dem Theater schon in frühen Jahren verfallen, der Öffentlichkeit vor allem als Koproduzent des *Grease*-Films (mit John Travolta und Olivia Newton-John) bekannt, hatte bereits 1977 die amerikanischen Bühnenrechte des Stückes erworben. Als innerhalb der nächsten Jahre zwei und noch dazu äußerst erfolgreiche Filme unter diesem Titel gedreht wurden, schien dies die Aussichten für eine amerikanische Produktion nur zu erhöhen, wenn auch Carr eine Reihe dadurch entstandener Urheberrechtsprobleme lösen mußte. Von Anfang an

dachte er an eine Umwandlung in ein Musical, fand aber zunächst keine Mitarbeiter, die sich an den als heikel empfundenen Stoff heranwagen wollten. Alle von Carr angesprochenen Librettisten, Komponisten und Regisseure sagten ab, unter letzteren auch Mike Nichols.

Ein Freund riet Carr schließlich, Harvey Fierstein in seinem Stück *Torch Song Trilogy* zu sehen; Carr war zunächst mehr an dem Schauspieler als an dem Dramatiker interessiert, war aber dann überwältigt von dem Humor und der Wärme, die dieses Stück ausstrahlte – nebenbei, das erste Homosexuellen-Stück, dem am Broadway eine längere Laufzeit beschieden war. Carr verpflichtete Fierstein, den er »die Stimme der achtziger Jahre« nennt, bald darauf schloß sich

Jerry Herman, der Komponist von *Hello, Dolly!* und *Mame,* dem Team an, und schließlich kam auch noch der Regisseur Arthur Laurents hinzu, der aus der Entwicklung des amerikanischen Musicals nicht mehr wegzudenken ist, seitdem er in den fünfziger Jahren das Buch für Leonard Bernsteins *West Side Story* geschrieben hatte. Zu Carrs Erleichterung hatte Fierstein keinen der *Cage*-Filme gesehen, der Produzent wollte ohnehin, daß ausschließlich das Stück die Grundlage des Musicals bilden sollte – aber letztlich blieb vom Original doch nicht mehr allzuviel übrig.

Georges, Inhaber des Nachtlokals *La Cage aux Folles* in St. Tropez, und Albin, sein Star in einem Transvestitenballett, leben schon seit 20 Jahren in glücklicher »Ehe« miteinander in einer Wohnung hinter dem Night Club. Zusammen haben sie als Vater und Mutter Georges' Sohn Jean-Michel (aus einem nächtlichen, heterosexuellen Erlebnis mit einer Choristin hervorgegangen) aufgezogen, der nun seine Absicht kundtut, ein Mädchen zu heiraten, noch dazu die Tochter eines politisierenden Sittenhüters. Jean-Michel bittet seinen Vater, bei dem bevorstehenden Besuch seiner Schwiegereltern in spe als Heterosexueller aufzutreten; diesem Versteckspiel steht freilich Albin, auch Zaza genannt, im Wege, der sich Jean-Michels Eltern als stolze »Mutter« des Bräutigams präsentieren möchte. Georges besteht aber darauf, daß Albin verschwindet, wenn die Eltern kommen. Albin kommt dennoch als Zaza auf die Bühne und spult seine Nummer herunter, hält aber plötzlich inne; aus dem Theater im Theater wird rüde Wirklichkeit (ein beliebter dramaturgischer Trick in vielen Werken). Beleidigt, gekränkt und stolz läßt Albin seinen Gefühlen freien Lauf und bringt den ersten Akt zu einem triumphalen Abschluß mit dem Song *I Am What I Am,* in dem er seine Lebensweise verteidigt, für die er weder gelobt noch bemitleidet werden will. Der Ernst dieses Augenblicks steht in krassem Ge-

Mit der Musicalversion des Bühnenstücks La Cage aux Folles *kam 1983 das Thema Homosexualität auf die Broadway-Bühne*

gensatz zu Schminke, Perücke und Federkostüm. Man hat diesen Song und seine Worte, die wie alle übrigen in dem Musical von dem Komponisten Jerry Herman stammen, eine Art Hymne der Homosexuellen genannt. Aber in Wirklichkeit geht der Song weit darüber hinaus, und vielleicht bezieht daraus das Musical die Universalität seiner Wirkung: *I Am What I Am* ist ein Hoheslied auf den Grundsatz, jeden nach seiner Fasson selig werden zu lassen. Das hat man auf einer New Yorker Bühne lange nicht mehr mit solcher Deutlichkeit ausgesprochen – und daraus bezieht das Musical seine ganz besondere Dimension.

Auf diesem emotionellen Höhepunkt kann sich jedoch *La Cage aux Folles* im zweiten Akt nicht mehr behaupten. Im ersten Akt erlebt man auch die besten des runden Dutzend Melodien, die sich Herman einfallen ließ; vor allem *Song on The Sand,* eine etwas süßliche Ballade, die von Georges' jahrzehntelanger Zuneigung für Albin kündet, und *With You on My Arm,* in dem Albin und Georges, Arm in Arm, ihre unverbrüchliche Liebe füreinander zum Ausdruck bringen. Der zweite Akt enthält nichts Vergleichbares; lediglich die von Georges gesungene Ballade *Look Over There* (auch sie zeugt wieder von seiner Anhänglichkeit für Albin) ist beachtlich. Einige der humoristisch gemeinten Songs leiden unter den nicht auf sehr hohem Niveau stehenden Texten, die Herman weit weniger geglückt sind als die seiner ernsten Songs.

Wird *La Cage aux Folles* mit den vielen Aufführungen auch außerhalb der Vereinigten Staaten die Homosexualität für das Theater gesellschaftsfähig machen? Der Regisseur Arthur Laurents hat in dieser Beziehung deshalb keine Illusionen, weil er nicht glaubt, daß das Theater überhaupt Verhaltensweisen ändern kann, obwohl Theaterleute dies gerne glauben. Hätte Laurents mit seiner Auffassung recht, wäre das politisch und sozial betonte Theater, das auf solche Veränderungen hinarbeiten möchte, unwirksam.

SUNDAY IN THE PARK WITH GEORGE
Musical auf neuen Wegen (1984)

Ein Musical, hoch gelobt von der Presse, aber zu anspruchsvoll für das übliche Publikum, so daß es nur knapp anderthalb Jahre gegeben werden konnte, hat wieder einmal die Debatte über die eigentliche Rolle des Musicals angeregt. Soll das Musical nur reine Unterhaltung sein, die den Zuschauer die Realitäten des Lebens vergessen läßt? Soll es einprägsame Songs haben und eine Handlung, die gerade ausreicht, den Weg von einem Song zum nächsten zu finden?

Die Rolle des Musiktheaters am Broadway kann auch anders definiert werden. Das Musical kann durchaus in uns allen schlummernde Gefühle und Verhaltensweisen schildern, kann gesellschaftliche und sogar politische Kritik üben, braucht seine Verwandtschaft zur Oper nicht völlig zu negieren und muß vor allem Ziel und Zweck haben. Einer, der seit Beginn seiner Laufbahn vor drei Jahrzehnten an diesen Grundsätzen festhielt, zu keinem Kompromiß bereit war, aber auch noch keinen einzigen spektakulären kommerziellen Erfolg erzielte, ist Stephen Sondheim. Auch sein jüngstes Musical, *Sunday in the Park with George,* bildet in dieser Beziehung keine Ausnahme. Zwar hat Sondheim dem Musical immer wieder neue Wege gewiesen, aber andere sind ihm dabei nicht gefolgt. So ist Sondheim, der auch seine Gesangstexte verfaßt, ein einsamer Streiter für ein ausdrucksstarkes, sinnvolles Musical geblieben. *Company, Follies, A Little Night Music, Pacific Overtures* und *Sweeney Todd* sind die Titel einiger seiner Werke, von denen jedes in eine andere Richtung geht.

Vielleicht hat Sondheim sich aber noch nie so als Neuerer erwiesen wie in seinem jüngsten Musical, zu dem James Lapine das Buch geschrieben und auch Regie geführt hat (es war zugleich das erste seiner Musicals, bei dem

Sondheim nicht mit dem erfahrenen Produzenten und Regisseur Harold Prince zusammenarbeitete). Im ersten Akt werden Vermutungen über den Schöpfungsprozeß des französischen Pointillisten Georges Seurat bei der Entstehung seines berühmten Gemäldes »Ein Sonntagnachmittag auf der Insel Grande-Jatte in Paris« angestellt: Pariser Bürger des ausgehenden 19. Jahrhunderts aus verschiedenen Bevölkerungsschichten flanieren, sehr gesittet und etwas gelangweilt, an ihrem freien Sonntag im Park. Das Musical reproduziert das vor 100 Jahren entstandene und jetzt in einem Chicagoer Museum hängende Gemälde mit Hilfe von Schauspielern, Tieren und Pappfiguren. Es versucht auf diese Weise zu zeigen, wie Seurat die Figuren seines Bildes auswählte und plazierte, wie es möglich war, daß so viele verschiedenartige Menschen an jenem Tag den Rasen bevölkerten. Der zweite Akt ist in die Gegenwart verlegt: Wir sehen einen amerikanischen Multimediakünstler namens George, der sich damit beschäftigt, Gelder aufzubringen, der eine Rolle in der Gesellschaft spielt und gleichzeitig von Selbstzweifeln geplagt wird – alles nur, weil er ein Bildhauerwerk herstellen soll, das bei ihm zur Ehrung Seurats bestellt wurde.

Im ersten Akt sind die Protagonisten Seurat und seine Geliebte Dot (das englische Wort für Punkt!), die die Rolle des Modells leid ist und die sich bemüht, den Künstler von seinem Werk abzulenken. Die Protagonisten des zweiten Akts sind George, der Urenkel Seurats, und seine Großmutter, die aus der Verbindung Seurats mit Dot hervorgegangen ist. Die Figuren des Gemäldes bilden das Ensemble des ersten Akts, das Ensemble des zweiten Akts sind Künstlerkollegen, Museumsdirektoren, Kustoden und Kunstkritiker.

In diesem Musical beschäftigt sich Sondheim damit, Ängste und Ekstasen des schöpferischen Künstlers darzustellen, der einerseits einsam sein muß, um sein Werk zu schaffen, andererseits aber von der nichtkünstlerischen Außenwelt abhängig ist, um Unterstützung und Ermutigung zu finden: eine Erfahrung, die weder Sondheim noch anderen Künstlern fremd ist, weil sie fast täglich durchlebt wird. Kaum zuvor dürfte ein Musical-Komponist ein so persönliches Thema behandelt haben.

Die Musik ist sicher nicht so aufregend wie in dem opernhaften *Sweeney Todd* (der inzwischen ins Repertoire der New York City Opera eingegangen ist) und auch nicht so einzigartig-exotisch wie in *Pacific Overtures,* dessen Thema die Erschließung Japans durch die Amerikaner unter Admiral Perry ist. Aber die Brillanz der Musik und der Gesangstexte wurde von keinem Kritiker in Frage gestellt.

Für *Times*-Kritiker Frank Rich ist *Sunday in the Park with George* »vielleicht das erste modernistische Werk für das Musiktheater, das am Broadway herausgekommen ist. Hier hat man es mit einem Musical zu tun, in dem es nicht nur an (nackten) Beinen mangelt, sondern überhaupt nicht getanzt wird ... Sondheims Partitur enthält wenige Nummern, die in das Schema der Broadway-Songs passen ... Das Orchester besteht nur aus elf Musikern, und die Instrumentierung gemahnt mehr an Ravel und Poulenc als an den traditionell metallenen Jazz- oder üppigen Broadway-Klang.«

Szenenbild aus Sunday in the Park with George *und zum Vergleich eine Reproduktion des Gemäldes »Ein Sonntagnachmittag auf der Insel Grande-Jatte in Paris« von Georges Seurat*

Nach dem totalen Reinfall seines vorangegangenen Musicals *Merrily We Roll Along,* das nur drei Wochen am Broadway gegeben werden konnte, schien es Sondheim, als befände er sich auf dem Holzweg. Er begann umzudenken, löste sich von Prince und allen übrigen Broadway-Mitarbeitern und ging eine Zusammenarbeit mit »Playwrights Horizon«, einer der anspruchsvollsten Off-off-Broadway-Gruppen ein. Dies brachte der junge James Lapine zustande, der bisher dem kommerziellen Theater ferngeblieben war. Von »Playwrights Horizon« kam auch der Orchestrator Michael Starobin. In dem nur 150 Plätze fassenden Theater wurde *Sunday in the Park with George* zunächst aufgeführt; Kritiker wurden nicht dazu eingeladen. Die Vorbereitungszeit war erheblich länger, als dies im kommerziellen Theater möglich ist; vielleicht von besonderer Bedeutung war auch die enge Verbundenheit Sondheims mit dem Entstehungsprozeß seines Werks, die es am Broadway in diesem Ausmaß nicht gibt.

Sondheims Musical lief genau 17 Monate; die Broadway-Premiere fand im Mai 1984 statt, also in derselben Spielzeit wie *La Cage aux Folles,* das im August 1983 herauskam. Als jedoch am Ende dieser Saison die begehrten Tony-Preise vergeben wurden, heimste Jerry Hermans Musical den Löwenanteil ein, und Sondheim ging leer aus. *La Cage aux Folles* wurde zum besten Musical der Spielzeit 1983/84 erkoren, *Sunday in the Park* wurde ignoriert. Welches der beiden Werke für die weitere Entwicklung des Musicals richtungweisend sein wird, hängt davon ab, ob die jüngeren Komponisten dem von Sondheim vorgezeichneten Weg folgen und ob vor allen Dingen Sondheim selbst weiterhin experimentieren wird.

Der jetzt 56jährige Sondheim hat vor einigen Jahren über Oscar Hammerstein II, zu dessen Füßen er gesessen hatte und den er als sein Vorbild verehrt, geschrieben, daß dieser ein »Riese« gewesen sei. »Er hat die Textur des amerikanischen Musiktheaters für alle Zeiten geändert, erst mit Kern, dann mit Rodgers. Und dies zu ändern, bedeutete nicht nur, das Musiktheater in der ganzen Welt zu ändern, sondern auch das ganze amerikanische Theater zu ändern, da das Musiktheater die Stückeschreiber nachhaltig und auf Dauer beeinflußt hat.« Vielleicht hat Sondheim die Bedeutung seines Gönners und Lehrers überschätzt, denn *Show Boat* (1926) und *Oklahoma!* (1943) änderten zwar das Musiktheater, aber beeinflußten kaum das übrige Theater. Ob Sondheim mit seinen originellen Ideen und in Verbindung mit seinen Librettisten eine Änderung des amerikanischen Theaters gelingen wird, ist eine Frage, die erst die Zukunft beantworten kann.

Cats (1982)

Wie wird es weitergehen?

Daß die lange Reihe der Glanzaufführungen am Broadway mit dem Mai 1984 abgeschlossen wurde, spricht für die Unergiebigkeit der letzten zwei Spielzeiten, in denen der Broadway nicht nur quantitativ schwer absackte, sondern auch qualitativ kaum Nennenswertes zu bieten hatte. Manche wollen darin einen Trend des Niedergangs überhaupt sehen, aber man muß mit solchen Urteilen vorsichtig sein, da unfruchtbare Perioden im Broadway-Theater der letzten sechs, sieben Jahrzehnte durchaus nichts Ungewöhnliches waren. Und bisher hat sich aus der Asche solcher Kalamität der Broadway noch immer wieder wie ein Phönix erhoben.

Freilich kommt für die achtziger Jahre erschwerend hinzu, daß die Produktionskosten eine derart schwindelnde Höhe erreicht haben, daß man versuchen muß, keine Risiken einzugehen. Wenn ein Musical wie *Cage aux Folles* nahezu 5 Millionen Dollar kostet, ehe sich der Vorhang zum erstenmal hebt, liegt es auf der Hand, daß Experimentieren nicht mehr möglich ist. Zu viel steht (im Spiel) auf dem Spiel, so daß Produzieren und Investieren am Broadway nicht mehr wie früher raschen Erfolg verspricht.

Zwei Hoffnungen bestehen jedoch: Zum einen haben die Gewerkschaften einzusehen begonnen, daß der unausgesetzte, sprunghafte Anstieg von Löhnen und Gagen und die Durchsetzung immer kostspieligerer Arbeitsregeln ein Ende gefunden hat, so daß es heute eine in früheren Jahren nicht erkennbare Kompromißbereitschaft gibt. Zum anderen wird mehr und mehr die Möglichkeit ausgeschöpft, Sprechstücke und Musicals an den Provinztheatern, off- oder off-off-Broadway zu entwickeln – was einmal die Produktionskosten senkt und zudem

auch bessere Beurteilungschancen bietet, ob eine Produktion Aussicht auf Erfolg hat. Von hier scheint sich eine Besserung der Theaterlage anzubahnen.

Das Theater muß sich mit einer wesentlich eingeschränkteren Rolle als noch zu Beginn dieses Jahrhunderts abfinden. Film, Rundfunk, Fernsehen und auch Video haben neben den hohen Eintrittspreisen dem Theater einen Schlag nach dem anderen versetzt. So wie die bildende Kunst seit dem Aufkommen des Impressionismus weitgehend der realistischen Darstellung entsagt hat, die ein Künstler mit der Kamera weit besser zum Ausdruck bringen kann, muß auch das Theater von jenen Dingen Abstand nehmen, die Film und Fernsehen weitaus besser – und billiger – fertigbringen. Also, und das gilt in erster Linie für Musicals: weniger aufwendige Dekorationen und Kostüme, dafür Rückbesinnung auf die wesentlichen Werte des Musiktheaters. Für das Sprechstück bedeutet es Förderung der jungen Autoren, um zu verhindern, daß sie zum Film und Fernsehen abwandern. Bei den Schauspielern ist der Kampf bereits verloren: Reine Theaterschauspieler wie früher gibt es nicht mehr; manche kehren aus Nostalgie gelegentlich an den Broadway zurück, was sie viel Geld kostet, da sie in den Film- und Fernsehstudios erheblich mehr verdienen können; andere haben dem Theater ganz den Rükken gekehrt.

Ein finanzieller Erfolg wird in mindestens einjähriger Broadway-Laufzeit für ein Sprechstück und mehr als zweijähriger für ein normales Musical gemessen – nähern sich, wie im Fall von *42nd Street* und *La Cage aux Folles* die Produktionskosten sogar der 5-Millionen-Dollar-Grenze, dauert es mindestens drei Jahre, bis das Anfangskapital wieder hereingeholt ist. Ob für die unbefriedigende Situation des Broadway-Theaters aber einzig und allein die schwierige wirtschaftliche Lage des heutigen Theaterbetriebs verantwortlich gemacht werden kann, ist zumindest umstritten. John Simon, der scharfzüngige Kritiker des *New-York*-Magazins, sieht noch einen anderen Schwarzen Peter: »Ob unser Theater in einer Flaute steckt oder in einem zu tiefen Schlaf ... so muß ich auf etwas anderes hinweisen: der erschreckende Mangel an einem gebildeten Publikum. Ohne Kultur im Lande kann es kein gesundes Theater geben. Um ein aktives, einen Beitrag leistendes Publikum zu bekommen, müssen wir den jungen Leuten beibringen, sich um das Theater zu kümmern, und dies wiederum bedeutet, daß wir sie zu sprechen lehren, Achtung für und Vertrautheit mit der Sprache.«

Simon mag ein extremer Pessimist sein, aber es darf nicht übersehen werden, daß in bezug auf das Broadway-Theater die Pessimisten den Optimisten gegenüber in der Mehrzahl sind. Dennoch ist eine Tatsache allen Schwarzsehern zum Trotz über die Jahre gleichgeblieben – nach wie vor drängen sich alle zum Broadway: Schauspieler, Autoren, Komponisten. Noch immer ist das Gütesiegel des Broadways unerreicht, und es öffnet denen, die es in Form des Pulitzerpreises, der Tony-Preise oder der vielen anderen Auszeichnungen erlangen, die Türe zu Film und Fernsehen. Liza Minnellis Song vom Broadway bleibt gültig: »If you make it there, you make it everywhere!«

Literaturverzeichnis

Die amerikanische Theaterliteratur ist immens und befaßt sich in weit stärkerem Maße als beispielsweise die deutsche mit der Aufführung als mit der Theorie des Dramas. Das zeigen unter anderem die vielen Biographien und Autobiographien von Schauspielern und Regisseuren mit interessanten Informationen über den Theaterbetrieb, die selbstverständlich vom kritischen Benutzer gefiltert werden müssen. Von besonderer Bedeutung ist das seit 1920 kontinuierlich erscheinende Jahrbuch über das Broadway-Theater, von dem Kritiker Burns Mantle begründet und seit seinem Tode von anderen fortgeführt. Es wurde zusätzlich durch zwei Bände ergänzt, die alle wesentlichen Angaben über die Jahre 1900 bis 1909 und 1910 bis 1919 enthalten. Für den Theaterhistoriker sind sie eine unerschöpfliche Fundgrube. Für das New Yorker Theater vor 1900 gibt es die in den Jahren 1927 bis 1945 erschienenen vierzehnbändigen *Annals of the New York Stage,* in denen der Columbia-Professor George C. D. Odell mit größter Akribie alle bekannt gewordenen Aufführungen und ihre Besetzungen zusammengetragen hat. Insbesondere in den letzten 20 Jahren ist auch das Schrifttum über das Musical gewaltig angewachsen.

Im folgenden können nur einige, allerdings die wichtigsten Quellen angeführt werden, die ich konsultiert habe und deren Verfassern ich tiefen Dank schulde, weil ohne sie das vorliegende Buch nicht hätte zustande kommen können.

Hollis Alpert: The Barrymores, New York 1964

John Anderson: The New York Theatre, New York 1938

Stanley Appelbaum: Scenes from the 19th Century Stage in Advertising Woodcuts, New York 1977

Stanley Appelbaum: The New York Stage (148 Photos 1883–1939), New York 1976

Fred Astaire: Steps in Time, New York 1959

Brooks Atkinson: Broadway, New York 1970

Brooks Atkinson and Albert Hirschfeld: The Lively Years 1920–73, New York 1973

Ethel Barrymore: Memories, New York 1955

Bernard Beckermann and Howard Siegman: On Stage. Selected Theatre Reviews from the *New York Times,* 1920–70, New York 1973

Daniel Blum und John Willis: A Pictorial History of the American Theatre, 1860–1980, New York 1981

Gerald Boardman: American Musical Theatre, New York 1978

Gerald Boardman: American Operetta, New York 1981

Gerald Boardman: The Oxford Companion to the American Theatre, New York 1984

John Mason Brown: As They Appear, New York 1952

Robert Brustein: The Third Theatre, New York 1969

Jack Burton: The Blue Book of Musicals, Watkins Glen, NY 1952

Randolph Carter: The World of Flo Ziegfeld, New York & Washington 1974

Allen Churchill: The Great White Way, New York 1962

Harold Clurman: All People Are Famous, NY 1974

Harold Clurman: The Fervent Years. The Story of the Group Theatre and The Thirties, New York 1975

Harold Clurman: On Directing, New York 1972

Toby Cole and Helen Krich Chinoy: Directing the Play: A Source Book of Stagecraft, Indianapolis 1953

Marc Connelly: Voices Offstage. A Book of Memories, New York 1968

Oral Sumner Cord & Edwin Mims, Jr.: The American Stage, New Haven 1929

Katharine Cornell: I Wanted to Be an Actress, NY 1938

Mary Caroline Crawford: The Romance of the American Theatre, Boston 1925

Christopher Davis: The Producer, New York 1975

Thomas H. Dickinson: The Insurgent Theatre, New York 1917

Walter Prichard Eaton: The Actor's Heritage, Boston 1924

Walter Prichard Eaton: The Theatre Guild: The First Ten Years, New York 1929

Lehman Engel: The Critics, New York 1976

Lehman Engel: Planning and Producing the Musical Show, New York 1966

Lehman Engel: This Bright Day. An Autobiography, New York 1974

David Ewen: Complete Book of the American Musical Theatre, New York 1970

David Ewen: Richard Rodgers, New York 1957

Marvin Felheim: The Theatre of Augustin Daly, Cambridge, MA 1956

Hallie Flanagan: Arena: The Story of The Federal Theatre, New York 1940

Gene Fowler: Good Night, Sweet Prince. The Life and Times of John Barrymore, Philadelphia 1945

Gerold Frank: Judy, New York 1975

George Freedley and John A. Reeves: A History of the Theatre, New York 1968

Michael Friedland: Irving Berlin, New York 1974

Daniel Frohman: Daniel Frohman Presents, New York 1937

David Garfield: A Player's Place. The Story of the Actors Studio, New York 1980

Rosamund Gilder (Hg.): Theatre Arts Anthology, New York 1950

William Goldman: The Season, New York 1969

Martin Gottfried: Broadway Musicals, New York 1979

Martin Gottfried: Opening Nights, New York 1969

Stanley Green: Ring Bells! Sing Songs! Broadway's Musicals of the 30's, New York 1971

Howard Greenberger: The Off-Broadway Experience, Englewood Cliffs, NJ, 1971

Abel Greene and Joe Laurie, Jr.: From Vaude to Video, New York 1951

Otis L. Guernsey: Playwrights, Lyricists, Composers on Theatre, NY 1974

Norman Hapgood: The Stage in America, 1897 bis 1900, New York 1901

Rex Harrison: Rex. An Autobiography, New York 1974

Phyllis Hartnoll: The Concise Oxford Companion to The Theatre, London 1972

Helen Hayes: On Reflection, New York 1968

Mary C. Henderson: The City and The Theatre, Clifton, NY 1973

Barnard Hewitt: Theatre U.S.A., New York, Toronto, London 1959

Morgan Y. Himmelstein: Drama Was a Weapon, New Brunswick, NJ, 1963

Foster Hirsch: A Method to Their Madness. The History of the Actors Studio, New York 1984

Clive Hirschhorn: The Hollywood Musical, New York 1981

Glenn Hughes: A History of the American Theatre, 1700-1950, New York 1951

Edith J. R. Isaacs: The Negro in the American Theatre, New York 1947

Edith J. R. Isaacs (Hg.): Theatre: Essays on the Art of the Theatre, Boston 1927

Susan Jacobs: On Stage. The Making of the Broadway Play, New York 1972

Garson Kanin: Tracy and Hepburn, New York 1971

Alexander Kirkland: Rector's Naughty 90's Cookbook, New York 1949

Lawrence Langner: The Magic Curtain, New York 1951

Abel Laufs: Broadway's Greatest Musicals, New York 1977

Joe Laurie, Jr.: Vaudeville: From the Honkey-Tonks to the Palace, New York 1953

Chuck Lawless: New York Theatre Guide, New York 1981

Eva Le Gallienne: At 33, New York 1934

Alan Jay Lerner: The Street Where I Live, New York 1978

Robert Lewis: Slings and Arrows. Theatre in My Time, New York 1984

Stuart W. Little: Enter Joseph Papp, New York 1974

Stuart W. Little: Off-Broadway: The Prophetic Theatre, New York 1972

Stuart W. Little and Arthur Cantor: The Playmakers, New York 1970

Russell Lynes: The Lively Audience, New York 1985

Burns Mantle and Others: The Best Plays, 1919/20–1985/86, New York 1921–1986

Edward B. Marks: They All Sang, New York 1934

Jane De Hart Mathews: The Federal Theatre 1935–39, Princeton, NJ, 1967

Ethel Merman: Merman, New York 1978

Agnes De Mille: Dance to the Piper, Boston 1951

Ethan Mordden: The American Theatre, New York 1981

Ethan Mordden: Broadway Babies: The People Who Made the American Musical, New York 1983

Ward Morehouse: Matinees Tomorrow, New York 1949

Lloyd Morris: Curtain Time. The Story of the American Theatre, New York 1953

Tad Mosel and Gertrude Macy: Leading Lady: The World and Theatre of Katharine Cornell, Boston 1978

Montrose J. Moses and John Mason Brown: The American Theatre as Seen by Its Critics, New York 1934

Norman Nadel: A Pictorial History of the Theatre Guild, New York 1969

New York Times Directory of The Theatre, 1920–70, New York 1973

Julius Novick: Beyond Broadway: The Quest for Permanent Theatres, New York 1968

John O'Connor and Loraine Brown: Free, Adult, Uncensored, Washington 1978

George C. D. Odell: Annals of the New York Stage, 14 Bde., New York 1927–1945

George Oppenheimer: The Passionate Playgoer, New York 1962

Gail Plummer: The Business of Show Business, New York 1961

John Poggi: Theatre in America. The Impact of Economic Forces, New York 1968

Sidney Poitier: This Life, New York 1980

Hal Prince: Contradictions: Notes on 26 Years in the Theatre, New York 1974

Elmer Rice: The Living Theatre, New York 1959

Walter Rigdon (Hg.): The Biographical Encyclopaedia & Who's Who in the American Theatre, New York 1966

Phyllis Robbins: Maude Adams, New York 1958

Laura Ross (Hg.): Theatre Profiles 6: The Illustrated Reference Guide to America's Nonprofit Professional Theatres, New York 1984

Eleanor Ruggles: Prince of Players: Edwin Booth, New York 1953

Charles and Louise Samuels: Once Upon a Time: The Merry World of Vaudeville, New York 1974

Oliver M. Sayler: Our American Theatre, NY 1923

Richard Schechner: Dionysus in 1969: The Performing Group, New York 1970

Richard Schechner: Environmental Theatre, New York 1973

Richard Schechner: The Living Book of the Living Theatre, Greenwich, CT 1971

Charles Schwartz: Cole Porter, New York 1977

Lee Simonson: The Stage Is Set, New York 1933

Cornelia Otis Skinner: Life With Lindsay and Crouse, Boston 1976

Edward H. Sothern: The Melancholy Time of »Me«, New York 1916

James Spada: Hepburn – Her Life in Pictures, NY 1984

Jerry Stagg: The Brothers Shubert, New York 1968

Charles W. Stein: American Vaudeville as Seen by Its Contemporaries, NY 1984

Mollie B. Steinberg: The History of the 14th Street Theatre, New York 1931

Jill Stone: Times Square, New York 1982

Howard Taubman: The Making of the American Theatre, New York 1965

Robert C. Toll: The Minstrel Show in 19th Century America, New York 1974

Robert C. Toll: On With the Show, The First Century of Show Business in America, New York 1976

Richard Traubner: Operetta, a Theatrical History, Garden City, NY 1983

Kieran Tunney: Tallulah Bankhead, Darling of the Gods, New York 1973

Roy S. Walden: Vintage Years of the Theatre Guild, Cleveland 1972

Margaret Webster: Don't Put Your Daughter on The Stage, New York 1972

Jan Weingarten-Greenberg: Theatre Business, New York 1981

John F. Wharton: Life Among the Playwrights, New York 1974

William Whitman: Bread and Circuses: A Study of the Federal Theatre, New York 1937

Henry B. Williams (Hg.): The American Theatre: A Sum of Its Parts, New York 1971

Jay Williams: Stage Left, New York 1974

William C. Young: Documents of American Theatre History: Famous American Playhouses, 2 Bde., Chicago 1973

Joseph W. Zeigler: Regional Theatre, New York 1977

Maurice Zolotow: Stagestruck. The Romance of Alfred Lunt and Lynn Fontanne, New York 1965

Personenverzeichnis

Sachregister

BILDQUELLEN

Joseph Abeles Collection (5)
Culver Pictures (1)
Bob Golby (2)
Paramount (1)
Martha Swope (4)
Theatre Collection (4)
Alle weiteren Bilder:
Archiv des Verfassers bzw. Carin Drechsler-Marx